‘वन्दना’ : एक विहंगम दृष्टि

‘विष्णुसहस्रनाम’ में विष्णु के एक सहस्र नाम हैं। सुधीर नारायण जी ने उन नामों पर काव्यात्मक गीत लिखे हैं। ‘विष्णुसहस्रनाम’ के नामों की, विशेषकर संस्कृत साहित्य में लिखित अनेक प्रसिद्ध टीकाएँ एवं व्याख्याएँ हैं लेकिन यहाँ प्रत्येक नाम पर मुक्त छन्द शैली में गीत लिखे हैं।

हाँ फुटनोट में प्रत्येक नाम की व्याकरणीय व्युत्पत्ति दी है। प्रत्येक नामों में निहित अर्थ के अनुसार ही विष्णु तत्त्व का विवेचन किया है न कि पौराणिक व्याख्या।

कविता शुष्क दार्शनिकता के बोझ से बोझिल नहीं होने पायी बल्कि भक्ति भावना की रसमयी धारा ने उसे सरस बना दिया है। मानव की अन्तर गुहा में जहाँ वेदान्त-दर्शन की दार्शनिकता है वहाँ दूसरी ओर हृदय की विह्वल पुकार भक्ति रस की धारा बहाती है। कवि जहाँ विशाल ब्रह्माण्ड के कण-कण में परम चेतना को देखता है वहाँ वह मानव की विह्वलता भरी प्रार्थना से बार-बार ईश्वरीय सत्ता को नमन करता है।

ईश्वर को समर्पित एक सहस्र गीत मानव का ईश्वर से तादात्म्य रखते हैं। परमेश्वर जगत् स्वरूप और जगत् परमेश्वर स्वरूप है। दोनों का संगम है। इन गीतों में वही प्रस्फुटित है। इन गीतों में काव्य की कमनीयता, गद्य काव्य का माधुर्य है। भाषा सरल एवं सरस है। शैली मृदुल एवं प्रांजल है।

कवि चित्रकार भी हैं। उनकी कल्पना से चित्रित चित्र मनोरम भावों को अभिव्यक्त करते हैं।

–प्रो. हरिदत्त शर्मा
पूर्व अध्यक्ष, संस्कृत विभाग,
इलाहाबाद विश्वविद्यालय
साहित्य अकादेमी पुरस्कृत

वन्दना

प्रथम खण्ड

नामावली

1 से 300

चित्र

सुधीर नारायण

लेखक एवं चित्रकार

वाणी प्रकाशन

प्रकाशन के उत्कृष्टतम 60 वर्ष

vaniprakashan.com

सजिल्द पहला संस्करण : 2023

वाणी प्रकाशन
4695, 21-ए, दरियागंज, नयी दिल्ली-110 002
फ़ोन : +91 11 23273167, 23275710
शाखाएँ
अशोक राजपथ, पटना-800 004, बिहार
कॉफ़ी हाउस कैम्पस, महात्मा गांधी मार्ग, इलाहाबाद-211 001, उत्तर प्रदेश
महात्मा गांधी अन्तरराष्ट्रीय हिन्दी विश्वविद्यालय, वर्धा-442 001, महाराष्ट्र
36/ए, शेक्सपियर सरणी, रानी बिरला गर्ल्स कॉलेज के पास, कोलकाता-700 017, प. बंगाल
sales@vaniprakashan.in
vaniprakashan@gmail.com

Vandana-1
by Sudhir Narain

ISBN : 978-93-5775-934-2
Collection of Poems

प्रति खण्ड मूल्य : ₹ 1800
सम्पूर्ण खण्ड (तीन खण्ड) मूल्य : ₹ 5400

आर. टेक ऑफ़सेट प्रिंटर्स, दिल्ली-110 032 में मुद्रित

वाणी प्रकाशन का लोगो मक़बूल फ़िदा हुसेन की कूची से

समर्पण

प्रभु,
ये गीत लिखे तुम्हारे लिए,
आकाश में गुंजन,
धरती पर कोलाहल,
फिर भी मेरे क्षीण स्वरों से निःसृत
इन गीतों को सुन लेना।

तुम सब के अन्तर,
अलिखित अक्षर पढ़ते,
लेकिन मेरे अन्तरतम में लिखित
इस पाती को पढ़ लेना।

मेरे हृदय में गंगा की धार नहीं
लेकिन मेरे अश्रुजलों से चरणों
को धोने देना।

शीश में केवल अहं है,
लेकिन झुकने पर वन्दना
स्वीकार कर लेना।

–सुधीर नःरायण

अनुक्रम

प्राक्कथन

जो अनामी उसके असंख्य नाम। वेदव्यास ने परमेश्वर के गुणों का गान आरम्भ किया, एक सहस्र की संख्या तक पहुँचे गये और फिर नामों की संख्या चिन्तकों को जोड़ने के लिए छोड़ दिया। सहस्र की संख्या में आगे नाम जोड़ें, असंख्य हैं।

नाम स्थूल तत्त्वों का होता है। उसकी परिभाषा होती है। परिभाषा नाम, रूप, गुणों को सीमित करता है। नयन देख सकते हैं, कर स्पर्श कर सकते हैं, लेकिन उस परमेश्वर को शब्दों में कौन सीमित करे। जिसका नाम नहीं – उसको कौन-सा नाम दें। जो असीम है, उसको सीमा में कैसे बाँधें, जिसको नयनों से देखा न जाय, उसको कैसे देखें, जिसकी वाणी अन्तर्मन में समाये, उसे इन कर्णों से कैसे सुने, जिसको कर स्पर्श न कर सकें – उसको स्पर्श कैसे करें।

हाँ प्रभु का नाम – उसके गुणों का प्रकाश है। जो उसके गुणों को जानेगा, वह मीन बन, गुणों के सागर में डूब जायगा – उसका तल न पायेगा, पंछी बनकर उसके अनन्त स्वरूप को जानना चाहेगा – उस व्यापक आकाश का अन्त न पायेगा।

कहीं नाम उसको सीमित करने लगता है, लेकिन वह असीम है। वह एक अव्यक्त है, लेकिन आकार में आने पर रूपों में व्यक्त है। आकाश की ओर देखें – वह ऐकान्तिक शून्य नील गगन है, धरती की ओर देखें, जीव, जन्तु, गिरि, कन्दरा, मरु और उपवन आदि हैं। भिन्नता इतनी कि एक-दूसरे का साम्य नहीं। एक रूपहीन, दूसरी ओर अनेक रूप।

उसके नाम में विरोधाभास लगे, लेकिन जब उसके नाम के बन्द द्वार खुलें, रहस्य के पर्दे हटें, कोई विरोधाभास नहीं।

वह 'इति' है, क्योंकि ब्रह्माण्ड के समस्त पदार्थ उसी में समाहित हो जाते हैं लेकिन वह 'नेति' भी है क्योंकि किसी भी पदार्थ से इंगित नहीं किया जा सकता है। तभी वेदों ने पुकारा 'नेति', 'नेति'।

वह अमूर्ति[1] है, क्योंकि निराकार है, तब अमूर्तिमान्[2] कहकर वन्दना की। जब प्राणियों के रूपों में अन्तर्निहित उसके दर्शन किये – तब जाना वह अनेकमूर्ति[3] है। ब्रह्माण्ड के तारामण्डल की गणना हो सकती है, लेकिन जीवों में अवस्थित उन मूर्तियों की गणना नहीं हो सकती। उन्हीं मूर्तियों में वही भास रहा है। विश्व में सर्वत्र उसको देखें, वह विश्वमूर्ति[4] है, महामूर्ति[5] है।

जब उसकी सृष्टि के सृजन, पालन एवं संहार की शक्ति को देखें- वह त्रिमूर्ति है, जब अर्थ, धर्म, काम और मोक्ष देनेवाली कृपा को देखें- वह चतुर्मूर्ति[6] है।

वह एक[7] है क्योंकि उसका जैसा दिव्य कोई नहीं लेकिन वह एक भी नहीं नैकः[8] है क्योंकि जगत् और जीवों में प्रविष्ट होकर अनेक हो जाता है। तब संख्या में गणना नहीं हो सकती और असंख्येय[9] है।

वह नियमों के बन्धन में नहीं अनियम[10] है लेकिन जगत् को नियन्त्रित करने के लिए नियम[11] है। उसको न्याय करना है, वह स्वयं न्याय[12] है।

जीवों में कूटस्थ रहकर जीवों की कामना उसकी कामना बनी – अतः वह कामी[13] है। भक्तों की कामवृत्ति को नष्ट करनेवाला कामहा[14] है। कामनाओं को पूर्ण करनेवाला कामदेव[15] है।

वही सृष्टिकर्त्ता 'ब्रह्मा' है, जगत् पालक 'विष्णु' है, विनष्ट कर कल्याण करनेवाला 'शिव' है।

वह शून्य है–क्योंकि उसमें कोई द्वैत नहीं। लेकिन उसका कोई अन्त नहीं 'अनन्त' है। नाम रूप से उसे जाने, उसकी भी सीमा नहीं, अनन्तरूप है। सबमें उसी की आत्मा है 'अनन्तात्मा' है।

वह सीमित है – असीम भी।

कुम्भ में जल सीमित है – सागर में अपार है।

प्राणियों में कूटस्थ, देह-यष्टि के बन्धन से छूटा – वह असीम है।

वह लघु भी है – विशाल भी है – लघु है – कण-कण में है, सूक्ष्म- से – सूक्ष्म है। विशाल है – ब्रह्माण्ड में व्याप्त हो रहा है।

वह निराकार है – लेकिन साकार भी। कितना विशाल आकार-विश्व ही उसका आकार है, विश्वाकार है। स्थूल और सूक्ष्म जगत् का वही आधार है।

निर्गुण है – सत्त्व, रज, तम, तीनों गुणों से परे। वह सगुण भी है क्योंकि सत्, चित्, आनन्द उसके गुण हैं।

'विष्णु' शब्द व्यापकता का द्योतक है। जो व्यापक है, उसको किसी देश से न बाँधें, काल से न बाँधें, जन्म-मरण से न बाँधें, धर्म के घेरे में न बाँधें, किसी नाम से न बाँधें।

नाम तो उसके विशेषण हैं – नाम किसी भी भाषा में हो, किसी धर्म में हो, ध्वनित उसी के गुणों का होता है। सभी धर्मों में उसके नाम की महिमा उसके गुणों से है।

नाम लेने से नामी का चिन्तन, उसके साथ उसकी भावना, उसका स्वरूप जब अपने में अभिन्न अंग हो जाय, तब उसके साथ, नाम लेनेवाले का तादात्म्य होगा। पुत्र का नाम लेने पर उसके स्वरूप के साथ उसका स्वभाव, गुण, क्रिया मानस में छा जाय।

'अमृत'[16] कहें – अपने अन्तः में जो अमर है – शाश्वत है, उसकी सत्ता का ज्ञान होगा, जब 'आनन्द'[17] कहकर पुकारें, उसके सच्चिदानन्द स्वरूप के लहरों के साथ लहरेंगे।

ईश्वर को द्योतित करनेवाला शब्द मन्त्र है। मन्त्र अपना कवच है, अपनी शक्ति, अपनी दिव्यता है।

भ्रम यह है – जब प्रभु का नाम लेते हैं, अपने मन में विचार करते हैं कि प्रभु के लिए नाम ले रहे हैं – उसे पुकार रहे हैं, लेकिन यह भूल जाते हैं कि उसका वास अपने ही अन्तरतम में है। उसके प्रकाश में अपने ही स्वरूप को देखते हैं, अपने ही मानस-सरोवर में आनन्द-सरोज को विकसित करते हैं, अन्तःकुम्भ से अमृत पी अमरत्व को पाते हैं, आनन्द मेघ बरसाकर आनन्द रस से अपने ही चित्त को सिंचित करते हैं।

भोजन कर स्वयं ही तृप्त होते हैं, देखकर स्वयं ही दृश्य ग्रहण करते हैं, बोलकर स्वयं ही वाणी मुखरित करते हैं। और प्रभु का नाम लेकर स्वयं अपने उपास्य के पास होते हैं।

'वह' कहकर पुकारें – दूसरा है, उसी को 'तुम' कहकर पुकारें- अपना है और जब अपने और दूजे का भेद मिटे 'हम' हैं। जब तीनों मिटें, शून्य आकाश में खड़ी दीवारें ढह जायँ, जहाँ न हम, न तुम, न वह। केवल सर्वव्यापी 'विष्णु' है।

उसको कौन जानेगा – यह मन? वह स्वयं विचलित है। वह बाह्य जगत् में भ्रमण करे – उसी में रस ले और उससे ऐसे बँधे – फिर कहीं न जाये। यह बुद्धि, तर्क से उसे कैसे धारण करे – धारण करने की शक्ति उसी से मिली है। हाँ, मन प्रभु में रमण करे – वह मन में प्रकाशित हो और बुद्धि जब उसमें प्रवेश करे – गूढ़ रहस्य के तन्तु खुल जायँ। वह तो स्वयं को, स्वयं ही जनाये। प्रकाश का ज्ञान प्रकाश स्वयं ही है। मधु स्वयं ही अपनी मधुरता बताये।

उसके प्रत्येक नाम के साथ गूढ़ रहस्य छिपा है। उस पर चिन्तन करें – रहस्य के द्वार खुल जायँ। सरोज बन्द है – जब खुले, पराग बिखेरे, सुगन्ध बिखेरे, नयन को आनन्दित कर दे। विश्व में जो अव्यक्त है – व्यक्त करा दे, जो द्वार बन्द है – उसकी कुंजी दे दे।

भक्त के लिए हृत्-गंगा है, वेदान्ती के लिए आत्मदर्शन है, अज्ञानियों के लिए ज्ञानज्योति है। जिसने उसके नाम को लेकर अन्तर्यात्रा की, उसको वह वैकुण्ठ ले चला – जहाँ न मन की कुण्ठा, न चित्त का विचलन। नाम लेनेवाला स्वयं सच्चिदानन्द हो गया।

उसके नाम का चिन्तन करें – चित्त में सुरसरि गंगा बहे। अन्तर्निहित शक्ति का उदय हो, अन्तरतम में ज्ञान के प्रकाश का उदय हो। केवल इतना ही करना है, उसके नाम के साथ, उसके गुणों का भी चिन्तन करनाहै।

जिसने बाह्य संसार को देखा – उसके मन में कामना जागी, उसका नाम लिया – उसने उसकी झोली भर दी। संसार के पदार्थ उसके करतल में थे। जिसके विचलित मन से आह निकली, उसके आँसुओं को पोंछ दिया। वह गजेन्द्र मोक्ष है। 'गज' जगत् के स्थूल शक्ति का प्रतीक है। वह शक्ति भी जब संकटग्रस्त हो जाये – उसका नाम लें, संकट से मोक्ष दिला दे – वह गजेन्द्र-मोक्ष है।

युधिष्ठिर ने भीष्म पितामह से पूछा, "किं जपन् मुच्यते जन्तुर्जन्मसंसारबन्धनात्।"

उत्तर था –

> अनादिनिधनं विष्णुं सर्वलोकमहेश्वरम्।
> लोकाध्यक्षं स्तुवन् नित्यं सर्वदुःखातिगो भवेत् ॥

वह देव है। उसकी दिव्यता अन्तर्बाह्य सर्वत्र व्याप्त है।

उस देव की उपासना का फल क्या है? प्रश्न उठता है – मन की कामना क्या है? नित्य की प्राप्ति या अनित्य की। नित्य वह स्वयं शाश्वत सच्चिदानन्द है – अनित्य संसार के पदार्थ। जो अन्तर्निहित है, उसकी खोज करें वह उसके रंग में स्वयं को रँगा ले। 'सोऽहम्' 'सोऽहम्' करते हुए पुकारें – वहाँ द्वैत नहीं अद्वैत होगा। हाँ, पदार्थ की याचना करें वह भी देगा। विश्व उसका – विश्व की सम्पदा उसकी। पानी पीने के लिए कुआँ

खोदना पड़ेगा, लेकिन उसका विशाल सागर अपने ही अन्दर है। वह सदैव अपने पास में है। हम दूसरों से अपनी कामना की पूर्ति की याचना करते हैं लेकिन अपने अन्तर्देव से प्रार्थना नहीं करते। वह सामर्थ्यवान् है, कृपासिन्धु भी।

लेकिन जो फूल आज खिले हैं – कल मुरझायेंगे – न भौंरे होंगे, न सुगन्ध। अन्तः सरोज खिले, जो कभी न मुरझाये। अधर से संगीत गायें, कब तक सुनें, वह शान्त हो जायेंगे – आनन्द नाद क्यों न सुने, जिसके न कभी तार टूटें – न स्वर संगीत मिटे। उस परमदेव 'विष्णु' से शाश्वत सत्य और आनन्द की कामना करें – माँगें, वह देगा।

सन्दर्भ

1. अमूर्ति, 830
2. अमूर्तिमान्, 720
3. अनेकमूर्ति, 721
4. विश्वमूर्ति, 717
5. महामूर्ति, 718
6. चतुर्मूर्ति, 765
7. एक, 725
8. नैक, 726
9. असंख्येय, 247
10. अनियम, 265
11. नियम, 161
12. न्याय, 221
13. कामी, 653
14. कामहा, 294
15. कामदेव, 651
16. अमृत, 119
17. आनन्द, 526

लेखनी कैसे चली

जब, भानु का हो उदय – चारों ओर प्रकाश व्यापक हो जाये, सुधाकर का हो उदय – शीतलता बरसने लगे, बसन्त का हो आगमन – कोकिल कूक उठे।

सितार पर जब अँगुलियाँ थिरकने लगें – संगीत-लहरी स्वयं प्रवाहित होने लगे, भूधर पर जब सरिता द्रुत गति से चले – कलरव ध्वनि उसका स्वयं शृंगार करने लगे।

ब्रह्माण्ड में व्याप्त जब जगदीश्वर का नाम हृदय में समाये, उसके हर नाम पर गीत स्वयं स्वरबद्ध होने लगते हैं।

गीतों में आनन्द है – समर्पण है – भक्ति है।

तभी हृदय में प्रतिध्वनि हुई -

'न धन, न यश, न सुख, न ज्ञान, हे प्रभु! केवल तुम्हारे गीत गाता रहूँ। तुम्हारे गीत गाने में ही आनन्द है, गीत सुनाने में आनन्द है, गीतों में रमण करने में आनन्द है।'

जो व्यापक है – वही विष्णु है। उसको कहीं खोजने की दरकार नहीं। स्थूल में है, जीव में है – ब्रह्माण्ड के कण-कण में है, जहाँ चाहो, वहीं दर्शन कर लो।

जिसने जगत् और जीव में उसको देखा, अप्रकट में प्रकट देखा – और जब अपने में उसको देखा – अपने में अप्रकट को प्रकट किया – प्रकट होने पर वन्दना करने लगा।

तब जीव था – जीवत्व न था, संसार था–सांसारिक न था। वायु थी – उसमें दूषित कम्पन न था, आकाश था – उसमें वीभत्स धड़कन न थी, जल में तरलता थी – लेकिन विष न था, मानव था – तब उसमें दानवता न थी।

नाम से नामी जाना जाये – लेकिन उसका कोई नाम नहीं, परन्तु जिसका कोई नाम नहीं – उसके सहस्र नाम, जिसका रूप नहीं – उसके सहस्र रूप, जिसका शरीर नहीं – उसके सहस्र शरीर।

मन उसके गीत क्यों न गाये – उसने ही तो मनन की शक्ति दी है, बुद्धि उसको क्यों न धारण करे – धारण करने की शक्ति उसी से ही मिली, कर्ण उसकी आवाज क्यों न सुने – सुनने की शक्ति उसी ने दी है, नयन उसको क्यों न निहारे – निहारने की शक्ति उससे ही मिली है, वाणी उसके गीत क्यों न गाये – वाचा को उसी ने शक्ति दी है।

वह व्यापक है – जहाँ देखो वह वहाँ है। हमारा शरीर उसका मन्दिर है–उस मन्दिर में उसने अपने को स्वयं प्राण प्रतिष्ठित किया है, हाँ – हमने बाह्य आकार को देखा – उसमें प्रकाशित निराकार को न देखा।

लेकिन वह व्यापक सबमें रहते हुए भी, किसी से निरीह न रहा- सबका अन्तस् साक्षी रहा।

अचेतन – चेतन पर विजय कैसे करता। चेतना उससे ही मिली। जड़ जगत्-संसार का विजय कैसे करे – विजय की शक्ति उसी से मिली। उसने शंखनाद किया – प्रसुप्त थी चेतना–जाग उठी, जब प्रसुप्त प्रबुद्ध हुआ – सीम से असीम की ओर चल दिया।

हाँ – चित्त में जब कालिमा हो, वह अपने ज्ञान – चक्र से धवल कर दे – अन्तदर्पण जब निर्मल हुआ – तब स्वयं का स्वरूप – सुदर्शन हुआ। उसके वरद – हस्त में कमल है, लेकिन अन्तः – कमल में स्वयं विराजमान है। ज्ञान प्रकाश में वह अन्तः पाँखुरी खोल दे, मन भौंरे गुंजार करें, भले ही जगत् में पंक हो।

मन उसके चरणों में स्वयं नतमस्तक हुआ। कण्ठ में उसके गीत प्रस्फुटित हुए, श्रद्धा-सुमन उसके पद में विलसित हुई। उसके पद कितने सुन्दर, कितने विशाल हैं। तभी उसने एक पद से समस्त भूलोक, दूसरे पद से भुवलोक और तीसरे पद में बलि को स्वयं अपने में समा लिया। उस पद में यह सहस्त्र सुमन समर्पित हुए। इनमें हृदय के भाव हैं—सुगन्ध है – मानस के चिन्तन में समाये हैं।

उसका वर्ण नील रहा, जिसमें सब रंग समा जाये। किसी में श्वेत लिए सत्त्व रहा, किसी में कालिमा लिए तमस् रहा। लेकिन उसने सबको हृदय से लगाया। उसमें पापी – पुण्यात्मा सब एक हो रहे। सबमें वह, सब उसमें ही हैं।

उसका रूप विराट् हुआ – वह रूप विश्व में व्यापक हो गया। ब्रह्माण्ड के कण-कण में समा गया, टिमटिमाते तारों के प्रकाश में था, जीव में भी अन्तर्प्रकाशित रहा। वही विश्व है।

इन गीतों से यदि किसी ने उस असीम को अपने मानस में समाया, उस परम प्रकाश को अपने नयनों में प्रकाशित किया, अमृत रसायन को अपने अधरों से पान किया, परम विराट् को अपने हृदय – कमल में विराजमान किया–

तब मैं समझूँगा मेरे इन गीतों में सरसता है, मधुर प्रकाश है – जो अन्तः पराग को सुवासित करे, संगीत है – जो भक्तिमय कर दे, वेदना है – जो हृदय को द्रवित कर दे, काव्य है जो हृद्तन्त्री को झंकृत करदे।

–सुधीर नारायण

विष्णु का स्वरूप

विष्णु जो व्यापक तत्त्व है – उसका स्वरूप क्या? आकाश का स्वरूप कैसा? हाँ, घट में घट का स्वरूप।

लेकिन यह नयन विष्णु के स्वरूप को देखना चाहते हैं। यह भी चाह है कि वह विष्णु हमको देखे। यह कर्ण उसकी मधुर वाणी सुनना चाहते हैं – और उसके भी कर्ण हों – जो हम कहें वह सुने, उसके अधर हों – अपनी वाणी से ज्ञान का बोध कराये। उसके विशाल बाहु हों – रक्षा कर सकें, हस्त हों – वर दे सकें, पग हों – पुकारने पर आये, सुन्दर विग्रह हो – ध्यान का केन्द्र बन सके।

कागज कोरा है – उसका क्या विरोध। चित्रकार उस पर जैसा भी चित्र बनाये, उसमें कोई भी रंग भरे। चित्रकार अपनी तूलिका से चित्र बनाये और उसमें गूढ़ रहस्य अवगुण्ठित हों जो दर्शक के लिए पहेली बन जाय।

धरती का क्या विरोध – उसकी मिट्टी से कुम्हार जैसी भी मूर्ति बनाये। मूर्ति में भावना अपनी ही होगी। जल तरल – उसका क्या स्वरूप? गागर में भरें – गागर का रूप। अनल की दाहकता का क्या रूप? जो वस्तु दहके – उसी का रूप लपटों में। वायु का क्या रूप – व्यापक है। स्पर्श हो, केवल उसका अनुभव है – कभी शीतल, कभी उष्म। गुब्बारे में उसके स्वरूप को बाँध लें – सुन्दर लगे, आकाश उड़े।

यह सब पंचतत्त्व हैं – मन उससे भी सूक्ष्म है। किसी ने अपने ही मन को स्थूल नयनों से न देखा। अहंकार की भयंकरता को अपने सामने खड़ा कर न देखा। बुद्धि की तीव्र धार को न देखा। लेकिन उस असीम को अपने नयनों में बाँधना चाहा।

वह परमेश्वर इन सबसे सूक्ष्म है। व्यापक है – फिर भी हम प्रश्न करते हैं – वह कहाँ है? वह अपने अन्तस् में है – स्वयं का साक्षी है – हम उसी को अनदेखा करते हैं। चित्त में उसको हमने धारण न किया। मन उसकी ओर मुखरित न हुआ – वही हमको शक्ति दे रहा है। वही हममें अन्तः चैतन्यस्वरूप है। बाह्य देखें – सर्वत्र उसी की शक्ति है। सब सोयें- वह सदैव जागरूक रहे।

वह स्थूल व्यक्ति नहीं। वह आकाश – सा व्यापक है। रूप में नहीं- लेकिन सब रूपों में वही है।

विष्णु का चतुर्भुज स्वरूप

जो अव्यक्त रहा – मनीषियों ने उसे मानस में व्यक्त किया, जो अप्रकाशित रहा – चित्त में प्रकाशित किया, जो दिव्य – अशरीरी रहा – उसको शरीर में बाँधा, जो अतीन्द्रिय रहा, उसमें दिव्य इन्द्रियों का आधान किया। उसके एक हस्त में चक्र, दूसरे में गदा, तीसरे में शंख, चौथे में पद्म दिया। उसके भाल में मुकुट की शोभा है। उसके श्याम वर्ण पर पीत वस्त्र लहराये, वक्षःस्थल पर कौस्तुभ मणि का प्रकाश और वैजयन्ती माला की सुगन्ध, कुन्द – से अधर, कृपालु-नयन और सरोज – सा प्रसन्न वदन है। दर्शन करें – मन मुग्ध हो जाये, हृदय में धारण करें – चैतन्य प्रकाशित हो।

विष्णु का चतुर्भुज स्वरूप मानव के आध्यात्मिक विकास की सम्पूर्णता का स्वरूप है। मानव और ईश्वर का तादात्म्य है।

जन्म लेने पर जीव में केवल दिव्य आत्मा का ही प्रवेश नहीं होता है, वरन् उसके साथ इन्द्रियाँ, मन, बुद्धि, चित्त, अहं का भी प्रादुर्भाव होता है। चैतन्य आत्मा त्रिगुणातीत है, दूसरी ओर शरीरधारी जीव सत्त्व, रज और तम के गुणों से अवगुण्ठित है। एक ओर क्षण-क्षण क्षरण होनेवाला शरीर है – दूसरी ओर इसमें निवास करनेवाली आत्मा शाश्वत है। मन, बुद्धि, चित्त, अहं दिव्यता से अभिभूत होने पर दिव्य हैं। जीव जीवत्व छोड़ने पर ब्रह्म है, नर से नारायण है। गागर – सागर से मिले – सागर है।

विष्णु के चतुर्भुज स्वरूप को जानने के लिए उसके सर्व अंगों के रहस्य को जानना होगा।

चक्र–विष्णु के एक हस्त में चक्र है। यह चक्र मानव का मन है। विष्णु पुराण में मन को ही चक्र कहा गया है। मन विचारों का उद्गम- स्थल है। उसका प्रवाह निरन्तर है, जागृति में है, निद्रा में भी। चक्र की तरह घूमते रहते हैं।

देखना है कि मन अपने पास रहता है या अपने से दूर जाता है। आप अपने मन को अपनी आँखों को बन्द कर स्वयं देखें – वह जहाँ भी जाय, जाने दें – केवल देखें कहाँ गया। किसी प्रिय के पास बैठा है या अपने दुश्मन के द्वार उसको मारने गया है, किस लाभ को पाने के लिए प्रयत्नशील है या शोक की नदी में डूब रहा है।

मन का नियन्त्रण दुष्कर है क्योंकि वह रोकने से रुकता नहीं, बाँधने से बँधता नहीं, लेकिन यदि परम व्यापक विष्णु के कर-कमलों में समर्पित करें, वह नियन्त्रित होगा। मन की गति तीव्र है लेकिन उसकी सीमा बाह्य जगत् है। वह प्रभु असीम है, जगत् में है – जगत् से परे भी है। मन के विचार परिवर्तित होते रहते हैं लेकिन प्रभु नित्य है। मन जब नित्य में स्थित होगा वह शान्त रहेगा।

मन की धुरी उसकी अँगुली से बँधे – दिव्यता से बँधेगा। विष्णु की ओर उन्मुख रहे – उसके दर्शन करेगा – मन सुदर्शन होगा। दुर् शब्द की मन से सन्धि करने पर 'दुश्मन' शब्द की व्युत्पत्ति होती है। जो मन को दूषित करे वह दुश्मन है। दुश्मन कोई दूसरा नहीं – हम स्वयं अपने ही दुश्मन हो जाते हैं। जब अपने अन्तर को झाँकें, तब देखेंगे वह दूषित है या निर्मल। निर्मल होने पर सुन्दर है। उसका स्वरूप 'सुदर्शन' है।

मन को ही पाना है, मन को ही खोना है। सब प्राणियों में आत्मज्योति के रूप में वह सदैव प्रकाशित है, शाश्वत है। मन भी उसके साथ है। देखना केवल यह है – मन किसमें रमण कर रहा है।

मन की सहज प्रवृत्ति बाह्य जगत् की यात्रा करना है क्योंकि वहाँ भोगों के आनन्द को खोजता है। उसमें विषय – रस है। लेकिन भोग में रोग भी छिपा है। भोग भी क्षणभंगुर है। मन अन्तर्यात्रा करे, प्रभु को पाये, वहाँ मन का चैतन्य से मिलन पर आनन्द की वर्षा होगी, तब मन पुकारे – सच्चिदानन्द!

इस गूढ़ रहस्य को यम नचिकेता से कहते हैं 'शुद्ध मन से ही परमात्म तत्त्व प्राप्त किये जाने योग्य है। जिसके मन-इन्द्रियाँ संयमित नहीं हैं – जिसका मन चंचल है – वह परमात्मा को प्राप्त नहीं कर सकता।

कारण स्पष्ट है। मन उसे बाह्य पदार्थों में खोजे, वह पदार्थों में नहीं, अन्तर में है। हाँ, जिसने अपने अन्तर में देखा – उसको सब घट में व्यापक विष्णु के दर्शन होंगे। तब नयन देखेंगे – सम्यक् देखेंगे, कर्ण सुनेंगे – सम्यक् सुनेंगे, वाचा बोलेगी – वाणी सुमधुर सत्य की होगी। विष्णु के चक्र का ध्यान करें और अपने ही मन – चक्र को देखें। उसे प्रभु के कर-कमलों में दें। वह मन को 'सुदर्शन' कर देगा।

गदा–घोड़े को लगाम से बँधना कब भाया? अन्धकार ने प्रकाश का स्वागत कब किया? इस मन ने संसार के विषय – रस की धारा छोड़कर कब कल्याण की धारा की ओर जाना चाहा? प्रश्न यह है कि मन किसके कहने से कर्म के लिए निश्चय करता है। यह बुद्धि है जो मन को धारण कर नियन्त्रित कर सकती है, इसलिए मन से बुद्धि श्रेष्ठ है। विष्णु पुराण में भगवान् नारायण की गदा को बुद्धि का प्रतीक माना गया है। मन में आलस्य हो, निद्रारत रहे, लेकिन बुद्धि कहे कि परीक्षा के लिए स्वाध्याय करना है, मन से आलस्य विनष्ट हो जायगा।

हाँ, जहाँ बुद्धि भ्रष्ट हो, वहाँ सर्व विनाश है। एक अन्धा, एक लँगड़ा, कौन किसको कहाँ ले जाये। तभी ऋषियों ने प्रार्थना की 'धियो यो नः प्रचोदयात्'।

विचार करना है कि बुद्धि भ्रष्ट क्यों होती है। बुद्धि में विवेक है जो सत्य-असत्य, श्रेय-प्रेय का निर्णय करता है। जब विवेक धूमिल हो या मन के द्वारा उसका अपहरण हो जाये, तब मनुष्य अपने कल्याण को स्वयं नहीं देख पाता। काम की पूर्ति न होने पर दग्ध होता है और अन्त में बुद्धि के ह्रास होने पर नाश होता है। जब वह विवेकहीन हो जाता हे, इन्द्रियाँ असंयत हो जाती हैं, चित्त अपवित्र होता है, वह परमपद को नहीं पा सकता।

विवेक प्रकाश है जो सत्य पथ को दर्शाता है। जब मन विषय-रस में अनुरक्त होकर अपने कल्याण को भूल जाय, तब विवेक की गदा उसके मन पर प्रहार करके उसे असत्य से सत्य की ओर, अकल्याण से कल्याण की ओर, मृत्यु से जीवन की ओर ले चले।

बुद्धि में भले ही, निर्णय करने की शक्ति हो, लेकिन वह भी मन की वासना के आवेग में स्वयं बह जाती है। यह विवेक ही उसको रोकता है। बुद्धि में यह विवेक तब

होगा जब दिव्य विचारों का हस्त उस बुद्धि पर हो। तब उसके मन-गंगा में पवित्र प्रवाह होगा, चित्त चन्दन – सा होगा।

शंख–शंख जल में उत्पन्न होता है और नाद करता है। विष्णु पुराण में इसे 'अहं' का रूप कहा है। ब्रह्म एवं जीव के भेद का कारण अहं है। अहं मिटे, चैतन्य आत्मस्वरूप विष्णु का दर्शन हो। अहंकार ही परदा डाले है।

'हम हैं' यह पहली सीढ़ी है और यह 'हमारा' है – यह दूसरी सीढ़ी है। इन दो सीढ़ियों से चढ़कर मानव अपने को विश्व में देखता है, विश्व में कौन कहाँ क्या है – इसकी उसको दरकार नहीं है। विश्व में जहाँ उसका 'मैं' है, वहीं वह अपने को खोजता है।

यह 'मैं' क्या है? असीम में अपने को सीमा में बाँधना। व्यापक में अपने को सीमित करना है। 'विदेह' से 'देह' में अवस्थित होना है। उसके प्रभाव मुख्यतः छह हैं।

1. नित्य को छोड़ अनित्य को अपनाते हैं, या प्रधानता देते हैं।

2. अनित्य पदार्थ में आसक्ति उत्पन्न करते हैं।

3. अपने को बेड़ियों में बाँधते हैं, जिसके कारण अपने को व्यापक में व्याप्त नहीं करते। हम कंकड़ बनते हैं, न कि नमक की डली जो सागर में समा जाय।

4. अद्वैत से द्वैत की ओर अग्रसर होते हैं। अपने – पराये की दूरी बढ़ती जाती है। अपने पद-तल में काँटा चुभे, पीड़ा का अनुभव है, लेकिन दूसरे की पीड़ा का एहसास भी नहीं करते।

5. अहं से उत्पन्न कई रोग हैं – अपना मानने पर आसक्ति का जन्म और उसमें डूबने पर मोह का बन्धन, अपनी कामना पूर्ण न होने पर क्रोध, और यदि पूर्ण हुई, जो मिला उसे खोने का भय।

6. कामना और क्रिया का सम्बन्ध। 'मेरी यह चाह रही' और 'मैंने किया'। लेकिन जब अपनी कामना व्यापक प्रभु के चरणों में छोड़ दें – वह समर्पण है। कामना तब अपनी नहीं, उसकी कामना में अपनी कामना है, उसकी इच्छा में अपनी इच्छा है – तब जो मिला वह अपना किया हुआ नहीं, उसका दिया हुआ प्रसाद है।

जीव ने यह न जाना जिसने 'मैं' कहने की शक्ति दी वह कौन है? दीप हो, बाती हो, घृत हो, लेकिन दीप तभी जले, जब अनल का सम्पर्क हो।

अपना अन्तः कूटस्थ चैतन्य ही शाश्वत है। अन्य सब क्षणभंगुर हैं। शरीर जिसके कारण है – वही न रहेगा – वह माटी में मिल जायेगा। धुआँ अग्नि के साथ मिटेगा। वह चंचल मन, धारक बुद्धि, भयावह अहं, सब उसके साथ चले जायेंगे।

अहं मिटे – चैतन्यस्वरूप विष्णु के दर्शन हों। यह अहं ज्ञान के उद्‌घोष से ही मिटेगा। शंख उद्‌घोष करता है, तुमुल ध्वनि होती है। आकाश को भेदता हुआ, विश्व में व्यापक हो जाता है। जीव अज्ञान-रात्रि में स्वप्न देखता है–मोह में, दिवास्वप्न भी। उद्‌घोष होता है, सुप्त को जगाने के लिए, यह शंखनाद है। यह शंखनाद प्रभु के अधरों से होगा, जिन अधरों से वेद निःसृत हुए। अन्तर्वाणी मुखरित हुई। 'अहं' को मिटानेवाला यह शंखनाद है।

पद्म–विष्णु के एक हस्त में पद्म शोभायमान है। जिसका मन अपने वश में हो, विवेक जागृत हो, अहं मिट जाय, वह पद्म – सा प्रफुल्लित होगा। पद्म की तीन विशेषताएँ हैं–

1. पंक में जन्म लेने पर भी निर्मल है,

2. जल में रहते हुए भी उससे अनासक्त है।

3. अन्धकार में प्रसुप्त, प्रकाश में विकसित होता है।

इसमें सन्देश छिपा है – विविध द्वन्द्वयुक्त संसार में भले ही जन्म हो, लेकिन संसार-सागर में रहते हुए भी उसमें न डूबें। उससे ऊपर रहें। जो संसार में हो रहा है – उसे साक्षी भाव से देखें – उसमें आसक्त होकर दुःखी न हों।

यह मनोविकास तब होगा जब ज्ञान का प्रकाश मिले। ईश्वर प्रणिधान से ही ज्ञान मिले। जब हृदय में प्रभु का ध्यान करें – वह पूर्ण ब्रह्म सच्चिदानन्द कमल-पटल-सा हृदय में विकसित हो।

कौस्तुभमणि–भगवान् विष्णु के वक्षःस्थल में शोभायमान होती है। वह निर्गुण, निर्लिप्त, निर्मल आत्मा का स्वरूप है। विष्णु पुराण में कौस्तुभमणि को आत्मा का प्रतीक माना गया है। आत्मा प्रकाशस्वरूप है। आत्मा पुरुष की ज्योति है, वह ज्योति वायु के झोंकों से बुझनेवाली नहीं है। वह सूर्य के समान प्रकाशवाला है।

प्रकाश से ही सब प्रकाशित होते हैं। आत्मा से ही मन, बुद्धि, अहं, चित्त प्रकाशित हैं। शरीर क्रियान्वित है। कर्म-अकर्म की धारा है। ज्ञानेन्द्रियों एवं कर्मेन्द्रियों का स्रोत है। सत्, चित्, आनन्द का गूढ़ कुम्भ है। जब कौस्तुभमणि देखें, तो अपने अन्तः आत्म-ज्योति का दर्शन करें।

श्रीवत्स–भगवान् विष्णु के वक्षःस्थल पर जहाँ एक ओर कौस्तुभमणि आत्मा को द्योतित करता है वहीं श्रीवत्स प्रकृति के रूप को प्रतिपादित करता है। विष्णु पुराण में कहा है उस अनन्त भगवान् ने प्रधान को श्रीवत्स के रूप में धारण किया है। प्रधान प्रकृति का वाचक है। आत्मा शाश्वत है, प्रकृति परिवर्तनशील है। जिसका आज अस्तित्व है, कल न होगा। उसके लिए आसक्ति क्या? उसकी प्राप्ति के लिए झूठ, छल, कपट, धोखेबाजी क्यों किया जाय। विष्णु के वक्षःस्थल पर शोभायमान श्रीवत्स की यही प्रेरणा है।

वैजयन्ती माला–भगवान् विष्णु के वक्षःस्थल में वैजयन्ती माला सुशोभित है, जिसमें मुक्ता, माणिक्य, मरकत, इन्द्रनील और हीरकमणि लगे हैं। यह पाँचों महाभूत (पृथ्वी, जल, वायु, अग्नि और आकाश) के प्रतीक हैं।

वैजयन्ती माला को पंचरूपा कहा गया है। वह व्यापक ईश्वर जहाँ जीवों में आत्मरूप से स्थित है, वहीं दूसरी ओर जगत् और जीव के पंचभूतों को धारण करता है। पृथ्वी की स्थूलता, जल की तरलता, अनल की दाहकता, अनिल का वेग, आकाश की व्यापकता उसके कारण हैं। वह विश्व के सर्व तत्त्वों को धारण किये शोभायमान है। वह सर्व भूतों को धारण किये है, यद्यपि जीवों में भिन्नता है। सब भिन्नताओं के होते हुए भी उनको एक सूत्र में पिरोकर धारण किया है। यह उसकी माला है। माला पहनाने का यही गूढ़ रहस्य है।

यज्ञोपवीत–भगवान् विष्णु अ उ म् इन तीन मात्रावाले ओम् को यज्ञोपवीत के रूप में धारण करते हैं। प्रणव में तीन मात्राएँ हैं। यज्ञोपवीत में तीन सूत्र हैं। तीनों ही आपस में बँधे हैं। यज्ञोपवीत धारण करने का अभिप्राय है, प्रणव को सदैव अपने हृदय में धारण करना, एक क्षण भी अपने को उससे अलग न करना। वह हृदय में ज्योतिस्वरूप है, मानस में हंस सरोवर है।

ॐ सर्वश्रेष्ठ वैदिक बीज मन्त्र है। बीज में वृहद् वृक्ष समाविष्ट रहता है – उसी प्रकार बीज मन्त्रों में उसके फल एवं गुण समाहित रहते हैं। वेदों ने आदेश दिया 'ॐ स्मर'। यह ईश्वरवाचक है। कठोपनिषद् (1.1.15 ने इसे परमपद कहा है। प्रश्नोपनिषद् में कहा है कि यदि ईश्वर को प्राप्त करना है, ओंकार का ध्यान करे। मुण्डकोपनिषद् में कहा है 'प्रणव धनुष और आत्मा बाण है – ब्रह्म उसका लक्ष्य है' – यानी धनुषरूपी प्रणव से ब्रह्मरूपी लक्ष्य का भेदन किया जा सकता है।

माण्डूक्योपनिषद् में कहा गया है – 'ओंकारमय अविनाशी ब्रह्म है। तैत्तिरीयोपनिषद् में घोषणा की है कि ॐ ब्रह्म है।

पीतवस्त्र–पीतवस्त्र त्याग का प्रतीक है। पतझर में पल्लव पीले पड़कर वृक्ष से विलग हो जाते हैं। त्याग किसका करना है – अपने चित्त की कलुषता का। यही योग है।

अग्नि का भी वर्ण पीत है। अग्नि की लपटें भी पीली होती हैं। यज्ञ में अग्नि की लपटें बलिदान की प्रतीक हैं। 'यज्ञो वै विष्णुः' इस शतपथ ब्राह्मण के वाक्य से विष्णु तो यज्ञस्वरूप हैं। यज्ञ में आहुति देकर बलिदान करते हैं। यह बलिदान अपने स्वार्थ का है।

भारतीय संस्कृति का मूल–यज्ञ है अर्थात् त्याग इसकी आधारशिला है। त्याग की भावनाओं को जागृत करना ही सांस्कृतिक आन्दोलन है। गीता में भगवान् कृष्ण का महावाक्य है – यज्ञ के शेष भाग को ग्रहण करनेवाले, पापों से मुक्त होते हैं अन्यथा पाप के भागी होते हैं।[1] ईश्वर ने जो कुछ भी मनुष्य को दिया वह उसको सबमें बाँटकर भोगे। समाजवाद का मूल सिद्धान्त उसमें गर्भित है।

पीतवस्त्र धारण करने का यही रहस्य है।

श्याम वर्ण–विष्णु व्यापक हैं। आकाश की व्यापकता की कोई सीमा नहीं है। उसमें नीलिमा का आभास है। विष्णु का श्याम वर्ण उसकी व्यापकता का द्योतक है। वह निर्गुण है। त्रिगुणातीत है। सत्त्व, रज, तम से परे है। काले रंग में सब समा जाय – उस पर कोई दूजा रंग न चढ़े। प्रकृति के गुण मानव के मन को रँग दे, भावों की तूलिका से चित्त को चित्रित कर दे। कहीं अन्तर्ज्वाला की लालिमा है, कहीं वासनाओं की नीलिमा है लेकिन प्रभु श्यामवर्ण-गुणों के रंगों से परे है।

श्वेत वर्ण–पद्मपुराण में विष्णु को श्वेत रंगवाला कहा गया है।[1] श्वेत वर्ण अद्वैत भाव के लिए प्रेरित करता है। जहाँ रंग वहाँ द्वैत। प्रकृति में विविधता है। चाहे वह स्थूल में हो या सूक्ष्म में हो। आकार या रूपों में हो, भावों या विचारों में हो। वह विष्णु एक शुद्ध चैतन्य है। श्वेत वर्ण अद्वैत ब्रह्म का प्रतीक है।

किरीट–राजा का किरीट उसके शासन का प्रतीक है। वह प्रभु है, राजाओं का राजा – महाराजा है। देवताओं का देवता – सुरेश्वर है।

किरीट मस्तक की शोभा भले ही हो लेकिन उस पर प्रजापालन का भार भी है। वह सबका पोषक है। जीव जगत् के जन्म का कारण है जन्म के उपरान्त भी पोषण का वही कारण है।

शयन स्वरूप

भगवान् विष्णु की खोज में आगे चला। उसके विचित्र दर्शन हुए। क्षीर-सागर में भुजंग पर शयन कर रहे हैं। योगनिद्रा में हैं। आकार शान्त है। नाभि से कमल उदय हो रहा है। लक्ष्मी संगिनी हैं।

रहस्य का भेदन हुआ – उस चैतन्य विष्णु का अपने अन्तः में ही शयन हो रहा है। चित्त भुजंग है – चंचल है। उसमें विषय – रस का विष भी है। जब वह इन्द्रियों के विषय – रस से विगलित हो जाय, मन नियन्त्रण में रहे, चैतन्य आत्मस्वरूप शेषशायी विष्णु के योगनिद्रा में दर्शन हों।

शिव ने नाग को नियन्त्रित कर गले का हार बनाया और भगवान् कृष्ण ने कालिय नाग का मर्दन किया।

चित्त वशीभूत होने पर शान्त होता है और उसके शान्त होने पर अन्तः विष्णु को योगनिद्रा में प्रवेश करा सकेंगे।

नाभि सृजनात्मक शक्ति है। सात्त्विक सृजन से कमल का उदय होगा। ज्ञान-प्रकाश में विकसित, संसार के सागर में वह अनासक्त रहे। लक्ष्मी सहवासिनी है। वह सृजन की आद्याशक्ति है। संसार का वैभव और सम्पदा को देनेवाली है। प्राणियों ने अपने अन्तः में ही शयन करते हुए विष्णु का दर्शन न किया। कारण खोजें – उत्तर स्वयं मिलेगा। मन की यात्रा बाह्य है – अन्तर्यात्रा करें, वह शयन करते मिलें। यह अन्तर्यात्रा ही ध्यान है और उसमें अवस्थित होना योगनिद्रा। तब भुजंगमय संसार में रहते हुए भी शान्ताकार होगा, अनासक्त एवं निर्विकार होगा और तब शयन करते हुए शान्ताकार विष्णु के दर्शन होंगे।

पालक रूप

शिशु का जन्म होता है – माता के स्तन से दूध प्रवाहित होने लगता है। उसे कहीं खोजना नहीं पड़ता। दूध जीवन का पोषक तत्त्व है। विष्णु विश्वपालक है। उसका दुग्धमय सागर है। कभी न्यून न हो। विश्व के प्राणी पान कर रहे हैं। पोषक तत्त्व से ही धमनियों में रक्त बह रहा है – प्राणों में श्वास है – जाग्रत जीवन है। सब क्षीरसागर का पान कर रहे हैं। वह खारा नहीं, अमृतमय है। जीव ही इस क्षीरसागर में शयन कर रहा है। दूसरे अर्थों में क्षीर ऐश्वर्य का प्रतीक है। संसार के समस्त ऐश्वर्य उसी के कारण। वह ऐश्वर्य का सागर है। वह सागर जिसमें कलुषता नहीं – श्वेत है।

उस क्षीरसागर में अवगाहन करें – कामनाओं से पूरित होकर तृप्त हो जायें।

विश्वरूप

विष्णु व्यापक है। व्यापकता है विश्व में और जो विश्व से परे है उसमें भी। जो निराकार – उसने विश्व का आकार धारण कर लिया। वह विश्वस्वरूप 'विश्व' कहलाया। जो पंचभूत से परे वह पंचभूतात्मा हुआ। जो त्रिगुणातीत – वह गुणों में बँध गया। वह समस्त प्राणियों में प्रविष्ट हो गया। प्रविष्ट होने से 'विष्णु' कहलाया।

विश्व में असंख्य प्राणी। कोई शशि – सा सुन्दर, कोई कालरात्रि- सा भयंकर, कोई पर्वत – सा विशाल, कोई जुगनूँ – सा लघु। प्राणी के बाह्य आकार ही नहीं – अन्तर में भी भिन्नता रही। अन्तः देखें – क्रोधी का रौद्र रूप, कामी की वासना-ज्वाला, लोभी की लालसा-विष। लेकिन वह प्रभु 'विश्वात्मा' विश्व के सब प्राणियों की आत्मा में वही प्रकाशित रहा। विश्वकर्मा ने उसकी मूर्ति बनायी और विश्व ही उसकी 'विश्वमूर्ति' बनी।

सूर्य ने किसी को प्रकाश दिया हो या किसी को अन्धकार में छिपाया हो, पवन ने किसी को शीतल सिहरन दी हो या किसी को तापित किया हो, मही ने किसी को अन्न दिया या न दिया हो, लेकिन ईश्वर ने अपने को समान रूप से सब में समाया। भेद प्रकृति ने किया, स्थूलता में – सूक्ष्मता में भी। प्रत्येक प्राणी का मन, चिन्तन और भाव भिन्न-भिन्न हैं। बुद्धि की प्रखरता भिन्न है, धारणा भी भिन्न। अपना अहं किसी ने भी विगलित न किया। सबका साक्षी चैतन्य एक रहा। सब प्रकाश उसी का। जल निर्मल – रंग डाल चुनरिया को जैसी भी रंग लें।

ज्ञानी उसको सर्वत्र देख रहा है। सर्व जगत् में देख रहा है। प्रह्लाद ने खम्भे में उसको देखा, दानवों में भी उसी को देखा। जब पुरोहितों ने प्रह्लाद पर कृत्या का प्रयोग करके उसे नष्ट करने का प्रयत्न किया तब कृत्या ने उन्हीं पर वार किया और वे स्वयं नष्ट हो गये। प्रह्लाद ने प्रभु से प्रार्थना की 'यदि मैं सर्वव्यापी और अक्षय विष्णु को अपने विपक्षियों में भी देखता हूँ तब ये पुरोहितगण जीवित हो जायें।' वे अपने पिता से स्वयं कहते हैं 'मुझे न कोई शत्रु दिखाई देता है न मित्रादि ही दिखायी देते हैं।' विष्णु किसमें स्थित हैं, प्रह्लाद ने कहा–'हे दैत्यगण, भगवान् तो तुममें, मुझमें और इन शस्त्रों में विद्यमान हैं, इस सत्य के कारण इन शस्त्रों का प्रभाव मुझ पर नहीं हो सकता।'

सबके हृदय में चैतन्य विष्णु का दर्शन करना आध्यात्मिक पक्ष है, लेकिन इसका व्यावहारिक पक्ष भी है। पहला – समता का सिद्धान्त, दूसरा- एक-दूसरे को प्रेम करना, तीसरा, सेवा का भाव।

विभिन्नता के होते हुए भी समता होगी क्योंकि ईश्वर समान रूप से सबमें है। मानवतावादी सिद्धान्त से सभी मानव समान हैं। सबमें अपना अहं है – समान व्यवहार चाहिए। जहाँ दूसरे को अपना जानेंगे, प्रेम बढ़ेगा और पराया जानेंगे पहले अविश्वास होगा – फिर द्वेष और अन्त में घृणा। उसका फल होगा जीवन में कहीं खाई, कहीं मरु, कहीं काँकर। पद समतल आगे न बढ़ेंगे। जीवन भूमि में आनन्द की वर्षा न हो पायेगी।

सेवा का भाव भी तभी आयेगा जब दूसरा न समझ अपना समझें। माँ अपने शिशु को भूखा जानकर कितने दुलार से स्तनपान कराती है। प्रत्येक व्यक्ति जो कार्य करता है वह स्वार्थ सिद्धि के लिए करता है, लेकिन जब दूसरे का कार्य अपना – सा ही करें – वह निःस्वार्थ सेवा है। ऐसे मानव के लिए ईश्वर 'विश्वमूर्ति' है।

भक्ति स्वरूप

अव्यक्त व्यापक विष्णु का ज्ञानी आत्मस्वरूप में ध्यान करे जिसका न कोई रूप है – न कोई नाम। सबके अन्तस् में व्यापक विष्णु का दर्शन करे, लेकिन भक्त को इससे सन्तुष्टि नहीं।

उसको भगवान् की आराधना करना है। मन — भक्त है, हृदय की भावनाएँ फूल हैं— उसकी चाह है व्यापक विष्णु की गंगा में उन फूलों को प्रवाहित करना, चाह है — नयनों से निहारने की, पद-पूजन की, शंख, चक्र, गदा, पद्म लिए चतुर्भुज स्वरूप के दर्शन करने की।

उसने उसे किरीट पहनाया, श्याम वर्ण पर पीत वस्त्र पहनाये और वक्षःस्थल पर वैजयन्ती माला से शृंगार किया। उसको अद्वैत नहीं — द्वैत भाता है। भक्ति तभी होगी जब द्वैत हो। उपास्य हो, उपासक हो।

गंगा में गंगाजल से ही उसका अर्चन-तर्पण होगा। पुष्पों से ही पुष्पों का हार होगा।

आत्मवादियों के लिए — आत्मदर्शन ही पूजा है। लेकिन भक्त को इन झंझटों से क्या लेना-देना। उसे प्रभु को पाना है, उसके दर्शन करना है। अपने भावों को समर्पण करना है। मन-मधुकर भक्ति-रस के लिए आतुर है। कर उसकी आरती उतारे, वाणी गीत गाये, सर्व इन्द्रियाँ भक्ति रस से पूरित हैं और हृदय के सप्तक तार झंकृत हो रहे हैं।

प्रभु को कैसे ही पुकारें — वह एक ही है। निराकार हो या साकार। अपनी ही भावना से अभिभूत कर रहे हैं। ज्ञान में मन, बुद्धि, अहं, चित्त को विगलित कर शून्य की ओर बढ़ना है — भक्ति में मन, बुद्धि, अहं और चित्त को उसमें अर्पण कर भक्ति के अपार सागर में मिलना है।

विष्णुसहस्रनाम के सागर में ज्ञान और भक्ति दोनों की धाराएँ प्रवाहित हो रही हैं— अवगाहन किसी भी धारा में कर लें। दोनों में ही आनन्द रस है।

नामावली सूची

37.	स्वयंभू	स्वयंभूः	77
38.	शंभु	शंभुः	79
39.	आदित्य	आदित्यः	80
40.	पुष्कराक्ष	पुष्कराक्षः	82
41.	महानाद	महास्वनः	84
42.	अनादिनिधन	अनादिनिधनः	85
43.	धाता	धाता	86
44.	विधाता	विधाता	87
45.	धारुत्तम	धारुत्तमः	88
46.	अप्रमेय	अप्रमेयः	89
47.	हृषीकेश	हृषीकेशः	91
48.	पद्मनाभ	पद्मनाभः	93
49.	अमरप्रभु	अमरप्रभुः	94
50.	विश्वकर्मा	विश्वकर्मा	96
51.	मनु	मनुः	98
52.	त्वष्टा	त्वष्टा	99
53.	स्थविष्ठ	स्थविष्ठः	100
54.	स्थविर ध्रुव	स्थविरो ध्रुवः	101
55.	अग्राह्य	अग्राह्यः	102
56.	शाश्वत	शाश्वतः	104
57.	कृष्ण	कृष्णः	105
58.	लोहिताक्ष	लोहिताक्षः	107
59.	प्रतर्दन	प्रतर्दनः	108
60.	प्रभूत	प्रभूतः	109
61.	त्रिककुब्धाम	त्रिककुब्धाम	110
62.	पवित्र	पवित्रं	112
63.	परं मंगल	परं मंगलम्	113
64.	ईशान	ईशानः	114
65.	प्राणदाता	प्राणदः	115
66.	प्राण	प्राणः	116
67.	ज्येष्ठ	ज्येष्ठः	117
68.	श्रेष्ठ	श्रेष्ठः	118
69.	प्रजापति	प्रजापतिः	119
70.	हिरण्यगर्भ	हिरण्यगर्भः	120
71.	भूगर्भ	भूगर्भः	121
72.	माधव	माधवः	122
73.	मधुसूदन	मधुसूदनः	123
74.	ईश्वर	ईश्वरः	124
75.	विक्रमी	विक्रमी	125
76.	धन्वी	धन्वी	126

77.	मेधावी	मेधावी	127
78.	विक्रम	विक्रमः	128
79.	क्रम	क्रमः	129
80.	सर्वोत्तम	अनुत्तमः	130
81.	दुराधर्ष	दुराधर्षः	131
82.	कृतज्ञ	कृतज्ञः	132
83.	कृति	कृतिः	133
84.	आत्मवान्	आत्मवान्	134
85.	सुरेश	सुरेशः	135
86.	शरण	शरणं	136
87.	शर्म	शर्म	138
88.	विश्वरेता	विश्वरेताः	139
89.	प्रजाभव	प्रजाभवः	140
90.	अह	अहः	141
91.	संवत्सर	संवत्सरः	142
92.	व्याल	व्यालः	144
93.	प्रत्यय	प्रत्ययः	146
94.	सर्वदर्शन	सर्वदर्शनः	147
95.	अजन्मा	अजः	149
96.	सर्वेश्वर	सर्वेश्वरः	150
97.	सिद्ध	सिद्धः	151
98.	सिद्धि	सिद्धिः	153
99.	सर्वादि	सर्वादिः	155
100.	अच्युत	अच्युतः	157
101.	वृषाकपि	वृषाकपिः	159
102.	अमेयात्मा	अमेयात्मा	160
103.	निःसंगयोगी	सर्वयोगविनिसृतः	161
104.	वसु	वसुः	162
105.	वसुमना	वसुमनाः	163
106.	सत्यस्वरूप	सत्यः	164
107.	समात्मा	समात्मा	166
108.	अ. सम्मित	सम्मितः	167
	ब. असम्मित	असम्मितः	168
109.	सम	समः	169
110.	अमोघ	अमोघः	170
111.	पुण्डरीकाक्ष	पुण्डरीकाक्षः	171
112.	धर्मकर्मा	वृषकर्मा	172
113.	धर्माकृति	वृषाकृतिः	173
114.	रुद्र	रुद्रः	174
115.	बहुशिरा	बहुशिराः	175

116.	पालनहार	बभ्रुः	176
117.	विश्वयोनि	विश्वयोनिः	177
118.	शुचिश्रवा	शुचिश्रवाः	178
119.	अमृत	अमृतः	179
120.	शाश्वतस्थाणु	शाश्वतस्थाणुः	180
121.	वरारोहणकारी	वरारोहः	181
122.	महातपा	महातपाः	182
123.	सर्वगमनीय	सर्वगः	183
124.	भानु	सर्वविद्भानुः	184
125.	विष्वक्सेन	विश्वक्सेनः	185
126.	जनार्दन	जनार्दनः	186
127.	वेद	वेदः	187
128.	वेदज्ञ	वेदवित्	188
129.	अव्यंग	अव्यंगः	189
130.	वेदांग	वेदांगः	190
131.	वेदज्ञ	वेदवित्	191
132.	कवि	कविः	192
133.	लोकाध्यक्ष	लोकाध्यक्षः	193
134.	सुराध्यक्ष	सुराध्यक्षः	194
135.	धर्माध्यक्ष	धर्माध्यक्षः	195
136.	कृताकृत	कृताकृतः	196
137.	चतुरात्मा	चतुरात्मा	197
138.	चतुर्व्यूह	चतुर्व्यूहः	199
139.	चार दंष्ट्रधारी	चतुर्दंष्ट्रः	200
140.	चतुर्भुज	चतुर्भुजः	201
141.	प्रकाशस्वरूप	भ्राजिष्णुः	204
142.	भोजन	भोजनं	205
143.	भोक्ता	भोक्ता	206
144.	सहिष्णु	सहिष्णुः	207
145.	जगदादिजन्म	जगदादिजः	208
146.	अनघ	अनघः	209
147.	विजय	विजयः	210
148.	जेता	जेता	211
149.	विश्वयोनि	विश्वयोनिः	212
150.	पुनर्वसु	पुनर्वसुः	213
151.	उपेन्द्र	उपेन्द्रः	214
152.	वामन	वामनः	215
153.	प्रांशु	प्रांशुः	216
154.	अमोघ	अमोघः	217
155.	शुचि	शुचिः	218

156.	ऊर्जावान्	ऊर्जितः	219
157.	अतीन्द्र	अतीन्द्रः	220
158.	संग्रह	संग्रहः	221
159.	सर्ग	सर्गः	222
160.	धृतात्मा	धृतात्मा	223
161.	नियम	नियमः	224
162.	यम	यमः	225
163.	वेद्य	वेद्यः	226
164.	वैद्य	वैद्यः	227
165.	सदायोगी	सदायोगी	228
166.	वीरहा	वीरहा	229
167.	माधव	माधवः	230
168.	मधु	मधुः	231
169.	अतीन्द्रिय	अतीन्द्रियः	232
170.	महामाया	महामायः	233
171.	महोत्साही	महोत्साहः	234
172.	महाबली	महाबलः	235
173.	महाबुद्धिमान्	महाबुद्धिः	236
174.	महावीर्यवान्	महावीर्यः	237
175.	महाशक्तिमान्	महाशक्तिः	238
176.	महाद्युतिमान्	महाद्युतिः	239
177.	अनिर्देश्यवपु	अनिर्देश्यवपुः	240
178.	श्रीमान्	श्रीमान्	242
179.	अमेयात्मा	अमेयात्मा	243
180.	महागिरिधारी	महाद्रिधृक्	244
181.	महाधनुर्धारी	महेष्वासः	245
182.	महीभर्ता	महीभर्ता	246
183.	श्रीनिवास	श्रीनिवासः	247
184.	सतांगति	सतां गतिः	248
185.	अनिरुद्ध	अनिरुद्धः	249
186.	सुरानन्द	सुरानन्दः	250
187.	गोविन्द	गोविन्दः	251
188.	गोविदांपति	गोविदां पतिः	252
189.	मरीचि	मरीचिः	253
190.	दमन	दमनः	254
191.	हंस	हंसः	255
192.	सुपर्ण	सुपर्णः	256
193.	भुजगोत्तम	भुजगोत्तमः	257
194.	हिरण्यनाभ	हिरण्यनाभः	258
195.	सुतपा	सुतपाः	259

196.	पद्मनाभ	पद्मनाभः	260
197.	प्रजापति	प्रजापतिः	261
198.	अमृत्यु	अमृत्युः	262
199.	सर्वद्रष्टा	सर्वदृक्	263
200.	सिंह	सिंहः	264
201.	सन्धाता	सन्धाता	265
202.	सन्धिमान्	सन्धिमान्	266
203.	स्थिर	स्थिरः	267
204.	अजन्मा	अजः	268
205.	दुर्गम्य	दुर्मर्षणः	269
206.	शास्ता	शास्ता	270
207.	विश्रुतात्मा	विश्रुतात्मा	271
208.	सुरारिहा	सुरारिहा	272
209.	गुरु	गुरुः	273
210.	गुरुतम	गुरुतमः	274
211.	धाम	धाम	275
212.	सत्य	सत्यः	276
213.	सत्यपराक्रमी	सत्यपराक्रमः	277
214.	निमीलित नयन	निमिषः	278
215.	अनिमीलित नयन	अनिमिषः	279
216.	मालाधारी	स्रग्वी	280
217.	वाचस्पति उदारधी	वाचस्पतिरुदारधीः	281
218.	अग्रणी	अग्रणीः	282
219.	ग्रामणी	ग्रामणीः	283
220.	श्रीमान्	श्रीमान्	284
221.	न्याय	न्यायः	285
222.	नेता	नेता	286
223.	समीरण	समीरणः	287
224.	सहस्रमूर्धा	सहस्रमूर्धा	288
225.	विश्वात्मा	विश्वात्मा	289
226.	सहस्राक्षी	सहस्राक्षः	290
227.	सहस्रपाद	सहस्रपात्	291
228.	आवर्तन	आवर्तनः	292
229.	निवृत्तात्मा	निवृत्तात्माः	293
230.	संवृत	संवृतः	294
231.	सम्प्रमर्दन	सम्प्रमर्दनः	295
232.	अहःसंवर्तक	अहः संवर्तकः	296
233.	वह्नि	वह्निः	297
234.	अनिल	अनिलः	298
235.	धरणीधर	धरणीधरः	299

236.	सुप्रसाद	सुप्रसादः	300
237.	प्रसन्नात्मा	प्रसन्नात्मा	301
238.	विश्वधारक	विश्वधृक्	302
239.	विश्वभोक्ता	विश्वभुक्	303
240.	विभु	विभुः	304
241.	सत्कर्त्ता	सत्कर्ता	305
242.	सत्कृत्वान्	सत्कृतः	306
243.	साधु	साधुः	307
244.	जह्नु	जह्नुः	308
245.	नारायण	नारायणः	309
246.	नर	नरः	311
247.	असंख्येय	असंख्येयः	312
248.	अप्रमेयात्मा	अप्रमेयात्मा	313
249.	विशिष्ट	विशिष्टः	315
250.	शिष्टकृतवान्	शिष्टकृत्	316
251.	शुचि	शुचिः	317
252.	सिद्धार्थ	सिद्धार्थः	318
253.	सिद्धसंकल्प	सिद्धसंकल्पः	319
254.	सिद्धिदाता	सिद्धिदः	320
255.	सिद्धिसाधन	सिद्धिसाधनः	321
256.	वृषाही	वृषाही	322
257.	वृषभ	वृषभः	323
258.	विष्णु	विष्णुः	324
259.	वृषपर्वा	वृषपर्वा	325
260.	वृषोदर	वृषोदरः	327
261.	वर्धन	वर्धनः	328
262.	वर्धमान्	वर्धमानः	330
263.	विविक्तवान्	विविक्तः	331
264.	श्रुतिसागर	श्रुतिसागरः	332
265.	सुभुज	सुभुजः	333
266.	दुर्धर	दुर्धरः	334
267.	वाग्मी	वाग्मी	335
268.	महेन्द्र	महेन्द्रः	336
269.	वसुदा	वसुदः	338
270.	वसु	वसुः	339
271.	अनेकरूप	नैकरूपः	341
272.	बृहद्स्वरूप	बृहद्रूपः	343
273.	रश्मि	शिपिविष्टः	344
274.	प्रकाशन	प्रकाशनः	345
275.	ओजस्तेजोद्युतिधर	ओजस्तेजोद्युतिधरः	346

276.	प्रकाशात्मा	प्रकाशात्मा	348
277.	प्रतापक	प्रतापनः	349
278.	ऋद्ध	ऋद्धः	350
279.	स्पष्टाक्षर	स्पष्टाक्षरः	351
280.	मन्त्र	मन्त्रः	353
281.	चन्द्रांशु	चन्द्रांशुः	354
282.	भास्करद्युति	भास्करद्युतिः	355
283.	अमृतांशूद्भव	अमृतांशूद्भवः	356
284.	भानु	भानुः	358
285.	शशबिन्दु	शशबिन्दुः	359
286.	सुरेश्वर	सुरेश्वरः	360
287.	औषध	औषधं	361
288.	जगत्सेतु	जगतः सेतुः	362
289.	सत्यधर्मपराक्रमी	सत्यधर्मपराक्रमः	363
290.	भूतभव्यभवन्नाथ	भूतभव्यभवन्नाथः	365
291.	पवन	पवनः	366
292.	पावन	पावनः	367
293.	अनल	अनलः	369
294.	कामहा	कामहा	370
295.	पूर्णकामकर्त्ता	कामकृत्	371
296.	कान्त	कान्तः	372
297.	काम	कामः	373
298.	कामप्रदा	कामप्रदः	374
299.	प्रभु	प्रभुः	375
300.	युगादिकर्त्ता	युगादिकृत्	376

चरणोदक

1. विश्व

विश्व में प्रभु, तुमको खोजने चला
उपनिषदों ने कहा – 'नेति', 'नेति'
'यह नहीं है' – 'वह भी नहीं'
फिर कहाँ हो, क्या आकार है
क्या रूप

लोग कहें निराकार हो
नहीं जिसने जाना – विश्वाकार में तुमको देखा

विराट् स्वरूप

तुमने स्थूल विश्व बनाया
फिर सूक्ष्म रूप में, स्वयं उसमें प्रविष्ट हो गये
सूर्य में तेज आया
चन्द्र में शीतलता
सागर में उत्ताल तरंगें उठने लगीं

और प्रविष्ट कर गये
गगन की नीलिमा में
इन्द्रधनुष के रंगों में
निर्झर के गान में
पाषाणों के भार में
तरुलता और झुरमुट की हरियाली में

और करने लगे गुंजन
प्राणियों के श्वासों में
जिधर पग चले
वहाँ पर तुम मिले
प्राची के प्रकाश में
प्रतीची के अन्धकार में
उदीची की शीतलता में
अपाची की ऊष्णता में

सर्व दिशाओं में व्याप्त थे
जड़ में तुम्हारी ही ऊर्जा
और जीव में चैतन्य रूप रहे,

हे नयन, प्रभु का दर्शन करना है
विराट् विश्व में दर्शन करो
विश्व में वह प्रविष्ट
विश्व है उसमें,

विश्व में प्रविष्ट होकर
विश्वाकार में रहनेवाले
हे 'विश्व' रूप प्रभो, तुमको नमन है।

विश् (धातु-प्रवेश करना) + क्वन् (प्रत्यय) = विश्वम्
जिसमें प्रविष्ट है।

2. विष्णु

हे प्रभु, तुम विश्व में व्यापक होकर रहनेवाले
'विष्णु' हो।

यह विश्व तुम्हारा बाह्य आकार है
इसके अन्तः में तुम ही परम तत्त्व स्थित रहकर
व्याप्त हो रहे।

तुमसे ही सागर जलमय, आकाश वायुमय,
सूर्य ज्योतिर्मय और यह ब्रह्माण्ड विष्णुमय हो रहा है

ब्रह्माण्ड के आकार में तुम निरन्तर
व्याप्त हो रहे।

व्यापक रहनेवाले हे विष्णु! आप प्रकाश में भी,
अन्धकार में भी—
तथापि—
    तुम पास रहते हुए भी दूर
    दृश्यमान होते हुए भी अदृश्य
    व्यापक होते हुए भी अगम्य
    ऐसा क्यों?

मन की अन्तर्गुहा में देखा-उसने तुमको
अपने में व्यापक न किया।

व्यापक किया है इन्द्रियों के विषयों को
चित्त में चंचलता को—

हे मन! उस व्यापक तत्त्व को अपने
में व्याप्त होने दो। वह स्थूल में सूक्ष्म है
यह स्थूल नश्वर है-वह सूक्ष्म अविनाशी है।

हे 'विष्णु' तुमको नमन है।

विष् (धातु – व्याप्त होना) + णु (प्रत्यय) = विष्णु
जो चराचर में व्याप्त है।

3. वषट्कार

वेदों ने पुकारा
'यज्ञो वै विष्णुः'
यह विष्णु यज्ञस्वरूप है
वह व्यापक है
लेकिन अपना अहं, स्वयं बाधक
उस व्यापक में अपने को व्यापक न होने दिया।

अपने अहं की उसको आहुति दें
तब मन में उसका मनन ही मन्त्र होगा
हर श्वास में उसका ही स्वर होगा
तब केवल प्रदीप्त अन्तर्ज्योति है।

काष्ठ में गुप्त अग्नि
काष्ठ से ही संघर्षण कर
स्वयं को अग्निस्वरूप कर ले,

मेघ रिम-झिम बरसा कर
सागर में विलय हो
द्वैत का बन्धन छोड़
स्वयं सागर हो चले,

तरु के झरते फूलों को
सरिता की लहरें बहा ले चलें
हे वषट्कार, तुम चित्त की मलिनता को
बहा ले चलो।

प्रदीप्त अन्तर्ज्योति में मन्त्रों को
ग्रहण करनेवाले हे 'वषट्कार' तुमको नमन है।

वषट् (यज्ञ वाक्य) + कारः (ग्रहण करनेवाला) = वषट्कारः
यज्ञ के वाक्य को ग्रहण करनेवाला।

4. भूत भव्य भवत् के प्रभु

काल की सीमा – उसकी परिधि
मानव ने बाँधी
परिवर्तन-परिवर्द्धन-परिच्छन्नता
काल का मापदण्ड है।

कल था, आज नहीं
जो आज है, वह कल नहीं
काल की सीमा बँध गयी
लेकिन हे प्रभो! तुम सदैव एकरस
ग्रीष्म का ताप तुमको झुलसा न सका
शिशिर की सिहरन शीतल न कर सकी
कल जैसे थे, आज भी वैसे ही
कल भी वैसे ही रहेंगे
हे देव, काल का प्रभाव
तुम पर शून्य रहा
काल अनन्त- आप अनन्त
कालत्रयी में तुम कालजयी हो।

तुम्हारी कृति सूर्य – चन्द्र और यह विशाल ब्रह्माण्ड
रहें या न रहें
तुम सदैव रहोगे
कर रहे हो औ' करते रहोगे
जो किया- उसका फल दिया
जो कर रहे-उसका फल दोगे।

अरुणोदय की सुषमा में
दुपहरी के तेज में
सन्ध्या की लालिमा में
अस्ताचल की नीलिमा में
रजनी के अन्धकार में भी
सदैव साथ रहे।

हे महाकाल, कालजयी,
भूत भविष्य वर्तमान के नियन्ता
'भूत भव्य भवत् प्रभु'
तुमको नमन है।

भूत (जो हो चुका है) + भव्य (भविष्य) + भवत् (वर्तमान) + प्रभुः (स्वामी) = भूत भव्य भवत् प्रभुः भूत, भविष्य, वर्तमान का स्वामी।

5. भूतकर्त्ता

आकाश, वायु, अग्नि, जल और पृथ्वी
सशक्त पंच महाभूत
सबकी उत्पत्ति, स्थिति और विलय, हे प्रभु तुमसे

नील गगन को देखें
कितना विशाल वितान – गगन आकृति
उस शून्य में अग्निकुण्ड सूर्य को
बनाया प्रकाशमान् भास्कर

धरती को देखें
कहीं वनस्पति की बिछायी चादर
कहीं मरुभूमि में चमकते बालू कण डाले
कहीं पर्वत श्रृंखला से सजाया
मेघों से धरती को नहला दिया
सागर को जल से भर
वायु को वेगवान् किया

पंच विरोधी महाभूतों को जोड़
जब उसमें प्राण डाले
प्राणी ने जीवन लिया
जब पंचमहाभूतों का हुआ विघटन
लोक ने मरण की संज्ञा दी,

सर्जन और विसर्जन की यह क्रिया
अनादि काल से चलती रही
अविरल सरिता के प्रवाह में ही
लहरों का उत्थान औ' विलय भी होता रहा

सब भूतों की उत्पत्ति, विकास और विलय
करनेवाले हे 'भूतकर्त्ता' तुमको नमन है।

भूत (तत्त्वों का) + कृत (निर्माणकर्त्ता) = भूतकृत्
कृञ् (धातु – करना + क्विप् (प्रत्यय) = कृत्
जिससे जो वस्तु होती है उन तत्त्वों का निर्माणकर्त्ता।

6. भूतभर्ता

अग्नि में दाहकता
वायु में गति
जल में आर्द्रता
धरती में उर्वरता
आकाश में विशालता
हे प्रभु! केवल तुमसे है

जो धरती में बीज थे
विशाल तरु बना दिया
फलों से सुशोभित किया
जो कली थी
विहँसता पुष्प किया।

प्राणियों के तुम पालक
गर्भ में रक्षा किया
शिशु को सम्बल दिया
यौवन में मादकता दी
चन्द्रकला-सा विकास
पूर्णमासी-सी पूर्णता दी

तुम ही जीवन
जीवन का सौन्दर्य भी तुम ही हो

हे सर्वेश्वर! प्राणों के प्राण!
जीवन की ज्योति,
सब भूतों के पोषण करनेवाले
हे 'भूतभर्ता' तुमको नमन है।

भूत (जो उत्पन्न हो चुके) + भृत् (धातु – पोषण करना) (भूतभर्ता) = भूतभृत् भूतों का पोषण करनेवाला।

7. भासित

सुगन्ध से सौरभ का
दाहकता से अग्नि का
रश्मि से प्रकाश का
निनाद से निर्झर का
हिम से शीतलता का
जीवन से प्राणों का
आभास होता है,

यह विशाल विश्व का निर्माण
हे देव! तुम्हारा आभास दे रहा
विश्व—तुम्हारी सत्ता से
तुम उसमें स्वयं व्यक्त हो रहे,

कुम्भकार अपनी कृति से भिन्न रहे
लेकिन है विश्वकर्त्ता
आप स्वयं अपनी कृति में हैं
फिर भी आप निराले
सबमें रहते हुए—सबसे परे
त्रिगुणात्मक प्राणियों में
निःसंग त्रिगुणातीत हैं
जन्मनेवालों में अजन्मे
मरण में अमर चैतन्य हैं।

सर्वत्र सबमें भासित होनेवाले
हे 'भासित' तुमको नमन है।

भावः = भू (धातु – होना)
भवतीति भावः
जो हुआ उसका भाव।—भासित

8. भूतात्मा

एक आकाश सहस्रों नक्षत्रों को प्रदीप्त करे
एक धरती सहस्रों वनस्पतियों का पोषण करे
एक झील सहस्रों सरोजों को पुष्पित करे
एक विश्वात्मा समस्त भूतों में सन्निहित रहे।

हे प्रभो! आप प्रकृतिस्थ आत्मा में जीवात्मा
शरीर में अशरीरी कर्त्ता
दृश्य जगत् में अदृश्य होते हुए भी सृष्टिकर्त्ता हैं।

जिसने प्रकृति के वश जैसी प्रवृत्ति बनायी
दुष्ट-प्रवृत्ति पापात्मा, पुण्य-प्रवृत्ति पुण्यात्मा
आप उपाधिरहित शुद्ध आत्मस्वरूप
परमात्मा हैं।

गुण, कर्म, स्वभाव, भिन्न-भिन्न होने से
जीवात्मा भिन्न-भिन्न भास रहा
लेकिन सब भूतों में एक ही आत्मतत्त्व से
वास कर रहे हैं।

संसार में होनेवाले प्राणियों में
आत्मतत्त्व से रहनेवाले हे 'भूतात्मा' तुमको नमन है।

भूत + आत्मा = भूतात्मा
अत् (धातु) = आत्मन्
जो उत्पन्न हो चुके उनकी आत्मा।

9. भूतभावन

जननी स्वजन्मा शिशु को ही
अपना मानकर दुलार दे
लेकिन हे परमेश्वर! आपने तो
सभी को जन्म दिया,
सब आपकी सन्तति हैं
तरु अपने ही फलों को पोषित करे
माली के सारे फल अपने हैं
वह सभी तरुओं को सिंचित करे।

हे देव! आपने विश्वतरु लगाया
इसकी शाखाओं में कोई नर, कोई नारी
कोई पशु, कोई पक्षी, कोई हल्का, कोई भारी
कोई ऊँचा, कोई नीचा
सतरंगे इन्द्रधनुष के रंगों से
विश्व को रँगा है।

जीवों के जन्म के कारण
जीवन की ज्योति
सर्व भूतों को उत्पन्न करनेवाले
हे 'भूतभावन' तुमको नमन है।

भूत (प्राणियों को) + भावनः (उत्पन्न करनेवाला) = भूतभावनः

10. पूतात्मा

कुछ भी आहुति दें
अग्नि सदैव पावन
कोई भी अवगाहन करे
गंगा सदैव पावन!

किसी भी जीव में निवास करें
आत्मा सदैव निर्मल, पावन
हाँ, जीव प्रकृति के वश
दैव हो या दानव
पुण्यात्मा हो या पापी
परोपकारी हो या स्वार्थी
कल्याणकारी हो या विनाशकारी
आत्मा प्रकृति के संग रहते हुए भी
उससे निःसंग, निर्विकार
स्वयं में पावन है।

वर्षा जल स्वयं शुचि, निर्मल
सरिता में मृत्तिका से धूमिल
सागर में वह क्षार-सा जल

आत्मा प्रकाशित दीप
कालकोठरी में हो
या देवालय में, देवता के पास
सदैव ज्योतित।

हे निःसंग, निर्विकार
परम पावन आत्मस्वरूप
'पूतात्मा' तुमको नमन है।

पूत (पवित्र) + आत्मा = पूतात्मा
जो आत्मा पवित्र है।

11. परमात्मा

काष्ठ में अग्नि छिपी
लेकिन उसे कोई अग्नि न कहे
सूर्य में अग्नि है
लेकिन उसे कोई काष्ठ न कहे
वह अग्नि समस्त संसार को
अपने प्रकाश से प्रकाशित कर दे।

आत्मा जब त्रिगुणात्मक जीव के साथ
वह उपाधिरहित जीवात्मा त्रिगुणातीत होने पर
उपाधिरहित परम विशुद्ध आत्मा है।

सत्त्व, रज, तम तीनों गुणों से परे
मन, बुद्धि, अहंकार से परे
जीवात्मा जब शुद्ध आत्मतत्त्व में स्थित हो
जीवात्मा परमात्मा का मिलन कहलाये
तब नित्य, शुद्ध, बुद्ध, मुक्त रहे।

हे देव! आप परम विशुद्ध
एक अनन्य तत्त्व, सर्वत्र प्रकाशित हैं।

नित्य, अविचल, निर्मल आत्मस्वरूप
हे 'परमात्मा' तुमको नमन है।

परम + आत्मा = परमात्मा
जो आत्मा श्रेष्ठ है।

12. मुक्तानां परमगति

सरिता के भयंकर लहरों को पार करता हुआ
नाविक की गति तट है

जिसने संसार के बन्धनों को तोड़ दिया
उसके लिए हे प्रभु, तुम ही परम गति
वह मनरूपी पिंजड़े से उन्मुक्त
आनन्द आकाश में विचरण करे
चित्त के कलुष कारागार से विमुक्त हो
मुक्तांगन में विहार करे
अहं का घट तोड़, वह घटाकाश,
विशाल आकाश में विलय हो जाय,

किसी ने हृदय के तार झंकृत कर
तुम्हारे गीत गाये
किसी ने मानस में सहस्र दल विकसित कर
तुम्हारा ध्यान किया
किसी ने निरन्तर प्राणायाम करते हुए
तुम्हारा पावन प्रणव जप किया
किसी ने निरन्तर कर्म करते
तुम्हारे चिन्तन में समर्पण किया।

सभी की खोज तुम ही
सभी की गति भी हे प्रभु, तुम ही हो।

सभी भवमुक्त पुरुषों की
हे 'परमगति' तुमको नमन है।

मुक्तानां + परमा + गतिः = मुक्तानां परमा गतिः
मुक्ति चाहनेवालों की परम गति (ध्येय)।

13. अव्यय

चन्द्रकला बढ़ते-बढ़ते समस्त आकाशगंगा को
अपने शीतल कण से धो दे, फिर घटते-घटते
अमावस्या के घने अन्धकार में छोड़ दे।

मेघ आकाश में छा जाते, रिमझिम वर्षा होती,
झंझावात आते, फिर वे मेघ न जाने कहाँ चले जाते।

शिशु कोमलता लिए जन्म ले, फिर
उसमें यौवन का उन्माद उभरता, अन्त में कमर
झुकाकर यष्टि लिए न जाने कहाँ चला जाता?

जन्म है मरण के लिए,
शरीर है प्रतिपल क्षरण के लिए।

विकास है – विनाश है -,
बढ़ता है न्यून होने के लिए, लेकिन
प्रभो, आपका न जन्म है न मरण,
न घटना है न बढ़ना,
आप शाश्वत सदैव एकरस।

सूर्य में भी न्यूनता आये लेकिन
हे देव, तुम्हारे तेज में कभी न्यूनता नहीं।

क्षरण न होनेवाले
हे 'अव्यय' तुमको नमन है।

अ (नञ् समास – नहीं) + व्यय (न्यून होना) = अव्ययः
जो न्यून न हो।

14. पुरुष

बाँसुरी हो, वंशी ध्वनि न हो
अधर हो, वाणी न हो
शरीर हो, प्राण न हो
सब अधूरे हैं।

प्रकृति अर्द्ध विराम,
उसके पूरक तुम परम पुरुष
तुम निराकार – साकार से समन्वय कर
पूर्णता देनेवाले पुरुष हो।

प्रकृति पुरी है, सृष्टि उसका आकार
उसने विविध रंग बिखेरे, पुरुष उसकी तूलिका
जगत् और जीवन की चेतना,
प्रकृति के सहचर हे पुरुष! तुमको नमन है।

शरीर पुरी है – नवद्वार हैं इसमें
इसी में शयन करनेवाले हे स्वामी, आप पुरुष हैं,
आपके वास करने से शरीर में गति,
मन में गति, चिन्तन में शक्ति,
इन्द्रियों में ज्ञान, कर्म में शक्ति,
प्राणों में प्राण है।

पुरी में शयन करनेवाले
हे 'पुरुष' तुमको नमन है।

---

1. पुरी (शरीर) + शेते (शयन करनेवाला) = पुरुषः
   जो शरीर में शयन करता है।
2. पृ (धातु – पूर्ण करना, पालन करना) = कुषन् (प्रत्यय)
   पुरुष जो पूर्ण करे।

15. साक्षी

हे प्रभो!
सबमें वास करते हुए सब – कुछ देख रहे
मन की चलायमान गति को, चित्त की विकलता को
मानस की धार को। केवल देख रहे निर्लिप्त
भाव से। आप अन्तर साक्षी हैं।

प्राणी कर्म कर रहा ज्ञान से या अज्ञान से,
छिपे में या खुले में, अंतर में या बाह्य में,

हृदय में कामना लिए या निष्काम भाव से
आप सब देखनेवाले कर्म साक्षी हैं।

जीव ने अपनी और तुम द्रष्टा के मध्य
अनेक व्यवधान किये
मन ने इन्द्रियों के विषय के
चिन्तन का पर्दा डाला,
चित्त ने करवट ले संसार की ओर मुख किया,
ज्ञान ने अहंकार का पर्दा ओढ़ लिया,

जब सभी व्यवधान मिट गये
आत्मा स्वयं स्वरूप का साक्षी हुआ
आप साक्षात् आत्मस्वरूप द्रष्टा साक्षी हैं।

हे विष्णु! आप सर्वव्यापी
आप पृथ्वी की गति को, आकाश की नीरवता को,
बादलों की वृष्टि को, पुष्प के सुवास को
मानव मन की क्रियाओं को देखनेवाले
विश्व द्रष्टा – विश्व साक्षी हैं।

सर्वत्र सब – कुछ देखनेवाले
हे 'साक्षी' तुमको नमन है।

साक्षी = अक्षेण सह = साक्षम्
साक्षात् द्रष्टा = साक्षी

16. क्षेत्रज्ञ

धरती में बीज, धरती की ऊसरता या उर्वरता को जाने
जल में मीन, जल की निर्मलता या खारेपन को जाने
आकाश में मेघ, आकाश उसकी सीमा जाने
सागर में नमक की डली, सागर उसके आकार को जाने।

हे प्रभो, यह नश्वर संसार
आप संसार में अविनाशी
संसार की नश्वरता को जानें।

प्रतिपल क्षरण होता यह शरीर
आप इसमें अशरीरी
शरीर सागर की लहरों को जाने।

यह देह कितना विशाल क्षेत्र
इसमें पंच विरोधी महाभूत निवास करें,
ज्वाला लिए अनल
वेग लिए वायु
तरलता लिए जल
स्थूलता लिए पृथ्वी
शून्यता लिए आकाश में विलास करें।

इस जड़ता में न जाने कितने उत्पात
मन ने इसमें, संसार को बाँध लिया
फिर, निरन्तर इसमें दौड़ता रहे
कभी विश्राम नहीं
चित्त की ज्वालामुखी जलती रहे
कभी शान्त नहीं।

अहं का साम्राज्य रहे
प्रचण्ड उत्पीड़न होता रहे

बुद्धि संशय के कगार पर
अनवरत गिरती रहे
इन्द्रियों का उत्पात होता रहे
कभी नयन देखे, कभी वाणी सुने,
कहीं ज्ञान, कहीं क्रिया
उनके विषय अनेक
सदैव इसमें विलसित रहे।

असंख्य जीव, सब वायु से प्राण लें
असंख्य नेत्र, सब प्रकाश से ज्योति लें
सागर में असंख्य मीन, सागर से प्राण लें
असंख्य क्षेत्र हैं,
लेकिन क्षेत्र न जाने क्षेत्र का स्वामी कौन,

जड़ क्षेत्र में चैतन्य रूप
प्रभु, आप स्वयं निवास कर स्वयं को जानें

क्षेत्र को जाननेवाले
हे 'क्षेत्रज्ञ' तुमको नमन है।

क्षि (धातु – क्षीण होना) + त्रन् (प्रत्यय) = क्षेत्रज्ञः
जो क्षीण होता है = शरीर, प्रकृति
ज्ञः (जाननेवाला), क्षेत्रज्ञः = जो क्षेत्र को जानता है।

17. अक्षर

हे क्षेत्रज्ञ! आप अक्षर हैं।

शरीर नष्ट हो – शरीर नष्ट होने पर भी,
अविनाशी नष्ट न हो। शरीर का जन्म है – आप
जन्मने के पहले भी और बाद में भी रहें।
आप अविनाशी अक्षर,

समय की गति में जिसका निर्माण हुआ विनष्ट होगा,
जिसका जन्म हुआ उसका मरण निश्चित,

उषा का उदय हुआ उसका अवसान होगा।
तिमिर आये वह भी तिरोहित होगा।
जहाँ सागर वहाँ पर्वत,
जहाँ पर्वत वहाँ सागर की लहरें होंगी।
आने-जाने का क्रम चलता रहेगा।
परिवर्तन – विघटन होता रहेगा।
संसार की उत्पत्ति और प्रलय होता रहेगा।

लेकिन प्रभु, तुम्हारा क्षरण न होगा।
तुम एकरस, सर्वव्यापक, सर्वत्र सदैव रहोगे।

क्षरण न होनेवाले
हे 'अक्षर' तुमको नमन है।

अ (नञ् समास – नहीं) + क्षरः (नष्ट होना) = अक्षरः
जो नष्ट नहीं होता या जिसका क्षय नहीं होता।

18. योग

प्रकृति में पुरुष, शरीर में आत्मा, जीव में ब्रह्म
हे प्रभो! आप समीप रहते हुए भी दूर;
प्राप्त होते हुए भी दुर्लभ;
दृश्यमान् होते हुए भी अदृश्य हो।

समस्त जगत् में व्याप्त होते हुए भी
प्राणी को आपका आभास न हो—
प्रकाश में रहते हुए भी वह अन्धकार में सोये—
अमृत सागर के मध्य रहते हुए भी प्यासा रहे।

कारण, जीवात्मा का परमात्मा से योग नहीं।
दूध में माखन मन्थन बिना न मिले।
काष्ठ में अग्नि-संघर्षण बिना प्रदीप्त न हो,
योग दृश्य संसार-नेत्र खोले बिना दिखायी न दे,
ईश्वर है—बिना योग न मिले।

मन बहिर्मुखी-वायु वेग-सा बहे,
चित्त चंचल मेघ-सा उड़े।
जब वह अन्तर्मुखी हो साक्षात्कार तब हो।

अन्तःकरण की अन्तर्मुखी प्रक्रिया—
मिलन के अनेक मार्ग।
किसी ने अहं के बन्धन को तोड़
ज्ञानदीप में स्वयं को दीपित किया,
किसी ने प्रेम के बन्धन में अर्पित किया।

प्रेम रस में न 'मैं' न 'तुम'।
किसी ने कर्म करते हुए
कर्म की रेखा मिटाकर
कर्म को अकर्म किया।

न जाने कितने मार्ग, कितने योग
प्रभो! तुमसे जो मिलाये वही योग।

योग से मिलनेवाले
हे 'योग' स्वरूप तुमको नमन है।

युजिर् (धातु – मिलना) + घञ् (प्रत्यय) = योगः
जो मिला दे, जोड़ दे।

19. योगविदां नेता

हे प्रभो, आपको पाने के लिए,
कामना प्रबल एवं दृढ़ संकल्पवाले योगियों ने,
न जाने कितने प्रयास किये,
शरीर के अनेक कष्ट झेले
व्याकुल अंतर में सतत चिन्तन किया
उनकी वाणी में जप, नयन में अन्तर्दशन
पग चले तीर्थ करने, कर करें आरती
लेकिन आपकी कृपा बिना पाना असम्भव रहा।

हे कृपालु, आप ही निराधार के आधार
योगियों के योग के सम्बल
पथिक के पाथेय, मार्ग के दर्शक
झंझावात में अन्तर्दीप के रक्षक हो।

पवन – मेघ को आगे ले चले
सरिता की धारा – नौका बहा ले चले,

योग के जाननेवाले हे प्रभो,
योग मार्ग पर चलनेवालों को
आप ही आगे ले चलें।

योग के जाननेवाले
योग की ओर ले चलनेवाले
हे 'योगविदां नेता' तुमको नमन है।

योग + विदाम् + नेता = योगविदां नेता
योग के जानने (के इच्छुक लोगों को)
आगे ले चलनेवाला है।

20. प्रधान पुरुषेश्वर

हे प्रभु, आप प्रधान और पुरुष दोनों के ईश्वर हैं
एक प्रकृति, दूसरा जीव।

यह संसार प्रकृति का आकार, विविधता इसका गुण
यही इसका सौन्दर्य। विविध रूप – विविध रंग।
कहीं उषा की लालिमा, कहीं रजनी की कालिमा
धरती पर मानव चले – जल में जलचर मचले
मानव के नाम ढूँढ़े – सबको नाम देने के लिए
मानव के नाम, पशु के नाम, पर्वत के नाम, नदियों के नाम।
नाम लिखते गये फिर मिटते गये
परिवर्तन प्रकृति की लीला रही
मधु वसन्त का जहाँ कल था सौरभ विलास
नेपथ्य हटे-देखें वहाँ आज शिशिर का हिमश्वास
फिर यष्टि लेकर चले–वृद्धावस्था की जर्जरता
संसार में यह प्रकृति ही प्रकृष्ट
इसके विविध रूप, विविध क्रिया
प्रकृति की ही संज्ञा 'प्रधान'

इस 'प्रधान' को भी शक्ति देनेवाले आप ही।
सूर्य की दाहकता हो या हिम की शीतलता,
पवन का वेग हो या हिमाद्रि की स्थूलता,
सागर की तरलता हो या अनल की ज्वाला,
हे प्रभो! आपने ही शक्ति का आधान कर,
इस प्रकृति को 'प्रधान' बनाया।

इस प्रकृति में पुरुष जीव रूप है,
जीव आपका अंश। सूर्य से उसकी
रश्मि कौन भिन्न कर सके। दोनों एक-दूसरे से बँधे।

सबमें प्रविष्ट-सर्वगामी
सर्वत्र व्यापक – सर्वव्यापी प्रभु

प्रकृति और पुरुष आपकी सत्ता से
सत्त्व ग्रहण करें-दोनों आपसे नियन्त्रित,
दोनों के आप स्वामी, दोनों के ईश्वर।

प्रकृति और पुरुष दोनों के ईश्वर
हे 'प्रधानपुरुषेश्वर' तुमको नमन है।

प्रधानपुरुषेश्वरः

1. प्रधान (प्रकृति—माया)
2. पुरुष (जीव)
3. ईश्वर

जो प्रधान (प्रकृति) और पुरुष दोनों का ईश्वर है।

21. नारसिंहवपु

सिंह पशुओं में सबसे अधिक बलशाली, पराक्रमी
ओजस्वी। भौतिक बल का प्रतीक।
उसका बल स्वार्थ के लिए। उस स्वार्थ में
हिंसा, संहार, विनाश।

बल की कोई दिशा नहीं – उसमें विवेक नहीं।
गिरते ओलों ने किसकी हरियाली नष्ट न की?
वर्षा ने न जाने कितनी कुटियाँ बहायीं,
सिंह ने न जाने कितने प्राणघात किये।

मानव में विचारशक्ति। वह बिना विवेक दिशाहीन।
विवेक ज्ञान से। जब कर्म का आधार ज्ञान हो,
कर्म को बल का सहयोग हो।
सृष्टि में स्वर्ग का साम्राज्य हो।
जिस नर में ज्ञान वह नार है।

हे ईश्वर! आपमें ज्ञान एवं बल–
दोनों का भण्डार। आप दोनों तत्त्वों को
समन्वय कर नर एवं सिंह का
विशाल शरीर धारण किये हुए सुशोभित।

ज्ञान रूपी नार, एवं बल रूपी सिंह
दोनों के संयुक्त स्वरूप
हे 'नारसिंहवपु' तुमको नमन है।

नार (ज्ञानी मनुष्य) + सिंह (बल) + वपुः (शरीर) = नारसिंहवपुः
जिसका शरीर नर और सिंह का है।

22. श्रीमान्

सूर्य की 'श्री' प्रकाश, शरीर की 'श्री' प्राण
यौवन की 'श्री' तारुण्य, कुबेर की 'श्री' धन
विद्वान् की 'श्री' विद्वत्ता, वीर की 'श्री' वीरता है,

हे सृष्टिकर्त्ता! विश्व तुम्हारी कृति,
इसमें 'श्री' तुम्हारी आदि शक्ति
जिसकी आभा से विश्व जगमगा उठे
यह श्री तुममें ही वास करे।

श्री का अखण्ड भण्डार प्रभु तुम लुटा रहे
न कभी न्यून हो, न क्षीण
श्री देकर जनों को श्रीमन्त किया।

श्री को धारण करनेवाले
हे 'श्रीमान्' तुमको नमन है।

श्रीमान् = जिसमें श्री है

23. केशव

काले मेघों से घिरा आकाश
जब निर्मल हो-तब उद्‌भासित हो भानु प्रकाश।
दर्पण से जब कालिमा मिटे
निज-स्वरूप का ज्ञान हो।

'केशि' दानव अपने में,
अपने ही दैवत्व का नाश करे
जब 'केशि' का संहार हो
अपने अन्तःकरण में आत्मप्रकाश हो।

'केशि' वासना का रूप
मन वासना में अनुरक्त
उसकी यह सहज प्रवृत्ति
निर्झर-सा नीचे बहे
प्रलय की झंझावात-सा
प्रतिपल मन को झकझोरता रहे
मिटाये न मिटे
मानव निःसहाय, क्रन्दन करे।

हे कृपालु! आप अन्तः में प्रकट होकर
इस कष्टकारक 'केशि' दानव का संहार करें
वासना विनष्ट हो-अंतर का तिमिर तिरोहित होकर
ज्ञान प्रकाश ज्योतित हो
फिर केवल प्रकाश-ही-प्रकाश है।

'केशि' का संहार करनेवाले
हे 'केशव' तुमको नमन है।

केशि (राक्षस) + ईश (संहारकर्त्ता) = केशवः
जो राक्षस का संहार करे।

24. पुरुषोत्तम

पंचभूतों की पुरी में रहनेवाला पुरुष – 'जीव पुरुष' है
उसके लिए है- दिवा-रात्रि; जागृति-स्वप्न;
प्रकाश – अन्धकार; पवित्रता – मलिनता; सुख – दुःख है।

जीव पुरुष इन्द्रियों के विषय के साथ
ज्वार-भाटा – सा उठे – गिरे।
जल को जिस पात्र में रखें—वही उसका आकार।
जिस रंग में रंगें—वही उसका रंग
उसका स्वयं न आकार न रंग।
पंचभूत और महत्तत्त्व के बीच रहता हुआ जीव
सोते हुए भी न सोये, जागते हुए भी न जागे।
भँवर का कीट – भँवर के साथ नाचे।
यही है चैतन्य जीव पुरुष।

जहाँ न रात्रि है न दिवा – सदैव प्रकाशित;
न ऊँचाई न गहराई – सर्वत्र व्यापक;
न दिशा – न स्थूल-सर्वत्र गम्य है;
न जागृति – न स्वप्न; सदैव एकरस है;
न एक – न अनेक केवल-शून्य है।

न पंचभूत – न महत्तत्त्व-परम आकाश है।
न रश्मि-मृगजल – केवल प्रभामण्डल है।
वह पुरुष पुरुषोत्तम है।
वहाँ सप्तक के तार मौन हो जाते,
अहं का अस्तित्व मिट जाता।
वहाँ न दृश्य न द्रष्टा, प्रकाश के बिना
प्रकाश, सुगन्ध के बिना सुगन्ध, अमृत
के बिना आनन्द है।

काष्ठ में प्रसुप्त अनल जलने पर—
न काष्ठ, न अनल। स्थूल से सूक्ष्म;
सूक्ष्म से सूक्ष्मतर अनन्त में विलीन होता हुआ

शून्य में शून्य है, अपूर्ण में पूर्ण है, पुरुषों में
परम पुरुष है।

प्राणियों की पुरी में रहनेवाले पुरुषों से
निःसंग रहनेवाले परम उत्तम
हे 'पुरुषोत्तम' तुमको नमन है।

पुरुषाः + उत्तमः = पुरुषोत्तमः
जो पुरुषों में उत्तम है।

25. सर्व

ब्रह्माण्ड में कुछ दृश्य हैं – कुछ अदृश्य
जगत् में चर हैं – अचर हैं,
कुछ कल्पना में है, कुछ कल्पना से परे है,
प्रभो! सबमें आप ही हैं।

तरु है – तनों का फैलाव,
पल्लवों का सौन्दर्य
पुष्पों की सुगन्ध, फलों का माधुर्य
काँटों की कीलक, जड़ की झंखाड़
सब तरु से हैं, तरु में हैं, सब तरु हैं।

हे विश्वकर्त्ता! विश्वकृति में आप
सब आपसे उत्पन्न, आप ही में विलीन होते।
स्थूल में, सूक्ष्म में,
जड़ में, चेतन में,
सूर्य की स्वर्णिम रश्मि में,
चन्द्रिका की रजत चाँदनी में,
धरती की झिलमिल घास में,
नील गगन की सुरभि में,
सबमें आप ही भासित।

बाह्य प्रकृति की भीषणता हो या सौन्दर्य
मानव की अन्तर प्रकृति में गरल हो या सुधा
सब में तुम, सब तुममें हैं।
कोई जाने, या न जाने,
अज्ञान में, ज्ञान में भी तुम ही,
अन्धकार हो या प्रकाश
सर्वत्र तुम ही हो।

सर्वत्र रहनेवाले
सबमें रहनेवाले
सदा रहनेवाले
हे 'सर्व' तुमको नमन है।

सर्वः = सब, सदा, सर्वत्र

26. शर्व

तिमिर का संहार-नये प्रकाश को फैलाये
मृत्यु का संहार-नये जीवन को दे
अज्ञान का संहार-ज्ञान का उदय करे
दुष्टता का संहार-सौम्यता की सुगन्ध बिखेरे
पाप का संहार-पुण्य सलिला बहा दे।

हे दयालु! आप कोमल संहारक
यदि हृदय में तुमको बैठायें-कलुष धवल कर देते
चिन्तन में लें-चिन्ता मिटा देते
सीमा मिटायें-असीम में ले लेते
अन्त मिटायें-अनन्त में समा लेते
'स्व' मिटायें-अपने में मिला लेते।

हे प्रभो!
तुम दिव्यता की ज्योति में
जीवन की बिखरी कालिमा को विनष्ट करनेवाले हो

अंतर में लहराते अमृत-सागर में
विष की ज्वाला मिटानेवाले
लोक संहार कर परलोक ले चलनेवाले हो।

संहार करनेवाले
हे 'शर्व' तुमको नमन है।

शृ (धातु – हिंसा करना, संहार करना) + व (प्रत्यय) = शर्वः
जो संहार करता है।

27. शिव

हे विष्णु, आप ही शिव हैं।

काष्ठ में जैसे अग्नि प्रसुप्त, तिल में तेल विलसित
जीव में शिव शयन कर रहा है
यह शिव तत्त्व है – शिव बिना सब शव हैं।
'शेते इति शिवः'–

अन्धकार से जब प्रकाश की ओर चलें-प्रकाश है–
शिव के समीप जब चलें–वह जगद्गुरु है।
त्रिनेत्र से ज्ञान-ज्योति जलाकर शिवत्व उद्भासित करे
जीव को शिवत्व मिले।
'शिष्यते इति शिवः'

कलुष से ही सन्ताप है
वह पवित्र गंगा की धारा बनकर
समस्त कलुष मिटा,
मन-पटल धवल कर
चित्त हिम-सा शुभ्र कर
शान्ति की वर्षा कर
समस्त सन्ताप को शमन करनेवाले शिव हैं।
'शमु उपरामे शिव शम्भुः'

कल्याणस्वरूप होने से आप शिव
मन को विषय प्रिय
हृदय को अभिलाषा प्रिय
प्रेय और श्रेय के उभय द्वन्द्व में
श्रेय को देनेवाले आप शिव हैं।

मन में शिव संकल्प-सब कर्म कल्याणकारक
चित्त में शिव शक्ति-नयन देखे सर्वत्र शिवस्वरूप
सब प्रकार से कल्याण करनेवाले आप शिव हैं।
'शिवं भद्रं, शिवं कल्याणं'

निर्गुण होने से शुद्ध स्वरूप हैं
तीन गुण-सत्त्व, रज, तम,
जब तक चित्त में वास करे
तन, मन, कर्म में अहं जीवित
त्रिगुणात्मक प्रकृति, अभिभूत कर दे
स्वभाव क्रिया-संकल्प-विकल्प को
इन तीनों से विमुक्त कराकर
विशुद्ध शिवत्व स्वरूप को देनेवाले शिव हैं।
'निर्गुणात् शुद्धत्वात् शिवः'

हे 'शिव' तुमको नमन है।

शिवः
1. शेते-इति शिवः
जो सबमें शयन कर रहा है
2. शिष्यते इति शिवः
जो शिक्षा दे रहा है-
जगद्गुरु
3. शमु उपरामे शिव शम्भुः
जो सन्ताप का शमन कर रहा है।
4. शिव भद्रं, शिव कल्याणम्
जो कल्याण देनेवाला है
5. निर्गुणात् शुद्धत्वात् शिवः
विशुद्ध स्वरूप शिवत्व को प्राप्त करानेवाला।

28. स्थाणु

काल गतिशील, गतिशील अस्थिर है।
कल था आज नहीं, आज है कल न रहेगा।
प्रातः – अरुण का उदय
सन्ध्या में – अस्ताचल में विलीन
कल जहाँ सागर लहराता था,
आज वहाँ हिमालय के हिमशिखर,
कल न जाने क्या होगा
कभी ग्रीष्म की तपन
कभी शिशिर की सिहरन।

हे प्रभो! संसार की क्षण-क्षण
परिवर्तनीय गतिशील प्रकृति में आप
अपरिवर्तनीय, अगतिशील, स्थिर स्थाणु हैं।

आकाश सदैव शान्त रहे, लेकिन
वायु प्रकम्पित डोले,
सागर की गहराई वही
लेकिन चंचल जल मचले,
तरु अचल
लेकिन समीर संग पल्लव लहराये।

हे प्रभो! संसार में आप,
आप में संसार
लेकिन संसार के प्रकम्पन में
अकम्पित कैवल्यस्वरूप स्थाणु हैं।

सदैव अविचल स्थिर रहनेवाले
हे 'स्थाणु' तुमको नमन है।

स्था (धातु – स्थिर रहना) + णु (प्रत्यय) = स्थाणुः
जो स्थिर रहता है।

29. भूतादि

आकाश की व्यापकता
वायु की गति
अनल की दाहकता
जल की तरलता
धरती की स्थूलता,
हे पंचभूतों के प्रभु, तुम ही कारण हो।

सरिता का कल-कल निनाद
मधु का सौरभ
बसन्त का शृंगार
सुमन की सुगन्ध
पंचभूतों के विलास हैं।

पंचभूत की वीणा पर
तार झंकृत कर
प्राणों में स्पन्दन कर
जीवन की ज्योति
तुम ही जलाये हो।

पंचभूत के कारण
पंचभूतों से होनेवाले चराचर जगत् के कारण
हे 'भूतादि' तुमको नमन है।

भूत + आदिः = भूतादिः
भूत = जो (कुछ सृष्टि में) हुआ है
आदिः = प्रारम्भ का कारण
भूतों के आदि कारण।

30. अव्ययनिधि

हे प्रभो, तुम अपार आनन्द सागर
कितना ही रस लें, न्यून न हो
तुम अनन्त शक्ति के भानु
रश्मि के विस्तार होने पर भी शक्तिहीन न हो
आकाश से भी अधिक व्यापक
कितना ही विचरण करें – दूरी न घटे।

रत्नों के निधि – रत्नाकर
तुम समस्त चेतन-अचेतन की निधि,
यह निधि अपार, अनन्त, शाश्वत,
परम आनन्द का स्रोत,
निरन्तर प्रवाह हो रहा, होता रहेगा।
व्यय करने पर भी व्यय न हो,
संसार की निधि क्षरणमय
न्यून होती चले, विगलित होती चले,
लेकिन तुम्हारी निधि
अविनाशी है, अपार है।

हे 'अव्ययनिधि' तुमको नमन है।

---

1. नि (उपसर्ग) धा (धातु-रखना) + नि (प्रत्यय) = निधिः
   जो वस्तु रखी हुई है।
2. अव्ययः (न्यून होकर जो क्षीण न हो) जिसकी निधि (लेने पर भी) न्यून न हो
   = अव्ययनिधिः

31. संभव

स्थूल तत्त्व का साकार होना – जन्म,
उसका अन्त होना – मरण,
जिसका जन्म हुआ, मरण निश्चित।

प्रभो! आपका न जन्म न मरण – सदैव हैं।
न दूर हैं, न पास – सर्वत्र हैं,

पास होते हुए भी दूर
लभ्य होते हुए भी अलभ्य
प्राप्त होते हुए भी अप्राप्य हैं।

अमृत पीने पर भी मानव – प्यासा
धन होने पर भी – निर्धन
क्योंकि उसने अपने अंतर में
तुमको प्रकट न किया,
काष्ठ में अनल प्रकट होने पर ज्वलित
दूध में माखन मथने पर लब्ध,
जीव में ब्रह्म – संभव करने पर लभ्य,

बाहर देखें – सृष्टि है
अन्तर देखें – द्वन्द्व है
द्वन्द्व मिटा, वह प्रकट हुआ
अब बाह्य अन्तर में समभाव है।

समत्व होने पर प्रकट होनेवाले
हे 'संभव' तुमको नमन है।

सम् (एकीभाव) + भव (होना, अस्तित्व में होना) = संभव
1. जो अस्तित्व में आता है
2. जो समत्व भाव से आता है।

32. भावस्वरूप

हे प्रभो, जिसकी जैसी भावना
उस भाव को फलित करें।

प्रार्थना करें – पुकार सुनें,
शरणागत हों – शरण लें,
जीवन अर्पण करें – जीवन दें,
वन्दना करें – वन्दित करें,
गुण गायें – गुणित करें,
आश रखें – पूर्ण करें,
आप केवल भाव हैं।

आप सर्व द्रष्टा – सर्वत्र देख रहे
सर्व श्रोता – सब सुन रहे
स्वयं साक्षी – स्वयं साक्ष्य हैं।

सूर्य और उसकी रश्मि एक ही
प्रकाश में वस्तु स्वयं अवलोकित हो
छिपाये-छिपे नहीं
बीज बो दें – फल आप दें,

भाव करें – आप भाव फलित करें।

भाव को फलित करनेवाले
हे 'भावस्वरूप' तुमको नमन है।

भावनः 1. फलानि भावयतीति भावनः
2. जो भाव (अंतर में है) उसका बाह्य प्रकट होना

33. भर्ता

हे प्रभो,
समस्त ब्रह्माण्ड को तुम ही धारण किये हो,
स्थावर-जंगम की स्थिति तुमसे
तुम ही सूर्य में प्रकाश भरो
चन्दा को शीतलता दो
सुमन में सुगन्ध बिखेरो।

श्वासों में शक्ति तुमसे
जीवन की ज्योति तुमसे
सबको धारण करनेवाले
हे 'भर्ता' तुमको नमन है।

जब कोई किनारा न दिखे
सम्बल बनकर आते
जब कोई प्रकाश न दिखे
किरण बनकर आते
जब कोई मार्ग न हो
पथ बनकर आते
प्यास से जब व्याकुल हों
सरस सुधा की धारा बनकर आते।

सबके पालनहार
हे 'भर्ता' तुमको नमन है।

भृ = (धातु – धारण करना, पोषण करना), + तृच् (प्रत्यय) = भर्ता
जो भरण-पोषण करे।

34. प्रभव

चराचर जगत् में, हे प्रभो! तुम सर्वत्र प्रकट हो रहे
रवि की रश्मि से, चन्द्र की शीतलता से
सागर की गहराई, पर्वत की ऊँचाई
गगन की नीरसता से प्रकट हो रहे
विहँसते फूलों की सुरभि से
मलयज की गति से प्रकट हो रहे
जीवन के हर श्वासों से प्रकट हो रहे।

लेकिन तुम प्रकट होते हुए भी अप्रकट
दृश्य होते हुए भी अदृश्य
व्यक्त होते हुए भी अव्यक्त हो।

विश्व सागर में रहे, — मन्थन न कर सके
अँधेरे में टटोलते रहे, — ज्योति न जला सके
अपने घर में थे, — खोज न सके
क्योंकि तुम प्रकृष्ट रूप से प्रकट होनेवाले हो।

जीवन जब दिव्य हो
आत्मा जब विश्वात्मा हो
सीमित जब असीमित में विलीन हो
अन्त जब अनन्त के द्वार हो
तब तुम्हारा उदय दिव्य होगा
प्रादुर्भाव प्रकृष्ट होगा।

प्रकृष्ट रूप से प्रकट होनेवाले
हे 'प्रभव' तुमको नमन है।

प्र (उपसर्ग) + भू (धातु — उत्पन्न होना) = प्रभवः
जो प्रकृष्ट रूप से प्रकट होता है।

35. प्रभु

हे जगन्नियन्ता! आप सर्वशक्तिमान् हैं
इसलिए सर्व सामर्थ्यवान् हैं।

जो हो न सके, — कर दें
जो हो रहा हो, — उसे न होने दें
जो हो चुका, — उसे मिटा दें

रंक को राजा, राजा को रंक कर दें,
मूक को वाचाल, वाचाल को मूक कर दें,
हलाहल को अमृत, अमृत को हलाहल कर दें,
गतिमान् को गतिहीन, पंगु को गिरि पार करा दें,
जीवन में मरण, मरण में जीवन भर दें।

हे सर्वशक्तिमान्!
शक्ति-ज्योति आपसे ही जलेगी
आनन्द-वर्षा आप ही करें
वरदान आपसे ही मिलेगा।

प्रभुत्व को रखनेवाले
हे 'प्रभु' आपको नमन है।

प्र (उपसर्ग) + भू (धातु- होना) + डु (प्रत्यय) = प्रभुः
जो (चित् शक्ति) प्रकट रूप से (विश्व में) प्रकट है, व्याप्त है।

36. ईश्वर

जो कल्पतरु के नीचे बैठा हो
कामना स्वयं उसकी दासी,
कामधेनु जिसके घर हो
वहाँ अमृत धारा का स्वयं स्रोत बहे
लक्ष्मी जिसकी माँ
कुबेर स्वयं उसका द्वारपाल बने।

हे प्रभो! जिसके तुम इष्ट
उसे भी तीन लोक का ईश बना दो
सारे जगत् में तुम्हारा ऐश्वर्य
गगन में चलते हुए सूर्य चन्द्र
बहते पवन, पल्लवित पुष्प
धरती की धारकता, गगन की विशालता
सबमें तुम्हारा ही ऐश्वर्य है।

राजा हो या रंक
भारी हो या हल्का
ऊँचा हो या नीचा
दृश्य हो या अदृश्य
सबके तुम ही नियन्ता
जीवन – मरण, आशा – आकांक्षा
वैभव – विभव, सब पदार्थ को देनेवाले
सबके स्वामी
सबके ईश – हे ईश्वर तुमको नमन है।

तुम नश्वर नहीं, – शाश्वत हो
अन्त नहीं – अनन्त हो
द्वन्द्व नहीं – अद्वैत सच्चिदानन्द स्वरूप हो।

अमृत पाया, – मृत्यु पर विजय हुई
प्रकाश आया, – अन्धकार तिरोहित हो गया
ईश्वर मिलन हुआ, – अंतर का कोलाहल शान्त हुआ।

ऐश्वर्य से परिपूर्ण इष्ट योग्य
हे 'ईश्वर' तुमको नमन है।

ईश (धातु- ऐश्वर्य देना) + वरच् (प्रत्यय) = ईश्वरः
जो ऐश्वर्य देता है।
ईश्वर (सं) = स्वामी

37. स्वयंभू

धरा न हो – वनस्पति न लहराये
जल न हो – मेघ न छाये
कारण है, कार्य है, कर्त्ता है, कृति है
हे सृष्टिकर्त्ता – तुम्हारा कोई कर्त्ता नहीं
तुम सबके कारण – तुम्हारे उद्भव का कोई कारण नहीं
तुम स्वयं होनेवाले स्वयंभू हो।

दीपक में ज्योति से ज्योति जले
वायु से – सागर में हिलोरें उठें
जन्म है, जन्म का कारण है
हे प्रभु, तुम स्वयं से ही प्रकट होनेवाले स्वयंभू हो।

बाह्य प्रकृति के संसर्ग से
सुख है, या दुःख
सुन्दर देखा – सुख
असुन्दर देखा – दुःख
जो चाहा मिला– सुख
जो न चाहा मिला– दुःख
मृग कस्तूरी धारण करे – सुगन्ध बाहर ढूँढ़े
वह तो स्वयं उसके पास है।

हे दिव्य पुरुष! तुम बाह्य सुख से सुखी नहीं
दुःख से दुःखी नहीं
स्वयं आनन्दस्वरूप हो
तुम्हारा आनन्द रस स्वयं से
स्वयं में ही होनेवाला है।

जगत् के पदार्थ बाह्य प्रकट हैं,
नयन देखें, कर्ण सुनें

रूप, रस, गन्ध, स्पर्श
सबके विविध अनुभव
लेकिन प्रभो! जीवों में
स्वयं को स्वयं से ही,
जब अन्तः दीप जले, प्रकट करते।

स्वयं से प्रकट होनेवाले
हे 'स्वयंभू' तुमको नमन है।

स्वयं + भूः (धातु – होना) = स्वयंभूः
जो स्वयं से (प्रकट) होता है
स्वयं से स्वयं का रूप ग्रहण करता है।

38. शंभु

भानु का स्वभाव प्रकाश करना
राका की शीतलता, अनल की दाहकता करना है।
हे परमेश्वर, आपका स्वभाव कल्याण करना है।

वेणु के संगीत से या नयनों का अभिराम से
कोमल स्पर्श से या मनोहर मधुमास से
इन्द्रियों के सुख होंगे।

मन के सुख होंगे
चित्त में आह्लाद होगा
लेकिन कल्याण कहाँ है?

नव पल्लव अनल की ज्वाला में
केवल राख के ढेर होंगे।

लेकिन, जब प्रभु, प्रीति आप में हो
पग आपकी डगर चले
हे कल्याणस्वरूप! आप सन्ताप शमन कर
चैतन्य-आनन्द, सुख शान्ति दें
तब जीव के बाह्य और अंतर जीवन में
आनन्द सुधा के झरने बहें।

सन्ताप शमन कर
परम कल्याण करनेवाले,
हे 'शंभु' तुमको नमन है।

शम् (कल्याण) + भू (धातु-होना, करना) डु + (प्रत्यय) = शंभुः
शंभु जो कल्याण करनेवाला है या जो सन्ताप को शमन करता है।

39. आदित्य

प्रभु! आप भास्कर हैं
सब ओर से – ज्योति से व्याप्त
उसमें अन्धकार नहीं – प्रकाश है
तेज पुंज हैं – जीवन में प्रकाश भर दें
अज्ञान के अन्धकार को मिटा
ज्ञान को प्रकाशित करें।

आदित्य रश्मि-रस को सोख ले
आप मानस द्वन्द्व को हरण कर लें
अग्नि के पर्वत में, बीज पादप को जन्म क्या दे–
स्वयं को भी भस्म कर ले
आप अपनी ज्ञान-रश्मि से
वासना – रस को दग्ध करनेवाले आदित्य हैं।

सूर्य – सौर्य मण्डल का अधिष्ठाता
आप ब्रह्माण्ड के अधिष्ठाता हैं।
आप न हों – ब्रह्माण्ड न हो
आप न हों – सृष्टि न हो
आप न हों – जीवन न हो

आकाश में आदित्य
लेकिन आप सबके अन्तः में
रहनेवाले आदित्य हैं
प्रकाशित रहते हुए भी
जीवत्व के मेघ से अप्रकाशित रहें।

मन में किरणें भर लें
वासना – रस सूखे

प्रकाश पुंज बिखर उठे
अन्तर आकाश में आदित्य दिखे।

ब्रह्माण्डनायक हे 'आदित्य'
तुमको नमन है।

आदित्यः = आदत्ते रसान् भुवो रश्मिभिः इति आदित्यः
किरणों द्वारा रस ग्रहण करनेवाला।

40. पुष्कराक्ष

हे प्रभो! आप कमलनयन
ज्ञानोदय के प्रकाश में विकसित
मन जब अन्धकार में रहे
जीव संकुचित, विवेकहीन
अज्ञान में प्रसुप्त
जब विशाल ब्रह्म प्रकाश में उन्मुख हो
परमतत्त्व की पाँखुरी खिले।

मन-समस्त दृश्य जगत् को अपने में बाँधे
स्वयं बँधे रहे,
वह भृंगी कीट – जाल बाँधे – स्वयं बँधे
चिन्तन में वही, मनन में वही
अन्धकार के जाल को तोड़
ज्ञान प्रकाश में खिलनेवाले
मन रूपी कमलनेत्र, हे 'पुष्कराक्ष'
आपको नमन है।

ब्रह्म विशाल, आपके नयन विशाल
अन्तरिक्ष में चन्द्र-सूर्य दोनों नयन
दिवा-रात्रि सर्वकाल, सर्वत्र देख रहे
बाह्य देख रहे, अन्तः भी देख रहे।

आपसे कुछ न छिपा – न छिपाया जा सके
मानव के मन को, उसके कर्म को जानें
उसकी गति-विगति को जानें।

अन्तः में विकसित होनेवाले
हे 'पुष्कराक्ष' आपको नमन है।

आपके नेत्र पुष्ट करनेवाले हैं,
जिसके ऊपर कृपा-दृष्टि हो

लोक भी बने – परलोक भी
लेकिन नेत्र ऊर्जा लिए लोहित भी हैं,
दुष्टता का संहार कर
कलुषता का विनाश करें।

अन्तः धवल कर
परमानन्द देनेवाले
हे 'पुष्कराक्ष' आपको नमन है।

---

1. पुष् (धातु-पुष्ट करना) + अक्षः (नेत्र) = पुष्कराक्षः
   जो नेत्र पुष्ट (कल्याण) करते हैं
2. पुष्कर (संज्ञा) = (अन्तरिक्ष, कमल, जल) + अक्षः = पुष्कराक्षः
   = कमलनयन

41. महानाद

जगत् का नाद 'अनहद' नाद है
उसमें है – प्रकृति का गुंथन
मानव का क्रंदन
विषय-वासना का गुंजन
द्वैत और द्वन्द्व का गुंथन।

हे प्रभु,
तुम्हारा नाद अनहद नाद है,
वह नाद अनन्त, व्यापक, महान् है लेकिन वह नाद तब सुनें
जब मन बहिर्मुखी न होकर – अन्तर्मुखी हो,
और उस अनन्त नाद की स्वर-लहरी को सुनकर
परमानन्द संगीतमय सृष्टि के निर्झर में रमण करें
उस परम संगीत में, उसके स्वर में, झंकार में
आनन्दगीत गूँजे। तब सृष्टि
संगीतमय हो, आनन्द की स्वर-लहरी प्रवाहित हो।

अपने में – बाहर में, जड़ में – चेतन में, सर्वत्र
तुम्हारे परम संगीत के स्वर निर्झरित हुए जब,
उसमें जीव लवलीन हो चले।

महान् नादवाले
हे 'महानाद' तुमको नमन है।

महास्वनः = महानाद

42. अनादिनिधन

जगत् में जो कुछ भी दृश्य है, श्रव्य है, स्पर्श्य है
वह आज है, कल नहीं रहेगा। जो कल था
आज नहीं, जो कल होगा वह आज नहीं
प्रतिफल, प्रतिक्षण भंगुरता है, अस्थिरता है।

जिसने जीवन लिया, उसका मरण होगा
जिसका प्रारम्भ हुआ – उसका अन्त होगा
जिसका आदि है – उसका अन्त है।

जहाँ आज सागर है वहाँ कल पर्वत था,
जहाँ आज पर्वत है, वहाँ कल सागर था।
जहाँ वन है, वहाँ मरुस्थल था,
जहाँ मरुस्थल, वहाँ अरण्य था।
यही प्रकृति है, परिवर्तन उसका नियम।

प्रभो! आपका न आदि है – न अन्त
न जन्म हुआ, न मरण होगा।
सर्वकाल थे – सर्वकाल रहेंगे,
परिवर्तनीय दृश्य जगत् में अपरिवर्तनीय हैं।

क्षणिक में अक्षुण्ण, अस्थिर में स्थिर हैं
सब चले जायेंगे, आप साथ रहेंगे।

किसी ने न जाना, कब ब्रह्माण्ड में आये
शाश्वत हो-कभी निधन भी न होगा
न आदि है न निधन है।
हे 'अनादिनिधन' तुमको नमन है।

अनादि निधनः =
अनादि = जिसका आदि नहीं
निधनः = जिसका निधन नहीं होता

43. धाता

हे निराकार! आपने आकार को धारण किया
आप निरूप ने, रूप को धारण किया
सब प्राणियों में आप ही भास रहे
सुन्दर हो या असुन्दर, भव्य हो या लघु
सभी को आप धारण किये हैं।

उषा की लालिमा हो,
या राका की स्वर्णिम किरणें
अन्तरिक्ष के तारे हों
या नभ के सूर्य-चन्द्र
सागर की तरल तरंगें हों
या भूधर की हिम – लहरी
दृश्य हो या अदृश्य
स्थिर हो या गतिमान्
सभी को धारण किये हुए हैं।

बाह्य जगत् को धारण किया – लेकिन
अन्तः में मन, बुद्धि, चित्त, अहं को भी धारण किया।

हे प्रभु, तुम अंतर में स्थित, अनुभव के केन्द्र-विन्दु हो,
चित्तवृत्तियाँ हिलोरें लें
वहाँ चित्तवृत्ति को धारण किये हो।
सुख में भी, दुःख में भी
सब-कुछ धारण करनेवाले हो।

स्थूल-सूक्ष्म दोनों को धारण करनेवाले
हे 'धाता' तुमको नमन है।

धृ (धातु- धारण करना, पोषण करना) + तच् (प्रत्यय) = धाता
जो धारण करता है।

44. विधाता

विविधता से विश्व को धारण करनेवाले, हे विधाता,
आपने विविधता का विधान भी बनाया,

मानव को मन दिया
विवेक भी दिया
चित्त की चंचलता दी
ज्ञान का प्रकाश भी दिया
इन्द्रिय विषयों का जाल बिछाया
बुद्धि का सशक्त आयुध भी दिया
अहं की गुहा दी
प्रेम का पुंज भी दिया।

लो, फिर जिसने जैसा किया
वैसा वह हो गया
लकीर स्वयं खींची — स्वयं मिटा दी
रंगों को भरा-फिर धो भी दिया
जैसी वासना धारण की — वैसा बन बैठा
जैसा संकल्प किया-वैसा कर डाला
स्वयं मार्ग बनाया- स्वयं चल पड़ा
जो धारण किया- वही प्रकाशित हुआ
जैसा बोया-वैसा फल पाया
वह स्वयं का विधाता हो गया
इस विधान को बनानेवाले,
हे प्रभु, तुम विधाता कहलाये।

विधान से सृष्टि को धारण करनेवाले
हे 'विधाता' तुमको नमन है।

वि (उपसर्ग) + धृ (धातु- धारण करना) + तच् (प्रत्यय) = विधाता
जो विशिष्ट रूप से धारण करता है।

45. धारुत्तम

सुवर्ण-अलंकार को धारण किये है
धरा – जल कल, वनस्पति, मरुस्थल धारण किये है
भूधर – लौह, ताम्र, सुवर्ण, विविध मणि धारण किये है
शरीर – रस, रक्त, मांस, अस्थि, मेद
मज्जा, शुक्र धारण किये है
जीवात्मा – मन, अहंकार, बुद्धि, चित्त धारण किये है।

सरोवर – सहस्रों कमल की विहँसती पंखुड़ियों
को विकसित करे, तिरती मीन को प्राण दे,
वनस्पतियाँ उसमें लहरा उठें। जल अपने में
सबको धारण कर ले।

लेकिन प्रभु तुम धारण करनेवालों की धारक शक्ति हो।
जड़ हो या चेतन, स्थूल हो या सूक्ष्म, सबको तुमने ही
धारण किया।
धारण करनेवालों में तुम उत्तम हो।

और तो क्या
धारण करनेवाले धातु
काल की सीमा में विगलित हों।
आकार लिए आयें, निराकार होकर जायें।
सूक्ष्म धातु-मन में प्रादुर्भाव हो,
मन में मिट जाये।

लेकिन हे प्रभो! तुम
अव्यय अविनाशी धारक हो।

सर्वधातु की धारक शक्ति
सर्व धारकों में उत्तम
हे 'धारुत्तम' तुमको नमन है।

---

1. धा (धातु – धारण करना, पोषण करना)
+ तुमुन् (प्रत्यय) = धातुः
धातुः + उत्तमः = धारुत्तमः
धारण करनेवालों में जो श्रेष्ठ है
2. धातुः (संज्ञा) + उत्तमः = धारुत्तमः
जो धातुओं में उत्तम है

46. अप्रमेय

मीन सागर की गहराई में जाये
गहराई न जान पाये
कितनी भी दूर जाये – माप न सके
चींटी कितना ही चले – तरु की विशालता न जाने
विहंग कितना ही आकाश उड़े – लाँघ न सके।

हे प्रभु, मानव तुमको बाँधना चाहता है
तुम अनन्त व्यापक को अपने ही जैसा
स्थूल मानव आकार में देखना चाहता है
तुम अतीन्द्रिय को – इन्द्रियों से जानना चाहता है
कर से स्पर्श कर, कर्ण से सुनकर, नेत्रों से निहारकर,

तब मानव ने, तुम विशाल को लघु कर दिया
तुम महान् को – अणु कर दिया
अविभक्त को – विभक्त कर दिया
असीमित को – सीमित कर दिया।

प्रभु, तुम तो बिना नेत्र – सर्वत्र देख रहे
बिना कर्ण-सर्वत्र सुन रहे
बिना कहे – सब – कुछ जान रहे,

तुम्हारा प्रमाण कौन लेना चाहता है
यह बुद्धि – तर्क के द्वारा
यह मन – विषय रस द्वारा
यह नयन – दर्शन द्वारा,
कर्ण – ध्वनि द्वारा
शरीर – स्पर्श द्वारा,

चित्त – सुख-दुःख, राग-विराग, विविध द्वन्द्व द्वारा
अहं-अपनी अहं रस पान द्वारा – जिससे अहं कह सके
हमने देखा, हमने जाना, हमने पाया

हे प्रभु, तुम इन सबसे परे हो
जहाँ तुम वहाँ तर्क शान्त हो जाय
मन मौन हो जाय
अहं विलीन हो जाय
चित्त के द्वन्द्व विगलित हो जायँ।

सूर्य का प्रमाण है – प्रकाश
अनल का प्रमाण है – दहकना
शरीर का प्रमाण है – श्वास
लेकिन – अनन्त का प्रमाण अनन्त ही है।

आत्मा का प्रमाण – आत्मानुभव ही है
हाँ नमक की डली, सागर को जानना चाहे
सागर में विलीन होकर – सागर जान ले

जहाँ मन तुममें अपने को विलीन कर दे
चित्त समाहित कर दे
अहं को – समर्पण कर दे
फिर वहाँ द्वैत कहाँ – प्रमाण कहाँ – स्वयं प्रमाण है।

माप से परे, प्रमाण से परे
हे 'अप्रमेय' तुमको नमन है।

अ (नञ् समास) + प्रमेयः = अप्रमेयः
जिसकी माप न हो सके
जिसका प्रमाण न हो सके

47. हृषीकेश

पाँच कर्मेन्द्रियाँ, पाँच ज्ञानेन्द्रियाँ,
मन के कहे क्रिया करें
वह मन विविध आशाओं-आकांक्षाओं को सँजोये रहे
स्वप्न साकार हो- इन्द्रियाँ तृप्त हों
इसके लिए उसमें हलचल रहे-प्रयास होता रहे।

क्रियात्मक गुणवाला
यह मन भी एक इन्द्रिय
अहोरात्रि मनन करना, चिन्तन करना
इन्द्रियों को आदेश देना—उनके द्वारा विषय रस भोगना
मन रूपी इन्द्रिय के कर्म,

यह मन-विवेक को भी कारागार में बन्द करे
विषयों की तृप्ति के लिए सब-कुछ करे
न देखने योग्य को देखे
न सुनने योग्य को सुने
जहाँ न जाना हो- जाय
न करने योग्य को करे
वहाँ इन्द्रियों का स्वामी मन है
जब यही मन, हे ईश्वर! आपकी ओर उन्मुख हो
आपको अपने चिन्तन में ले
आपको समर्पित कर आप में ही विलय करे,
तब इन्द्रियों के स्वामी मन नहीं, हे ईश्वर! आप हैं।
इन्द्रियों की डोर आपके हाथों में होगी।

जब नेत्र केवल देखेंगे- तब न आसक्ति न अनासक्ति
कर्ण सुनेंगे- तब न अनुरक्ति न विरक्ति
इन्द्रियाँ सतत कर्म करती रहेंगी।
न फल की आशा में, न निराशा में
तब जो कुछ होगा, सुखदायक होगा
क्रोध वहाँ शान्त हो चुकेगा
वहाँ राग नहीं—विराग नहीं
मोह कहाँ ठहरेगा

वहाँ संग्रह नहीं—विग्रह नहीं
लोभ कहाँ रहेगा
आता हो या जाता हो
होता हो या न होता हो
अब इन्द्रियाँ केवल द्रष्टा हैं,
बीज दग्ध हुआ
कामनाओं का प्रादुर्भाव अब कहाँ
सभी इन्द्रियाँ सक्रिय हैं
लेकिन अब वासनाविहीन हैं
क्योंकि वहाँ इन्द्रियों के स्वामी हृषीकेश हैं।

इन्द्रियों के स्वामी
हे 'हृषीकेश' तुमको नमन है।

---

1. हृषीक (इन्द्रियाँ) + ईशः (स्वामी) = हृषीकेशः (इन्द्रियों का स्वामी)
2. हृष (घुँघराले) + केशः (बाल) घुँघराले बालवाला

48. पद्मनाभ

नाभि केन्द्र है,
क्रियाओं का विन्दु है
जन्मस्थली है – शक्ति का स्रोत है
यज्ञस्थली है – पोषण का कारण है।

नाभि में अमृत कलश
धमनी में पीयूष बहे
नाभि में पद्म
सौन्दर्य विकसित करे।

सरोवर में नीर नीरस हो, पद्म मुरझा जाय
हे विष्णु! आपकी नाभि में
सत्यं शिवं सुन्दरं की शाश्वत धारा में,
पद्म विकसित है
सत्य की उसमें सुगन्ध
शिवत्व का विकास है।

परमानन्द के प्रकाश में सहस्रों दल से
सौन्दर्य उसका प्रस्फुटित हो
सत्य ही शिव है
शिव ही सुन्दर है
शिव कल्याणकारक है।

सत्यं शिवं सुन्दरं, पद्म के केन्द्र-विन्दु
हे 'पद्मनाभ' तुमको नमन है।

पद्म (कमल) + नाभः (नाभि) = पद्मनाभः
जिसके नाभि में कमल है।

49. अमरप्रभु

स्थूल तत्त्व का जन्म है, विकास है, मरण है,
जो आज है वह कल न था – न कल रहेगा
जो आज नहीं – वह कल होगा
जन्म-मरण में घूमता यही संसार है।

लेकिन स्थूल में ही सूक्ष्म है
सूक्ष्म के विलीन होने पर
जीवित – निर्जीव है, बलशाली – निर्बल है
मुक्त होने पर भी बन्धन में है
प्रकाश में होते भी – अन्धकार में है
अमृत में होते हुए भी विषपायी है
फिर – उसमें अमरत्त्व कहाँ?

हे प्रभु, आप अमरत्त्व प्रदान करनेवाले,
अमरत्त्व मिलने पर – जीवन जाने पर भी जीवित,
बन्धन में रहते हुए भी मुक्त।

सूर्य उदय हो – अस्त हो
उसके उदय होने पर वह कभी न अस्त हो
जो जाग्रत् है – स्वप्न में खो जाय
जो स्वप्न में है – जाग्रत् होने पर खो जाय
वह अमरत्त्व दे – न कुछ खोये-न मिटे।

बूँद, सागर में विलय होने पर सागर है
गागर का आकाश – गागर टूटे विस्तृत आकाश है
जिसने अविनाशी को पा लिया
उसे अमरत्त्व मिल गया
उसके लिए न जन्म है – न मरण
न विष है – न अमृत।

न स्वतन्त्र है – न बन्धन में
केवल एक स्वरूप, एकरस हो।

अमरत्त्व को प्रदान करनेवाले
हे! 'अमरप्रभु' तुमको नमन है।

अमर (जो मरण को प्राप्त नहीं होता) + प्रभुः (स्वामी) = अमरप्रभुः अमरत्व को देनेवाला प्रभु।

50. विश्वकर्मा

लोग पूछें – ईश्वर का कर्म क्या है?
उसका कर्मक्षेत्र – कहाँ?

वह अदृश्य, दृश्य का रचयिता है
अव्यक्त ने व्यक्त किया अपने को विश्व में
विश्व उसकी रचना, निर्माण उसकी प्रक्रिया
सागर की उत्ताल तरंगें, मरु भूमि की उष्णता
धवल हिम की शीतलता, सघन वन का अन्धकार
प्रकृति की समस्त विविधता उसी की विविध कृति
यह पंचतत्त्व क्षिति, जल, आकाश, अनल, समीर
उसकी शक्ति से शक्तिमान्
वह विश्व को रचनेवाला विश्वकर्मा है।

विश्व में प्राणियों को जन्म दिया
उसमें अहं भरा, चित्त में चंचलता
उसके अंतर में हुआ तरंगों का उतार-चढ़ाव
विभिन्न प्रवाहों की धारा गतिशील हुई
अनुभूति के तले रस में डूबे
उसके केन्द्र में अहं बोले
'मैं कर्त्ता हूँ', 'मैं भोक्ता हूँ'
उसके अंतः में बैठे वह अन्तर्यामी केवल द्रष्टा है।

मानव कर्म करे
बागडोर प्रभु के हाथों में रहे
जो सिंहासन पर हो, उसको भूतल पर कर दे
राजा को रंक – रंक को राजा कर दे
वाचाल को मूक – मूक को वाचाल कर दे
कर्म – विकर्म की गहन गति में
न्यायतुला पर विश्व में कर्म करनेवाला विश्वकर्मा है।

जो उसमें समर्पित है
उसमें उसका न कुछ अपना – न पराया,
सब – कुछ उसका है।
संकल्प – विकल्प उसकी कामना में है
बाँसुरी खोखली है, स्वर वह बजाये
बनाये भी वही, मिटाये भी वही
बनना भी क्या – मिटना भी क्या?

वह तो अपने में ही मिला ले
बूँद सागर में मिले
उसे तरंगों के उतार – चढ़ाव से क्या
वह स्वयं विशाल सागर है
वह विश्व में व्याप्त
विश्व में अपने को लीन करनेवाला
विश्वकर्मा है।

विश्व प्रांगण में कर्म करनेवाले
हे 'विश्वकर्मा' तुमको नमन है।

विश्व + कर्मा = विश्वकर्मा
कृ (धातु – करना) + मनिन् (प्रत्यय) कर्म
जो किया जाय वह कर्म
विश्व (की उत्पत्ति), पालन, जिसका कर्म है।

51. मनु

हे प्रभु, आप समस्त मानव – मन को जानें
कल क्या हुआ, क्या हो रहा है, क्या होगा
आपसे कुछ भी न छिपा है
मानव – मन के उतार-चढ़ाव
उसके हृद्-सागर में जलते बड़वाग्नि
सब – कुछ देख रहे।

अहंकार के पर्वत की ऊँचाई,
क्रोध की ज्वाला, वासना का हलाहल
कब अनदेखी रही
कर्म की खिंचती रेखाएँ
अन्धकार में भले ही ओझल हों
आपके नेत्र प्रकाश में कहाँ छिपे
आप मानव – मन को जाननेवाले मनु हैं।

आप सीमा में रहकर – असीम
नश्वर में रहकर – शाश्वत
आप सबको जानें, हम स्वयं अनजाने रहे।

प्राणी – सब कुछ जाने – आपको न जाने
अन्धकार प्रकाश न जाने – प्रकाश अन्धकार न जाने
अज्ञान – ज्ञान को न जाने
अज्ञान मिटे – ज्ञानस्वरूप आपको जाने
हे प्रभु! आप ज्ञानस्वरूप मनु हैं।

सबके मन को जाननेवाले
स्वयं जानने योग्य ज्ञानस्वरूप
हे 'मनु' तुमको नमन है।

मन् (धातु – जानना) + उ (प्रत्यय) = मनुः
जो जानता हो।

52. त्वष्टा

उषा किरण-तिमिर को
अनल-स्थूल तत्त्व को
सुरभित सुगन्ध-दूषित वातावरण को न्यून कर दे।

हे प्रभो! आप अशान्ति को न्यून कर – शान्ति दें
दुःख को न्यून कर – सुख दें
शोक को न्यून कर – आनन्द दें
आसक्ति को न्यून कर – अनासक्ति दें
अज्ञान को न्यून कर-ज्ञान दें।

फिर राग से – विराग की ओर
अज्ञान से – ज्ञान की ओर
अन्धकार से-प्रकाश की ओर ले चलें।

स्थूल ब्राह्य दृश्य जगत् से न्यून करनेवाले
हे 'त्वष्टा' तुमको नमन है।

त्वक्ष (धातु – न्यून करना) + तृच् (प्रत्यय) = त्वष्टा
जो न्यून करता है।

53. स्थविष्ठ

अनगिनत तारों को कौन गिन सके
सहस्रों सूर्य के प्रकाश में
अपने नयनों को कौन स्थिर रख सके
आकाश को अपने आँचल में कौन बाँध सके?

ब्रह्माण्ड की परिधि हो सकती है
हे प्रभो! आप उस परिधि से भी परे हैं
इस ब्रह्माण्ड में व्यापक होकर स्थूल बैठे
न कोई चलायमान् कर सके, न पार कर सके
आपका विस्तार इतना-न देखा जा सके
न कल्पना की जा सके
लेकिन स्थूल होकर सर्वत्र विराजमान हैं।

कोई देखे या न देखे, जाने या न जाने
विराट् ब्रह्माण्ड का कोई कोना न मिला
जहाँ आप स्थित न मिले।

अतिशय स्थूल, स्थिर रहनेवाले
हे 'स्थविष्ठ' तुमको नमन है।

स्था (धातु-स्थिर रहना) + इष्ठन् (प्रत्यय) = स्थविष्ठः
जो स्थिर होकर आवृत है।

54. स्थविर ध्रुव

उषा काल में स्वर्णिम किरणें स्पर्श करतीं
निशा के आँचल में वह तिरोहित हो जातीं
वसन्त में यह सुमन सुगन्ध बिखेर रहे
ग्रीष्म तपन में मुरझायें, मिट जाते
निरन्तर क्षण-क्षण में परिवर्तित
इस विशाल विश्व-भवन में
हे प्रभो! केवल आप ही एक स्थिर अचल हैं।

आप स्थिर हैं, इसलिए दृढ़ हैं, – अपरिवर्तनीय हैं
सदैव शाश्वत प्रकाशित हो रहे
अपनी प्रभा बिखेर रहे।

सदैव स्थिर एवं दृढ़ रहनेवाले
हे 'स्थविर ध्रुव' तुमको नमन है।

स्था (धातु – स्थिर रहना) + वुक् (आगम) = स्थविर, ध्रु (धातु-दृढ़ रहना) + व (प्रत्यय) + ध्रुवः = स्थविरो ध्रुवः जो स्थिर एवं दृढ़ हैं।

55. अग्राह्य

वीणा की झंकार, कोकिल की कलरव, मधुकर का गुंजन
द्रुत गति से बहती सरिता का गर्जन, कर्ण ग्रहण करते हैं।

उषा की लालिमा, इन्द्रधनुष की रेखाएँ, रूप शिल्प की कला,
नयनों का अभिराम है।

स्पर्श का स्पन्दन, सुवासित मलय की शीतलता
मांसल मादकता की परिणति है,
मृगया की कस्तूरी, कर्पूर की सुगन्ध
श्वासों का गन्ध निःश्वास है।

हे परमेश्वर! आप इन्द्रियों से अग्राह्य हैं।
न रूप, न नाम, न स्पर्श, न सुगन्ध, न ध्वनि, न नाद।

इन्द्रियों से ही हम पाना चाहते हैं,
अनुभव करना चाहते हैं।
जीव की ग्रहण करने की शक्ति सीमित है
साधन सीमित हैं-वह सीमा इन्द्रिय ज्ञान की
लक्ष्मण रेखा में है।

धागे का आकार क्या। बीन-बीनकर परिधान बनाया।
तराशकर अनुरूप बनाया। उसको विविध रंगों में रँगा।
लेकिन उसमें भी उसका दोष क्या। इन्द्रियों से
जो दृश्य है, गम्य है – उसी से अनुभव करें।

हे परमेश्वर! भक्तों के आप नयनाभिराम रहे। एक ओर
राजा राम के रूप में,कभी द्वारकाधीश-कभी बालसखा और कभी
गोपबालाओं के प्रियतम रूप में प्रिय लगे।

मुनियों ने सर्व रूप में आराध्य देव माना। कभी
सागर से भी विशाल मत्स्य रूप में, धरती को धारण
करनेवाले कूर्म रूप में, पृथ्वी का कल्याण करनेवाले
शूकर रूप में भी उपासना की।

यह मन – यह इन्द्रियाँ जिस भाव से आपको
सँजोयें-सँवारें-समर्पण करें, हे प्रभो! आप उसी
रूप में ग्राह्य हैं,
नहीं तो इन्द्रियों से परे–अग्राह्य हैं।

इन्द्रियों से ग्राह्य न होनेवाले
हे 'अग्राह्य' तुमको नमन है।

अग्राह्यः = न गृह्यते इति अग्राह्यः
जो ग्रहण न किया जा सके।

56. शाश्वत

वीणा के झंकार-तार टूटने पर विलीन हुए
धवल हिम-पिघलने पर सरिता में बह चले।

मदमत्त यौवन स्वयं जर्जरता में परिणित हो जाय
यह तन श्वासों में पलते – न जाने कब निःश्वास हो जाय
काल की अबाधित गति में, न कुछ स्थिर न शाश्वत रहा।

लेकिन,
हे ईश्वर! आप सदैव हैं।
आपका प्रकाश अस्ताचल में कभी न विलीन हो
सुधा रस की सरिता कभी न सूखे
आनन्द की वर्षा अनवरत होती रहे
जीवन के पल-पल में सुरीली वेणु बजे
ज्ञान की मलयज सुगन्ध सदैव बहे
संसार में प्रलय हो, लेकिन आप सदैव रहें।

सदैव रहनेवाले
हे 'शाश्वत' तुमको नमन है।

शश्वत् (सदा) + अणु (प्रत्यय) = शाश्वतः
सदा रहनेवाला।

57. कृष्ण

दूध में माखन है – मथने से मिले
सागर में रत्न है – खोजने से मिले
विष्णु व्यापक है – फिर भी प्रयास से मिले
पास होते हुए भी ढूँढ़ना पड़े
नयन होते हुए भी उसे दर्पण में देखना होगा
अज्ञान के काले अन्धकार में रहनेवाले
उस श्याम वर्ण कृष्ण को ज्ञान के प्रकाश में देखना पड़ेगा।

(2)

वह काला है सारे रंग उसमें समाये हैं
उसमें सृष्टि समायी है – जीवन-मरण,
उद्‌भव – विकास – प्रलय सभी समाये हैं।

जब कृष्ण की ध्वनि, जीवन में झंकृत करें
वह आनन्द के स्वर से भर दे
प्रसुप्त जीवन को जागृत कर दे
जब हृदय-पटल के खेत में
'कृष्ण' के बीज बो दें
आनन्द की बेल होगी, प्रेम का पुष्प होगा
सौन्दर्य का मकरन्द होगा
सुवास से हृदयाकाश भर जायगा।

(3)

कृषि होती है – हल के फल से
यही कृषि का कारण कृष्ण है
उससे धरती की उर्वरता हो
बीज पड़े, पल्लवित हो
हृदय धरती पर जब वह हल चलाये
निर्मल उर्वरता में ही, उसके ज्ञान-बीज जमें।

अहं का पाषाण जब विखण्डित हो
मन उर्वरक कोमल हो
तब वह दिव्य फल देनेवाला है।

हे दिव्य 'कृष्ण' तुमको नमन है।

---

1. कृष (धातु – खेती करना) + नक् (प्रत्यय) = कृष्णः
जो कृषि करे या जिससे कृषि हो (हल का फल)
2. कृष्णः = काला

58. लोहिताक्ष

हे विष्णु! आपके चक्षु विशाल हैं।
सर्व दृश्य हैं, सर्वव्यापी हैं। ये लोहित वर्ण हैं,
क्योंकि उनमें प्रकाश है।

भानु प्रकाश पुंज है। दहकती ज्वाला का प्रवेश है।
उसमें उष्णता है- ज्वलित करने की शक्ति है।

आप लोहित हो उठते हैं, जब विनाश करना होता है
लोहित अक्ष से, समस्त वासनाओं को विनष्ट करें।

मानस के द्वन्द्व को द्वन्द्वमुक्त कर,
शान्त हृदयाकाश में विचरण करें।

आप लोहित हो उठते हैं जब अन्याय को विनष्ट
करना होता है, पाप को नष्ट कर, धवल सत्य को
प्रकाशित करना होता है।

आपमें चन्द्रमा जैसी कनक लालिमा भी परम
शान्त शीतल है, उसमें पूर्णता का अमृत रस
बरसे। गहन अन्धकार में भी शीतलता बिखेरता रहे।

आप दोनों ही रूप से लोहिताक्ष हैं
अज्ञानियों के लिए ज्वालामय, ज्ञानियों के लिए
शीतल सुखदायी।

लोहित नयनवाले
हे 'लोहिताक्ष' तुमको नमन है।

लोहित (लाल) + अक्षः (नेत्र) = लोहिताक्षः
जिसके नेत्र लाल हैं।

59. प्रतर्दन

भृंगी कीड़ा अपने ही जाल बनाये
फिर स्वयं उसी में बँध जाये। यदि वह तन्तु का
मर्दन करे स्वयं स्वतन्त्र हो विचरण करे।

मन में संसार है- मानव उसको सँजोये है।
उसमें अनुरक्त है। विरक्ति – वासनाओं का मर्दन है
ज्ञान का उदय- संसार का प्रलय है।

हे हरि! आपकी शरण में जो जाय
उसके अंतर में दिव्य प्रकाश कर, वासनाओं का
मर्दन सहज करें। जीवन के घने कुहरे
काटकर, जीवन में प्रकाश पुंज बिखेर दें।

सूर्य का प्रकाश – अन्धकार का प्रतर्दन है।
प्रज्वलित ज्वालाएँ – स्थूल तत्त्व का प्रतर्दन हैं।
हे प्रभु राम रूप में—अन्तर्वासी रावण का प्रतर्दन करते,
कृष्ण रूप में—कंस की कालिमा को मिटा देते।

प्रकृष्ट रूप से विनष्ट करनेवाले
हे 'प्रतर्दन' तुमको नमन है।

प्र (उपसर्ग) + तृदि (धातु – हिंसा करना, विनष्ट करना) + ल्युट् (प्रत्यय) = प्रतर्दनः प्रकृष्ट रूप से विनष्ट करनेवाला।

60. प्रभूत

हे परमेश्वर आप परिपूर्ण हैं। इसीलिए प्रचुरता है। कोई भी
जितना चाहे ले ले, जो लेना चाहे ले ले–
आनन्द, ज्ञान शक्ति। आपका भण्डार अपार है। सबके
आप स्रोत हैं।

आप चैतन्यस्वरूप। सबकी चेतना आपसे।
बुद्धि, ज्ञान, बल, ऐश्वर्य सब आपसे ही प्रकाशित हो रहे।
राम का पराक्रम, हनुमान का बल, व्यास की बुद्धि,
वाल्मीकि का कवित्व आपसे। ज्ञान, शक्ति, शौर्य,
पराक्रम का उत्कर्ष आपसे।

सागर से कितनी ही गगरी भरें, कब वह न्यून हो।
आकाश को असंख्य इन्द्रधनुषों से सजा दें, कब उसकी
सीमा का अन्त हो। दिवाकर की कितनी ही किरणों को बाँध लें
प्रकाश पुंज फिर भी बिखेरता रहे।

सब कुछ प्रचुरता से देनेवाले
हे 'प्रभूत' तुमको नमन है।

प्रभूतः = प्रचुर

61. त्रिककुब्धाम

जाग्रत् स्वप्न सुषुप्ति तीन दशाएँ हैं – तीनों की अपनी दिशाएँ हैं।

जाग्रत् – स्थूल की दृष्टि है-स्थूल का मिटना-
जाग्रत्, स्वप्न हो उठे। लहरों की उत्ताल शिखरें–
लहरों के विलीन होने पर सपना है। केवल जल
सत्य है।

सपने में जो कुछ भी अनुभव करें, स्वप्नावस्था में
सब सच है। सुख – दुःख, दरिद्रता – वैभव, गति – अगति,
सबका अनुभव सच है। निद्रा भंग होने पर सब
मिथ्या है – किसी का अस्तित्व न रहा – सब सपना था।

सुषुप्ति में मन अनुभवशून्य है – वह
शान्त है, उसमें न दर्शन है – न चिन्तन। अपने ही
कोष में है। वह जाग्रत् – स्वप्न दोनों के अनुभव
अपने कोष में बाँधे है।

इन तीनों का धाम वह विष्णु है। उसकी
चेतना से अहंकार में भी चेतना है। स्थूल शरीर,
सूक्ष्म शरीर- उस अशरीरी के धाम में स्थित हैं।
स्थूल की जड़ें वहीं से उपजें, सूक्ष्म का धुआँ उस
अग्नि से बहे-सुषुप्ति के सुमन भी वहीं सुगन्धित हों।

जो उसके धाम में ही स्थित हो जाय वह-
अतीन्द्रिय अनुभव से परे – तुरीयावस्था को प्राप्त करे,
जहाँ हृदयाकाश द्वन्द्व रूपी मेघों की घड़घड़ाहट से दूर,
मन चपला की चंचलता से अनाहत, त्रिगुण
रसों के भीगे जल से परे तुरीयावस्था में

उसके धाम में विलीन हो जाय। वह धाम सत्, चित्, आनन्द का धाम है।

तीनों दिशाओं – तीनों दशाओं, तीनों लोकों के धाम हे 'त्रिककुब्धाम' तुमको नमन है।

त्रि (तीन) + ककुब् (दिशा) + धाम (स्थान) = त्रिककुब्धाम जिसके तीनों दिशाओं में धाम हैं।

62. पवित्र

रश्मि, जिसको भी स्पर्श करे, जीवन दे
तिमिर मिटा, प्रकाश भर दे।
चन्द्र किरण – शीतलता से सबको नहला दे
अनल – जिसे स्पर्श करे, अपने में ही आत्मसात् कर ले।
सबका अपना – अपना स्वभाव।

प्रभु का स्वभाव, पवित्र करना है।
जिसकी मानसी धारा उसकी ओर,
अविरल प्रवाहित होती रहे,
उसके चिन्तन को वह पवित्र कर दे, कर्म को पवित्र कर दे,
फिर वह पवित्र राह चले। उसमें जब परोपकार की सुरभि बहेगी,
हे प्रभु! तब तुम्हारे समीप बैठे।

हृदय पवित्र हो – निर्मल प्रेम का स्रोत होगा,
तुमको प्यार करे- मानव को प्यार करेगा,
तुम्हारी सृष्टि की हर कृति को प्यार करेगा,
हृदय में प्रेम लुटायेगा।

मन पवित्र हो – राग – द्वेष मिट जायँगे
वासना विगलित होगी, चिन्तन शुभ होगा,
मन कल्याणकारी होगा,
द्वन्द्व के झंझावात मिटें,
शान्ति के दीप जलेंगें।

बुद्धि पवित्र हो – विवेक जगे,
ज्ञान की ज्योति जले,
सम दृष्टि होगी,
सर्वत्र तुम्हारे ही दर्शन होंगे।

सम्पूर्ण रूप से पावन करनेवाले
हे 'पवित्र' तुमको नमन है।

पू (धातु – पुनीत करना) + इत्र (प्रत्यय) = पवित्रं
पवित्र करनेवाला।

63. परं मंगल

जो अकल्याण से कल्याण की ओर,
अशुभ से शुभ की ओर, अन्धकार से प्रकाश की ओर,
अज्ञान से ज्ञान की ओर, मृत्यु से जीवन की ओर ले चले
वह मंगलकारक है।

जो मन को प्रिय हो-कल्याणकारक हो – ऐसा नहीं
विषय वासना प्रिय है – मंगलकारक नहीं
जो सच्चिदानन्द से विमुख करे – वह मंगलकारक कहाँ?

वह विष्णु मंगल का वास है – परम मंगलमय है
"मंगलं भगवान् विष्णुः मंगलं... पुण्डरीकाक्षः"

मन में मंगल दीप को प्रज्चलित करे
मन का स्वयं अस्तित्व मिटे
सागर में नमक की शिला – स्वयं अस्तित्व खो बैठे
सागर के हिलोरों के साथ स्वयं हिलोरें ले।

बीज अग्नि में भुने – बीजत्व नष्ट हो जाय
मन—उसके स्वरूप को अपने में ले
मन का संकल्प, निःसंकल्प हो जाय

वहाँ मंगल का अमृत बरसे
प्रभु को कोई क्या दे
केवल नाम ले – वह मंगल दे।

परम कल्याण करनेवाले
हे 'परं मंगल' तुमको नमन है।

मगि (धातु – गत्यर्थक) + अचल् (प्रत्यय) = मंगल
जो गति करता है।
मंगल (विशेषण) = जो कल्याणकारक है।
परं (उत्कृष्ट) जो परम कल्याणकारक है।

64. ईशान

सूर्यमुखी – किरणों से, कुमुदिनी – राकापति से
सागर के ज्वार – भाटे- चन्द्रकला से, धरती की
हरियाली – वर्षा से नियन्त्रित हैं।

लेकिन मानव – जीवन, हे परमेश्वर! आपसे नियन्त्रित है। मानव समझे शरीर का
बल – उसका बल है
धन अर्जित करे – धन उसका, ऐश्वर्य प्राप्त करे – वह उसका स्वामी
यह सब केवल भ्रम है – सबके नियन्ता केवल आप हैं।

और क्या – शरीर इन्द्रियों से, इन्द्रियाँ मन से
नियन्त्रित हैं। यदि मन हे प्रभु! आपमें केन्द्रित हो,
प्रज्ञा उत्पन्न हो, इन्द्रियाँ स्वयं नियन्त्रित हो जायें।

यदि मन आपकी ओर न भी उन्मुख हो,
और अपने मन के कहे करे – तब भी आप
नियन्त्रित करें – क्योंकि आप विधाता हैं।
कर्मफल के आप ही प्रदाता हैं।

सृष्टि का शासन आपके हाथों में
जड़ हो या चेतन, शक्ति के स्रोत आप ही हैं।

सबके नियन्ता – सबके शासक
हे 'ईशान' तुमको नमन है।

ईशानः = नियन्ता

65. प्राणदाता

कलियाँ पुष्पित होती हैं, कोयल कूकती हैं,
शिशु उल्लसित हो किलकारी लेते हैं,
शरीर में रुधिर का प्रवाह होता है,
श्वासों में स्पन्दन होता है क्योंकि—
प्रभु! तुमने सबमें प्राणों को फूँका है।

प्राणवायु पंचभूत में जीवन डाले
प्राण निकले, जीवन का विराम है।

यह प्राण वायु जीवन तो देता ही है,
सूक्ष्म रूप से बुद्धि, चित्त, इन्द्रिय आदि का नियन्ता भी है।
योगी प्राणों के नियमन से,
मन, बुद्धि, चित्त, इन्द्रिय, शरीर का नियमन करें
जब सब अपने गोलकों में हों,
तब सर्वव्यापक चैतन्य दिव्यस्वरूप विष्णु
के दर्शन हों।

प्राणों के देनेवाले
हे 'प्राणदाता' तुमको नमन है।

प्राणदाता + दा (धातु – देना) = प्राणदः
प्राण को देनेवाला।

66. प्राण

सितार में झंकार, सूर्य में प्रकाश, आकाश में
गुंजन निहित है – वैसे ही प्रभु, आप समस्त प्राणियों
में प्राण हैं।
श्वास केवल वायु है – वह जड़ है।
चैतन्य तत्त्व का संयोग प्राण है। जब जड़
का संयोग चैतन्य तत्त्व से हो, वहाँ प्राण
जाग उठे। प्राण होने पर जीव, प्राणी कहलाये।

प्रभु; आप प्राणियों में परम प्राण हैं।
सब घटों में एक ही आकाश, समस्त
तेज में एक ही विद्युत् है। आप समस्त
जीवों की जीवन शक्ति हैं।

अन्तर देखें – रूप उसका 'आत्मा' कहलाये
प्रकृति की परिधि में बँधे
वह जीवात्मा, जीवत्व से विहीन वह
कैवल्य स्वरूप, विशुद्ध चैतन्य आत्मा है।
प्राणों में वह प्राण है।

जीव की जीवन शक्ति
हे 'प्राण' तुमको नमन है।

प्राणः = प्राणिति प्राणः

67. ज्येष्ठ

न जाने कब सृष्टि हुई, आकाश निर्मल था।
वायु ने जन्म लिया। अग्नि उत्पन्न हुई।
अग्नि से जल-जल से पृथ्वी। लेकिन इनका आदि है—
अन्त भी।

लेकिन प्रभु, आप अनादि हैं – अनन्त हैं। स्थूल
सृष्टि और सूक्ष्म तत्त्वों के आविर्भाव के पहले से
ही हैं।

सभी तत्त्वों ने आपसे ही तेज ग्रहण किया। सूक्ष्म रूप
रूप से या स्थूल रूप से, निराकार या साकार रूप में।

सूर्य सौर्यमण्डल का स्वामी है। आप उसके भी
स्वामी हैं। आप उसके पहले से हैं। स्थूल पिण्ड
ब्रह्माण्ड है-आप उसके भी स्वामी हैं।
उसकी स्थिति आपसे है।

आप एक- अनेक हो गये। विविध रूपों में
विश्व में व्याप्त हो गये। कहीं आकाश की लालिमा है।
कहीं उदधि के ज्वार-भाटे। कहीं पुष्पों की सुगन्ध,
कहीं मानव हृदय की धड़कन, आप सबमें समाये हैं।

युग-युग में सृष्टि और प्रलय होता रहा,
होता रहेगा। आप सदैव रहे। सदैव रहेंगे।

हे परम पुरातन 'ज्येष्ठ' आपको नमन है।

ज्य + इष्ठन् (प्रत्यय) = ज्येष्ठः
जो पहले उत्पन्न हो चुका है या जिसका जन्म पहले हुआ है।

68. श्रेष्ठ

जो श्रेयस् है — कल्याणकारक है, वही श्रेष्ठ है।
मानव — प्रकृति के पाश में बँधा सत्त्व, रज, तम का
स्वभाव लिए, द्वैत के मोह में डूबता-उतराता रहे।
कल्याण केवल हरि पद में है। आत्मवादियों ने
'आत्मपद', ब्रह्मवादियों ने 'ब्रह्मपद', विष्णुभक्तों ने
'विष्णुपद' नाम दिया।

पद क्या? उपनिषद् ने उसे अपने समीप
बैठाया। लेकिन वह तो अपने में ही समा ले।
अनल की लपटों में जो आये वह भी ज्वाला का रूप है,

जो उसकी ओर चले, वह उसे अपने में ही आत्मसात्
कर ले। द्वैत मिटा अद्वैत में ले ले। और तो क्या
उसका चिन्तन ही निर्मलता दे।

वह सत्त्व, रज, तम से परे है-इसलिए श्रेष्ठ है।
द्वैत से परे है — इसलिए श्रेष्ठ है।

वह ज्ञानियों का ज्ञान, तेजस्वियों का तेज,
शक्तिमानों की शक्ति, ज्योतियों की ज्योति,
विद्वानों की विद्वत्ता, बुद्धिमानों की मेधा,
बलवानों का बल होने से वही श्रेष्ठ है।

श्रेयस् को देनेवाले
श्रेय में स्थित करनेवाले
हे 'श्रेष्ठ' तुमको नमन है।

श्र + ईष्ठन् (प्रत्यय) = श्रेष्ठः
प्रशस्यस्य श्रः (पा. 5. 3. 60) = जो परम प्रशंसनीय है।

69. प्रजापति

जिसने भी जन्म लिया वह जन्म लेनेवाली प्रजा।
तरु पुष्पित हों, फलित हों-शाखाएँ फैलें
पल्लव लहलहायें – सबमें बीज का रूप है।
सब बीज की प्रजा हैं।

जन्म देनेवाले परमपिता केवल प्रभु हैं। सब
उसकी सन्तान हैं। वह तरु – पुष्प सब उसके हैं,
वह सागर – लहरें उसकी हैं, वह दिवाकर–
किरणें सब उसकी हैं। वह विश्वरूप, सब जीव उसकी
प्रजा हैं।

अपनी प्रजा का वह स्वयं रक्षक, स्वयं पालक।
जन्म उसी से, पोषण उसी से, विकास उसी से।
माँ जन्म दे, पोषण करे, रक्षा भी करे।

जीवन के उतार-चढ़ाव में, दुःख के भँवर में,
ज्ञान-अज्ञान के झंझावात में–केवल परम पिता ही
रक्षक हैं।

उसे पुकारें वह दौड़कर रक्षा करे,
जब अशुभ विचारों के बादल मँडरा रहे हों,
वह शुभ विचारों का प्रकाश बनकर आये।
हृदय जब कायरता से काँप रहा हो,
वह साहस बनकर आये, जब पैर शक्तिहीन
होकर लड़खड़ायें, वह सम्बल बनकर आये–
शरण में उसकी जायँ, वह रक्षा करे।

प्रजा की रक्षा करनेवाले
हे 'प्रजापति' तुमको नमन है।

प्रजापतिः = प्रजा = जिनका प्रजनन हुआ, प्राणी
पतिः = पा (धातु – रक्षा करना) + डति (प्रत्यय) = पतिः
प्रजा की रक्षा करनेवाला।

70. हिरण्यगर्भ

अनल में तेज है, प्रज्वलित रहे, जब तक वर्षा
की धारा उसे मिटा न दे। लेकिन सुवर्ण में
कान्ति है, न मन्द हो न नष्ट हो। हाँ अन्य
पदार्थ से जब आवृत रहे, परिलक्षित न हो,
मलिनता से दूर रखें तब कान्तिमान् दृश्य हो।

हे विराट् पुरुष! तुमने अपने को प्रकृति से
आवृत किया। मोती सीप में हो, सुवर्ण-चट्टान
में हो, विद्युत्-यन्त्र में हो, अदृश्य रहें।

निशा – उषा की लालिमा छिपाये रखे,
सागर – बड़वाग्नि को समेटे रहे,
भूगर्भ – अपने अंतर में ज्वालामुखी जलाता रहे,
गागर में – अमृत भरा रहे,
सबके अन्तर में वह हिरण्यगर्भ द्युतिमान् रहे।

स्थूल शरीर है, सूक्ष्म शरीर है, कारण शरीर है।
उसमें स्थित वह हिरण्यगर्भ है- जो
कान्तिमान् है, गतिमान् है, सम्पूर्ण शरीर का आधार है।

जो शरीर के क्षितिज को पार करके
ब्रह्म द्वार के अन्दर प्रवेश करे, वही वीर,
उस तेजस्वरूप, गतिमान् प्रकाशस्वरूप को–
प्राप्त करे।

विश्व गर्भ में रहनेवाले,
प्रकृति गर्भ में रहनेवाले
शरीर गर्भ में रहनेवाले
प्रकाशस्वरूप हे 'हिरण्यगर्भ' तुमको नमन है।

हर्य (धातु – गति और कान्ति देनेवाला) + कन्यन् (प्रत्यय) = हिरण्यगर्भः
हिरण्य = जो कान्ति और गति दे
हिरण्य (संज्ञा-सुवर्ण) + गर्भः = हिरण्यगर्भः
जिसका गर्भ सुवर्ण का है।
जिसका गर्भ, गति और कान्ति को देता है।

71. भूगर्भ

जब प्रकृति में ब्रह्म की खोज करें, वह उसी में
हिरण्यगर्भ के रूप में विद्यमान है। जब प्रकृति का
आधार ढूँढ़ें, वही भूगर्भ है।

होनेवाला भू है, जिससे सब हों वही भूगर्भ।
माता गर्भ को धारण करे, परमेश्वर संसार को धारण करे।
वही सृष्टिकर्त्ता है उसका पालनहार भी वही।

समस्त उत्पन्न होनेवाले प्राणियों की सत्ता
उसी से है, जीवन की बागडोर भी उसके हाथों में है।

धारा में वह है, मँझधार में वह है, सागर में वह है
जगत् की नौका भी उसी में है।

होनेवाले समस्त प्राणियों को अपने
गर्भ में धारण करनेवाले उस 'भूगर्भ' को नमन है।

भूगर्भः = भू (धातु – होना) + क्विप् (प्रत्यय) = भूः = जो होता है
भू (संज्ञा – पृथ्वी)
गर्भः = जन्मस्थली
जिसके गर्भ में पृथ्वी (ब्रह्माण्ड) है या जिससे ब्रह्माण्ड उत्पन्न होता है।

72. माधव

'मा लक्ष्मी है। ऐश्वर्य की अधिष्ठात्री देवी।
धन, सम्पदा, यश, सम्मान, शक्ति, सौन्दर्य-
उस ऐश्वर्य के रूप हैं।

'धव' शब्द स्वामी को ध्वनित करे। वह प्रभु ही
श्री मा का स्वामी

मधुमास आने पर तरु स्वयं पल्लवित एवं पुष्पित हों।
भानु के उदय होने पर प्रकाश स्वयं किरणें बिखेर दें।
राजा आये-उसकी आज्ञा पर सम्पदा मिले।
उस परमेश्वर के प्राप्त करने पर – उसकी श्री
स्वयं ही घर आये।

लक्ष्मी का वाहन उलूक है। वह कहाँ ले जाय–
पता नहीं। बुद्धिहीन है। रात्रि में दिन, दिन में
रात्रि देखे। उसका अन्त कहाँ होगा पता नहीं
लेकिन जब लक्ष्मी–नारायण के समीप हो,
उसके अधीन हो, उससे नियन्त्रित होगी।
तब वह कल्याणकारी होगी, सर्वत्र
सुशोभित होगी, सर्व मंगलकारक होगी।

'मा' श्री को नियन्त्रित करनेवाले, उसके स्वामी
हे 'माधव' तुमको नमन है।

'मा' (लक्ष्मी, श्री) + धव (स्वामी) = माधवः
जो श्री, लक्ष्मी का स्वामी है।

73. मधुसूदन

विषय रस-मन की मधुरता है।
मन उसमें सहज रूप में अनुरक्त है
उसके लिए वही प्रिय है- प्राप्य है।
मधुरता उसी में है।
सत्य – असत्य, ज्ञान – अज्ञान, भोज्य – अभोज्य
उचित – अनुचित, सबका भेद मिटा
विश्व वासना में सने रहे
मन जिस ओर प्रवाहित हो
इन्द्रियों को अपने साथ बहा ले चले
उसका यही मधु है।

श्रेय किसमें है, कहाँ मिले
उसे इसका कहीं पता नहीं।

जब प्रभु के प्रकाश की ओर बढ़ें
परम व्यापक विष्णु स्वरूप में अनुरक्त हों
जगत् के संकल्प – विकल्प को त्यागकर
उसको अपने चिन्तन में लें
विषय रस स्वयं विलीन होने लगे।
तब अचेतन से चेतन की ओर
आर्तनाद से आनन्द की ओर चलें
विषय मधु विनष्ट हो जाय।

विषय वासना रूपी मधु को मारनेवाले
हे 'मधुसूदन' तुमको नमन है।

मधु + सूदन (मारनेवाला) = मधुसूदनः
जो मधु (विषयों) को मारनेवाला है।

74. ईश्वर

स्थूल में शक्ति है–
अनल में दाहकता
वायु में वेग
जल में आर्द्रता
धरती में स्थूलता
आकाश में व्यापकता
स्थूल शक्ति के विभिन्न रूप।

क्रिया में शक्ति है–
कर्म के हथौड़े से सृष्टि की मूर्ति बनाये या
फिर कहीं भवनों को विध्वंस करे।

इच्छा में शक्ति है–
संसार की सम्पदा समेट ले
या सम्पदा को सबमें वितरण कर दे।

ज्ञान में शक्ति है
अनजाने को जाने
जो अन्धकार में है प्रकाशित कर दे,
सूक्ष्म शक्ति के विभिन्न रूप,

स्थूल और सूक्ष्म शक्ति के अनेक ऐश्वर्य
लेकिन प्रभु की ब्रह्मशक्ति से स्पन्दित,
उत्पत्ति की शक्ति उससे, प्रलय की शक्ति उससे,
गति की शक्ति उससे, स्थिरता की शक्ति उससे।

वैभव-पराभव की शक्ति में वह
विश्व ताण्डव में वह, शान्ति समाधि में वह।

सर्वशक्तिमान्, सर्वलोक में ऐश्वर्यभाव से
व्याप्त रहनेवाले हे 'ईश्वर' तुमको
नमन है।

ईश (धातु – शासन करना) + वरच् (प्रत्यय) = ईश्वरः
जो शासन करता है।
जो सर्वशक्तिमान् है।

75. विक्रमी

जो जितना शक्तिशाली हो
वह उतना ही शीघ्रता से संचरण करे।

जितनी गति, उतना आगे बढ़ता चले,
परम गति से क्रमण करे – पराक्रमी,
विशिष्ट गति से क्रमण करे – विक्रमी।

विष्णु की विशिष्ट गति है–
क्योंकि समस्त संसार में विचरण करे।
जीव के तीन लोक-जाग्रत्, स्वप्न, सुषुप्ति,
वह तीनों लोक में विचरण करे।

विचरण निरन्तर है – होता रहे,
निशा में सदैव निशा के साथ,
उषा में सदैव उषा के साथ,
भानु के उदय के साथ भी वह
दूर अस्ताचल में साँझ के भी साथ वह।

लेकिन वह प्रभु विशिष्ट प्रकार से क्रमण करे
उसे स्मरण करें – वह दौड़कर आये।

सूर्य किरण को धरती पर आने में भले ही देर लगे,
वायु लहरों में कम्पन करने में भले ही देर करे
लेकिन–
प्रभु को पुकारें – वह अविलम्ब प्रकट हो,
क्योंकि वह सर्वत्र व्याप्त है।
सदैव सुन रहा है – सब – कुछ देख रहा है।
उसके आने की गति भी विशिष्ट है।

विशिष्ट गति से चलनेवाले।
हे 'विक्रमी' तुमको नमन है।

वि (उपसर्ग) – विशिष्ट + क्रम (धातु – संचरण करना) = विक्रमी
जिसका संचरण विशिष्ट है।
जिसका क्रमण शक्तिमान् है।

76. धन्वी

धनुष-बाण से केन्द्रित कर हनन करनेवाला
वह 'धन्वी' है।

कामदेव के बाण कामना उत्पन्न करें,
उस परम देव के बाण कामना विनष्ट कर दें,
अज्ञानियों के अज्ञान नष्ट कर दें।
जीवन के आर्त क्रन्दन को स्वर-लहरी में परिवर्तित कर,
अंतर को संगीतमय कर दें,
अभिशप्त जीवन को प्रिय वसन्त के,
सौरभ से सुरभित कर दें।

जिसने उसकी शरण ली,
मन अर्पण कर-चले प्रभु पथ पर,
उसके त्रिविध कष्ट विनष्ट कर
प्रभु, उसके प्राणों में आभा भर दें
उस प्रकाश की अमृत वर्षा में,
वह आनन्द से गुंजन करे।
भौतिकता से वह ऊपर—
मानस-पटल पर उसकी चिन्ता की रेखाएँ मिटें।
अंतर के दानव कलुष मिटें।

जो शरणागत नहीं है
स्वयं अहंकार की मूर्ति है
अधर्म अत्याचार के पथ पर चले
केवल स्वार्थ सिद्धि जिसका मूल मन्त्र है
स्वजन के लिए परजन का हनन करे
वह परमेश्वर राम रूप में
महाबली दशानन को भी अपने धनु से
विध्वंस कर दे।

अपने ज्ञान धनु से विनष्ट करनेवाले
हे महान् 'धन्वी' तुमको नमन है।

धन (धातु) + उस् (प्रत्यय) = धनुष्
धनुष् + इनि + (प्रत्यय) = धन्वी
जिसके पास धनु है, वह धन्वी।

77. मेधावी

भावनाओं में मानव बहता रहे
बहने की कोई दिशा नहीं
न जाने कब किस ओर बह चले
प्रेम है – अंगारों में भी शीतलता है,
क्रोध हुआ – हिम भी अंगारे लगे,
आशा – निराशा के लहरों में मानव डूबता – उतराता चले।

बुद्धि – धारण करे
तर्क से – वितर्क से
वह धारणा गलत हो सकती है
क्योंकि स्थूल तत्त्व ही उसका आधार है।

मति में जब चेतना जागृत हो
वहाँ सत्य – असत्य का भेद खुल जाये
अन्तश्चेतना के प्रकाश में
बुद्धि के भी कपाट खुल जायें
ज्ञान का भण्डार स्वयं मिले
प्रसुप्त सरस्वती जाग उठे-तब वहाँ मेधा है।

व्यक्त जगत् में प्रकृति के रहस्य को
बुद्धि की परख खोजे
अव्यक्त विराट् पुरुष को
परम चेतना के प्रकाश में मेधा जाने।

लेकिन उस परम मेधा में
ज्ञान, ज्ञानी और ज्ञेय
तीनों ही एक हो जायें।

उस परिपूर्ण ज्ञानस्वरूप 'मेधावी'
को नमन है।

मेधावी = मतौ धीयत इति मेधा
सास्यास्तीति मेधावी
मति में धारण करने से मेधा
जिसमें मेधा है वह मेधावी

78. विक्रम

नौका-जल पर विहार करे
विहंग-पंख ले आकाश उड़े
नयन झरोखे — संसार देखे
कर्ण — शब्द से संसार ग्रहण करे
वह परमेश्वर व्यापक होकर
विश्व के अंग-अंग में सहज समाये।

वह बहुत पास है — फिर भी हमसे दूर,
वह हमारे सामने — फिर भी वह अदृश्य,
वह सन्देश दे — फिर भी हम सुन न पायें।

क्योंकि हम उसे बुलाते नहीं- उसे पुकारें
वह तो वेद रूपी गरुड़ पर दौड़कर आयेगा,
जो उसका ज्ञान दे — वही वेद है।
जो उसको अपने द्वार लाये — वही गरुड़ है।

धरती में गड़ा धन — अज्ञान में तिरोहित रहे,
दूध में माखन — मथे बिना अलभ्य रहे।

वह विज्ञान के पंख पर क्रमण कर,
आनेवाला विक्रमी है।

वह प्रेम के बन्धन में
माया पाश को अतिक्रमण करनेवाला विक्रमी है।

क्रमण कर आनेवाले
हे 'विक्रम' तुमको नमन है।

वि (उपसर्ग) — विशिष्ट + क्रमः (विचरण करनेवाला) = विक्रमः
जो विशिष्ट रूप से विचरण करे।

79. क्रम

प्रभु ही आगे बढ़ने की शक्ति दे,
वही जीवन की गति है।
जड़ में चेतन की गति,
अन्धकार में वह प्रकाश की गति है।

उसकी कृपा हो,
पंगु गिरि चढ़े – मूक वाचाल हो जाय,
नेत्रहीन सर्वद्रष्टा हो जाय।

जिसको सत्य की ओर आगे बढ़ना है,
अन्धकार से प्रकाश की ओर चलना है,
हार छोड़, विजय पाना है,
मृत्यु मिटा, जीवन लाना है,
वह प्रभु की शरण जाय–
वही पग – पग आगे बढ़ने की शक्ति दे।

क्रमण करने की शक्ति देनेवाले
हे 'क्रम' तुमको नमन है।

क्रमः = क्रमणं क्रमः
जिस (शक्ति द्वारा) क्रमण किया जाय वह क्रम है।
जो क्रमण करे – वह क्रम है।

80. सर्वोत्तम

विहँसते पुष्प उत्तम हैं
लेकिन वसन्त से उत्तम नहीं
जो उपवन को पुष्पित कर दें,
राका की ज्योत्स्ना सुनहली
लेकिन आकाश उससे उत्तम
जो उसकी स्वर्णिम लहरों को लहरा दे।

शरीर सुन्दर है,
आत्मा से उत्तम नहीं
जिसके कारण स्वयं शरीर है।

संसार की विभूति उत्तम
लेकिन प्रभु सबका स्रोत है।

प्रजा में राजा उत्तम
वह राजाओं का राजा – राजाधिराज है।
कवियों का कवि – सरस्वती का उद्‌गम है।
धनियों का धनी – स्वयं लक्ष्मीपति है।

फिर कोई पदार्थ उत्तम ही क्या,
जो कल्याण की ओर न ले चले।
स्वर्ण सुसज्जित बेड़ियाँ क्या उत्तम,
जो जीवन के पग को बाँध दें।
मधुर विष का घोल क्या उत्तम,
जो सुन्दर जीवन को ले ले।

श्री हरि से उत्तम कौन
जो लोक – परलोक दोनों दे-दे
जीवन को सुन्दर करे
जीवत्व को भी मिटा दे।

जिससे अधिक उत्तम कोई नहीं,
उस 'सर्वोत्तम' को नमन है।

अन् (प्रत्यय) + उत्तमः = अनुत्तमः (सर्वोत्तम)
जिससे अधिक कोई उत्तम नहीं – वह 'अनुत्तम' है = सर्वोत्तम है।

81. दुराधर्ष

न कोई दानव है, न दैव,
जब दानवता हावी हो — मानव दानव हो जाय,
वही दानव में जब दैवत्व उत्पन्न हो,
दानव ही देव हो जाय।

वही जल स्रोत में हिम है
बड़वाग्नि में वाष्प बन उड़ चले

जब उस परमेश्वर की शरण जायँ,
वह अपने ही में वासित दैत्य से,
संघर्ष करने की शक्ति दे।
उसके ज्ञानाग्नि के बाण, दैत्य का
समग्र रूप से संहार कर दें।

प्रकाश-अन्धकार को, अग्नि-शीतलता को
दैवत्व-दानव को, ज्ञान-अज्ञान को विनष्ट कर दे।

वह ईश्वर ही जब हृदय दीपक में ज्योति जलाये
तब अंतर में प्रकाश गूँज उठे,
सर्वत्र सौन्दर्य के दर्शन हों,
आनन्द रस की वर्षा हो
दैत्य विनष्ट हो जाय।

समग्र रूप से दुष्टता को विनष्ट करनेवाले
हे 'दुराधर्ष' तुमको नमन है।

दुर् (दुष्ट) + आ (उपसर्ग – समग्र रूप से) + धृष् (धातु) = दुराधर्षः
जो समग्र रूप से नष्ट करता है।

82. कृतज्ञ

प्राणी कुछ भी करे, ईश्वर सब जाने,
वह स्वयं साक्षी है – सर्वव्यापी है।
अन्धकार में किया हो या प्रकाश में,
खुले में किया हो या बन्द में,
आकाश में किया हो या पाताल में,
केसे भी छिपायें – वह सर्व अन्तर्यामी है- सब जान ले।

वह जाने
कौन उसकी ओर उन्मुख हो रहा है
या उससे दूर विमुख,
कौन बाह्य स्थूल की ओर जा रहा
या सूक्ष्म की ओर अग्रसर हो रहा,
राग की वासना ओढ़ रहा है
या द्वेष से हृदय की ज्वाला भड़काये है।

उज्ज्वल पतित पावनी गंगा बह रही है
या कलुषता की वृष्टि।

जब वह जाने
कर्मों के अनुरूप – किसी को आनन्द, किसी को विषाद
किसी को प्रकाश, किसी को अन्धकार
किसी को शान्ति, किसी को अशान्ति दे।

सबके किये कर्मों को जाननेवाले
हे 'कृतज्ञ' तुमको नमन है।

कृत (किये हुए को) + ज्ञः (जाननेवाला) = कृतज्ञः
जो किये हुए को जानता है।

83. कृति

वह महान् कलाकार है – यह विश्व उसकी कृति
रात्रि में ओस की बूँदें वही बिखेरे
दिवा में वही विलीन कर दे।

सागर – सरिता में वही जल प्लावित करे
वाष्प होकर वही बादल बन छा जाय
यह उसके स्थूल जगत् की कृति है।

मानव की चित्तवृत्ति और तदनुरूप उसका कर्म
मानव कृति का आधार है,
वह रंक से राजा, राजा से रंक बना दे,
बलहीन से बलवान्, बलवान् से निर्बल कर दे,
पतन से उत्थान, उत्थान से पतन कर दे,
मरण से जीवन, जीवन से मरण दे।

आसक्ति से आवृत, मानव का कार्य 'कर्म' है
अनासक्ति होने से प्रभु का कर्म 'अकर्म' है
किये का फल देना यह कर्म नहीं केवल कृति है
लोग कहें उसने दैव बनाये, दानव बनाये
मानव ने जैसा मन धारण किया,
वैसे ही बनायी उसकी कृति।

हाँ उसकी शरण में जो जाय
उसको मन समर्पित कर
स्वयं को मेट—केवल उसके चिन्तन में हो,
वह उसको स्वयं अपनी ही कृति बनाये।

वहाँ द्वैत नहीं केवल अद्वैत रहेगा
स्वयं से स्वयं की कृति होगी।

निर्मित करनेवाले
हे 'कृति' तुमको नमन है।

कृ (धातु – करना) + क्तिन (प्रत्यय) = कृतिः
जो किया वह कृति है।

84. आत्मवान्

वह आत्मस्वरूप है।
सभी जीवों की आत्माओं में वही है। जब जीव की
आत्मा परम शुद्ध, चैतन्यस्वरूप परब्रह्म में लीन हो जाय
वह परमात्मा को प्राप्त करे।

बादलों के बीच दिवाकर विलीन-सा रहे
पुष्पों में मधु समाये रहें
दूध में माखन तिरोहित रहे,
वैसे जीवों में वह आत्मरूप में अन्तर्निहित रहे।

मानव का मन उससे बहुत दूर
प्रतिपल संसार के विषयों की ओर,
सूक्ष्म से स्थूल की ओर,
आत्मा से अनात्मा की ओर ले चले।
बुद्धि-देह को ही आत्मा माने
उसके लिए देह सुख ही, आनन्द की सीमा है
वह न आत्मा जाने, न आत्मानन्द।

जब जीव अन्तर्निहित आत्मा में लीन हो
परम विशुद्ध चैतन्यस्वरूप में अवस्थित हो
उस परमात्मा को प्राप्त करे।

बादलों से झरते बूँद, सागर में मिलने पर सागर हो जायँ,
गागर का आकाश, गागर के विलय होने पर
केवल आकाश ही कहलाये
आत्म मिलन में – केवल आत्मवान् कहलाये।

सबमें निहित परमतत्त्व
हे 'आत्मवान्' तुमको नमन है।

आत्मवान् = जो आत्मस्वरूप है

85. सुरेश

सुरों से यदि याचना करें
मनोकामना जितनी पूर्ण हो – उतनी अतृप्ति बनी रहे
अग्नि में घी दिया – वह शान्त नहीं, और भड़क उठी
एक इच्छा पूर्ण हुई – दूसरी जागृत हो उठी।

देवता स्वर्ग देते – स्वर्ग में स्वतः दोष रहा,
भय, ईर्ष्या, क्रोध,
जो मिला है – वह लुट न जाय,
जो दूसरों को मिला – उससे ईर्ष्या,
जो नहीं मिला – वहाँ क्रोध।

हे परमेश्वर! तुम सुरों के भी स्वामी हो
तुम पूर्णकाम, तुमसे मिले, पिपासा नहीं – तृप्ति है,
वासना नहीं – विरक्ति है, याचना नहीं – दान है,
अभिलाषा नहीं – आनन्द की वृष्टि है।

भानु में प्रकाश है – प्रकाश बिखरने की प्रवृत्ति है
पुष्प में सुगन्ध है – सुगन्ध बिखेरना उसका स्वभाव है

ग्रीष्म में वनस्पति झुलसे
वसन्त आगमन पर उपवन में कोकिल गूँज उठे,
वर्षा में मेघ रजत मण्डप से छा जाय
शरद् में स्वर्णिम राकेश की किरणें स्पन्दित हों।
सबकी अपनी – अपनी सहज प्रकृति है।

हे प्रभु, तुम्हारी सहज प्रवृत्ति परमानन्द देना,
तुम सुरों के भी दुःख हरण कर, आनन्द देनेवाले हो।

सुरों के ईश्वर
हे 'सुरेश' तुमको नमन है।

सु (उपसर्ग) + रा (धातु – दान देना) + क्विप् (प्रत्यय) = सुरः
जो (दान) देता है।
सुर + ईशः = सुरेशः
सुरों का जो ईश है।

86. शरण

(1)

प्यासा–नदिया के पास जाय – पिपासा शान्त हो जाय,
तपित दुपहरी में तरु की छाया में जाय – शीतलता मिले,
दरिद्री – दानी धनिक के पास जाय – दरिद्रता मिटे,
लेकिन जीव परमात्मा की शरण जाय – सब – कुछ मिले।
उद्वेलित–मन की मनोकामना पूर्ण हो,
आर्त का चित्त शान्त हो – अज्ञानी को ज्ञान मिले,
और ज्ञानी को मिले – प्रभु, तुम परमानन्द।

जीव–
विपत्ति के बादलों से जब घिरा हो,
चिन्ता की ज्वालाओं से जल रहा हो,
आशा – निराशा के झंझावात में तिरता हो,
अन्धकार में जब कुछ दिखायी न दे,
केवल प्रभु तुम्हारी शरण में ही सहारा है।

कामधेनु, जिसके पास है,
वहाँ कामना की आपूर्ति की कल्पना कौन करे
लक्ष्मी के पुत्र को याचना कब करनी पड़े,
क्या सूर्य अँधेरे के पास प्रकाश पाने जाय?

हे ब्रह्माण्डनायक! शरण में जाने पर
कौन-सा वरदान न मिले।

शरणागत को वरद देनेवाले
हे 'शरण' तुमको नमन है।

(2)

वह हनन क्या करे
जिसमें अहिंसा – उसमें हिंसा कैसी?

प्रकाश ने अन्धकार कब जाना,
प्रकाश का उदय — अन्धकार का स्वयं मिटना है।
हिमालय की ओर जैसे-जैसे बढ़े
तपन स्वयं शीतल हो जाय।

संसार मन में है
उसमें द्वन्द्व है, पाप — पुण्य है,
लोक — परलोक, सुख — दुःख,
आकाश-पाताल, प्रकाश — अन्धकार है।

इसी में चिन्ता, शोक, ग्लानि, आकांक्षा है,
वासना — विषय के हिलोरे लेता रहे।

और द्वन्द्व के मार्ग में मचलता रहे
पक्षी दाने को देख — उसी में अनुरक्त रहे
स्वामी कौन — पता नहीं?

जब मन-श्री हरि के चरणों में समर्पण करे
मन के विकार स्वयं मिट जायँ,
निर्मल दर्पण में कोई चित्र नहीं,
स्वयं का स्वरूप है।
ग्रीष्म की तप्त किरणों में
पल्लव पतझड़ हो जायँ
अनल की दाहकता में
बीज में छिपे अंकुर स्वयं विलीन हो जायँ।

विकारों का हनन करनेवाले
हे 'शरण' तुमको नमन है।

शृ (धातु — हिंसा करना) + करण (प्रत्यय) = शरणं
1. जिसके द्वारा हिंसा किया जाये।
2. जिसमें समर्पित किया जाये।

87. शर्म

दुःखों का अन्त – सुखों का आगमन
काँटों का हटना – मार्ग की सुगमता है
अन्धकार का मिटना – प्रकाश का स्वर्णिम सन्देश है।

विकारों का मिटना – आनन्द लहरी का नाद है,
जीवत्व का प्रयाण – चैतन्य की जागृति है,
विषयों का अन्त – सच्चिदानन्द रस का अवगाहन है,
करुण क्रन्दन का अन्त – अनाहद नाद की झंकार है!

सीमा के बन्धन से मुक्त – असीम में विलय है,
मृत्यु की गोद – नव जीवन का आधार है
द्वार का खुलना – मुक्तांगन का उपवन है,

प्रभु के समीप चलें
दुःखों का निर्गमन-आनन्द का आगमन है।

दुःखों को नष्ट कर
परमानन्द को देनेवाले
हे 'शर्म' तुमको नमन है।

शृ (धातु – नष्ट करना) = मनिन् (प्रत्यय) = शर्म
दुःखों को नष्ट करनेवाला।

88. विश्वरेता

पुरुष बिना प्रकृति का अस्तित्व नहीं
हे परमेश्वर! तुम्हारे बिना-सृष्टि नहीं
तुम्हीं उसके बीज-आधार हो
उद्‌भव हो – विकास हो।

प्रभु, तुम्हीं पुरुष में वीर्य, नारी में रज की उत्पत्ति कर रहे
शिशु का जन्म, यौवन की मादकता,
प्रौढ़ापन की गम्भीरता, वृद्धावस्था की जर्जरता,
सब तुमसे नियन्त्रित हैं।

दाहकता से विहीन-अग्नि न हो
प्रकाशपुंज से रहित-सूर्य न हो
बीज बिना-जन्म न हो,

हे परमेश्वर! तुम्हीं बीज रूप में
समस्त विश्व में प्रस्रवण कर रहे
प्रकृति के तुम ही आधार
जगत् की सृष्टि और उसका अनुभव भी तुम्हारे कारण है।

विश्व में बीज रूप से स्थित
हे 'विश्वरेता' तुमको नमन है।

विश्व + रेतस् (बीज डालना) = विश्वरेताः
विश्व के उत्पन्न होने का कारण।

89. प्रजाभव

इस चराचर जगत् में प्रजनन से जिसका भी
जन्म हुआ, वह तुम्हारी सत्ता से हुआ।

सरोवर में कमल की पंखुरियों का विकास होना,
धरती में मखमल दूर्वादल की चादर का बिछना,
आकाश से छूते चन्दन के वनों का विस्तार—
प्रभु, तुम्हारी सत्ता से है।

घोंसले में जन्म लेकर, विहंगों का मुक्त गगन में विहार,
सागर में, सरोवर में, लहलहाती मीन का मौन संगीत,
मदमत्त हाथियों का वन में भ्रमण,
निशा में जुगनूँ का प्रकाश,
तुम्हारी चेतना से उद्भासित हैं।

मानव आकाश में हों या पाताल में,
नगर में हों या वन में,
तुम्हारी सत्ता से श्वासित हैं,
सभी तुमसे प्रजनित-तुम्हारी प्रजा हैं।

प्रजा के उद्भव के कारण
हे 'प्रजाभव' तुमको नमन है।

प्रजा + भवः (उत्पन्न करना) = प्रजाभवः
जो प्रजा को उत्पन्न करे—जिससे प्रजा का प्रादुर्भाव होता है।

90. अह

निशा अपने आँचल में सभी कुछ छिपा लेती,
अँधियारी गली में कहाँ क्या पड़ा है – पता नहीं।
कहाँ पाषाण हैं, कहाँ काटे हैं-पथ स्वयं
विलीन हो जाते।
उस घनघोर कालिमा में, असत्य – सत्य की चादर
ओढ़ लेता। रज्जु सर्प, सर्प-रज्जु भासित होता
जीवन का संगीत शान्त हो जाता – न फूलों का
शृंगार न काँटों की रेखा। मानव वृन्द तो क्या
अपना ही हाथ अपने को टटोलता रहे।

प्रकाशपुंज-सबको आलोकित कर देता।
कहाँ थल है कहाँ जल, कहाँ काँटें, कहाँ फूल हैं।
सब दृश्य हो जाते नीले झील की झिलमिलाती लहरें
और उसमें कोमल कमल की खिलती पंखुरियाँ-
उषा की स्वर्णिम किरणों में सभी आलोकित हो जाते।

हे प्रभु, तुम प्राणियों के कर्म – अकर्म, गुण-अवगुण;
वासना-इच्छा को आलोकित कर उसके अनुसार फल देनेवाले हो।

दिवा के समान प्रकाशस्वरूप
हे 'अह' तुमको नमन है।

(2)

दिवा अन्धकार का नाश करे।
जब चित्तवृत्ति प्रभु, तुम्हारी ओर हो,
तुम संसार की ओर ढलते हुए वासना का विनाश करते।
मन जब तुम्हारी ओर हो, उसकी कालिमा धो, धवल करते।
बुद्धि तुम्हारी ओर हो, उसकी कुण्ठा मिटा प्रज्ञावान् कर
अन्धकार मिटा, प्रकाशपुंज से भर देते।

अहंकार का हनन करनेवाले
हे 'अह' तुमको नमन है।

हन् (धातु – नष्ट करना) + कनिन् (प्रत्यय) = अहः
जो अन्धकार को नष्ट करता है।
अहः (संज्ञा) – दिन

91. संवत्सर

प्रभु में सब वास करें
या वह सबमें वास करे – स्थूल हो सूक्ष्म
उसके आकाश की ऊँचाई का अन्त नहीं
उसके पाताल की गहराई असीम है
उसके दिशाओं की परिधि नहीं।

जिसमें वह निवास करे
उसी में रवि प्रदीप्त हो,
ग्रह, नक्षत्र, तारा वृन्द उसमें उद्‌भासित होते,
न जाने कितने लोकों को उसने अपने में समाया है।

चराचर जगत् उसमें वास कर रहा
समस्त ब्रह्माण्ड उसमें वास कर रहा
वह भी सबमें वास कर रहा।

वह कब से रह रहा, कब तक रहेगा,
वह काल की परिधि में नहीं
वह महाकाल है,
लेकिन वह अपनी सृष्टि को काल में बाँधे है।

चन्द्रमा – पृथ्वी की परिक्रमा कालक्रम में करता रहे,
पृथ्वी – सूर्य की परिक्रमा निरन्तर करता रहे,
दिवस, मास, ऋतु, वर्ष, निरन्तर करवट लेते रहें।

न जाने कितने ग्रह, अनेक सौर्यमण्डल
की परिक्रमा करके काल को
सीमित करते रहे – लेकिन
उस अनन्त परमेश्वर को काल की
सीमा में न बाँध पाये
काल तो स्वयं उससे बँधा है।

उसी ने सृष्टि की समस्त वस्तु को
काल की परिधि में बाँधा
परिधि के पार, वस्तु विनष्ट हुआ
प्राणी के प्राण गये – काल कवलित कहलाया
वह तो महाकालेश्वर है,
समस्त काल उसमें वास कर रहे हैं।

सर्व काल, सर्व स्थान में वास करनेवाले
हे 'संवत्सर' तुमको नमन है।

सम् (उपसर्ग) + वस् (धातु – वसना) + सरन् (प्रत्यय) = संवत्सरः
जो (समय और स्थान में) सम रूप से निवास करता है।
भाव = जो सर्वत्र सब समय है।

92. व्याल

(1)

सर्प विष का वलन करे – व्याल कहलाये
उस विष्णु का विष – दुष्टता को विनष्ट करनेवाला है,
मन के विकार को मारनेवाला है,
चित्त की चंचलता को नष्ट करनेवाला है।

दुष्टों को ग्रसित करनेवाले 'व्याल' रूप
हे विष्णु! तुमको नमन है।

(2)

जो सुशोभित करे वह भी व्याल
शोभा केवल सौन्दर्य से नहीं,
वह शुभ करे – मधुमय मंगल करे,
वही अस्तित्व का आधार है।

अलंकृत शरीर – प्राण बिना सुशोभित नहीं,
सरिता – जल बिना प्रवाहित न हो,
वसन्त – सुमन बिना सुगन्धित नहीं।
सत्य के बिना कुछ भी शुभ नहीं–
असत्य को सत्य कभी प्रिय न रहा,
लेकिन वह सत्य को प्रकाशित कर
सुशोभित करनेवाला 'व्याल' है।

(3)

मानव अपनी रक्षा शस्त्र से करे
किले बनाये, सेना के घेरे में रहे
लेकिन जब अपने अन्तः में ही शत्रु
उत्पन्न होकर विनाश करे
केवल ईश्वर ही रक्षा करे।

जब मति कुमति हो, वही सुमति दे,
जब द्वेष के विष से विचलित हो,
वह प्रेम सुधा का रस दे।

पथ में अज्ञान तिमिर से जो आहत हो,
उसे वह ज्ञान के प्रकाशपुंज से अवलोकित करे।
कोई क्या घायल करे,
जब प्रभु ही रक्षा करे।

रक्षा करनेवाले
हे 'व्याल' रूप प्रभु तुमको नमन है।

---

1. वि (उपसर्ग) + अल (धातु – भूषित करना) + घञ् (प्रत्यय) = व्यालः
भाव – जो (जगत् को) भूषित किये है।
2. वि (उपसर्ग) + आल (धातु – रक्षा करना) = व्यालः
भाव – जो जगत् की रक्षा करता है
3. (संज्ञा) = सर्प

93. प्रत्यय

नयन खोलें – संसार दृश्य है,
कर्ण सुनें – संसार ध्वनित है,
अपने ही मन को देखें
उसमें प्यास है—वासना पीने की—
संसार को भोगने की—
क्योंकि उसकी प्रतीति है अपरोक्ष जगत् की।

वह परोक्ष की अनुभूति है
प्रसुप्त में चेतना है – उस चेतना में
आनन्द की स्वर – लहरी है,
वह चैतन्य रूप प्रत्यय है।

मन ने उस चैतन्य की अनुभूति न की,
बुद्धि ने धारण न किया,
इन्द्रियों ने उसे स्पर्श न किया,
अन्तः में रहते हुए भी प्रतीति न हुई।

दूध में माखन – मथने पर प्रतीत हो,
गन्ने में रस – रस आने पर प्रतीत हो
सागर में रत्न – दृष्टिगोचर होने पर प्रतीत हो।

अन्धकार में रज्जु सर्प-सर्प में रज्जु का भ्रम है
प्रकाश के बिना, सत्य की प्रतीति नहीं होती।

स्वयं में आत्मतत्त्व होते हुए भी
आत्मानुभव नहीं, जब तक ज्ञान के द्वारा
प्रतीत न हो।

अनुभव से प्रतीत होनेवाले
हे 'प्रत्यय' तुमको नमन है।

प्रति (उपसर्ग) + इण् (धातु) + अच् (प्रत्यय) = प्रत्ययः
जो प्रतीत हो वह प्रत्यय है।

94. सर्वदर्शन

(1)

वह सर्वत्र देख रहा है – क्योंकि सर्वत्र व्याप्त है
वह सबको देख रहा है – क्योंकि सभी उसी में समाये हैं
वह सब – कुछ देख रहा है – क्योंकि वह अन्तः में है
बाहर भी है
वह सब समय देख रहा है – क्योंकि सर्वकाल है।

आकाश का अन्त हो सकता है
उसके विस्तार का अन्त नहीं,
सूर्य का प्रकाश दुर्गम हो सकता है – वह अविच्छिन्न है।
संसार का प्रलय हो सकता है – वह शाश्वत है।
वह विश्वचक्षु है,
क्योंकि वह शाश्वत है, सर्वव्यापक है, सार्वकालिक है।

सर्वकाल, सर्वत्र सब – कुछ देखनेवाले
हे 'सर्वदर्शन' तुमको नमन है।

(2)

वह सर्वत्र दर्शनीय है, सबमें दर्शनीय है
आकाश में विचरण करनेवाले विहंग रूप में
गरुड़ावतार से प्रकट हुए,
जल में मत्स्य- मत्स्यावतार,
जल – थल में कश्यप – कश्यप अवतार हुए,
सिंह में भी वही – नर में भी वही
नरसिंह अवतार में प्रकट हुए।

रवि के अरुणिम झिलमिल प्रकाश में,
दुपहर की तपती तपन में,
सन्ध्या की अस्ताचल लाली में,

सभी में दिवाकर की ही दृष्टि है
उसी की लाली है।
“लाली मेरे लाल की जित देखूँ तित लाल”

मीराँ के लिए श्याममय
तुलसी के लिए राममय
ब्रह्मवादी के लिए ब्रह्ममय
आत्मवादी के लिए आत्ममय
सभी में उसका दर्शन।

सब में दर्शनीय
हे ‘सर्वदर्शन’ तुमको नमन है।

सर्व (सब) + दृश् (धातु – देखना) + ल्यु (अन्) = सर्वदर्शनः
प्रत्यय = दर्शनः
जो सबको देखता है।

95. अजन्मा

जिसका जन्म होगा – उसका मरण भी होगा।
जो सुमन आज खिले – कल मुरझायेंगे।
वह सदैव था, सदैव रहेगा – वह शाश्वत है।

लेकिन वह जन्म लेनेवाले में है,
और उसके मरण के बाद भी है,
आकाश घट में है,
घट के विनाश होने पर भी वही आकाश है।

जन्म लेने के साथ ही – जन्म लेनेवाले में
गुण – अवगुण, विकार – अविकार, मलिनता – निर्मलता,
गति – अवगति, सभी उत्पन्न होते। वह होगा काला या गोरा
ऊँचा या नीचा, भारी या हल्का।
जन्मनेवाला दानव भी हो सकता है – दैव भी।
वह राही के लिए शीतल छाया हो सकता है
या पग के काँटे।

वह विश्वम्भर अजन्मा – सबमें रहते हुए भी सबसे परे
समीप होते हुए भी दूर,
दूर होते हुए भी समीप है।
न काला- न गोरा; न ऊँचा- न नीचा,
न भारी- न हल्का; सदैव एकरस है।

उसकी उपासना में लीन जन्मधारी
उसी अजन्मा में लीन हो जाते।

विश्व में जो अप्रकट है – प्रकट करे
अन्तः में जो अप्रकट है – अन्तः में ही प्रकट करे
उसका जन्म नहीं – प्राकट्य है।

बिना प्राकृतिक जन्म लिए सदैव रहनेवाले
हे 'अजन्मा' तुमको नमन है।

अजः = अ (नञ् समास नहीं)
जन (धातु – जन्म होना) + ड (प्रत्यय) = जः
अ + जः = अजः (अजन्मा)
जिसका जन्म नहीं होता है।

96. सर्वेश्वर

सबका साईं एक है,
काले का – गोरे का; हल्के का – भारी का,
ऊँचे का – नीचे का; देश का – विदेश का।

न वह धर्म की परिधि में,
न किसी भाषा की परिसीमा में।

जो प्रिय लगे उस नाम से बुला लो
चाहे आर्त क्रन्दन हो – या वीणा की स्वर-लहरी हो,
वह तो हृदय की ध्वनि सुने।

शंखनाद हो या नगाड़ों की दुन्दुभी हो,
वह तो मानस – राजहंस की गति को देखे।

चाहे खुली आँखों से किसी रूप में देखो
चाहे बन्द आँखों से किसी शून्य में खोजो,
वह सभी में समाया है।

चाहे मन्दिर में देवता की प्राण – प्रतिष्ठा कर पूजो,
चाहे मस्जिद के प्रांगण में,
चाहे गिरजा के भव्य भवन में,
या नदिया के तीर या सघन वन में।

या मरुभूमि पर नतमस्तक हो,
जहाँ भी पुकारो, सभी जगह सुनेगा।

यह समस्त विश्व ही उसका मन्दिर
वह सर्वत्र प्रतिष्ठित है,
वह लोकेश्वर है, भुवनेश्वर है,

सबके ईश्वर
हे 'सर्वेश्वर' तुमको नमन है।

सर्व + ईश्वरः = सर्वेश्वरः
जो सबका ईश्वर है।

97. सिद्ध

(1)

वह स्वयं सिद्ध है – किसी कर्त्ता की कृति नहीं,
समस्त कृति का तो वह स्वयं कर्त्ता है,

समस्त कृति सीमित है,
सागर की लहरें कितनी ही हों – एक छोर तक सीमित हैं,
आकाश कितना ही ऊँचा हो, ब्रह्माण्ड का केवल एक अंश है,
सबकी सीमा – वह असीमित है।

लोक में सभी द्वन्द्वमय हैं – वह द्वन्द्वहीन है,
चराचर जगत् में सभी लौकिक – वह अलौकिक है,
संसार में सब – कुछ अपूर्ण – वह स्वयं पूर्ण है,
सभी कुछ नश्वर – वह शाश्वत है।

प्रश्न अनेक – उसका कर्त्ता कौन? कब आया? कहाँ से आया?
खोजा, जाना – वह अनादि, अजन्मा, स्वयं का कर्त्ता, स्वयं सिद्ध है।

(2)

संसार में सर्व वस्तु – स्थूल हो या सूक्ष्म,
प्रमाण से सिद्ध हो,
वह प्रमाण से सिद्ध न हो।
उसकी सिद्धि करने से ही सिद्ध हो।

अनल की ज्वाला कैसी?
उनकी लपटों में मिलने से ही जाने।
सरोवर में जल की तरलता कैसी?
उसमें अवगाहन करने से ही जाने।

अचेतन – चेतन का प्रमाण कैसे लेगा,
परमाणु – परमाणुहीन की संज्ञा कैसे जानेगा,
बुद्धि तर्क से, तर्कहीन को कैसे जानेगा,
चंचल मन उसको कैसे पकड़ेगा जो अचंचल है,
अन्धकार प्रकाश को क्या ढूँढ़े, जहाँ वह स्वयं मिट जाय,
मृत्यु जीवन क्या ढूँढ़े, जहाँ वह स्वयं न रहे।

प्रमाण लेनेवाला स्वयं सीमित है
जिससे प्रमाण दिया जाय वह सीमित है।

वहाँ तो प्रमाता प्रमेय एक हो जाते हैं
चींटी वट वृक्ष को कितना ही नापे
पक्षी कितना ही आकाश की सीमा खोजे
मीन महासागर की उत्ताल तरंगें गिने,
कोई सीमा सिद्ध न कर पायेगा।

ससीम का असीम में विलय होना,
असीम का जानना है।
अचेतन का चेतन में विलय होना,
चेतन का जानना है,

सिद्धि, साधन, साधक, जहाँ एक हो जायँ
वहाँ वह सिद्ध है।

बिना प्रमाण के, स्वयं प्रमाणित
हे 'सिद्ध' तुमको नमन है।

षिधु (धातु – सिद्ध होना, प्रमाणित होना) + क्त (प्रत्यय) = सिद्धः
जो (स्वयं) प्रमाणित है।
भाव – जो साधन – विशेष द्वारा नहीं प्रमाणित होता।

98. सिद्धि

गति होती है – कहीं पहुँचने के लिए
साधना होती है – सिद्धि के लिए
नदिया चले – सागर से मिलने के लिए
चातक के नयन – मेघ पर
एक स्वाती के बूँद के लिए
चकोर केवल चन्द्र को निहारे
सूर्यमुखी जिस ओर सूर्य हो
उस ओर मुख मोड़े
प्रियतम से मिलने के लिए – यही उसकी सिद्धि है।

मानव – जीवन की सिद्धि है – आनन्द
लेकिन उसे स्वर्ग का भण्डार दिया जाय,
तब भी वह अतृप्त – सदैव उदास।
भौतिक सुखों की राशि बिखेर दी जाय
तब भी सुख उसे स्पर्श न करे,
सागर के समीप जाय
तब भी प्यासा-का-प्यासा।

अपूर्णता से अपूर्ण की तृप्ति करने से अपूर्णता ही रहे
रंग से रंग मिटाने पर – रंग न मिटे

शाश्वत की प्राप्ति – नश्वरता का मिटना है,

बन्धन का टूटना – अमृत की सिद्धि है
अचेतन का मिटना – चेतना की सिद्धि से है।

विष का मिटना – अमृत की सिद्धि है,
दुःखों का अन्त – परमानन्द की सिद्धि से है।

हे परमेश्वर! तुम मानव – जीवन के परम लक्ष्य
अमृत के स्वयं स्रोत हो,
आनन्द की निर्झर चेतना के बिन्दु हो,
तुम ही साधनीय सिद्धि हो।

साधने योग्य
हे 'सिद्धि' तुमको नमन है!

षिधु (धातु – प्रमाणित होना, सिद्ध होना) + क्तिन् (प्रत्यय) = सिद्धिः जो (स्वयं) साधनीय है।

99. सर्वादि

सृष्टि कब बनी?
गगन में तारे कब आये?
धरती पर मानव ने कब जन्म लिया?

इतिहास के पन्ने खुले
गणित ने अंक भरे
अन्त में सब थक गये
जान न पाये वह आदि शक्ति कौन थी
जिससे सृष्टि बनी,
और फिर सृष्टि में उपवन खिले।

वह परमेश्वर ही अनादि बीज है,
विश्वतरु का जन्म, शाखाओं का विस्तार,
सुमन का खिलना, फल का आना
सब बीज के विविध रूप हैं।

वह जगत् का मूल कारण है – आदि है,
जगत् परमाणु है – पंचतत्त्व से निर्मित
वह पंचतत्त्व का आधार है।
सूर्य की शक्ति वह है,
अनल की दाहकता वह है,
वायु का वेग वह है,
जल की तरलता वह है।

जीव का भी वह मूल कारण है
जीव महत्तत्त्व को लेकर जन्म ले,
अहंकार, चित्त, मन, बुद्धि सभी महत्तत्त्व के रूप।

यह महत्तत्त्व भी जीवों में उसी के कारण भास रहा
अभिलाषों के बीज,
कामनाओं के ज्वार – भाटे
आशा – निराशा की हलचल
प्राणों में जब संचार हुआ
सब सोते से जाग उठे।

वही एक परमतत्त्व सभी में प्रकाशित,
वही परमपिता सब उसके पुत्र
भिन्न-भिन्न रूपों में उसी चैतन्य का अंश भास रहा
जो कुछ भी दृश्य है – श्रव्य है
स्पर्श्य है – अनुभवगम्य है
सबका कारण वही है।

सबकी स्थिति उसी से आरम्भ हुई
उसी के कारण उत्पन्न हुए
सृष्टि में प्रकाशित हुए
वह जीव – जगत् सबका आदि कारण है

सबके आदि कारण
हे 'सर्वादि' तुमको नमन है।

सर्व + आदिः = सर्वादिः
सबका आदि (प्रादुर्भाव का कारण)।

उषा की वन्दना

100. अच्युत

वह च्युत न होनेवाला 'अच्युत' है

प्रकृति के नियमों से भी च्युत न हो
उषा की अरुणिमा – फिर दुपहर की तपन
और फिर सन्ध्या का निशा में प्रवेश,
दिन का अवसान हुआ
शिशिर में कुहरा, आषाढ़ में मेघ छाये,
शरद् में धवलित ज्योत्स्ना रजत किरणें बिखेरे
ग्रीष्म में तपन अनल-सी जले
ग्रह मण्डल परिक्रमा करते रहे
वर्ष बीतते गये,
यही क्रम युग-युगान्तर चलता रहा-चलता रहेगा,
उस प्रकृति के नियम न टूटे।

वह अपने न्याय से च्युत न हो
जो उसके समीप जाय,
अपने प्रकाशपुंज से अभिभूत कर दे।
जो उससे दूर- अन्धकार के गर्त में गिरता चले,
जो उसकी शरण में जाय,
उसे वह आत्मसात् कर ले।
जो उसे छोड़ दे
संसार – सागर में डूबता जाय।

जिसने नागफनी फैलायी- उसे काँटे-ही-काँटे दिये,
जिसने लगायी मौलश्री–
उसे सुन्दर फल से गुलजार कर दिया।

वह अपने स्वभाव से च्युत न हो
जल गन्दला हो जाय,
अनल की लपटें रंग बदलें,
सूर्य में भले की कालिमा हो,
लेकिन वह परमेश्वर निज स्वरूप से
कभी च्युत न हो।

वह परम चैतन्य, सदैव प्रकाशित,
कैवल्य रूप, सदैव एकरस रहे
मन भले ही मलिन होकर च्युत हो जाय,
बुद्धि अधर्म धारण कर – च्युत हो जाय,

चिन्तन दूषित हो – चित्त च्युत हो जाय
वह निज स्वरूप से च्युत न हो।

च्युत न होनेवाले
हे 'अच्युत' तुमको नमन है।

अ (नञ् – समास – नहीं) + च्युङ् (धातु – स्खलित होना) + क्त (प्रत्यय) = अच्युतः जो स्खलित नहीं होता।
भाव – जो अपने स्वरूप से, स्वभाव से बदलता नहीं।

101. वृषाकपि

हे ईश्वर! तुम प्रतिपल वर्षा कर रहे हो – धर्म की, ज्ञान की, आनन्द की। जिसने एक बार भी तुमको हृदय से पुकारा – उसकी मनोकामना पूर्ण करने की वर्षा की।

तुम दुःखियों के आँसू पोंछ देते, अज्ञानी को ज्ञान के प्रकाश में ला देते, जीवन को सुन्दर से सुन्दरतम कर देते।

मेघ की वर्षा में – भयंकर बाढ़, झंझावात से घिरा प्राणी डूबे, लेकिन तुम कृपालु! डूबते को उबार लेते, गिरते को उठा अपने हृदय लगा लेते हो।

और तुम आषाढ़ के मेघ नहीं जो समय की गति पर न जाने कहाँ और कब विलुप्त हो जाय – तुम विश्व निर्झरी हो – चिरन्तन हो – शाश्वत हो। तुम्हारे आनन्द की वर्षा चिरस्थायी है।

निरन्तर वर्षा करनेवाले हे 'वृषाकपि' तुमको नमन है।

वृष + अकपिः = वृषाकपिः

1. वृषु (धातु – सेंचनार्थक) + क (प्रत्यय) = वृषः
जो बरसता है।
कपि (धातु – चलना) + इन् (प्रत्यय) = कपि = गतिशील
नञ् (समास – नहीं) = जो अगतिशील है – स्थिर है।

102. अमेयात्मा

पृथ्वी नापी जा सकती है — वह सीमित है; ब्रह्माण्ड का भी विस्तार जाना जा सकता है, सितारों की संख्या गिनी जा सकती है।

लेकिन हे विश्वम्भर! तुम असीम हो। तुमको नापेगा कौन? सीमित असीमित को, मेघ आकाश को, मीन सागर को क्या नाप सकेगी?

आकाश को छूते देवदार के तरु क्या आकाश की ऊँचाई जान सकेंगे, विहंग परिक्रमा कर उसको क्या अपनी सीमा में बाँध सकेंगे?

हे प्रभु, तुम आत्मस्वरूप! इस आत्मा की व्यापकता को कौन मापे। प्राणी स्वयं न जाने। जाने भी कैसे? उसमें द्वैत है — उसके चिन्तन में, उसके चित्त में, उसके नयनों में, वाणी में।

तुम्हारी सीमा तब जाने, जब तुममें ही लवलीन हो। नमक की डली सागर में समाये—सागर की है—सागर है। उसको कौन नापेगा।

वहाँ प्रमाता-प्रमाण प्रमेय भी नष्ट हो गये। जल ने जल का, अग्नि ने अग्नि का, वायु ने वायु का प्रमाण कब माँगा?

अपरिमित आत्मस्वरूप हे 'अमेयात्मा' तुमको नमन है।

अमेय + आत्मा = अमेयात्मा
अमेय = जिसको मापा न जा सके।
वह आत्मा जिसको मापा न जा सके।

103. निःसंगयोगी

दो का मिलन हुआ – योग हुआ। संसार से जुड़े – संसार के प्रपंच से बँध गये और हे प्रभु! तुमसे मिले संसार के बन्धन खुल गये। एक योग दारुण दुःख दे, दूसरा योग सर्वदुःख हरण कर ले। एक द्वैत के बीज बोकर, विकराल वन उपजाये, एक दावानल बन द्वैत के उपजे वन को विनष्ट कर दे।

प्रभु तुम्हारा स्वयं का योग विचित्र। संग में रहते हुए भी निःसंग, सर्वकर्त्ता होते हुए भी अकर्त्ता हो।

सब द्वन्द्वों से दूर – न भले हो, न बुरे हो, एकरस हो।

न जुदे हो न मिले हो – सब में शाश्वत हो; न जन्म है–न मरण है–चिरस्थायी हो।

न बँधे हो – न खुले हो – कैवल्य स्वरूप हो। जो तुमसे योग करे – तुम में तद्रूप हो जाये। वह भी निर्विकार, निःसंग हो जाये। तब वह – आसक्ति से अनासक्ति की ओर; मोह से विश्व प्रेम की ओर; कुटुम्ब से वसुधैव कुटुम्ब की ओर; अनेक से एक की ओर, अनेक से एक तुम्हारी ओर, तुमको विश्व में – विश्व में तुमको ही देखे।

सर्व बन्धनकारी योग से निर्मुक्त करनेवाले हे 'निःसंगयोगी' तुमको नमन है।

सर्व + योग + विनिसृतः = सर्वयोगविनिसृतः
जो सब बन्धनों से निर्मुक्त हो चुका है।

104. वसु

आकाश में प्रभा की अरुणिमा हो या मेघों का समूह उसे आच्छादित करे – विहंग के लिए आकाश ही स्वच्छन्द जीवन है।

सागर में कितनी ही लहरें हों – मीन के लिए जल ही प्राण है।

राका में कितनी ही ज्योत्स्ना हो, चकोर के लिए चन्दा का दर्शन ही सुखदायी है।

हे विष्णु! तुम विश्व के कण-कण में वास कर रहे-सब के घट-घटमें वास कर रहे। यह विश्व-भवन तुम्हारा – इसमें तुम वास करो, और सब तुममें वास करें।

लेकिन तुम मुनियों के लिए निरन्तर मनन के विषय, ज्ञानियों के लिए ज्ञान दीप, भक्तों के हृदय-मन्दिर में देव, हठयोगियों के चिन्तन में कुण्डलिनी के सहस्र पद्म हो।

हे सर्वव्यापी! तुम सर्वत्र वास कर रहे, लेकिन तुमको अपने में जो जैसा बसा ले।

वास करनेवाले हे 'वसु' तुमको नमन है।

वस् (धातु – निवास करना) + उ (प्रत्यय) = वसुः
जो निवास कर रहा है।

105. वसुमना

पुष्प सुगन्ध बिखेरे – मधुकरी जितना चाहे मधु ले। सरिता का सरस प्रवाह है, गागर में जितना भर लें। शीतल, सुमधुर समीर की लहर है – जितना चाहें श्वासों में भर लें।

हे प्रभु, तुम सर्वत्र व्यापक हो, वृहद् ब्रह्म हो।

सबमें वास कर रहे हो – लेकिन यह मन, तुमको अपने में न बसाये। और तो क्या? यह मन, तुमको अपने से दूर रखे।

मन अपने में बसाये है संसार को – संसार के विषयों में रमण करे। फिर उस संसार में राग – द्वेष, सुख – दुःख, शोक – संताप से पीड़ित हो।

हे मन! मनन करो उस हरि का जो सर्व दुःख हरण कर ले। मन में प्रभु बसे, अहंकार विगलित होकर केवल शुद्ध चैतन्य में रमण करे।

हे प्रभु, तुम आनन्दस्वरूप, निरन्तर अमृत की वर्षा कर रहे, लेकिन यह मन ही तुमको अपने में न समाये।

हे सर्वशक्तिमान्! तुमने ही मन को चिन्तन करनेवाली अन्तश्चारिणी शक्ति दी। लेकिन यह तुम्हारा ही चिन्तन न करे। विडम्बना यही रही तुम तब मिलो जब मन तुमको अपने में बसाये।

मन के द्वारा अपने में बसनेवाले हे 'वसुमना' तुमको नमन है।

वसु + मनाः = वसुमनाः
वस् (धातु – बसना, निवास करना)
मन् (धातु – अवबोधन होना, चिन्तन करना) + असुन् (प्रत्यय) = मन
जिसके बसने से या माध्यम से चिन्तन या मनन हो।

106. सत्यस्वरूप

सत्य की खोज होती रही, लेकिन भ्रम में रहे, जब असत्य को सत्य माना।

किसी ने कहा तुम विश्व में नहीं हो – किसी ने कहा तुम सर्वत्र हो – दोनों ने ही तुमको न देखा था। दोनों ही भ्रम में थे क्योंकि तुम्हारे सत्यस्वरूप को न जाना।

सत्य का भ्रम – असत्य की ओर ले चला। सत्य को न जानना भी असत्य के अन्धकार में सत्य को विलीन कर दिया।

जल न था – जल का भास – मृगमरीचिका रही। जहाँ जल वहाँ स्थल का आभास–आँखों का छल रहा।

जो नश्वर है – सत्य लगे – जो शाश्वत है उसको असत्य कहें – दोनों ही – असत्य, तुम शाश्वत सत्य हो।

जो आकार में है – वह सत्य लगे, जो निराकार है – वह असत्य लगे। लेकिन यह न जाना निराकार ही आकार में है। हे प्रभु, तुम आकार-निराकार दोनों में ही सत्यस्वरूप हो।

जो जीवन में सत्य लगे, मरण में अन्त लगे – वह असत्य। तुम जीव के जीवन में – मरण के उपरान्त भी साथ हो। तुम शाश्वत सत्य हो।

प्रकृति के संग हो, प्रकृति के विनाश होने पर भी हो – सत्य यही – प्रकृति से परे हो।

एक में हो, अनेक में हो – सत्य यही तुम सब में रहते हुए निःसंग हो।

तुम सीमा में सीमित-असीम में अपरिमित। सीमा-असीम से परे अनन्त रूप में सत्य हो।

प्रकाश में हो, अन्धकार में भी हो – दोनों से परे अन्तर्गर्हित ज्योतिस्वरूप सत्य हो।

हे प्रभो! तुम्हारा ज्ञान ही सत्य की प्राप्ति है।
ज्ञान – अनुभव में रहा
अग्नि की दाहकता क्या है–अनुभव जलने में है
मधु में मिठास क्या है
अनुभव केवल खाने में है–

ज्ञानरूप हे 'सत्यस्वरूप' तुमको नमन है।

सत् (जो तत्त्व है, सत्ता है, तथ्य है) + यत् (प्रत्यय) = सत्यः (सत्यस्वरूप)

107. समात्मा

आकाश में गड़गड़ाहट करते काले बादल हों या रजत धवल मेघ–वर्षा करें या मलय गति पर विचरण करें, वह आकाश सम रूप से सबको अपने में समाये। स्वयं निश्चल है, निर्द्वन्द्व है, निर्विकार है।

प्रभु, तुम एक आत्मतत्त्व से बिना भेद–भाव के, सब में समाये हुए हो।

आकाश में उड़ते विहंग हों, या जल में लहलहाती मछलियाँ, या उपवन में कूकती कोयल हों या धरती में रँभाती गायें,

मानव–नर हो या नारी, काला हो या गोरा, हल्का हो या भारी, ऊँचा हो या नीचा, सभी में वही एक आत्मतत्त्व समाया है मानव अपनी प्रवृत्ति के वश भले ही दैव बने या दानव, जगपालक हो या जग विनाशक, प्रेमस्वरूप हो या वीभत्स का ताण्डव नृत्य करे, लेकिन सब में वही आत्मतत्त्व समान रूप से उद्‌भासित हो रहा है।

जल में संजीवनी बूटी डालें–वह अमृतमय कर दे, विष डालें, मृत्यु को आमन्त्रित कर ले।

और मानव अपने आत्म जल में–प्रकृति के वश कभी वीभत्स बने, कभी प्रेमस्वरूप बने।

जब हृदयाकाश द्वन्द्वरहित निर्मल हो, हे प्रभो! तुम्हारा तेजोमय आत्मसूर्य उसमें उद्‌भासित हो जाय। ब्रह्म की किरणें स्फुटित होने लगें।

समान रूप में सबमें समाये हुए हे 'समात्मा' तुमको नमन है।

सम + आत्मा = समात्मा
जो आत्मा सब में एक है या एक आत्मतत्त्व सब में है।

108. (अ) सम्मित

हे दयालु! तुम अत्यन्त कोमल हो। तुम आत्मस्वरूप हो लेकिन तुमको जो जिस रूप में देखे, उसी रूप में प्रकट हो, जिस प्रकार धारण करे उसी प्रकार गम्य हो, जिस भावना से समाहित करे, उसी भाव में समाहित हो जाओ।

समीर में जिस सुगन्ध को प्लावित करें, मलय उसी सुगन्ध को बिखेरता हुआ प्रवाहित करे।

हे प्रभु! तुम भावना के अनुकूल आत्मसात् होनेवाले, अपनी ही आत्मा में मनोयोग से आकार में प्रकट होनेवाले, चित्त के निर्मल होने पर आत्मानुभव में गम्य होनेवाले हो।

अपने आत्मदर्पण में अपनी ही प्रतिच्छाया रही।
और तभी –
तुलसी के लिए – विश्व राममय है।
मीरा के लिए – बाँसुरीवाला प्रियतम है।
प्रह्लाद के लिए – नरसिंहावतार है।
भस्मासुर के लिए – महाकालेश्वर शिव है।

समाहित होनेवाले
हे 'सम्मित' तुमको नमन है।

सम् (उपसर्ग) + माङ्ग (धातु – सम्मित करना, ग्रहण करना) + क्त (प्रत्यय) + मित (उपसर्ग) = सम्मितः जो समाहित हो जाय।

(ब) असम्मित

सूर्य से भी तेजस्वी एवं प्रकाशमान् सहस्रों सूर्य हो सकते हैं, सौर्य जगत् में अनेक ब्रह्माण्ड हो सकते हैं, लेकिन हे परमेश्वर! तुम्हारे समान कोई नहीं है। तुम अद्वितीय हो।

आकाश में कितने ही रंगों की पतंग उड़ायें आकाश एक ही है, नदिया में कितनी ही प्रकार की नौकायें चलाए – नदिया वही है। माला में मणि कितने ही हों – सूत्र तो एक ही है।

हे परमेश्वर! तुम एक हो—भले ही तुम्हारे अनेक नाम लें—अनेक रूपों में देखें। तुम्हारे मन्दिर में कोई आरती उतारकर अर्चना करे या मस्जिद में नमाज़ पढ़े। यज्ञ में अग्नि प्रदीप्त कर कोई तुम्हारा आवाहन करे या कन्दराओं में ध्यानावस्थित हो समाधि ले—सुननेवाले तो केवल एक परमेश्वर तुम ही हो।

स्वर वीणा से ही निकले—राग जितने ही निकाल लें।

तुम्हारे समान कोई न होनेवाले
हे 'असम्मित' तुमको नमन है।

अ (नञ् – समास – नहीं) + सम्मितः = असम्मितः
जो समान न हो।

109. सम

धरती पर कहीं पर्वत, कहीं खाईं—कहीं सागर,
कहीं झरना—यह धरती असम है
पतझड़ होगा, धरती पर पल्लव बिखर उठेंगे
वसन्त आयेगा, कोमल किसलय फूल उठेंगे
कोयल कूक उठेगी, जब वर्षा होगी, रजत मेघ
इन्द्रधनुषी रेखा से सुसज्जित हो उठेगा
यह ऋतु का परिवर्तन है—प्रकृति असम है।

मानव हृदय घृणा में घुन की तरह जब घुले,

क्रोध में अग्नि की तरह जले, प्रेम की शमा का परवाना हो चले, चित्तवृत्ति का परिवर्तन है—चित्त असम है।

शैशव में हँसता भोलापन, यौवन में मादकता, वृद्धावस्था में जर्जरता की झुलसन—शरीर का परिवर्तन है—शरीर असम है।

हे विष्णु! तुम ऐसे सूर्य जिसमें न न्यूनता है न अन्धकार।
सर्वकाल, सर्वत्र, सर्वशक्तिमान्, सदैव एक स्वरूप हो।

तुम अपरिवर्तनीय, शाश्वत सदैव एक समान रहनेवाले हो।

सतत समान रहनेवाले
हे 'सम' तुमको नमन है।

स (उपपद) + माङ्ग (धातु – मापन होना) = + क (प्रत्यय) = समः
जिसका माप समान है।

110. अमोघ

अग्नि से शीतलता की कामना करें, पत्थर पर बीज बोयें, भिखारी से धन माँगें – सब वृथा है।

लेकिन हे ईश्वर, तुमको पुकार कर एक बार भी जिसने हृदय से प्रार्थना की – वह कभी व्यर्थ न हुआ।

तुम पत्थर पर हरियाली ला दो, अग्निकुण्ड में कमल पुष्पित करदो, मूक को वाचाल, पंगु को गिरि पार करा दो।

समस्त कामनाओं को तुम पूर्ण करनेवाले हो,

कामधेनु के पुत्र होने पर कौन-सी कामना असफल होती है,
जल लेने से सागर में कब न्यूनता आयी? राजा का भण्डार किस झोली को नहीं भर सकता, अमृत किस मरणासन्न को जीवित न करदे-

तुम दुःखियारे के आँसू मेटो, अनाथों के नाथ हो।

जहाँ सारे सम्बन्ध टूट जायँ- तुम स्वयं मार्ग हो, जहाँ सारे तार टूट जायँ – वहाँ तुम स्वयं ध्वनि हो; जहाँ अन्धकार-ही-अन्धकार है- वहाँ तुम स्वयं प्रकाश हो।

तुम्हारी शरण में जायँ – तुम कल्याण करो। हे कृपालु! तुम सत्य संकल्पवाले, प्रार्थना करें, तुम्हारा वरदान निष्फल न होगा।

वृथा न करनेवाले हे 'अमोघ' तुमको नमन है।

अ (समास – नहीं) + मोघ (वृथा होना) = अमोघः
जो वृथा नहीं करता।

111. पुण्डरीकाक्ष

स्वयं को देखना हो – सामने दर्पण रखना होगा।
अन्धकार को मिटाना हो – उजाला करना होगा।
भवन में प्रवेश करना हो – द्वार खोलना होगा।
ईश्वर से मिलना हो – अपने ही हृदय में खोजना होगा।

जिसको देखा जाय – वह नयनों में समा जाय,
जिन स्वरों को सुनें – कानों में वह गुंजन करे,
जिस गन्ध को ग्रहण करें – मस्तिक में छा जाय,
जो मन ग्रहण करे, वही हृदय में समा जाय।

लेकिन जब दर्पण मलिन हो – कुछ भी दृश्यमान् न होगा,
मन्दिर के पट बन्द होंगे – देव के दर्शन न होंगे,
पात्र खाली न होगा – अमृत भी उसमें न रख सकेंगे,
हृदय में विकार होंगे – उसमें उसके दर्शन न हो सकेंगे।

मन ने केवल संसार को हृदय में सँजोये रखा
उसी संसार का चिन्तन – मनन। उस परमेश्वर को उसमें कहाँ देख सकेंगे।

जब उसे पुकारें, वह प्राणों में आये, जब बैठायें -
हृदय में आसीन हो, उसे सुनें, अपने अन्तः ही बोले,
जब देखें – अपने अन्तः में ही विराजमान मिले।

हृदय में व्याप्त रहनेवाले
हे 'पुण्डरीकाक्ष' तुमको नमन है।

पुण्डरीक = हृदय, कमल + अक्षः (सं. नेत्र) = पुण्डरीकाक्षः
अक्ष् (धातु – व्याप्त करना)
(1) जो हृदय में व्याप्त रहता है।
(2) जिसके नेत्र कमल से हैं।

112. धर्मकर्मा

वह परमेश्वर का क्या कर्म?
धर्म ही कर्म है।
'वृष' धर्म का रूप।

वह किसी को सिंहासन पर बैठाये,
किसी को सिंहासन से उतार दे,
किसी को नेत्र दे,
किसी को नेत्रहीन कर दे।

धर्म उसकी तुला है,
जिसने अमृत पिया—अमरत्व दिया।
जिसने विषपान किया—काल कवलित हुआ।

उसने तो धर्म का शंखनाद किया,
जो जाग उठे—उनके जीवन कमल को पुष्पित कर दिया,
जो अधर्म की राह चले—
उसको विनाश की शिला पर ले आये,
धर्म ही उसका कर्म रहा।

धर्म का कर्म करनेवाले
हे 'धर्मकर्मा' तुमको नमन है।

वृष (धर्म) + कर्म (क्रिया) = वृषकर्माः (धर्मकर्मा)
जिसका कर्म-धर्म है।

113. धर्माकृति

जल का स्वरूप है – तरलता, जब वह ऊपर से अवतरण करे – निर्झर है; जब किसी सीमा में बँधे, झील है; जब समुद्र में उसका विस्तार हो – सागर है।

अग्नि जब प्रस्फुटित हो – केवल चिनगारी है, जब धधकती है – वह ज्वाला है, जब समुद्र में है, बड़वाग्नि है, जब समस्त आकाश में आच्छादित होकर नृत्य करे – वह प्रलय है।

वायु जब सम है – वह समीर है, जब वेग में है – वह आँधी है, जब भयंकर कम्पन है – वह झंझावात है, जब विषकूट के मुख से निकले – फुंकार है।

हे विष्णु! आपकी आकृति केवल धर्म है। धर्म ही आपका मुख, नेत्र, कर्ण, नासिका, जिह्वा है। धर्म ही आपके हाथ हैं, पद हैं। शरीर का प्राण भी–धर्म है।

तुम्हारे नेत्र हैं जो ऊषा की किरणों में धर्म देखें। रात्रि के अन्धकार में धर्म देखें, मानव-मन के संकल्प – विकल्प में धर्म देखें; उसके क्रिया-कलापों में धर्म देखें।

नासिका है जो बिना बताये ही जान ले, कर्ण है जो अधर्म की अन्तर्नाद सुन ले।

अधर है जो धर्म को प्रस्फुटित करे।

आपके हाथों में त्रिशूल है – काम, क्रोध, लोभ तीनों को नाश करे, गदा है – विगलित मन को नष्ट करे, चक्र है – अज्ञान को मिटा दे, शंख है – धर्म का नाद करे।

धर्मरूपी आकृतिवाले
हे 'धर्माकृति' तुमको नमन है।

वृष (धर्म) + आकृतिः (स्वरूप) = वृषाकृतिः (धर्माकृति)
जिसका स्वरूप धर्म है।

114. रुद्र

दुःखों से प्राणी कराह उठे, नयनों से आँसू बह चले, चित्त विक्षिप्त हो भटके, चिन्ता की चिता पर जलता रहे।

प्रभु की शरण जायँ, वह दुःखों के कारण को ही विनष्ट कर दे। बीज वनस्पति का कारण है – भुनने पर बीज भले ही रहे – पर पुनः उससे न तरु, न पल्लव निकले।

प्रभु द्रवित होकर जब सभी दुःखों को हर ले, तब मन होगा–पर व्यथा न होगी, हृदय होगा – उसमें व्याकुलता न होगी, नयन देखेंगे पर आँसू न बहेंगे, अधर मुखरित होगा पर क्रन्दन न होगा।

जब राही अन्धकार में चले – ठोकर खाये, उसे पुकारें – वह प्रकाश बनकर आये। दुःखों की ज्वाला से जब मानस-सरोवर सूख उठे – वह आनन्द अमृत की वर्षा से भर दे।

जो अज्ञान की नगरी में भटकता रहे, ज्ञान के द्वार खुलने पर, आनन्द महल में प्रवेश करे।

रुदन को मिटानेवाले
हे 'रुद्र' तुमको नमन है।

रु (दुःख) + द्रः (मिटाना) = रुदः
जो दुःख को मिटाता है।
रुर्दुःखं दुःखहेतुंवा, तद् द्रावयति यः प्रभुः।
रुद्र इत्युच्यते तस्माच्छिवः परमकारणम्॥
लिङ्ग पुराण

115. बहुशिरा

धरती एक है – उस पर कहीं नागफनी, कहीं शैवाल। कहीं चन्दन के तरु, कहीं झुरमुट। कहीं मरुभूमि, कहीं सघन वन। विभिन्नता कण-कण में है।

आकाश एक है – तारे अनेक हैं। कहीं सप्तर्षि मण्डल – कहीं ध्रुवतारा। नक्षत्रों की माला है लेकिन कहीं उल्कापात, कहीं आकाशगंगा।

सागर एक है – कहीं रंग बिखेरती मछलियाँ, कहीं भीमकाय मगर, कहीं लौह ढाल लिए कच्छप। अपने आँचल में रहनेवाले को, अपने जल से सबको जीवन दान दिया है।

हे परम पुरुष, तुम्हारा शरीर एक है। लेकिन सहस्रों शिर हैं, गणना असम्भव है।

और फिर भिन्न-भिन्न शिर की बुद्धि भिन्न-भिन्न, चिन्तन का प्रवाह भिन्न, मन की गति भिन्न।

सहस्रों शिर के सहस्रों चक्षु – वे देखें, रुचि उनकी भिन्न-भिन्न। सहस्रों अधर – लेकिन वाणी में विरोधाभास है। सहस्रों कर्ण – सुनने की रुचि में भिन्नता। कोई संसार के गीत सुने, कोई तुम्हारी वेद वाणी सुने।

सब शिरों की अपनी बुद्धि की धारणा है, चित्त की चंचलता है, अहं का मान है। हे विराट् पुरुष! यह कितना विचित्र सामंजस्य। पुरुष प्रकृति का मिलन। पुरुष एक, प्रकृति भिन्न – भिन्न और भिन्नता को भी अपने में ही समाये हुए हो।

शिर में अहं का मान, मन को मनन की शक्ति, बुद्धि को धारण करने की शक्ति, चित्त को चंचलता की शक्ति तुमसे ही है – शिर प्रकृति के वश भले ही भिन्न-भिन्न राह चले।

हे जगदीश्वर! सब तुम्हारे ही अंग हैं – सबके तुम ही पोषक हो। एक परम तत्त्व – एक शरीर।
भिन्न-भिन्न प्रकृति – बहुशिर बने।

अनेक शिर को धारण करनेवाले
हे 'बहुशिरा' तुमको नमन है।

बहुः (अनेक) + शिराः (सिरवाला) = बहुशिराः
जिसके अनेक शिर हैं।

116. पालनहार

हे प्रभु, तुम सृजनहार हो, पालनहार भी हो। गर्भ में तुम ही, शिशु के अवयव का निर्माण करो। उसमें आँख, नाक, कान, सभी इन्द्रियों, अंग-प्रत्यंगों को कुशलता से सुसज्जित कर गठित करो।

उसको भोजन देकर – पचाने की शक्ति भी तुमने दी। आँखें दीं–आँख से देखने की शक्ति भी दी; कर्ण दिये – श्रवण की शक्ति भी दी। जो कुछ दिया उसमें शक्ति का संचार भी तुमने ही किया।

फिर शैशवावस्था से यौवन – यौवन से प्रौढ़ावस्था – प्रौढ़ावस्था से वृद्धावस्था तक – समस्त विकास का क्रम, तुम सूत्रधार के हाथों में रहा।

मृत्यु भी तुम्हारी पावन देन है। जर्जरता को नवीनता देने का केवल वही उपाय रहा। पतझर ही नव कोमल किसलय को जन्म दे।

शरीर अनन्त नहीं, असीम नहीं, शाश्वत नहीं, केवल प्रभु, तुम ही शाश्वत हो, तुम्हारा आदि नहीं – अनादि हो – तुम्हारा अन्त नहीं – अनन्त हो, तुम्हारी सीमा नहीं, असीम हो।

लेकिन प्रकृति से जन्मे जीव को, जगत् में धारण करो, पोषण भी करो।
जीव का भरण – पोषण करनेवाले
हे 'पालनहार' तुमको नमन है।

भृञ् (धातु – भरण करना) + कु (प्रत्यय) = बभ्रुः
जो धारण एवं पोषण करे (पालनहार)

117. विश्वयोनि

धरती तरु को जन्म दे, हे प्रभु! तुम धरती को जन्म दो। जल में तरलता है — लेकिन द्रवित तुम ही करो, वायु में वेग है — गति तुम ही दो — अनल में दाहकता है — उष्णता तुम ही दो — स्थूल विश्व में जन्म लिया, हे विश्वम्भर! उसकी योनि तुम ही रहे।

जगत् का मूल कारण पंचभूत — यह पंचभूत भी तुम्हारी ही योनि से हुए। इस धरती पर स्थूल शरीर प्रकट हुआ। यह सूक्ष्म का व्यक्त रूप। हे प्रभु, तुम्हारी चेतना ने प्रविष्ट किया। इन्द्रियों ने अँगड़ाई ली। मन चलायमान् हो उठा। फिर कर्म — अकर्म के जाल में जीव-जीवन भर भटकता रहे। अन्तः में उसके अव्यक्त चिदाकाश झाँकता रहे।

हे प्रभु,
तुम अदृश्य — दृश्य के कारण हो रहे,
तुम अस्पृश्य — स्पर्श के कारण हो रहे,
तुम गन्धहीन — गन्ध के कारण हो रहे,
तुम निराकार — आकार के कारण हो रहे,
तुम निर्विकार — विकार के कारण हो रहे,

तुम्हारा यह प्रकृति के संग संयोग का फल रहा
विश्व में निरन्तर प्रजनन हो रहा,
अव्यक्त का व्यक्त रूप प्रकट हो रहा—

एक सागर के जल में — अनगिनत लहरें मचल रहीं,
एक आकाश में — अनेक ध्वनि गूँज रही।
प्रभु, तुम एक — अनन्त जीव तुमसे जन्म ले,
धरती पर विचरण कर रहे।

विश्व में अपने को अनेक रूपों में व्यक्त करनेवाले—
हे 'विश्वयोनि' तुमको नमन है।

विश्वयोनिः = यु (धातु — मिश्रण करना) नित् आदेश से योनि
योनि (जहाँ मिश्रण होकर जन्म का कारण है)
जिसकी योनि से विश्व का प्रादुर्भाव हुआ।

118. शुचिश्रवा

अग्नि शुचि है – अपवित्रता भस्म करने पर भी अपवित्र न हो।

गंगा शुचि है – सबके अवगाहन करने पर भी पुनीत रहे।

पवित्रता अपवित्रता मेटने से है – लेकिन शुचि स्वयं में निर्मल है।

हे प्रभु, तुम परम शुचि, लेकिन शुचिता तब दो जब शुचिता की ध्वनि सुनो – तुम्हारे कर्ण, अधर के मधुर शब्द नहीं, निर्मल अन्तरतम की वीणा सुनें जिसके स्वर में शुचिता हो।

बाँस स्वर-लहरी की सरिता है – जब वह बाँसुरी बन जाय।

दर्पण से मलिनता मिटे – स्वयं का प्रतिबिम्ब है।

शुचिता से तुमको पुकारें – हे महाराज! तुम अन्तरतम के सिंहासन पर विराजो। तुम्हारे चरणों से पतित पावनी गंगा की धार बहे।

शुचि कर्णवाले
हे 'शुचिश्रवा' तुमको नमन है।

शुचि (पवित्र) + श्रवः (कर्ण) = शुचिश्रवा
जिसके कर्ण शुचि हैं।

119. अमृत

भानु में शीतलता नहीं, स्थूल में तरलता नहीं, कोलाहल में शान्ति नहीं— लेकिन इस धरती पर, हे प्रभो! तुम मृत होनेवाले जीवों में अमृत हो, क्षर में अक्षर, देह में विदेह हो, नश्वर में शाश्वत हो।

फिर भी—
सागर में रहते हुए प्यासे रहे,
घट में अमृत होते हुए भी पान न कर सके।

तब तुमने पुकारा—

काष्ठ में अग्नि है, बिना संघर्षण ज्वलित न हो।

दूध में माखन है — बिना मन्थन न मिले।

सागर में रत्न है — बिना खोजे न मिले।

जब हमने तुमको पुकारा—

तुम प्रकट हुए—

मेरे मानस की काली रात्रि में मेघों के मध्य से चन्द्रमा का प्रकाश प्रस्फुटित हुआ। दिव्य वीणा के स्वर से हृदयाकाश गुंजित हो उठा। अमृत स्रोत से आनन्द निर्झर झरित होने लगा—

तब परम शान्ति, कैवल्य स्वरूप अमृतानन्द का अनुभव था ।

अमरता देनेवाले
हे 'अमृत' तुमको नमन है।

अ (नञ् समास — नहीं) + मृतः (मरण) = अमृतः
जिसका मरण नहीं है।

120. शाश्वतस्थाणु

चन्द्रिका की चाँदनी रात्रि बीते, अरुण की लालिमा में विलय हो जाती, वसन्त के उपवन, ग्रीष्म के तपन में झुलस जाते।

वीणा के स्वर, वीणावादक की कर – गति रुके, शान्त हो जाते।
यह शरीर है, शैशव की कोमलता लिए आये, यौवन के उन्माद में बढ़े, वृद्धावस्था की जर्जरता लिए चला जाये।

इन्द्रिय और इन्द्रिय के विषय दोनों ही, लहरों की आयु से – अस्थिर, चंचल।

जगत् में सब – कुछ – काल की गति पर आये, फिर चला जाये। जो कल था – आज नहीं, जो आज है – कल नहीं।

लेकिन हे परमेश्वर! सृष्टि के आदि में जैसे थे, आज भी वैसे ही हैं – और सदैव एकरूप रहोगे। तुम स्थिर हो – स्थाणु हो। परिवर्तनशील जगत् में अपरिवर्तनीय हो। घूमते विश्वचक्र में कूटस्थ हो।

तुम शाश्वत सूर्य – न किसी आँधी से बुझो, न किसी के जलाने से जलो।
सदैव प्रकाशित। तुम अजन्मा रहे – लेकिन सबको जन्म दिया।

सदैव रहनेवाले एवं अपरिवर्तनीय
हे 'शाश्वतस्थाणु' तुमको नमन है।

शाश्वत (निरन्तर) + स्थाणुः (स्थिर) = शाश्वतस्थाणुः
जो निरन्तर है, स्थिर है।

121. वरारोहणकारी

ज्वार – भाटे चन्द्रकला की गति पर उठते हैं। इन्द्रियों के विषय प्राप्त होने पर मन सुखासीन हो, लेकिन उनके जाने पर दुःखों के सागर में विलीन हो जाय।

राजतिलक होने पर मानव राजसिंहासन पर आरूढ़ हो लेकिन समय की गति पर वही अपदस्थ हो।

हे परमेश्वर! तुम्हारा पद परमपद है। इस पर अवरोहण श्रेष्ठ है। उस परमपद को प्राप्त कर पुनः अवतरण न होगा। हंस काक न होगा। हीरा कोयला न बनेगा।

दीपक किसी भी झंझावात में अस्तित्वहीन हो जाये। सूर्य प्रलय होने पर भी अपना प्रकाश न खोये।

स्वर्गधाम में अवरोहण करे, पुण्य विनष्ट होने पर प्रत्यावर्तित होगा। लेकिन ब्रह्मधाम में ब्रह्मत्व प्राप्त कर उसी ब्रह्मस्वरूप में ही स्थित रहेगा।

उस परमपद का अवरोहण श्रेष्ठ है।

जब तुम कृपा करो—भूलोक, स्वर्गलोक से भी ऊँचे परमलोक में आरूढ़ करा दो।

श्रेष्ठ अवरोहण करानेवाले
हे 'वरारोहणकारी' तुमको नमन है।

वर (श्रेष्ठ) + आरोह (चढ़ना) = वरारोहः
जिसका आरोहण श्रेष्ठ है। (वरारोहणकारी)

122. महातपा

झरना झरित हो
धारा नीचे की ओर बहे।
यह मन की धारा
हे प्रभु, नीचे जगत् की ओर बहे।
हे जगदीश! तुम ऊपर
जब तुम्हारी ओर चले
तब धारा नहीं – राधा है
राधा का यह तप है।

मन चंचल वासनाओं में रत
विषय रस उसे प्रिय,
वह स्वयं ही विषय रस जलाकर
अपने अहं को विनष्ट कर
सत्त्व, रज, तम के बन्धन से विमुक्त होकर,
जाग्रत् – स्वप्न – सुषुप्ति से परे,
जब तुम्हारे कैवल्यस्वरूप में विलीन हो,
वह मन का महान् तप है।

कोई दूसरों को तपाये
यहाँ स्वयं का तपना है
तप-तपकर स्वयं का मिटना है
अवशेष केवल
हे दिव्य! तुम्हारा रहना है।

महान् तप से मिलनेवाले
हे 'महातपा' तुमको नमन है।

महा + तपाः = महातपा
जो महान तप से मिले।

123. सर्वगमनीय

सागर की लहरें – सागर को छोड़कर जायँ कहाँ?
व्यापक वायु के लिए – प्रवेश-द्वार की आवश्यकता कहाँ?
हे प्रभु, तुम सर्वत्र व्यापक तुम्हारा गमन कहाँ नहीं?

लेकिन तुम व्यक्त होते हुए भी अव्यक्त,
सब में रहते हुए भी दूर, नयनों के पलकों में रहते हुए भी – नयनों से दूर –

यह सत्य है – काष्ठ में अग्नि, दूध में माखन, जीवात्मा में ब्रह्म है, लेकिन सब अव्यक्त।

लेकिन हे प्रभो! तुमको जिसने जहाँ पुकारा वहाँ प्रकट हुए, जिस रूप में देखना चाहा – उस रूप में दृश्यमान् हुए।

मीरा के लिए कृष्ण, तुलसी के लिए राम, ब्रह्मवादियों के लिए ओंकार स्वरूप दृश्य हुए। किसी के लिए शून्य अनुभव में लीन हुए।

सर्वत्र गमन करनेवाले
हे 'सर्वगमनीय' तुमको नमन है।

सर्व + गः = सर्वगमनीय सर्व = सर्वगः (सर्वत्र)
गः = गम (धातु – जाना) जो सर्वत्र जाता है।

124. भानु

जहाँ सूर्य, वहाँ अन्धकार न होगा, जहाँ अन्धकार वहाँ सूर्य न होगा – लेकिन हे प्रभु, तुम सर्वत्र प्रकाशित सूर्य हो – अन्धकार में भी, प्रकाश में भी।

तुम्हारे प्रकाश में क्या छिपा रहे? न कुछ अनदेखा रहे, न अनसुना रहे। प्राणी के पल – पल में बहनेवाले धमनियों के प्रवाह को, हृदय के उच्छ्वासों को मन की घनीभूत अन्तर्पीड़ा को – उसके संकल्प-विकल्प को–सब कुछ जानो।
हे प्रभो! तुम विश्वात्मा सूर्य – हृदय के गति की चेतना, जीवन की ज्योति, प्राणों के प्राण हो। सब कुछ तुमसे ही प्रकाशित है।

सब कुछ जाननेवाले, भानुस्वरूप सर्वत्र प्रकाशित
हे 'भानु' तुमको नमन है।

सर्व + विद् + भानुः = सर्वविद्भानुः
सर्व = (सब कुछ)
विद् = जाननेवाला
भानु = सूर्य
वह सूर्य जो सब कुछ जान ले।

125. विष्वक्सेन

हे प्रभो!

तुम्हारी चतुरंगिणी सेना समस्त विश्व में व्याप्त है। तुम सर्वत्र अपनी सेना समेत जगत् मे विचरण कर रहे हो।

दैव – दानव भी सर्वत्र व्याप्त हैं। तुम्हारी बलशाली सेना दैव का उद्धार, दानव का विनाश करे।

अपने ही अन्तःकरण में दैव – दानव युद्ध करें। दानव मन को निर्बल कर बुद्धि को कारागार में डाल दे।

तम ने रजत्व को; रज ने सत्त्व को वशीभूत कर अपने घेरे में बाँधा। दैवत्व की चेतना बन्द रही। मधुकर कमल की पाँखुरियों में बन्द रहे।

चेतना को बल मिले–तब क्रोध को शान्ति से, लोभ को त्याग से, काम को विराग से, मोह को ज्ञान की सेना से नष्ट करें। मानव स्वयं से हारे। हे विश्वविजयी, तुम्हारी ही सेना बल दे, शत्रु पर विजय करे।

दानवदल टिड्डीदल जैसा विश्व में मँडराये – तुम उनको विनष्ट करो – जैसे सूर्य किरण जल सोख ले।

तुम्हारी यह सेना विश्वव्यापी है
उसमें बल है – दमनशक्ति है

विश्व में चारों ओर सेना समेत व्याप्त रहनेवाले
हे 'विष्वक्सेन' तुमको नमन है।

विष्वक् (चारों ओर जानेवाली) + सेनः (सेना) = विष्वक्सेनः
जिसकी विश्व में चारों ओर सेना है।

126. जनार्दन

विश्व में जिसने जन्म लिया – वह जन। यह जन धरती पर विचरण करे – आकाश में उड़े – जल में तिरता रहे।

इस जन का हे प्रभु! तुम निरन्तर अर्दन कर रहे।

जिसने तुम्हारे नियमों का उल्लंघन किया – उसका मर्दन कर रहे। वह दुःख, शोक, भय से तप्त रहे। दुर्दशा में विचरण कर, अन्धकार में गिरे और अन्त में विनष्ट हो।

जिसने नौका में छिद्र किया है, वह नदिया के लहरों के ऊपर नहीं – नीचे डूबता जाये। वह आकाश में दृढ़ ध्रुवतारा नहीं – आकाश में टूटता हुआ उल्का है।

जिसने तुम्हारे नियमों का पालन किया – तुम्हारे धाम की ओर चल पड़ा, हे प्रभु, तुमने उसके लिए सुख – शान्ति, समृद्धि, वैभव, शक्ति के द्वार खोल दिये।

जिसने अपने को तुम्हारे चरणों में समर्पण किया, तुमने उसके अहं को विलीन कर सुख – दुःख, भय – शोक आदि के समस्त द्वन्द्वों को मेटकर, निर्विकार निज स्वरूप में लय किया।

जन-जन का अर्दन कर कल्याण करनेवाले
हे 'जनार्दन' तुमको नमन है।

जन + अर्दनः = जनार्दनः
जन = जायते इति जनः (जिसने जन्म लिया वह जन है)
अर्दनः = मर्दन करता है (मर्दन कर जो कल्याण करता है)

127. वेद

रात्रि की घनी कालिमा में भास्कर छिपा
अरुणोदय होने पर उसे अन्धकार न मिले
मधुमास धरती पर आये
सुमन सहज ही खिल उठे,
अरुणोदय की स्वर्णिम किरणों पर
अम्बुज की पाँखुरियाँ स्वयं को बिखेर दें।

अज्ञान का अन्धकार मिटे
हे दिव्य देव! स्वयं को प्रकाशित करो,
मन के द्वन्द्व का आवरण मिटे,
स्वयं की चेतना, चैतन्यस्वरूप हो जाये,
संसार की माया में जो द्वैत लगे,
तुमको जाने – केवल एक अद्वैत रहे।

अन्धकार में जो जाना – अनजाना रहा
प्रकाश में जो देखा – वही सत्य रहा।

हे प्रभु, कोई कहे – तुम हो
कोई कहे तुम्हारा अस्तित्व नहीं
दोनों ही अनजाने थे।
जिसने जाना – वह मूक था
वह कह न सका
केवल अंतर में आत्म दर्शन था
दूसरों को दिखा न सका।

ज्ञान देनेवाले
हे 'वेद' तुमको नमन है।

विद् (धातु – जानना) + घञ् (प्रत्यय) = वेदः
जो ज्ञान दे वह वेद है।

128. वेदज्ञ

काष्ठ में अग्नि की लपटें छिपी हैं – जलने पर काष्ठ नहीं केवल अग्नि है – अपनी दाहकता स्वयं जाने।

वीणा के सप्तक तारों में संगीत छिपा – तार झंकृत हों – संगीत की स्वर-लहरी है।

साधक – साधना में लीन – साध्य ही अपने को उसे बताये। साधक-साधना – साध्य, एक में ही विलीन हुए।

हे प्रभु, तुम ज्ञानस्वरूप! अपने ज्ञान को स्वयं जानो। ज्ञान केवल अनुभव रहा। गुण का ज्ञान क्या? मिठास का अनुभव रहा।

सागर स्वयं की तरलता जाने। नमक डली उससे मिले सागर की तरलता जाने–सागर की विशालता जाने।

सूर्य अपने प्रकाश को स्वयं जाने – अपने प्रकाश में स्वयं प्रकाशित हो।

हे प्रभु! तुमको कौन जनाये, तुम स्वयं अपने को जानो।

स्वयं को प्रकाशित करो।

ज्ञानपुंज को जाननेवाले
ज्ञान से जानने योग्य
हे 'वेदज्ञ' तुमको नमन है।

वेद + वित् = वेद वित् (वेदज्ञ)
विद् (धातु – जानना) + क्विप् (प्रत्यय)
जो वेद को जानता है।
जो जानने योग्य ज्ञान को जानता है।
जो ज्ञान से जाना जाता है।

129. अव्यंग

भानु किरणें, पद न होते हुए भी सर्वत्र गामिनी हैं। पवन हस्त न होते हुए भी – सबको स्पर्श करे।

हे प्रभु, तुम नयन न होते हुए भी सर्वत्र देख रहे; कर्ण न होते हुए भी सब कुछ सुन रहे, वाणी न होते हुए भी सब प्राणों में अन्तर्नाद कर रहे, हस्त न होते हुए भी निरन्तर निर्माण – विनाश कर रहे, पद न होते हुए भी सर्वत्र गमन कर रहे हो।

तुम स्थूल नहीं, सूक्ष्म हो। स्थूल दृष्टि से दृश्य नहीं, अदृश्य हो। व्यक्त विश्व में अव्यक्त हो।

अंगहीन हे 'अव्यंग' तुमको नमन है।

अवि (उपसर्ग – नहीं) + अंग = अव्यंग
अगि (धातु गति करना) + घञ् (प्रत्यय) = अंग
जो क्रिया करने में सहायक हो।
(शरीर के अवयव)
जिसके अंग नहीं है।

130. वेदांग

कमल का रूप, कमल की पाँखुरियों से
तरु का रूप, उसके पुष्प, पल्लव, डालों से
मानव का स्वरूप—उसके अंगों से दृश्य है।

प्रभु, तुम्हारा अंग वेद हैं। वेद-ज्ञान का रूप।
तुमको ज्ञान ही से जाना जाये, ज्ञान ही तुम्हारा स्वरूप है।
ज्ञान ही तुम्हारा अंग।

हाँ, किसी ने तुम्हारे हाथों में तर्कशास्त्र का फरसा दिया, किसी ने न्यायशास्त्र का खड्ग दिया, किसी ने तुम्हारे मुख से सहस्रों धर्म-ग्रन्थों की रचना करा दी, किसी ने भक्ति संगीत से तुम्हारे हृदय का कम्पन किया, किसी ने तुम्हारे कपाल में सहस्रों कमल दल देखा, किसी ने तुम्हारे श्रीमुख पर सहस्रों सूर्य का प्रकाश देखा।
किसी ने तुम्हारे कोटिशः रूपों में कोटिशः देवताओं के दर्शन किये।
कवि ने उसे काव्य से अलंकृत किया। साहित्य की सरसता ने रंग-बिरंगे वस्त्रों से सुसज्जित किया।

हे देवेश! तुमको कैसे ही अलंकृत करें, तुम्हारा अंग तो वेद ही हैं।
वेद रूपी अंगोंवाले
हे 'वेदांग' तुमको नमन है।

वेद + अंगः = वेदांगः
जिसके अंग वेद हैं।

131. वेदज्ञ

मधु ग्रहण करें, मधु अपनी मधुरता स्वयं बताये।
अग्नि में प्रवेश करें, अग्नि अपनी दाहकता स्वयं बताये,
शरीर में प्राण आये – श्वसन से स्वयं को प्रस्फुटित करें।

ब्रह्माण्डनायक उस प्रभु में मन को विलीन करें,
वह अपने को स्वयं प्रकाशित करे।
उसको वही जाने, जिसको वह स्वयं अपने को बताये।
उसका ज्ञान – न ग्रन्थ दे, न तर्क दे, न शास्त्र दे, न कर्मकाण्ड।
वह अपना ज्ञान स्वयं अपने आप दे।

स्वयं ही अपना ज्ञान देनेवाले
हे 'वेदज्ञ' तुमको नमन है।

वेद + वित् (जानना) = वेदवित् (वेदज्ञ)
जो वेद को जाने।

132. कवि

हे प्रभु, तुम कवि हो—अव्यक्त को व्यक्त कर रहे हो।

व्यक्त कर रहे हो—शब्द से, नाद से, ध्वनि से, चित्रण से।

सत्य-असत्य के तुम द्रष्टा हो; सत्य का उद्घोष तुम्हारा महाकाव्य है।

यह चित्रित जगत् तुम्हारा—दृश्य काव्य है।

पवन का सन् – सन् शब्द, तार के सप्तक से स्वर – ध्वनि काव्य हैं।

अंतरात्मा में तुम्हारे शब्द ध्वनित हो रहे हैं। वेद की वाणी है— अन्तःकरण में सुनें—वह तुम्हारा श्रव्य काव्य है।

यह काव्य सत्यं, शिवं, सुन्दरम् की निरन्तर ध्वनि कर रहा—

हे विश्व के लोगों! उस दिव्य काव्य को सुनो

दिव्य काव्य सुनानेवाले
हे 'कवि' तुमको नमन है।

---

1. कु (धातु – शब्द करना) इ (प्रत्यय) = कविः शब्द करनेवाला।
2. कवि – द्रष्टा, काव्य रचयिता

133. लोकाध्यक्ष

हे विष्णु! आप सात ऊर्ध्व लोक, सात अधः लोकों में व्याप्त होकर स्थूल – सूक्ष्म सब देख रहे।

पुष्प के बिखरते मुस्कान को, जंगल में नाचते मोर को – देख रहे विद्युत् की दमकती तलवार से आहत पृथ्वी को भी।

और स्थूल में सूक्ष्म मानव-लोक को भी देख रहे, जिसमें तुम परलोकी स्वयं निवास कर रहे।

फिर तुम देखते – उसके मन के संकल्प-विकल्प को – चित्त की चंचलता को, हृदय की विलसित वासना को, भाव – कुभाव की लहरोंको।

लेकिन हे प्रभु, तुम मूक द्रष्टा नहीं – सबके नियन्ता हो। तुम्हारे पास सबके कर्म – अकर्म का लेखा – जोखा है। और तुम्हारे मानस -पटल पर अंकित है – सबके चित्त की गति – विगति।

फिर उसके अनुरूप दो – सद्गति या अधोगति; विपुलता या विपन्नता; सुख या दुःख।
लोक के द्रष्टा
हे 'लोकाध्यक्ष' तुमको नमन है।

लोक + अधि + अक्षः (धातु – देखना) = लोकाध्यक्षः
जो लोक में व्याप्त होकर देख रहा है।

134. सुराध्यक्ष

अपने ही अन्तस्तल में देव हैं, दानव भी। जहाँ शान्त समीर है, वहीं प्रलयंकर तूफान भी। दावानल के लपटों की दाहकता है जहाँ, वहीं शीतल जल की वर्षा भी। जहाँ उदात्त भावनाएँ जीवन को सुन्दर कर स्वर्गारोहण करायें, वहीं कलुषित मन नारकीय जीवन बना, अधोगति की ओर ले जाय।

एक ओर प्रेम का देवता – दूसरी ओर घृणा का दानव।
एक ओर शान्ति का देवता – दूसरी ओर क्रोध का दानव।
एक ओर दानशीला अन्नपूर्णा – दूसरी ओर दानवी दैत्या।

देवों को अमृत – दानवों को विष दिया।
फिर देव – दानव युद्ध हुआ – होता चला आ रहा है, और होता रहेगा।

हे परमेश्वर! देव तुम्हारी शरण गये उनकी रक्षा – और दानवों का विनाश किया।

देवों की बुद्धि को विभिन्न शस्त्र दिये, जिससे दानव – रूपी कलुषित मन को विनष्ट कर सके।

देवों ने ज्ञान रस का पान किया – अमरत्व को प्राप्त किया।

सुरों का कल्याण देखनेवाले
हे 'सुराध्यक्ष' तुमको नमन है।

सुर + धि + अक्षः = सुराध्यक्षः
सुरों को जो देख रहा है।

135. धर्माध्यक्ष

तरु का मूल ही उसकी शाखाओं, पल्लव एवं पुष्पों को धारण करे। विचरण करते विहंग को आकाश में उसके पंख ही धारण करें।

मानव धर्म करे या अधर्म। जो सत्य को धारण करे वही धर्म।
सत्य की सत्ता; सत्य के प्रतिकूल, अधर्म का उपजना है।

धर्म की रक्षा, अधर्म का विनाश, हे प्रभु, तुम्हारी प्रक्रिया है। तुम निरन्तर धर्म – अधर्म के द्वन्द्व युद्ध को देख रहे। धर्म की विजय तुम ही करा सको।

एक ही प्राणी धर्म भी करे, अधर्म भी। जब बुद्धि मन के वशीभूत हो जाय – अधर्म का विकास हो। जब मन बुद्धि के वशीभूत हो – धर्म का अभ्युदय हो ।

हे ब्रह्माण्डनायक! जब कोई तुम्हारी शरण जाय, तुम ही उसकी बुद्धि को धर्म – प्रेरक बनानेवाले हो।

धर्म के अधिष्ठाता
धर्म की ओर दृष्टि रखनेवाले
हे 'धर्माध्यक्ष' तुमको नमन है।

धर्म + अधि + अक्षः = धर्माध्यक्षः
जिसकी दृष्टि धर्म की ओर है।

136. कृताकृत

हे प्रभो! तुम कृत हो अकृत भी। कृत में अकृत हो।

यह ब्रह्माण्ड तुम्हारी कृति। यह विश्व-भवन तुम्हारा निर्माण। जो हुआ, हो रहा है और होगा वह सब तुम्हारी कृति।

आकाश में मलय की गति हो,
या सागर में लहरों की ताल,
धरती का सौन्दर्य हो,
या नभ के तारामण्डल की ज्योति,
तुम्हारी सृष्टि का सौन्दर्य है।

धरती पर मानव विचरण करे, जन्तु भी उसी में निवास करे, आकाश में विहंग उड़े, हे प्रभो, तुम्हारी सब कृति।

यह कृति दृश्य है, श्रव्य है, ज्ञातव्य है – तुम्हारी कृति का व्यक्त रूप। तुम इसके कारण हो। तुम स्वयं अकृत – किसी की कृति नहीं।

हे प्रभु, तुम
अपनी ही व्यक्त कृति में अव्यक्त।
दृश्य जगत् में अदृश्य
जड़ में चैतन्य
कृत में अकृत हो।

कृति को करनेवाले अकृतस्वरूप
हे 'कृताकृत' तुमको नमन है।

कृत + अकृतः = कृताकृतः
कृत (जो किया गया है – व्यक्त है)
अकृत (जो नहीं किया गया है – अव्यक्त है)

137. चतुरात्मा

सूर्य एक है
उसी की किरणें सबको स्पर्श करें।

हे परमात्मा! तुम एक आत्मस्वरूप से
समस्त जीवों में भास रहे,
जीव किसी योनि से भले ही जन्म ले,
उद्‌भिज, स्वदेज, अण्डज या जो जरायुज हो,
लेकिन—

चार अवस्थाओं में एक आत्मा—चतुरात्मा-सा भासे।
जाग्रत् में — संसार का झंझावात है
मन — बुद्धि की क्रिया — प्रक्रिया होती रहे।

स्वप्न में — मन समस्त संसार सँजोये रहे।

सुषुप्ति में — मन की चंचलता शान्त रहे।

तुरीयावस्था में मन की गति विनष्ट हो जाय
चित्त की चंचलता न रहे
अहं विगलित हो जाय
बुद्धि निर्द्वन्द्व — केवल आत्मस्वरूप धारण करे,
शेष केवल आत्मानुभूति रहे।

आत्मानुभूति के चार सोपान में
चतुरात्मा लगे
और यही एक आत्मा
प्रकृति के संग — निःसंग से
चार उपाधि ग्रहण करे
कहीं दुरात्मा, कहीं देवात्मा,
कहीं जीवात्मा, कहीं परमात्मा कहलाये।

केवल देह सत्य है – अहं कहे 'मैं हूँ'
मन, बुद्धि, चित्त कहे 'यह मेरा है'
'परिजन मेरे, संसार मेरा –'
अहं की धारणा लिए – प्राणी 'जीवात्मा' है।
अपनी प्रवृत्ति में दानवता हावी हो
सत्य को छिपा – असत्य का प्रतिपादन करे
प्रेम पथ छोड़ – हिंसा करे
दुष्प्रवृत्ति छाया में – वह दुरात्मा है।

जहाँ करुणा का सागर हो
दूसरों के कल्याण के लिए
स्वार्थ का बलिदान हो
सत्य की डगर चले
मन निष्पाप, वासनाविहीन हो
वहाँ आत्मा – देवात्मा है।

सत्त्व, रज, तम, तीनों से परे
जाग्रत् – स्वप्न सुषुप्ति तीनों में एक
देह में विदेह का भाव
जड़ता को भस्म कर
निर्विकल्प, निर्विकार
परम शून्य अन्तः आकाश में
केवल चैतन्य का आभास
आत्मा – परमात्मा का अनुभव करे,
वहाँ परमात्मा है।

चतुर्भाव से भासनेवाले
हे 'चतुरात्मा' तुमको नमन है।

चतुः (चार) + आत्मा = चतुरात्मा
जो आत्मा चार (रूप से) भासमान हो।

138. चतुर्व्यूह

ब्रह्माण्ड में व्यापक हे विष्णु!
चतुर्विध, चतुर्दिक् आपकी व्यूह-रचना है।
आपने समस्त संसार को चक्रव्यूह में बाँधा।

शैशव, यौवन, प्रौढ़ावस्था तथा वृद्धावस्था
शरीर का यह चक्रव्यूह
जन्म लेता, बढ़ता और इसी व्यूह में
एक दिन दम तोड़—चला जाता।

मन का चक्रव्यूह है—
भृंगी-कीट-सा जाल बनाये
स्वयं को जाल में बाँध ले
मन अपने को अपनी आकांक्षाओं में बाँध ले
सुनहरे सपनों का जाल
आशाओं के धागे—
न कभी धागे कटें — वह व्यूह के जाल में
स्वयं बँधा रहे।

अहं का चक्रव्यूह है,
मैं 'हूँ', 'मैं कर्त्ता हूँ', 'मैं भोक्ता हूँ'
जीव, कृतित्व का अभिमान न छोड़े—
वह इस चक्रव्यूह में घूमता रहे।

कर्म का चक्रव्यूह है
चित्त की स्फुरणा से कर्म हो — अकर्म हो
कर्म करता रहे — फल मिलता रहे
फल की आशा में — फिर कर्म करता रहे
सदैव — प्यासा — सदैव उदास
फिर कर्म करे—
कर्म चक्रव्यूह में बँधा रहे।

संसार को चार व्यूह से बाँधनेवाले
हे 'चतुर्व्यूह' तुमको नमन है।

चतुः + व्यूहः = चतुर्व्यूहः
ऊह (धातु — तर्क — वितर्क) + अ (प्रत्यय) = ऊहा + वि (उपसर्ग) व्यूह। जिसके चार व्यूह हैं।

139. चार दंष्ट्रधारी

दो दन्त से वराह ने पृथ्वी को जल से ऊपर उठाया।

दो दन्तधारी मंगलस्वरूप गणेश ऋद्धि-सिद्धि प्रदान करते हैं।

दो ही दाढ़ें, मुख में किसी वस्तु को काटने-दबाने के लिए पर्याप्त हैं-

हे विश्वम्भर! आपके तो चार दंष्ट्र हैं

आपके चारों दंष्ट्र विकराल हैं – भयंकर हैं।

विष की धारा में अवगाहन करने पर क्या कोई जीवित रह सकता है? ज्वालामुखी के उद्गम पर कौन-सी वस्तु राख नहीं होती?

आपके चार भयंकर दंष्ट्र के बीच कौन-सी कलुषता रह सकती है। वे ऐसे पिसते हैं जैसे वज्रपात से पाषाण। वे दंष्ट्र-पाप के लिए कराल हैं – महाकाल हैं।

कलुषता—पाप को क्रूर बनाती है। उसकी क्रूरता उन वज्र दाढ़ों से विनष्ट हो जाती है।

समस्त कलिमल पिस जाते हैं।
यह चार दंष्ट्र हैं – सत्य, अहिंसा, धर्म, न्याय।

सत्य के प्रकाश में असत्य मिटे, अहिंसा की शीतलता में हिंसा की ज्वाला मिटे, धर्म के साम्राज्य में अधर्म का विनाश हो, न्याय की तुला पर अन्याय की चीत्कार शान्त हो।

चार दंष्ट्रवाले
हे 'चतुर्दंष्ट्र' तुमको नमन है।

चतुः + दंष्ट्रः = चतुर्दंष्ट्रः
दंश (धातु – काटना) + ष्ट्रन् (प्रत्यय)
दंष्ट्र (सं. दाढ़)
जिसके चार दाढ़ हैं।

140. चतुर्भुज

हे ब्रह्माण्डनायक प्रभो!

आपने धरती पर मानव भेजा। मानव अहं, चित्त, मन, बुद्धि लेकर उतरा-इन चारों ने उसे मदोन्मत्त कर पागल कर दिया।

हे विराट् पुरुष!

आपकी चार भुजाएँ – उत्तर – दक्षिण – पूर्व – पश्चिम सर्वत्र व्याप्त हैं। विश्व को अपनी चारों भुजाओं से समेटे हैं।

इन भुजाओं में शक्ति है – मानव के चार दौड़ते अश्व को अपनी लगाम से नियन्त्रित करने की। एक ओर मन की दौड़, दूसरी ओर चित्त की चंचलता, तीसरी ओर बुद्धि का पलायन, चौथी ओर अहं की दुन्दुभि।

और आपके एक हस्त में पांचजन्य शंख, दूसरे में कौमोदकी गदा, तीसरे में सुदर्शन चक्र, चौथे में पद्म है।

पांचजन्य महाभूतों का प्रतीक। अहं उसका केन्द्र-बिन्दु। जीव और ब्रह्म के मध्य यह अहं – ब्रह्म से विलग करे; नर-नारायण के मध्य यह अहं-नारायण के दर्शन न करने दे; ज्ञान-अज्ञान के मध्य यह अहं – ज्ञान के प्रकाश को देखने न दे।

अहं से ही द्वन्द्व रहा। द्वन्द्व सुख-दुःख का; पाप-पुण्य का; धर्म-अधर्म का।

हे प्रभो! आपका पांचजन्य शंख पंचभूतों के केन्द्र, अहं को विजय करने का अन्तर्घोष रहा। वह अन्तर्नाद से अन्तश्चेतना जागृत करे; अपना-पराया मेटे। विराट् पुरुष के दर्शन हों – जयघोष करे।

इन्द्रधनुषी किरणें थीं। किरणें विलीन हुईं–तब इन्द्रधनुष नहीं – अनन्त नील गगन रहा।

आपके दूसरे हस्त में कौमोदकी गदा है।

गदा बुद्धि का प्रतीक। बुद्धि मन की माने – गर्त में गिरे। मन बुद्धि की माने-मन लगाम, बुद्धि सारथी बने। यही बुद्धि उन्नति के शिखर ले जाय-यही विनाश की ओर।

हे प्रभो, जिसने बुद्धि की गदा आपके हाथों में दिया, उसके बुद्धि की निश्चयात्मक शक्ति में विवेक जागृत किया। फिर वह विवेक से सत्य-असत्य का निर्णय करे। विवेक के प्रकाश में सत्य – पथ पर चल पड़े। यह कौमोदकी गदा नीर – क्षीर विवेक दे।

आपके तीसरे हस्त में सुदर्शन चक्र है।
मन चंचल चक्र है। इसकी गति असीम निर्बाध। इन्द्रियों के विषय-उसे अपने जाल-पाश में बाँधे। कर्ण से प्रिय सुनने की अभिलाषा, नयनों से सुन्दर दिखने की कामना। लालसा है – नासिका से सुगन्ध, जिह्वा से स्वाद, स्पर्श से सिहरन मिले।

लेकिन मानव विषय – रस मिलने पर भी अतृप्त, पीने पर भी प्यासा, भोगने पर भी क्षुधित। नाग को दूध पिलायें, फिर भी विष कम न हो- अग्नि में घी डालें – ज्वाला कम न हो।

यही मन आपकी अँगुली पर हो—अभय दें। मन को विषयों में घसीटते दानव को अपने ज्ञानचक्र से विनष्ट कर दें।

वासना विनष्ट होने पर, मन निर्मल होकर आपका सुन्दर दर्शन करे।

मन चक्र को धारण कर, ज्ञान से सुन्दर करनेवाले हे प्रभो, आप सुदर्शन चक्रधारी हैं।

आपके चौथे हस्त में पद्म है।

पद्म चित्तवृत्ति का रूप। अन्धकार में बन्द, प्रकाश में विकसित हो। चित्त में ही स्फुरणा है-संवेदना है। विचारों के तन्तु यहीं जन्म लेते। राग-विराग, सुख-दुःख, आशा-निराशा की लहरें यहीं मचलतीं।

चित्तवृत्ति अधोगति होने पर मिले—दुःख, विषाद, शोक, क्षोभ। जिसने इस चित्त को तुम्हारे चरणों में समर्पित किया—तुमने उसे अपने हाथों से उठा, फिर ले चले-विचलता से शान्ति की ओर, आसक्ति से अनासक्ति की ओर। वह फिर संसार के पंक में रहते हुए भी अनासक्त रहे।

ज्ञान के सूर्योदय पर मानस के सहस्रदल पद्म प्रफुल्लित होकर खिल उठें-फिर केवल आनन्द की वर्षा, अनाहद का संगी – चित्त की पाँखुरियों से स्वर्णिम ज्योति जगे।

बुद्धि, अहंकार, मन, चित्त सब तुममें विलीन हो चुके। न वहाँ संकल्प- न विकल्प है, न ज्ञान – न अज्ञान है। वहाँ केवल आत्मानन्द–पद्म की पाँखुरियों की तरह खिल रहे हैं।

अन्तःकरण चतुष्टय को
चार भुजाओं से धारण करनेवाले
हे 'चतुर्भुज' तुमको नमन है।

चतुः + भुजः = चतुर्भुजः
चतुः (चार)
भुज् (धातु – रक्षा करना, भोजन देना)
भुज (सं.) भुजा, हाथ।
जिसकी चार भुजाएँ हैं।

141. प्रकाशस्वरूप

रिमझिम जुगनूँ चमके। अन्धकार में दीपक की ज्योति जले। चन्द्रमा की शीतल किरणें स्वर्णिम प्रकाश बिखेरें। सूर्य अन्धकार को सहस्रों किरणों से भेदे।

यह समस्त प्रकाश बाह्य है। अन्तः प्रकाश न सूर्य करे, न चन्द्र, न अग्नि। प्रकाशवान् केवल प्रभु, तुम एक सूर्य हो, जो सब के अन्तः को प्रकाशित करो।

वह अन्तर्प्रकाश प्राणों का प्राण, जीवन की ज्योति है। वह दीप्तशील है—दीप्तवान् करे, तेजवान् है—तेजस्वी करे, प्रकाशमान् है – प्रकाशित करे, ज्योर्तिमान् है – ज्योतित करे।

मन की स्फुरणा उस प्रकाश सागर से लहरें ले। चित्त की चंचलता, अहं का बीज, उसी प्रकाश में बिखरे।

स्थूल जगत् को भी वही प्रकाशित करे। वही उसका आधार है। सूर्य का तेजस्वी प्रकाश हो या चन्द्र का शीतल प्रकाश, अग्नि की धधकती ज्वाला हो या मणि का शीतल प्रकाश – शक्ति का वही आधार। उस प्रकाश से ही दृश्य जगत् प्रकाशित हो रहा है।

जो तुम्हारी शरण जाय – उसके अंतर को प्रकाशित करते – जहाँ केवल आत्मज्योति का प्रकाश है,

प्रकाश करनेवाले
हे 'प्रकाशस्वरूप' तुमको नमन है।

भ्राजृ (धातु – प्रकाश करना) + इष्णुच् (प्रत्यय) = भ्राजिष्णुः (प्रकाशस्वरूप) जो प्रकाश करे।

142. भोजन

भोग करने के लिए जो मिला – वह भोजन कैसा? प्रकृति ने भोजन दिया – इन्द्रियों के विषय – रस भोगने के लिए – मानव ने वह भोजन किया – फिर भी क्षुधित रहा। शीतल जल पिया – हृदय की प्यास न बुझी। गिरि कन्दराओं से चलकर महलों में आया – सहवास का सुख न मिला।

उसे निर्मल सलिला मिली – उसमें विष घोल दिया। धरती खोदा- खोदता गया – अग्नि के अंगारे मिले। पिपासा शान्त न हुई।

आकाश में उड़ा – बहुत ऊँचे। वहाँ भी क्षुधा की अग्नि जलती रही।

प्रकाश के लिए दीप मिला – ज्वाला बनकर स्वयं को जला लिया।

वासना की ज्वाला धधकती रही – न जीने दिया न मरने दिया।

जो भोजन हे हरि, तुम दो, बिन भोगे क्षुधा शान्त करे। अमृत दो- बिन पिये, पिपासा शान्त करे। वह इन्द्रियों का भोग नहीं, परमानन्द का भोजन है। अमृत एक बार पिये – अमरता मिले। ब्रह्म का एक बार भोजन करे – क्षुधा न रह जाय।

परमभोग देनेवाले
हे 'भोजन' तुमको नमन है।

भोजनं = भुज् (धातु – भोजन करना, भोगना)
भोजनम् – भोग्य वस्तु, जो भोगा जाये।

143. भोक्ता

हे विष्णु! तुम यज्ञकुण्ड – यज्ञकुण्ड में प्रज्ज्वलित अग्नि हो। उस यज्ञकुण्ड में जो कुछ भी आहुति दें – सब अंगीकार कर आत्मसात् कर लो।

जिसने मन दिया – उसके मन में रमण करने लगे।

जिसने हृदय दिया – उसके हृदय में वास करने लगे।

जिसने तुम्हारे लिए कुटिया छोड़ी – उसे विश्व महल दिया।

जिसने अश्रुजल दिये – उसके आँगन में कल्पतरु को सींच दिया।

जिसने तुम्हारे लिए अन्तर्ज्वाला जलायी – उसे आत्मतत्त्व का प्रकाश दिया।

रात्रि कितने ही अश्रुकण बिखेर दे, दिवाकर सब समेट ले।

सर्वभोज्य को ग्रहण करनेवाले

हे 'भोक्ता' तुमको नमन है।

भुज् (धातु – भोजन करना) + तृच् (प्रत्यय) = भोक्ता
भोजन करनेवाला।

144. सहिष्णु

भास्कर का स्वभाव प्रकाशित करना है – मेघ उसे आच्छादित करे या दामिनी की चमक से भयभीत करे – वह निर्लिप्त है – सब – कुछ सुने, देखे, जाने, फिर भी निःसंग, निरासक्त है। वह सहनशील है।

सुमन सुगन्ध बिखेरे, कुचल दे तब भी सुगन्ध ही दे।

पिता से रूठकर – अपमान कर पुत्र चला जाय – पुत्र के आने पर, वह क्षमा कर उसके लिए द्वार खोल दे।

हे परमेश्वर! तुमको भुला दें, तिरस्कृत करें, तुम्हारे आदेशों का उल्लंघन करें, लेकिन शरण आने पर क्षमा कर अपने में आत्मसात् कर लेते, द्वार खोलकर अपने पास सिंहासन पर बिठा लेते।

हे प्रभु, तुम क्षमाशील हो – सहनशील हो।

सहन करनेवाले
हे 'सहिष्णु' तुमको नमन है।

सह (धातु – सहन करना) + इष्णुच् (प्रत्यय) = सहिष्णुः
जो सहन करे, सहनशील।

145. जगदादिजन्म

हे प्रभु,

तुम्हारा न आदि है, न अन्त है।

लेकिन जगत् के आदि कारण हो। जगत् के प्रादुर्भाव के पहले ही तुम्हारा जन्म हो चुका था।

जगत् की उत्पत्ति है – प्रलय है। वह दृश्य है – गतिशील है। मेघ सागर से जन्म ले, गगन में विचरण करे – गरजे, बरसे, फिर सागर में ही विलीन हो जाय। जिसने जन्म लिया, वही जगत् है, स्थूल हो या सूक्ष्म।

जगत् की उत्पत्ति होती रहेगी। उसका प्रलय होता रहेगा – पुनः जगत् की उत्पत्ति होती होगी। क्योंकि जगत् के तुम ही कारण हो और तुम शाश्वत रहोगे।

हे जगदीश! तुम जगत् की आत्मा हो। जीवों के जन्म के पहले तुम जन्मे।

जीवात्मा के जन्म के कारण हो – जीव के साथ रहो, जीव के अन्त होने पर भी रहो।

जगत् के आदि कारण
हे 'जगदादिजन्म' तुमको नमन है।

जगत् + आदि + जः = जगदादिजः (जगदादिजन्म)
(1) जगत् के आरम्भ होने के पहले से जिसका जन्म हो चुका है।
(2) जो जगत् के जन्म का कारण हो।

146. अनघ

पंक में जन्म लेनेवाला कमल – स्वयं पंकहीन होता है। मलिन वर्तिका में भी दीपशिखा प्रकाशस्वरूप होती है।

भानु की किरणें सबको स्पर्श करते हुए भी, निर्लिप्त रहकर प्रकाश बिखेरती हैं।

हे परमात्मा! आप सबमें वास करते हुए भी निष्पापी रहते। किसी के पाप-पुण्य, कर्म-अकर्म से अप्रभावित, निर्विकार रहते।

स्फटिक में कालिमा हो सकती है, चन्द्रकान्त मणि प्रकाशहीन हो सकती है, लेकिन प्रभु तुममें विकार न रह सके।

और तो क्या—

जीव पाप करे, पापी होगा। जीव जब तुम्हारे समीप अपने मन को ले चले, वह भी निष्पापी, अनघ हो जाय।

निर्विकार, पापरहित
हे 'अनघ' तुमको नमन है।

अनघः = जिसमें पाप नहीं।
अघः = पाप

147. विजय

अन्धकार में प्रकाश की विजय
नश्वरता में अमरत्व की विजय
असत्य में सत्य की विजय
जड़ में चैतन्य की विजय
प्रकृति में पुरुष की विजय
जगत् में – हे जगदीश्वर!
तुम्हारी विजय होती है।

जब चित्त विचलित हो, मन विक्षुब्ध हो,
परिस्थितियाँ बलहीन हों, आशाएँ बुझती दिखायी दें,
अन्धकार में मार्ग दृश्य न हो,
मार्ग अवरुद्ध हो – द्वार बन्द हो,
हे प्रभो! तुम्हारी एक किरण,
मार्ग सरल कर दे, विजय के द्वार खुल जायँ,
बलहीन बलवान् हो जाय,
मृत जीवित हो उठे।

युद्ध के लिए चक्रव्यूह बने
शस्त्र धारण करें – सेना चले
लेकिन जब युद्ध अपने से, अपने अंतर में हो,
शत्रु बाहर नहीं, स्वयं में हो,
हार दूसरे से नहीं – अपने से ही हो,
तब अन्तः में ही शक्ति दे–
हे प्रभु, तुम ही विजय दिलाओ।

दशानन रावण
अन्तः में रमण करते राम से हारेगा।
मल्ल योद्धा कंस
कृष्णबल से हारेगा।

विजय दिलानेवाले
हे 'विजय' तुमको नमन है।

वि (उपसर्ग) + जि (धातु – जीतना) + अच् (प्रत्यय) = विजयः
जो विजय करता है या जो विजय दिलाता है।

148. जेता

वेग से कल-कल निनाद करती हुई सरिता के भँवर में पड़ी नाव से नाविक उबार ले – वह जेता नाविक है।

प्रज्वलित दहकती हुई ज्वालाओं के मध्य बैठे हुए भी जो ज्वलित न हो – वह जेता प्रह्लाद है।

जो पंचभूत शरीर में वासनाओं से भरे अन्तःकरण में आत्म प्रकाश करे – वह स्वयं का जेता है।

हे प्रभो – आप
धर्म-अधर्म के युद्ध में, धर्म के जेता
देव-दानव के युद्ध में, – देवत्व के जेता
जीवत्व के युद्ध में, – ब्रह्मत्व के जेता हैं
आपके द्वार विजय की दुन्दुभि बज रही है।

जीतनेवाले हे 'जेता' आपको नमन है।

जि (धातु – जीतना) + तृच् (प्रत्यय) = जेताः जीतनेवाला।

149. विश्वयोनि

हे प्रभो!
संसार में तुम ही सबको जन्म दे रहे।
कोई कदली-सा तनु, कोई हस्ति-सा स्थूल है। कोई चन्द्रमा का सौन्दर्य लिए, कोई काजल की कालिमा लिए है। किसी के अवयव सुन्दर, कोई अष्टावक्र है।

धरती पर कहीं नारी की शोभा, कहीं नर का पौरुष। कहीं मूसिका का विचरण, कहीं सिंह का गर्जन। कोई उदर से जन्म ले, कोई स्वयं से जीवन धारण करे। कोई जल में, कोई आकाश में जन्म ले। कोटि-कोटि जीव विश्वयोनि से जन्म ले रहे। किसी में क्रोध की ज्वाला धधके, किसी में शान्ति की शीतलता बरसे। कोई कामिनी के लिए तड़पे, कोई उदासीन निःसंग रहे। कोई मद में उन्मत्त, कोई विनय से सदैव नतमस्तक। कोई कृपण है, कोई ऐसा उदार, अपना भी सब कुछ लुटा दे। कोई कामना में निमग्न, कोई सर्वदा उदासीन, कोई गर्जना करे, कोई मौन रहे।

तुम अव्यक्त-विश्व में कोटि-कोटि रूप में व्यक्त हो रहे। तुम निराकार-असंख्य आकार लिए – प्रकट हो रहे। तुम असीम – असंख्य सीमा में बँध रहे।

एक ही आकाश कितने घटों में समाया है। एक ही सागर कितनी लहरों से क्रीड़ा करे।

विश्व में सबको जन्म देकर व्यक्त होनेवाले
हे 'विश्वयोनि' तुमको नमन है।

विश्व + योनिः = विश्वयोनिः
विश्व की जो योनि है।
जिससे विश्व का प्रादुर्भाव होता है।

150. पुनर्वसु

मेघ आकाश में वर्षा कर पुनः न आते – आकाश सूना होता, धरती सूखी होती। लेकिन वह पुनः-पुनः आकाश में मँडराये।

दिवाकर निशा के अवसान पर यदि पुनः न आता, विश्व में केवल प्रलय का अन्धकार-ही-अन्धकार होता। लेकिन अन्धकार को चीरते हुए नित्य उसका अरुणोदय होता है।

स्थूल शरीर के विगलित होने पर पुनः जन्म न होता – धरती प्राणीहीन हो जाती।

लेकिन वह प्रभु शरीर के अवसान पर, कारण शरीर से पुनः-पुनः स्थूल शरीर में बसे। जन्म – मरण की छलना में वह पुनः-पुनः प्रकट होता रहे। प्राणी स्थूल शरीर को जाने, उसमें बसनेवाले को न जाने।

पुनः-पुनः बसने का क्रम
चलता रहा – चल रहा है – चलता रहेगा।

पुनः-पुनः वास करनेवाले
हे 'पुनर्वसु' तुमको नमन है।

पुनः (बार-बार) + वसु (धातु – वास करना) = पुनर्वसुः
जो बार–बार वास करे।

151. उपेन्द्र

इन्द्र-इन्द्रियों का अधिष्ठाता। यह अधिष्ठाता मन है। इन्द्रियों के विषय – रस का पूरक। पंचतत्त्व के पंच विषय को निरन्तर ग्रहण कर रहा। संकल्प-विकल्प में इसका संसार। इस संसार के साम्राज्य का स्वामी मन।

लेकिन इस मन के संकल्प-विकल्प की शक्ति, हे प्रभु, तुम ही हो।
जब जीव तुम्हारी शरण में जाय – मन 'इन्द्र' उसके वश में हो – जब तुमसे विमुख हो – इन्द्र का दास बने।

प्रभु, तुम इन्द्रिय नहीं – लेकिन इन्द्रियों की क्रियाएँ तुम्हारे बिना नहीं। उनकी शक्ति हो।

तुम स्थूल शरीर नहीं–लेकिन तुम्हारे बिना प्राण नहीं, तुम प्राणों की शक्ति हो।

हे परमेश्वर! तुम वायु नहीं, अग्नि नहीं, जल नहीं, पृथ्वी नहीं, आकाश नहीं–लेकिन तुम्हारे बिना सब शक्तिहीन हैं।

हे प्रभु, तुम शरीर से ऊपर, इन्द्रियों से ऊपर, इन्द्र से ऊपर हो।

इन्द्र से ऊपर, इन्द्र के स्वामी
हे 'उपेन्द्र' तुमको नमन है।

उप + इन्द्रः = उपेन्द्रः
उप = (ऊपर) (जो ऊपर है – वह नीचेवाले का स्वामी)
इन्द्र = (इन्द्रियों का अधिष्ठाता) मन
जो मन से परे है।
जो मन का भी स्वामी है।

152. वामन

भूधर के उत्तुंग शिखर, धरती पर लहराती कल-कल निनाद करती नदियाँ, लहरों से क्रीड़ा करते विशाल सागर, आकाश में द्युतिमान् भास्कर, ज्योत्स्ना बिखेरती चन्द्रकला – कितने विशाल लगते।

और वायु का आकार ही क्या – किसी पात्र में समा लो। कितना सूक्ष्म है।

स्थूल का आकार है – दृश्य है – सीमा में बँधा है, वह विशाल लगे।

और सूक्ष्म का न आकार – न दृश्य – न सीमा में बँधा है। वह बौना लगे।

स्थूल गतिहीन है – सूक्ष्म गतिशील है–

लेकिन – सूक्ष्म – स्थूल विशालता के सामने बौना है।

हे प्रभो! तुम सूक्ष्म से भी सूक्ष्म, अणु से भी अणु हो।

और फिर स्थूल के सामने वामन लगो। ध्वनि गूँज उठी।

'अणुः अणीयान् महतो महीयान्'।

सूक्ष्मता के कारण – अत्यन्त लघु लगनेवाले

हे 'वामन' तुमको नमन है।

वामनः = वामन, छोटा, बौना, लघु

153. प्रांशु

लम्बाई नापी जाय, गहराई नापी जाय। नाप लें – पर्वत कितने ऊँचे हैं, सागर कितने गहरे हैं। शरीर कितना है लम्बा – कितना है बौना। माप सरल है क्योंकि आकार सीमित है।

मन की ऊँचाई कैसे नापें? वह कभी उषा की लालिमा में रमण करे, कभी शशि के पास पहुँचे। मन कितना ऊँचा है, किसी ने न जाना।

बुद्धि किसको न धारण करे। वह भले ही ब्रह्माण्ड को सीमा में बाँधे, सूर्य के ताप को विखण्डित करे, चन्द्र की शीतलता वितरण करे–

लेकिन प्रभु, तुमसे ऊँचा कौन?

यह स्थूल शरीर, इन्द्रियाँ और उसमें सूक्ष्म मन, बुद्धि, चित्त, अहंकार तुम्हारे बिना सब निष्प्राण हैं। सबकी ऊँचाई, गहराई तुमने अपने में सीमित की।

विहंग – आकाश की ऊँचाई, मीन – सागर की गहराई, सीमा – असीम की लम्बाई क्या जाने?

हे प्रभु! तुम समस्त ब्रह्माण्ड में व्याप्त, जहाँ से भी नापें – वहाँ से ऊँचे – स्थूल में या सूक्ष्म में, आकार में या निराकार में।

सबसे ऊँचे
हे 'प्रांशु' तुमको नमन है।

प्रांशुः = ऊँचा, लम्बा

154. अमोघ

पिंजड़े का पंछी, पंख होने पर भी – आकाश से दूर है।

पंछी का पिंजड़ा दूसरे का – लेकिन अहं का पिंजड़ा स्वयं का बनाया है। उसमें स्वयं को बाँध लिया।

अहं का तादात्म्य 'स्व' में है – 'पर' में नहीं। जहाँ 'मैं' हूँ, वहाँ 'वह' नहीं, जहाँ 'वह' है – वहाँ 'मैं' नहीं। 'मैं' से लगाव है क्योंकि 'मैं' से मोह है।

सीमा से बँधा, असीम को क्या जाने।

परिसीमा से घिरे 'स्व' का अभिमान कैसा जो परतन्त्रता से बाहर न जा सके। सीमा में आसक्ति – असीम को कैसे जाने। मोह में आसक्ति- विश्व प्रेम को कैसे पाये?

मकरन्द के मोह में भौंरा पंकज में, बँधा रहे – वह पवन के झोंके में कैसे लहरे।

हे प्रभु, तुमको बन्धन से मोह नहीं – अमोघ हो, सीमा से मोह नहीं – असीम हो, लघुता से मोह नहीं – व्यापक हो।

मोहरहित हे 'अमोघ' तुमको नमन है।

नञ् (समास – नहीं) + मुह् (धातु – मोह होना) + धञ् (प्रत्यय) = अमोघः
जिसको मोह नहीं है, मोहरहित है।

155. शुचि

प्रज्वलित अग्नि केवल ज्वाला है – उसमें कुछ भी डालें – वह भी ज्वाला है।

वह प्रभु सर्वव्यापक है – फिर भी आत्मानुभव न हो।

मलिन दर्पण में देखें – स्वयं को न देख पायें। सरोवर में काई बिछी है – जल कैसे दिखे।

शुचिता न हो, वह कैसे मिले। वह विशुद्ध परम पावन है।

और तो क्या–

जहाँ उसका गुणगान करें – वहाँ की वायु विशुद्ध हो, दिशाएँ सुन्दर ध्वनि करें, पाषाण पिघल उठे, बन्द कलियाँ पुष्पित हों। अन्तः कालिमा मिटकर जब निर्मल हो, प्रसुप्त प्रबुद्ध हो जाय।

जिसने उसका ध्यान किया – उसके अन्तः में वास किया,
पतित ने शरण ली – पावन किया,
दर्शन करने की ललक रही – अन्तर्दृष्टि दी,
केवल स्मरण ही किया–अन्तःकरण निर्मल किया।

आलोक अन्धकार मिटाये – पदार्थ परिवर्तित न करे – लेकिन वह प्रकाश दे – कलुषता मिटा, निर्मलता दे। जीवत्व मिटा – विशुद्ध चैतन्य स्वरूप दे।

पावन करनेवाले
हे 'शुचि' तुमको नमन है।

शुचिः = पवित्र

156. ऊर्जावान्

ऊर्जा न हो – सूर्य प्रकाश न दे सके, न चन्द्र शीतलता। पृथ्वी में गति न हो, अग्नि जला न सके, वायु शुष्क न कर सके। हे प्रभु, तुमसे ही सब की ऊर्जा है।

ऊर्जा न हो – प्राणों में स्पन्दन न हो। अधरों में प्यास न लगे, उदर में क्षुधा न हो। नयनों को देखने की लालसा न हो, कानों को सुनने की आतुरता न हो। इन्द्रियों को ऊर्जा तुमसे ही मिले। नयन ऊर्जा से देखे, कर्ण ऊर्जा से सुने, काम ऊर्जा से प्रजनन करे।

मन में संकल्प – विकल्प की ऊर्जा भी, हे प्रभु, तुमसे ही है। निद्रा में स्वप्न का संसार बनाये, जाग्रत में वासना का संसार, लेकिन मन की चेतना शक्ति तुमसे है।

सागर की लहरें – सागर के जल के कारण ही मचलें।

तुम्हारी ऊर्जा से सब उत्पन्न, तुममें स्थित और तुममें ही सब लीन हो जाते। समस्त ब्रह्माण्ड – तुम्हारी ऊर्जा का प्रकट स्वरूप है।

तुम्हारी ऊर्जा से विद्वान् – विद्वत्ता को, ज्ञानी-ज्ञान को प्राप्त करे, बलवान्–बल को पाते, असुर – आसुरी शक्ति प्राप्त करें।

ऊर्जा के प्राकट्य को सब जानें – ऊर्जा के स्रोत को बिरला जाने। जो प्रभु, तुमको जाने – ऊर्जा के सत्यस्वरूप को जाने।

हे ऊर्जा के स्रोत! तुम ही बलहीन को बल, शक्तिहीन को शक्ति, निष्प्राण को प्राण, गतिहीन को गति देते हो।

ऊर्जा के पुंज
हे 'ऊर्जावान्' तुमको नमन है।

ऊर्जितः = जो ऊर्जा (शक्ति) से युक्त है। (ऊर्जावान्)

157. अतीन्द्र

सागर के पार दूर देश में जाना है – सागर पार करना होगा। क्षितिज से दूर टिमटिमाते नक्षत्र हैं – क्षितिज पार करना होगा।

हे ईश्वर! तुमको इन्द्रियों से, खोजते रहे। न मिले – इन्द्रियों के पार जाना होगा।
क्योंकि तुम –
इन स्थूल नेत्रों से नहीं – अन्तः चक्षु से ही दृश्य हो,
इन कर्णों से नहीं – अन्तर ध्वनि से ही श्रव्य हो,
तुम मांसल स्पर्श नहीं – अन्तः अनुभूति में स्पृश्य हो,

और यह मन अन्तः प्रवेश भी कैसे करे? इन्द्रियों का शासक – इन्द्र, इस मन ने – सारे द्वार बन्द कर रखे हैं। हे प्रभो! तुम इस इन्द्र से ऊपर हो। इससे परे हो।

यह मन जब तुममें विलीन हो, बुद्धि तुममें एकाग्र हो,
तब चित्त में हे प्रभु, तुम्हारा चारों ओर प्रकाश है। तुम अतीन्द्रिय,
अंदर – बाहर, ऊपर – नीचे, सर्वत्र प्रकाशित मिलो।

मन रूपी इन्द्र से परे
हे 'अतीन्द्र' तुमको नमन है।

अत् (उपसर्ग – ऊपर, परे) + इन्द्रः (मन) = अतीन्द्रः
जो इन्द्र (मन) से परे है।

158. संग्रह

हे प्रभो! आपने पदार्थों का संग्रह किया – ब्रह्माण्ड का निर्माण हुआ। सौर्य मण्डल – आकाश में मँडराने लगे। ग्रह प्रकाशित होने लगे। नक्षत्रों के ताने बुने, राशियों की भीड़ लगी। ब्रह्माण्ड का स्वरूप निखर आया।

विस्तृत आकाश में अनिल का प्लावन कराया। अनल की ज्वालाओं में ऊष्णता दी – जल की वर्षा की, और फिर धरती को लाये। पृथ्वी पर पंचतत्त्व का संग्रह किया। भूमण्डल बन गया।

पृथ्वी को सजाया – विशाल धवल गिरि को मुकुट पहनाया। सागर में नीले लहरों के जाल बुने। धरती को कहीं – कहीं हरे वन की चादर पहनायी।

फिर स्थूल में सूक्ष्म का संग्रह किया। मांसल स्थूल शरीर में मन को चंचलता दी। उसमें प्रतिपल संकल्प – विकल्प के कम्पन होने लगे। बुद्धि में धारण करने की शक्ति जगायी। चित्त में भावनाओं की बाढ़ आयी। श्वासों में प्राण फूँका। अन्तः में आत्म ज्योति जलायी। सर्वसंग्रह से मानव धरती पर विचरण करने लगा।

जहाँ देखे, सुने, जाने, समझे – हे विराट्! तुम्हारा ही संग्रह है। यह ब्रह्माण्ड, यह विश्व और श्वास लेता प्राणी – सब तुम्हारे ही संग्रह हैं।

प्रतिक्षण प्रकृति के नये-नये रूपों से सुसज्जित कर संग्रह कर रहे।

हे संग्रहकर्त्ता – संग्रह में ही तुम प्रविष्ट हो गये। चक्र, पहिये, रथ – सब एक साथ चले।

एक को दूसरे से जोड़नेवाले
हे 'संग्रह' तुमको नमन है।

सम् (उपसर्ग) – अच्छी प्रकार से + ग्रह (धातु ग्रहण करना) अच् + (प्रत्यय) = संग्रहः
संग्रह = जोड़ना, जुटाना
जो अच्छी प्रकार से ग्रहण करता है।

159. सर्ग

हे प्रभो! तुम सृजनहार!
अपने ही अंश से सब सृजन किया।
यह विश्व तुम्हारी कृति – विश्वकर्मा हो।
विश्व में जो कुछ भी है – वह भी तुम्हारी कृति।

तुम न चाहो तो भवन क्या – कोई तिनका भी निर्माण न कर सके।

तुमने मानव बनाया – मानव के लिए तरु लगाया,

उसमें फल दिये – जिससे मानव क्षुधा शान्त कर सके, भले ही मानव- मानव को फल न दे सके।

तुमने मानव को बल दिया – बुद्धि दी जिससे वह भी निर्माण कर सके – विश्व को सुन्दर बना सके। जीवन आनन्दमय कर ले। भले ही वह अपने को आनन्दित न रख सके।

सृजन करनेवाले
हे 'सर्ग' तुमको नमन है।

सृज् (धातु – सृजन करना) + घञ् (प्रत्यय) = सर्गः
सृजन करनेवाला, जो सृजन हो चुका है।

160. धृतात्मा

एक ही सरोवर में सहस्रों जलज सुशोभित हो रहे हैं।
एक ही आकाश, सब घटों में समाया।
एक ही बीज अनेक शाखाओं, पल्लव, पुष्पों को धारण करे।

हे विराट् आत्मा! आपने समस्त जीवों को अपनी आत्मा से धारण कर रखा है। स्थूल में आप ही सूक्ष्म स्वरूप में प्रकट हो रहे। सब में आपका प्रकाश उद्भासित हो रहा है।

लेकिन सब ने अपनी – अपनी प्रकृति से भिन्नता स्वयं कर ली। किसी को ऊष्णता, किसी को शीतलता, किसी को मीठा, किसी को तिक्त प्रिय लगे।

हे परमात्मा! कोई कैसा भी हो – सबको तुम ही अपनी ही आत्मा में धारण किये हो।

आत्मा से धारण करनेवाले
हे 'धृतात्मा' तुमको नमन है।

धृ (धातु – धारण करना) + आत्मा = धृतात्मा
जो आत्मा (से) धारण किये हुए है।

161. नियम

विश्व नियम से नियमित हो रहा–
रात बीते, क्षितिज पर दिवाकर छा जाय।
ग्रीष्म में सूर्य किरण की तपन से सब झुलस जाते
आषाढ़ में मेघ मँडरायें – फिर वर्षा की बाढ़–
शिशिर में शीत से सिहरें – वसन्त में उपवन खिलें।

ग्रह, सूर्य की परिक्रमा करने लगे – वर्ष आते, बीत जाते, संवत्सर आते – चले जाते। प्रकृति गति पर युग बीतते गये।

प्रकृति के नियम हैं – सभी नियम से चल रहे।

प्रेम करो – प्रेम मिलेगा, घृणा करो – घृणा विस्तृत होगी। अहं से अहं का दानव बढ़ता जायेगा। यही लोक-व्यवहार के नियम हैं।

मन संसार में रमण करे, अभिलाषा जैसे-जैसे पूर्ण करे – ज्वाला में जलता जाय। वह ज्वाला चिर – निरन्तर जलती रहे – और फिर जल- जलकर मानव अभिशप्त होता जाय। वासना का यही नियम है।

जिसने अहं को विगलित कर, मन को तुम्हारे चरणों में समर्पित किया, तुमने उसको अपने सिंहासन पर आसीन किया। वहाँ 'मैं' 'तू' का भेद नहीं – विश्वमय केवल तुम हो। अध्यात्म का यही नियम है।

नियम से सबको नियमन करनेवाले
हे 'नियम' तुमको नमन है।

नि (उपसर्ग) + यम् (धातु – यमन करनेवाला) = नियमः
जो नियमित करे वही नियम है।

162. यम

दीपक में लौ जलाना है – आँधी को झरोखे से बचाना होगा।

जाग्रत होना है – स्वप्न को तोड़ना होगा।

अन्तः में देव के दर्शन करना है, तब बाह्य पटल को बन्द करना होगा।

बिना यमन शक्ति के यह कैसे सम्भव हो। शासक शासन से नियन्त्रित करे – यमन तो स्वयं का शासन है।

यमन के बिना प्रभु, तुम न मिलो। यह यमन की शक्ति भी – प्रभु, तुम ही दो।

यमन से मिलनेवाले
हे 'यम' तुमको नमन है।

यमः = (धातु – यमन करना) शासन करना
यमः = (सं.) जो यमन करे

163. वेद्य

वन – पर्वत सब – कुछ ढूँढ़े – पर अपना ही घर ढूँढ़ न पाये – सब- कुछ ढूँढ़ना व्यर्थ रहा – विश्राम अपने ही घर मिलना था।

दीप को जाना – बाती को जाना, लेकिन बाती को जला न सके- प्रकाश न मिल सका।

प्राणी – प्रकृति को जाने – प्रकृति – नियन्ता को न जाने,
मृत्यु को जाने – अमरत्व को न जाने,
सृष्टि को जाने – सृष्टिकर्त्ता को न जाने
समस्त ज्ञान निरर्थक रहे।

हे प्रभो!
स्वर्ण की इच्छा थी। तुमने हाथ में पारस रख दिया। पारस बनाने की शक्ति न दी। तुमको जाना – पारस की खान स्वयं मिल गयी – पारस पाने की इच्छा भी मृत हो गयी।

जानने योग्य हे 'वेद्य' तुमको नमन है।

विद् (धातु – जानना) + यत् (प्रत्यय) = वेद्यः
जानने योग्य।

164. वैद्य

रोग के निदान के लिए वैद्य, फिर ओषधि चाहिए, लेकिन प्रभु, तुम ऐसे वैद्य — स्वयं निदानकर्त्ता — स्वयं ओषधि हो।

मन में भवरोग, बिना जलाये जलता रहे, बिना विषपान किये, विषाक्त करे। जितना मन की माने, उतना रोग बढ़ता जाये।

लेकिन हे हरि! तुम्हारा मात्र स्मरण — भवरोग हरण कर ले। अन्त में तुम्हारा प्रकाश, अन्तःकरण के कलुष मिटाता चले। मूर्च्छा में चेतना भर दे, जड़ता में स्पन्दन कर दे।

गहन शोक — चिन्ता के अन्तस्तल में परमानन्द के स्वर से झंकृत कर दे।

हे प्रभो! तुम रोग को जानो — रोग के निदान को भी जानो। तुम्हारे ज्ञान की ओषधि — मृत को जीवित कर दे।

भवरोग के निदानकर्त्ता
हे 'वैद्य' तुमको नमन है।

विद् (धातु — जानना) + अण् (प्रत्यय) = वैद्यः
जो रोग और उसके निदान को जानता है।

165. सदायोगी

योग मिलन है।
प्रकृति का पुरुष से मिलन – प्रेम है।
मन का विषय से मिलन – वासना है।

द्वैत का द्वैत से मिलन – जीवत्व है।
द्वैत का अद्वैत से मिलन – तादात्म्य है।

दूध और पानी के मिलने पर – दोनों का योग है – दोनों का अस्तित्व है – लेकिन ईंधन ज्वाला में जलने पर केवल ज्वाला है, ईंधन नहीं।

ब्रह्म से मिलन होने पर – केवल ब्रह्मस्वरूप है। अमृत में जो मिले- आत्मस्वरूप है। द्वैत मिटे केवल एक रह जाय।

यह योग – महायोग। मिले – फिर जुदा न हुए – सदा योग में रहे।

हे प्रभु, तुम सदायोगी। जो तुम्हारे पास आये सदैव मिलो – आत्मसात् कर योगी बना लो।

सदैव योग में रहनेवाले
हे 'सदायोगी' तुमको नमन है।

सदा + योगी = सदायोगी
युज् (धातु – जोड़ना)
जो सदा योग में रहे।

166. वीरहा

अपने उद्देश्य की प्राप्ति के लिए, जो किसी कम्पन से विचलित न हो, किसी भी अवरोध को ध्वस्त कर दे, बाँधनेवाली बेड़ियों को तोड़ दे, बहानेवाली वीभत्स धाराओं को पार कर ले, धधकती हुई ज्वाला में झुलसने पर भी आगे बढ़ता जाय – वह मानव वीर है।

लेकिन जब वह वीरता अधर्म का बीज बोये, उसका वेग अशान्ति, कलह का तूफान खड़ा कर दे, धर्म को कुचलकर अधर्म के गहन अन्धकार से भर दे, मानव मानव का खून पीने लगे, वीभत्स का नृत्य ताण्डव करने लगे, चारों ओर अशान्ति के अंगारे बरसाने लगे-

तब धर्मरक्षक प्रभु, उस कुत्सित वीरत्व का तुम विनाश करनेवाले हो।

धधकती ज्वालाएँ वर्षा से शान्त हो जायँ – अन्धकार, सूर्य के प्रकाश से नष्ट हो जाय, सत्य को जानने पर असत्य का भेद खुल जाय, धर्म के उदय होने पर अधर्म का नाश हो जाय।

हे परमेश्वर! तुमने
कंस – हिंसक वीर
रावण – अधर्मी वीर
और न जाने कितने अधर्मी वीरों का हनन किया।

अधर्मी वीरों का हनन करनेवाले
हे 'वीरहा' तुमको नमन है।

वि (उपसर्ग) + ईर (धातु) + अच् (प्रत्यय) = वीरः
वीर + हन (धातु – हनन करना) + क्विप् (प्रत्यय) = वीरहा
जो वीरों का हनन करे।

167. माधव

(1)

नील गगन में कालिमा का वितान लहराये। अरुणोदय हुआ आकाश धवल है।
सत्य और असत्य के बीच दीवार है – अज्ञान की।

हे परमेश्वर! तुम्हारे और जीव के बीच दीवार है – अविद्या की।
'मा' ज्ञानस्वरूपा है – इस ज्ञानमयी 'मा' के प्रभु तुम ही स्वामी हो।
जिसको ज्ञान मिले। वह तुमको पा ले।

ज्ञानस्वरूपा 'मा' के स्वामी
हे 'माधव' तुमको नमन है।

(2)

मा जननी है – प्रकृति का स्वरूप। हे प्रभु, तुम उसके स्वामी परम पुरुष हो।

मा लक्ष्मी है – तुम लक्ष्मीपति हो। तुम ही वितरण करो – छीन भी लो।

मा शक्ति है – तुम शक्ति को नियन्त्रित करनेवाले स्वामी हो।

मा विद्या है – प्रभु, तुम विद्यापति हो।

जिसको तुम स्वयं अपने से प्रकाशित करो – वही तुमको जाने।

प्रकृति मा के स्वामी
हे 'माधव' तुमको नमन है।

माधवः = मा (धातु – उत्पन्न करना) + क्विप् (प्रत्यय) = मा
धूञ् (धातु –) + अप् (प्रत्यय) = धव
मा + धव = माधव = मा का स्वामी
मा = 1 लक्ष्मी, शक्ति, ज्ञान, विद्या
2. प्रकृति
धव – स्वामी
जो लक्ष्मी, शक्ति, ज्ञान, विद्या का स्वामी है या जो प्रकृति का स्वामी है।

168. मधु

मधुमास आया। कोयल कूकने लगी। मलय सौरभ लिए सुगन्ध बहाये। रंग-बिरंगे सुमन खिल उठे। धरती हरी चादर बिछाये। किसलय में मकरन्द भरे। मधुकर प्रसन्न हो मधु सिंचन करें। मधु मधुरता से वसन्त- वन मधुमय हो जाये।

भक्त जब हृदय रूपी चित्त कमल में, मन के भौंरे, ज्ञानस्वरूप विष्णु के प्रकाश में रमण करे – वह आनन्द मधु रस का पान करे। मधुपान करने पर वह उन्मत्त न होगा – मधुरता चिन्तन में होगी, मधुरता जीवन में होगी।

मन विषय को जब मधु माने, वह विषय है-अधर लगे पीता जाय। स्वयं ज्वाला प्रदीप्त करके जलता जाय। सदैव अतृप्त उदास – वह मधु नहीं – विषय विष है।

हृदय सागर है – इसमें विष भी है – अमृत भी। ज्ञान के प्रकाश में विवेक से मन्थन करे – अमृत – मधु मिले।

प्रभु, तुम सत्, चित्, आनन्द मधु हो।
विवेकी पीता जाय – कभी न्यून न हो
वाणी वर्णन करने में मूक हो जाय।

सत्, चित्, आनन्दरूप
हे 'मधु' तुमको नमन है।

मधुः = 1. मनु (धातु – अवबोधन होना) + उसि (प्रत्यय)
धकार अन्तादेश = मधुः
जो ज्ञान दे
2. मधु (सं. शहद, मीठा)

169. अतीन्द्रिय

हम प्रभु को देखना चाहते हैं – अपनी आँखों से – उस रूप में जिसमें अपने को प्रिय लगे; सुनना चाहते हैं – उसकी वाणी को अपने कानों से; स्पर्श करना चाहते हैं – अपने मांसल करों से।

उसके पास पहुँचना चाहते हैं – अपने पगों से; आलिंगन करना चाहते हैं – अपनी भुजाओं से।

तराशना चाहते हैं – तर्क की धार से। बाँधना चाहते हैं – अपने मन के पाश में।

लेकिन वह इन्द्रियों से परे है। समस्त इन्द्रियाँ वहाँ निष्प्रभ हो जायँगी। वहाँ न कर्म है – न व्यवहार। इन्द्रियों का क्या काम?

वहाँ इन्द्रियों के विषय भी तो नहीं हैं – देखने के लिए प्रिय – अप्रिय, न सुनने के लिए प्रिय – अप्रिय, न रसास्वादन के लिए प्रिय – अप्रिय, न स्पर्श के लिए प्रिय – अप्रिय। वहाँ तो समस्त विषयों का स्रोत भी सूख जाता है।

हाँ, परमचेतना के अन्तस्तल में देखें – सारे विश्व में वही है – धवल हिमगिरि में या सागर की लहरों में, वन के फूलों में या मरुभूमि के कण में, नर में या पशु में। वह कहाँ नहीं है?

हाँ, मन न माने तो जिस रूप में सजा लो। चतुर्भुज रूप में या अष्टभुज रूप में – या जिसमें मन जैसा भाये। मन को उसमें देव के दर्शन होंगे। मन – आरती उतारेगा, कर – माला से सुशोभित करेगा, वाणी – उसके गीत गायेगी, कर्ण – उसके भजन सुनेंगे, रसना – उसके प्रसाद का रसास्वादन करेगी। मंगल गान होगा – आनन्द होगा। परम श्रृंगार किये हुए इन्द्रियाँ – उस परमानन्द नृत्य में अतीन्द्रिय हो जायँगी।

इन्द्रियों से परे
हे 'अतीन्द्रिय' तुमको नमन है।

अत (उपसर्ग – ऊपर) + इन्द्रियः = अतीन्द्रियः
जो इन्द्रियों से परे है।

170. महामाया

भानु स्वयं जल को सोखकर बादलों से घिर जाये और स्वयं इतना घिर जाये कि उसमें किरणें भी प्रस्फुटित न हों।

हिमगिरि हिम नदी के स्रोतों से इतना जल भर ले कि स्वयं उसमें विलीन हो जाये।

आकाश अँधेरे से अपने को इतना अवगुण्ठित कर ले कि चाँद-तारे भी ढक जायँ।

समस्त विश्व में माया का जाल है। हे प्रभु, तुम इसमें स्वयं आवृत हो गये। माया दृश्य, तुम अदृश्य रहे।

जो कुछ भी दृश्य है – ज़ीव उसी दृश्य की चकाचौंध में रहे, जो कुछ भी श्रव्य है – उसके द्वन्द्व गान में लगा रहे, जो कुछ भी आकर्षक लगे – मृग मरीचिका की राह चल पड़े – चलते गये, कभी न मिला।

और द्वन्द्व शुरू हुआ, मान – अपमान, राग – द्वेष, लोभ – मोह, काम – तृष्णा का।

द्वन्द्व की धारा में उठते-गिरते गोता लगाते रहे। किनारे कभी न आये।

माया की छाया से सुख मिला – उस सुख में भ्रमित रहे, दुःख मिला- दुःख मिटा, फिर उसी विषय सुख की खोज में लग गये और यह क्रम निरन्तर चलता रहा – गति अबाध है – निरन्तर है। सुख की खोज चलती रही – कभी न मिला। रहे सदैव अतृप्त – उदास।

हे प्रभो! तुम मायापति हो। माया को भी छलना की ऊर्जा तुमसे ही मिली। उसके नृत्य की स्पन्दन शक्ति तुमसे है। इस नटनी के तुम ही सूत्रधार हो।

जो तुम्हारी शरण में जाये – माया उसको पीड़ित न करे। अन्तः में तुम्हारा दीप जलाये – वह माया का अन्धकार न जाने।

माया से भी महान्
हे 'महामाया' तुमको नमन है।

महा + माया = महामाया
महत् = महा (जो बड़ा है, वह महान् है)
मांग (धातु – मानना) + टाप् (प्रत्यय) = माया
जो माया से भी महान् है, यानी जिसने माया को बाँधा।

171. महोत्साही

दौड़ता जाये – दौड़ने का उत्साह कम न हो; बढ़ता जाये – बढ़ने का उत्साह कम न हो; गाता जाये – गाने का उत्साह कम न हो; करता जाये – करने का उत्साह कम न हो – वह परम उत्साही।

लेकिन सरिता की गति उद्गम पर तीव्र – फिर मन्द और अन्त में अतिमन्द होकर सागर में मिल जाये, उत्साह मिटता चले।

अरुणोदय पर कोमल किरणें, मध्याह्न में प्रखर, सन्ध्या में किरणें अस्ताचल में डूब जायें। उत्साह न्यून होता चले।

यह विशद ब्रह्माण्ड है। इसमें न जाने कब से निर्माण हो रहा – संहार हो रहा – अनवरत चल रहा है – चलता रहेगा। हे ब्राह्मण्डनायक! तुम्हारा उत्साह कम न हो!

माँ जन्म दे – प्यार में पाले – पुत्र वृद्ध भी हो – माँ का प्यार कम न हो। उसको आगे बढ़ाने में उत्साह कम न हो।

हे परमेश्वर ! नित नव जन्म दो – वर्धन करो, पुनर्जन्म दो, तुम्हारा उत्साह कम न हो।

जो तुम्हारे समीप आये – उसको प्रकाश देते – मिलन हो, विलीन कर लेते, कभी उत्साह कम न हुआ।

महान् उत्साहवाले
हे 'महोत्साही' तुमको नमन है।

महान् + उत्साहः = महोत्साहः
जिसका उत्साह महान् है।
उत् (उपसर्ग) + षह (धातु – सहना) + ण (प्रत्यय) = साहः
जो सहन करने में श्रेष्ठ है।

172. महाबली

हे परमेश्वर! तुम्हारे बल से ब्रह्माण्ड टिका
चाँद – तारे चमक रहे,
भानु प्रकाश बिखेर रहा,
ग्रह – नक्षत्रों को गति तुमसे मिले।

प्राणी प्राणों का बल लिए
धरती पर विचरण करे,
जीवन की लहरों पर
मीन – सा तिरता रहे।

मनोबल मिले
संकल्प – विकल्प में ऊर्जा आये,
फिर धरती की सम्पदा
मानव भोगता रहे,
बुद्धि बल मिले
अन्वेषण करे – ज्ञान का, विज्ञान का
जीवन के तत्त्वों का – जीवन के उस पार का।

और जब आत्मबल मिले
मानव संसार के तूफानों को रोके,
और अंतर् में आत्मप्रकाश का आदित्य उदय हो,
वह जीवन में अन्धकार मिटा दे।

हे प्रभु, तुम बलवानों के बल
सबको तुमसे ही बल मिले।

महान् बलवाले
हे 'महाबली' तुमको नमन है।

महत् + बलः = महाबलः (महाबली)
जो महान् बलवाला है।

173. महाबुद्धिमान्

कवि जब वाक्य रचित कर गीत गाये,
कलाकार जब चित्रों में रंग भरे,
वैज्ञानिक जब विज्ञान के अनुसन्धान में लगा रहे,
ज्योतिषी जब ब्रह्माण्ड की गणना में अंक ढूँढ़े,
शास्त्रज्ञ जब शास्त्र के वाक्यों में उलझे,
विद्वान् जब विद्वत्ता की प्रखरता पाये,
उसमें बुद्धि की चेतना के स्रोत – हे प्रभु, तुम ही हो।

यही बुद्धि जब मन की कलुषित धारा में अपने को रँगता रहे – तब गीत वासना के गाये, मानव – मानव का मर्दन करे – असत्य की राह चल पड़े, भस्मासुर – सा स्वयं को जलाये।

मन, जब बुद्धि के विवेक पर अपने को समर्पित करे, तब समस्त विद्याएँ परम सत्य की ओर ले चलें – सौन्दर्य के पटल खिलें – आनन्द का द्वार खोल दें।

चिन्तन की धारा में – संसार बना, बिगड़ा – लेकिन कोई विरला जाने, चिन्तन की शक्ति के स्रोत, तुम ही हो।

बुद्धि के महान् स्रोत
हे 'महाबुद्धिमान्' तुमको नमन है।

महत् + बुद्धिः = महाबुद्धिः
महान् बुद्धिवाला।

174. महावीर्यवान्

वीर्य सृजन का स्रोत
शक्ति का पुंज है।

यह स्थूल दृश्य जगत्,
प्रभु का ही सृजन है।

सूक्ष्म जगत् के सृजन का भी वही आधार है
सरिता का प्रवाह हो – या प्राणों का कम्पन
मन की चेतना हो – या बुद्धि का प्रकाश
सब उसकी सृजन शक्ति का दृश्यरूप है।

सूर्य गगन में प्रकाश करे
लेकिन वह महासूर्य – संसार प्रकाशित करे
सबके अन्तः में भी प्रकाशित रहे।

स्वयं वह सृजन शक्ति
जिसका सृजन करे – उसमें भी सृजन शक्ति भर दे।

वह स्वयं वीर्यवान् – सब में वीर्य संचारित करे।

सृजन शक्ति के पुंज
हे 'महावीर्यवान्' तुमको नमन है।

महावीर्यः = महान् वीर्यवान्

175. महाशक्तिमान्

तीन महाशक्ति – काम, क्रिया और ज्ञान,
जिससे सृष्टि की उत्पत्ति, स्थिति और लय है।
प्रभु, तुम तीनों शक्ति के स्रोत हो।

काम ही संकल्प – विकल्प की जननी
किसी ने सुमेरु पर्वत को कंचन की माला पहनाना चाहा,
किसी ने सागर में सहस्रों चन्द्र पुष्पित करना चाहा,
संकल्प – विकल्प की बाढ़ उमड़ पड़े
मन में सपने सजा लिए,
चित्त में आकांक्षाओं के मेघ छा गये।

फिर क्रिया शुरू हुई
धरती खोद डाली,
हिमगिरि को सागर में विलीन कर दिया,
आकाश में फूल खिला दिये,
क्रिया की गति, कपाट में बन्द कर दिया।

हे दयालु! जो तुम्हारी शरण गया,
उसको दीपक से नहीं – सूर्य से प्रकाशित किया।

फिर मानसरोवर में श्वेत हंस प्रकट हुआ,
लोक – परलोक दोनों सुन्दर,
मानस – गगन में सुधा बरसे,
हृदय – सागर में सुधा लहराये।

शक्ति के पुंज
हे 'महाशक्तिमान्' तुमको नमन है!

महत् + शक्तिः = महाशक्तिः (महाशक्तिमान्)
महान् शक्तिवाला।

176. महाद्युतिमान्

दीपक की लौ में या अनल की ज्वाला में
चन्दा की शीतल कान्ति में
या भास्कर के प्रचण्ड प्रकाश में
संसार में जहाँ कहीं भी, प्रकाश की किरण है,
हे प्रभु! यह तुम्हारी द्युति है—
लेकिन द्युति का यह बाह्य प्रकाश है।

अन्तः में तुम्हारी द्युति की एक किरण
प्राणों को स्पन्दित करे
चेतना को दीपित करे
मन में संकल्प – विकल्प को गति दे,

लेकिन,
अन्तः द्युति से
प्राणों में स्पन्दन भी हो
फिर भी प्राणी को अंतर में द्युति का आभास न हो।
जीवन अन्धकारमय लगे
निराशा के सागर में डूबता रहे

अन्तः कपाट खोले,
हे प्रभु, तुम्हारी द्युति भासित है
बन्द अमृतकलश खुलने पर प्राणी
जैसे अमृत – लहर में स्नान कर ले।

तुम्हारी महाद्युति के प्रकाश में
सहस्रों सूर्य केवल जुगनूँ की पंक्ति हैं,
दीप्त स्वर्णसागर की लहरों में
संसार केवल एक बूँद है।

परम चेतना के प्रकाशस्वरूप
हे 'महाद्युतिमान्' तुमको नमन है।

महत् + द्युतिः (प्रकाश) = महाद्युतिः
जो प्रकाशमान् है।

177. अनिर्देश्यवपु

हे प्रभु, तुम द्युतिमान् हो – लेकिन तुम्हारे वपु की आकृति क्या है–
कौन बताये?

आकाश की आकृति कब बनी? सागर की लहरों में तूलिका से चित्र कब बना?
अरुणोदय पर आदित्य को ताराओं की माला किसने पहनाया?

हे विराट् पुरुष! तुम्हारे वपु को कौन इंगित करे कि यह तुम्हारा वपु है। कोई वपु का आकार भले ही गढ़ ले, लेकिन तुमको कौन बाँधे? तुम्हारी आकृति बनाना – आकाश को मुट्ठी में बाँधना है।

हाँ, प्रेम से किसी ने हे प्रभु, तुमको जिस रूप में बाँधा – उस रूप में समा गये। मृत्तिका तो मृत्तिका ही है; कुम्भकार ने मृत्तिका को रूप दे दिया। सुन्दर मूर्ति बनायी – सरोज-से नयन, कुन्द-से अधर, चन्द्र-सा कान्तिमान् ललाट – श्यामल – मेघ – से केश।

फिर उसमें देव की प्रतिष्ठा की
मधुर वाणी प्रस्फुटित हुई
प्रेम रस की धारा बह चली
भक्त अवगाहन कर उसमें विलीन हुआ
दिव्य आभा की आरती उतारी
पद प्रक्षालन किया
गंगा प्रवाहित हो चली
मुखारबिन्द पर नयन टिके रहे।

कण्ठ गान करने लगे
सर्वत्र तुम्हारे वपु का दर्शन होने लगा।
मीरा का संसार कृष्णमय,
तुलसी का राममय हो गया,
राम के सिवा कुछ न दिखा,
सूर्य में राम, चन्द्र में राम
सरिता की हर लहरों में राम।

फिर नाम अनाम हो गया
रूप अमूर्त हो गया
वपु की सीमा में न रहा
वह व्यापक हो गया
सीमा से परे – असीम हो गया–
और सर्वत्र सब में रमण करने लगा।

तब प्रभु, तुम्हारे वपु को कौन निर्देशित करे
कि इस वपु में ही तुम हो
तुम मूर्त से अमूर्त, कूटस्थ से व्यापक वपु हो गये।

वपु से निर्देशित न किये जानेवाले
हे 'अनिर्देश्यवपु' तुमको नमन है।

अ (नञ् समास – नहीं) + निर्देश्य (इंगित करना) + वपुः (शरीर) = अनिर्देश्यवपुः (अनिर्देशित वपु) जिसका शरीर निर्देशित न किया जा सके।

178. श्रीमान्

हे प्रभु, तुम्हारी आकृति भले ही न हो, लेकिन तुम आभा से युक्त हो। यह आभा तुम्हारी 'श्री' है।

सूर्य से रश्मि, अनल से दाहकता, चन्द्रमा से कान्ति, स्फटिक मणि से आभा कौन अलग कर सके?

हे परमेश्वर! तुमसे श्री कैसे विलग हो सकती है?

शरीर को परिधान कैसा भी पहनायें – ज्योति उसमें प्राणों से है। सुधा स्वर्ण कलश में हो या मृत्तिका के घट में – अमरता सबको दे दे। दीप कुटिया में हो या देव के मन्दिर में – प्रकाश एक-सा दे।

कोई धन का स्वामी कुबेर हो या निर्धनता से कोई कंगाल; कोई सिंहासन पर आसीन हो या भूतल पर कोई रेखाएँ खींचे; कोई परिजन से घिरा रहे या कोई अकेला चले – सबमें तुम्हारी आभा है – कान्ति है, श्री है।

धरती की सम्पदा, प्रकृति का वैभव सब तुम्हारे हाथों में है। ऋद्धि, सिद्धि, अणिमा, गरिमा, महिमा आदि सभी तुम्हारे ऐश्वर्य के रूप हैं। तुम्हारे प्रसाद हैं – किसी को दो, किसी से हरण कर लो।

लेकिन सबके अन्तर में तुम्हारा प्रकाश है। यही तुम्हारी श्री है। श्री में ही ऐश्वर्य है।

श्री से युक्त
हे 'श्रीमान्' तुमको नमन है।

श्रीमान् = श्री से जो युक्त है

179. अमेयात्मा

ब्रह्माण्ड शायद नापा जा सके – तौला भी जा सके लेकिन आत्मा को नापने का दुःसाहस कौन करेगा जो व्यष्टि और समिष्ट में – चर और अचर में – जीव – जगत् में समान रूप से व्याप्त है।

शेफालिका के पुष्प नापे जा सकते हैं – तौले जा सकते हैं – उसकी सुगन्ध को कौन तौले या नापे?

किसी के मानस वेणु से अन्तर्पीड़ा का प्रवाह हो रहा – किसी के हृतवीणा से आनन्द के सप्तक झंकृत हो रहे – इस पीड़ा और आनन्द को कौन नापे?

आत्मा को कौन नापे – वह अणु भी है, महान् भी है। नापने से भी क्या प्रयोजन। विहंग आकाश में उड़े – आकाश को नापने से क्या। हंस सरोवर में विहार करे – उसे उसकी विशालता से क्या करना।

आत्मा अनुभव है – सत्य का – चैतन्य का – आनन्द का। आत्मा की व्यापकता को कौन नापे। नमक की डली सागर में विलीन हुई – फिर नापे कौन?

न नापे जानेवाले आत्मस्वरूप
हे 'अमेयात्मा' तुमको नमन है।

अमेय (जिसको नापा न जा सके) + आत्मा = अमेयात्मा
जिसकी आत्मा नापी न जा सके।

180. महागिरिधारी

पुराण कथा है – समुद्र में अमृत मन्थन की। मन्थन के लिए मन्दराचल पर्वत को मथानी और नागराज वासुकि को नेती बनाया। मन्दराचल के नीचे कोई आधार न था – वह समुद्र में डूबने लगा। समुद्र मन्थन का कार्य रुक गया। तब भगवान् विष्णु ने कच्छप का रूप धारण करके मन्दराचल को अपनी पीठ पर उठा लिया। कार्य पुनः आरम्भ हुआ। मन्थन हुआ और चौदह रत्न निकले।

लेकिन अमृत मन्थन के लिए मन्दराचल आज भी डूब रहा है। बुद्धि रूपी मन्दराचल का कोई आधार नहीं है। यह बुद्धि पर्वत है – विशाल पर्वत है, यह समतल नहीं। इस पर सीधे न चढ़ा जा सके और गिरने पर पतन है। आदर्शहीन – अनियन्त्रित बुद्धि पर्वत है।

मानव ने पुकारा 'धियो यो नः प्रचोदयात्'। जब साधना की जड़ें हिलने लगीं, निश्चय का बाँध टूटने लगा, संसार के तूफानों में विवेक अपना सन्तुलन खो बैठा, ऊँचे आदर्शों पर चढ़ते पग डगमगाकर गिरने लगे तब – हे प्रभो! तुम उसकी एक पुकार पर दौड़कर आये।

तुम्हारा एकाकी चिन्तन डगमगाती बुद्धि को स्थिर कर दे, झंझावात में पड़े मन को शान्त कर दे, निराशा में आशा की किरणें फूटें, ध्येय की सिद्धि का द्वार खुल जाये।

महान् बुद्धि रूपी पर्वत को धारण करनेवाले
हे 'महागिरिधारी' तुमको नमन है।

महा (महान्) + अद्रिः (पर्वत) + धृक् (धारण करनेवाला) = महाद्रिधृक्
महान् पर्वत को धारण करनेवाला (महागिरिधारी)।

181. महाधनुर्धारी

कामदेव के एक पुष्प धन्वी से समस्त जगत् काममय हो चले – उसके एक पुष्प शर से आहत हृदय की ज्वाला में जलता हुआ मानव, न जी सके, न मर सके।

लेकिन प्रभु, तुम्हारा धनुष महान् है – तुम्हारे बाण भी महान् हैं। वे जलायें नहीं, रक्षा करें। बाणों से उन शत्रुओं को नष्ट करें जो मानव उर में बैठा है – जिसने समस्त चित्तवृत्ति को घेर रखा है – कभी क्रोध से, कभी मोह से, कभी लोभ से, कभी काम से – जो जीवन के सौन्दर्य को प्रतिपल नष्ट कर रहा है, अमृत कलश में विष घोल रहा है, ज्ञान की दीपशिखा को अज्ञान की प्याली से ढक रहा है, सत्य को असत्य की कालकोठरी में बन्द कर रहा है।

हे प्रभु, तुम महान् धन्वी! तुम्हारे बाण से हृदय दुर्ग को घेरे सेना, विनष्ट हो जाय, दुःस्वप्नों के किले ढह जायँ; अमृत का द्वार खुल जाय और तब हे देव! तुम हृदय सिंहासन पर आकर आसीन हो जाते।

महान् धनुषवाले
हे 'महाधनुर्धारी' तुमको नमन है।

महत् + सु (प्रत्यय) = महान् + ईश्वासः = महेश्वासः (महाधनुर्धारी)
ईश्वास (सं – धनुष) जिसका धनुष महान् है।

182. महीभर्ता

पुराण कथा है – दैत्यों ने पृथ्वी को चुराकर सागर में डुबो दिया। सृष्टि के चारों ओर जल विस्तृत हो रहा था। वराह जल में वस्तु को ढूँढ़कर निकाल सकता है। विष्णु ने वराह का रूप धारण किया। जल में छिपे और डूबे पृथ्वी को ऊपर ले आये। विराट् पृथ्वी को जल से लाकर पृथ्वी का उद्धार किया।

यह शरीर मही है – पृथ्वी का अंश। प्रभु का चेतन तत्त्व ही इसे धारण करे। शरीर का वही पालक है। मही प्रकृति – वह पुरुष है।

जीवात्मा जब रसातल में पहुँचे, दानवी लहरों में विचलित हो – उसका उद्धारकर्त्ता केवल ईश्वर है। संसार में डूबा – वह ऊपर लाये। मानव धरती पर सुमन – सा, खिले। प्रभु को पुकारे – उसकी चित्तवृत्ति में सत्‌चित् का प्रकाश जागे।

मही का पोषण करनेवाले
हे 'महीभर्ता' तुमको नमन है।

मही (पृथ्वी) + भर्ता (भरण – पोषण करनेवाला) = महीभर्ता
जो पृथ्वी (स्थूल तत्त्व) का पोषण करनेवाला है।

183. श्रीनिवास

राज्य मिलने पर राज्य की सम्पदा राजा की स्वयं अनुचरी है, कल्पवृक्ष के तले बैठे – कामना स्वयं आदेश की प्रतीक्षा करे, कामधेनु मिलने पर- क्षीर सागर स्वयं द्वार पर लहराये।

हे प्रभु, तुममें श्री स्वयं निवास करे। जहाँ तुम वहाँ श्री स्वयं प्रकाशित हो। तुम्हारी यह श्री – शक्ति है, आभा है।

संसार में यह श्री – धन दे, वैभव दे, ऐश्वर्य दे। संसार का बाह्य रूप सुन्दर कर दे।

वसन्त आये – वन में सुमन खिले – कोयल बोले – मधुप गुंजार करें।

हे देव! तुमसे किसी ने माँगा – धन दे, उसे कुबेर होने का वर दिया; किसी ने पुत्र माँगा – उसे स्वजन से घेर दिया; किसी ने ऐश्वर्य माँगा – राज सिंहासन दिया; आयु माँगी – शतायु किया।

लेकिन कानन वन में जब अधर्म की ज्वालामुखी फूटे, वसन्त में महकते उपवन में प्रलय की झुलस है; शत कौरव पुत्र का रण में जब क्रन्दनहो, दुःशासन का काल है, ऐश्वर्य का सर्वनाश है, वैभव से गिरे, कंगाल है। वही शक्ति दुर्गा बन चण्ड-मुण्ड का मर्दन करे, शुम्भ – निशुम्भ का हनन करे।

श्री को धारण करनेवाले
हे 'श्रीनिवास' तुमको नमन है।

श्री + निवास = श्रीनिवासः
श्री का जिसमें निवास है।

184. सतांगति

गति सबकी अपनी – अपनी
मन ने दो मार्ग बनाये–
एक प्रवृत्ति मार्ग – संसार के भोगों में आसक्ति
दूसरा निवृत्ति मार्ग – अनासक्त होकर प्रभु की ओर ले चले।
एक वासना के अन्धकार में सब कुछ खो दे,
एक सत्य के प्रकाश में अमृत पा ले।

जिनकी निष्ठा सत्य में है – उनके लिए सत्यस्वरूप प्रभु, तुम ही गन्तव्य हो – ध्येय हो। तुम ही जिज्ञासु के ज्ञान, योगियों का योग – सिद्धि, भक्तों के भगवान्, सत्य के राही की गति हो।

सूर्य जिस ओर – सूर्यमुखी उसी ओर मुड़े। सरोज सविता के प्रकाश में पाँखुरियाँ खोले – अस्ताचल में जब वह जाये – बन्द कर ले।

सत्य की खोज करनेवाले – तुम्हारे राह चल पड़े।

सत्य के लिए गन्तव्य
हे 'सतांगति' तुमको नमन है।

सतां (सत्य के जाननेवालों के लिए) + गति (गन्तव्य) = सतांगतिः
जो सत्य को जाननेवालों के लिए गति है, ध्येय है।

185. अनिरुद्ध

भास्कर के प्रकाश को कोई रोक न सका
चन्द्रमा की चाँदनी को कोई चुरा न सका
ग्रहों की गति को कोई बदल न सका

अग्नि– स्वभाव से जलाये
जल– गिरि को भी नहलाये
पृथ्वी– सब को धारण कर ले
वायु– सब को कम्पित करे
आकाश– सब को अपने में समा ले।

जन्म हुआ, शिशु का कलरव गूँज उठा
फिर मृत्यु आयी – प्राणी के सब स्वर शान्त हुए।

ये सब प्रकृति के नियम हैं
अबाध गति से चल रहे हैं – चलते रहेंगे,
कोई रोक न सकेगा।

हे प्रभु! तुम प्रकृति से परे
फिर भी अपने नियमों से बँधे हो।
सत्य का मार्ग प्रकाश की ओर
असत्य का मार्ग – अन्धकार की ओर ले चले
सत्कर्म करें – सद्गति हो
कुकर्म करें – गर्त में गिरे
प्रेम करें – प्यार मिले
घृणा करें – तिरस्कार मिले
प्रभु, तुम्हारे नियमों की धारा निरन्तर
बह रही है, सब इसी में बहें।
इस धारा को कौन रोक सके।

रोके न जा सकनेवाले
हे 'अनिरुद्ध' तुमको नमन है।

अ (नञ् समास – नहीं) निरुद्ध = अनिरुद्धः
निरुद्ध – रोकना
जिसको रोका न जा सके।

186. सुरानन्द

जगत् में सुर हैं – असुर भी
सुर सत्य की ओर-असुर असत्य की ओर
एक में दिव्यता का प्रकाश – दूसरे में दिव्यता का नाश
आनन्द-दिव्यता की अनुभूति है। उसमें सौन्दर्य है,
शाश्वत चैतन्य प्रकाश है।

आनन्द व्यापक है – निरन्तर प्रवाह हो रहा है। दिव्यता का पात्र न होने से ग्रहण नहीं कर पा रहे। मणि छोड़, अन्धकार में कंकड़ बटोर रहे।

सुमधुर संगीत – प्रेमियों को प्रेममय कर दे। दुःखियारे को – उसके दुःख को द्विगुणित कर दे।

भोजन क्षुधा में अमृत-सा, ज्वर में कसैला, अजीर्ण में नीरस लगे।

जिसने अपने को मलिन किया – उसे आनन्द कहाँ। निर्मल दर्पण में छवि आनन्ददायक है। मलिन दर्पण में छवि विहीन है।

जिसमें दिव्यता के गुण हैं, उन सुरों को आनन्द सरिता में अवगाहन कराकर स्फटिक मणि – सा प्रकाशित किया। वहाँ वे आनन्दलोक में प्रकाशमान् हैं।

दिव्य गुण से सुशोभित वे सुर आनन्द महारास में नृत्य करें।

सुरों को आनन्द देनेवाले
हे 'सुरानन्द' तुमको नमन है।

सुर + आनन्दः = सुरानन्दः
सुर = दिव्य गुणवाले देव
जो सुरों को आनन्दित करता है।

187. गोविन्द

माँ स्तनपान कराकर शिशु को जीवन दे।
दुग्ध जीवन का आधार है, वह शिला है जहाँ से शिशु खड़ा होकर संसार देखने लगे।

माँ केवल अपने शिशुओं को स्तनपान कराये। गो मानव को अपना दुग्ध दान करे। दुग्ध पोषक तत्त्वों का अमृत है। शरीर शुद्ध स्नेहयुक्त, कान्तियुक्त एवं दृढ़ कर दे।

गो पृथ्वी पर पोषण तत्त्व का प्रतीक।

यह शरीर भी पृथ्वी तत्त्व का अंग है। इस स्थूल शरीर में सूक्ष्म शरीर भी समाया है।

वह परमेश्वर स्थूल – सूक्ष्म-कारण शरीर का पोषण करे। वह न हो तो शरीर में प्राणों का स्वर न हो, मन में संकल्प – विकल्प की चंचलता न हो – जगत् में चेतना न हो।
अन्तः गो रूप से प्राणियों का पोषण करनेवाले
हे 'गोविन्द' तुमको नमन है।

गो + विन्दः = गोविन्दः
गो = गौ, वाणी, वेद
विन्दति = जो निवास करता है, लाभ देता है।
जो गौ, वाणी, वेद में निवास करता है।

188. गोविदांपति

'गो' वाणी सूचक है – शब्द संज्ञक है। जो शब्द उसके द्वार तक पहुँचा दे – वह मन्त्र है। जो उन मन्त्रों को जाने वह 'गोविद्' है।

सरिता का कल – कल निनाद हो रहा है, झरने द्युतिमय गति से गीत गा रहे हैं, पवन में झंकार है – और सबकी ध्वनि आकाश में समा रही है।

ये ध्वनि, यह शब्द बाह्य रहे। प्राणों में भी शब्द हैं। शब्द में मन्त्र निहित हैं। और मन्त्रों में ब्रह्म।

हे प्रभु! तुम्हारा जो नाम ले, गुणगान करे, हृत्तन्त्री में स्वर – वीणा वादन करे, तुम्हारे गीत गाये, उसकी तुम रक्षा करो जैसे पत्नी की पति। उसको तुम्हारा प्यार मिले – सुधा रस पान करे।

शब्द मन्त्र से रक्षा करनेवाले।
हे 'गोविदांपति' तुमको नमन है।

गोविदांपतिः = गो (वाणी) पति (स्वामी)

189. मरीचि

भानु किरणें सहस्रों कोस चलकर हृदय स्पर्श कर लें, चन्द्र किरणें सागर में ज्वार – भाटा ला दें, शमा की किरणें परवाने को जला दें, जुगनूँ भी बटोही को प्रकाश दे दे।

लेकिन यह सब जड़ जगत् की किरणें हैं, प्रभु, तुम चेतन ज्योति हो। यह किरणें बाह्य प्रकाश हैं, तुम अंतर प्रकाश हो।

सब के अंतर में तुम्हारी ज्योति की ही किरणें हैं। संसार में सहस्रों किरणों से प्राणियों में जगमगा रहे। नभ में तारामण्डल का प्रकाश नहीं, सहस्रों सूर्य की प्रचण्ड किरणों का तेज है।

इन किरणों को स्थूल नेत्र से कोई देख न सके। ज्ञान के दिव्य नेत्र हो – तब दृश्य हो। सर्वत्र प्राणियों के अंतर में किरणें देखे – बाह्य जगत् में उसका प्रकट रूप देखे।

यह मन – दिव्य किरणों को जब स्पर्श करे–आनन्द की लहरों में लहरे।

दिव्य किरणवाले
हे 'मरीचि' तुमको नमन है।

मरीचिः = (सं.) रश्मि, किरण

190. दमन

बलवान् बलहीन का दमन करता है, शक्तिमान् शक्तिहीन को नष्ट करता है। आँधी तिनके को उड़ा ले – अनल संसार को जला दे।

दमन कोई दूसरा करे। यहाँ तो स्वयं से हारे। अपने में अपना दमन कैसे हो। शत्रु तो बाहर से आक्रमण करे, यहाँ तो अपने में अपने आपसे ही उपजे।

आसुरी वृत्ति के काले बादल छाकर अन्धकार कर दें, मन के कोमल भावों को कलुषता की तुषार वृष्टि नष्ट कर दे, बुद्धि को काम की बाढ़ बहा ले जाय, शान्त हृदय – सागर में क्रोध की बड़वाग्नि उत्पन्न कर दे – चित्तवृत्तियों पर दुर्मन राक्षसों का ताण्डव – नृत्य हो।

संसार में देव – दानव का युद्ध होता रहा, अधर्म पर धर्म की विजय का प्रयास चलता रहा – सब दमन शक्ति की पुकार करें।

हे परमेश्वर! तुम ही दमन शक्ति हो। कालीदह को तुमने नाथा। रावण पर विजय की। हृदय में आज भी कालीदह है। मानस में नित्य दशानन जन्म ले रहे। रक्त गिरता नहीं कि रक्तबीज उपज रहे।
मर्दन की शक्तिवाले
हे 'दमन' तुमको नमन है।

दमनः = दमन करनेवाला

191. हंस

‘हम हैं’ – ‘वह है’
लेकिन वह हममें – हम उसमें
उसका स्वरूप हममें
हम जब ‘अहम्’ हुआ
उसके स्वरूप को न जाना
द्वैत का पर्दा डाला
पर्दा हटा, हम और वह एक हैं।
‘हं’. (हम) और ‘सः’ (वह) जब एक हुए – ‘हंस’ कहलाये।

सरिता में लहरें कितनी भी हों
जल एक ही है
पाँखुरियाँ रंग – बिरंगी कितनी भी हों
एक सरोज में बँधें, मलय में एक साथ झूमें।
किसी ने कहा ‘मैं – मैं’ किसी ने कहा – ‘तू – तू’
नहीं–
मैं ‘तू’ है, और तू ‘मैं’ हूँ
और फिर हंस की गति चल पड़ी
हृदय में हंस तत्त्व प्रबुद्ध हुआ
लोग कहें ‘परमहंस’ है।

‘मैं’ ‘तू’ का भेद मिटानेवाले
हे ‘हंस’ तुमको नमन है।

---

(1) हंसः = अहम् सः (अकार का लोप होने पर हम)
हम् सः = मकार का नकार होने पर हंसः
(2) हंस (सं.) हंस पक्षी

192. सुपर्ण

नाविक झंझावात में आक्रामक उत्ताल तरंगों के बीच व्याकुल नाव को पतवार से खेकर पथिक को नदिया पार कराकर, तट पर ला दे।

पंछी अपने दुधमुँहे बच्चों को अपने पंखों से दौड़, दाने ला दे।
गरुड़ अपने पंखों पर भगवान् नारायण को बिठाकर भक्तों के द्वार ले आये।
साधक साधना के पर्ण से सिद्धि की ओर अग्रसर हो चले।
हे नारायण! आप ही स्वयं साधन एवं साध्य भी हैं।
ऋषियों ने ज्ञान में तुमको देखा – भक्तों ने तुमको गीतों में पाया। दोनों ही तुम्हारे सुन्दर पंख हैं।
पंख हों – विहंग आकाश उड़े। साधना हो – साधक तुमसे मिले।

साधनारूपी
सुन्दर पर्णवाले
हे 'सुपर्ण' तुमको नमन है।

सु (उपसर्ग – सुन्दर) पर्णः = सुपर्णः
पर्ण – (1) पक्षी के पंख (2) सूर्य
जिसके पर्ण सुन्दर हैं।

193. भुजगोत्तम

महान् भुजंग आदिदेव ने धरा को धारण किया है। भगवान् नारायण अनन्तनाग पर शयन कर रहे हैं। महादेव शिव ने तो भुजंग को अपने वक्षःस्थल पर ही धारण कर रखा है।

नाग विषधर है, सीधे न चले – इसकी तिरछी है चाल। मुँह में दूध भी विष हो जाये और फन उठते हैं – विष देने के लिए।

और हृदय में यह चित्तवृत्ति भी नाग है। चित्तवृत्ति बहिर्मुखी हो- मन विषय विष धारण करने लगे। मन के अनुकूल न हो – फन फैलाये।

हे शक्तिमान्! आप भुजंग से उत्तम। विष नहीं – अमृत लुटायें, क्रोध में फुंकार न करें, प्रेम की वर्षा करें, नाग के समान कुटिलगामी नहीं – सत्यगामी हैं।

यह चित्तवृत्ति आप चैतन्य से शक्ति ग्रहण करे। लेकिन यह बहिर्मुखी नहीं – जब अन्तर्मुखी हो – तब विषधर भुंजग नहीं – कुण्डलिनी शक्ति है। अपनी शक्ति दे – अपने में ही समा ले।

कुण्डलिनी शक्ति रूप
भुजंगों में उत्तम
हे 'भुजगोत्तम' तुमको नमन है।

भुजग (नाग) + उत्तमः (श्रेष्ठ) = भुजगोत्तमः
जो भुजंगों से श्रेष्ठ है।

194. हिरण्यनाभ

नाभि जीवन की ज्योति बिन्दु है।

माँ ने यहीं से जीवन का संचार किया। पोषण यहीं से है, प्राणों को यही बाँधे है। वह बिन्दु है जहाँ शक्ति का स्रोत है।

लेकिन प्रभु की नाभि हिरण्यमय है। संसार का चैतन्य स्रोत है। प्रकृति जड़ है, वह जड़ को ही जन्म दे लेकिन वह परमेश्वर चैतन्य को जन्म दे।

वह सुवर्णमय है – क्योंकि उसमें कान्ति है तेजस्विता की, तरलता है जड़ में प्रवेश करने की, शक्ति है – धारण करने की; स्थिरता है – शाश्वत रहने की। ओज है – सदैव नवीन रहने की।

समस्त ब्रह्माण्ड का वह ज्योति केन्द्र है। अनन्त विश्व का सूर्य है। वह वीणा है जिसने सब तारों को बाँध रखा है। सभी उसी केन्द्रबिन्दु से बँधे हैं।

प्राणियों में वह अमृतकुण्ड है। शरीर में हिरण्य ज्योतिपुंज है।

अपनी ज्योति से सबका पोषण करनेवाले
हे 'हिरण्यनाभ' तुमको नमन है।

हिरण्य (सुवर्ण) + नाभः = हिरण्यनाभः
जिसकी नाभि हिरण्यमय है।
नाभि (अन्तर्ज्योति)
नाभि (शक्तिपुंज)

195. सुतपा

हे प्रभु, आप कैसे मिलें?
आप तपः साध्य हैं।

संसार में विषय प्रेम है
निर्झर नीचे गिरकर झरता रहे
ऊँचे गिरि से चल – विषयसरिता
संसार – सागर से जा मिले
चित्त अनायास ही, विषय की ओर दौड़े
फिर चारों ओर वासना का नृत्य हो
मन जंजीरों से बँधा, दुःख में चीत्कार करे।

मन को बाह्य जाने से रोक,
तुम्हारे द्वार लाना मन का तप है।
विषय में रमण करते चित्त को
तुम्हारे अमृतसागर में लाना भगीरथ तप है।

मुनियों ने मन को तपाने के लिए–
अनेक मार्ग खोजे–
ज्ञानयोग की ज्योति जलायी – शमा जलते रहे,
भक्तियोग का सागर खोजा – सब उसमें समा गये।
कर्मयोग से कुंजी खोली
तुम्हारे विश्व भवन में कंकड़ नहीं–
रत्नों का भण्डार मिला।

तप – तपकर स्वयं का अस्तित्व मिट चुका था,
प्रभु, केवल तुम अकेले थे।

सुन्दर तप से मिलनेवाले
हे 'सुतपा' तुमको नमन है।

सु (उपसर्ग – सुन्दर) + तपाः = सुतपाः
जो सुन्दर रूप से तपा हुआ है।

196. पद्मनाभ

पद्म भास्कर के प्रकाश से प्रकाशित हो जाय।

कमनीय दल प्रफुल्लित हो उठे। अन्धकार में जिसका संकोच हुआ, प्रकाश में उसका विस्तार हुआ। जो बँधा था – वह मुक्त हुआ।

हे प्रभु, यह पद्म आपकी नाभि में सुशोभित है। ज्ञान का सौन्दर्य रूप। प्रकाशित होने पर चैतन्य के सहस्रदल खिलें। आनन्द पराग बिखेर दे। मन मकरन्द भी विषय रस छोड़, परमानन्द रस में लवलीन हो जाय।

यह नाभि बिन्दु है – विकास का केन्द्र।
मानव पद्मविहीन रहे – आनन्द मंजरी से दूर रहे।

नाभि केन्द्र में ज्ञान-पद्म धारण करनेवाले
हे 'पद्मनाभ' तुमको नमन है।

पद (उपसर्ग) + मन् (धातु – अवबोधन होना) = पद्म
जिससे जाना जाय
पद्म = (सं.) – कमल
नाभि + अय् (प्रत्यय) = नाभः
जिसके नाभि में पद्म है।
जिसके केन्द्र में ज्ञान का स्रोत है।

197. प्रजापति

दिवाकर सबको स्पर्श करे लेकिन सरोज के लिए वह प्रणय स्पन्दन है, जिसमें वह विहँस उठे। निशीथ सबको चाँदनी में नहला दे, लेकिन चकोर के लिए प्राण है। मेघ सबको जल दे लेकिन भूमिगत बीज के लिए वह जीवन अंकुर है।

हे प्रभु, इस विश्व में तुम्हारी सब प्रजा। तुम्हारी चेतन शक्ति से ही सबने जन्म लिया और सबकी तुम ही रक्षा करो।

लेकिन ज्ञानियों के ज्ञान दीप, भक्त हृदय में भगवान्, योगियों में निर्विकल्पस्वरूप हो।

भले ही तुमको कोई माने न माने, सबके तुम ही रक्षक हो।

प्रजा के रक्षक
हे 'प्रजापति' तुमको नमन है।

प्रजा + पतिः (रक्षक) = प्रजापतिः
प्रजा = जिनका जनन हुआ – वह प्रजा
जन्मनेवाले प्राणियों का जो पोषक या रक्षक है।

198. अमृत्यु

जिसका जन्म – उसका मरण; जिसका निर्माण – उसका विनाश; जिसका उदय – उसका विलय; जिसका उत्थान – उसका पतन; जिसका आदि – उसका अन्त।

लेकिन प्रभु तुम अजन्मा हो – तुम्हारी मृत्यु कहाँ, अनादि हो – अन्त कहाँ, शाश्वत हो – तुम्हारा विनाश कहाँ।

जीवों ने तो जन्म तुमसे लिया – मरण पर, विलय भी तुममें।

सरिता की लहरों का उत्थान उसी से – विलय भी उसीमें।

सागर के मेघ – उसी की सृष्टि – फिर उसी में वृष्टि।

ससीम तो असीम में ही है। अजन्मा में जन्मना है। जीवन में मृत्यु है – मृत्यु में जीवन है।

जन्म – मृत्यु से परे
हे 'अमृत्यु' तुमको नमन है।

अ (नञ् समास – नहीं) + मृत्यु = अमृत्युः
जिसकी मृत्यु नहीं होती।

199. सर्वद्रष्टा

हे प्रभु, तुम सर्वद्रष्टा हो। साक्षी बाह्य देखे, तुम अन्तर्साक्षी हो। प्राणियों के लिए अदृश्य होते हुए भी तुम्हारे लिए सब दृश्य है।

सबके संग रहते हुए भी निःसंग हो। जीव का अहं मन के कहे कर्म करे। चित्तवृत्तियाँ भँवर-सी मन के चारों ओर घूमें, इन्द्रियों से कर्म करवाता रहे। प्रभु, तुम इन वृत्तियों को झाँकते, और उनके कर्म को देखते रहते।

भास्कर अपने चारों ओर घिरे, धवल या श्याम मेघ को निहारता रहे, भृंगी कीट चारों ओर अपने ही जाल में, अपने को बँधा देखे। भँवर अपने बीच में पड़े कुचलते पुष्प को असहाय देखे।

हे सर्वद्रष्टा! आप जीवों में प्रविष्ट होकर सब देख रहे।

सर्वत्र देखनेवाले
सबको देखनेवाले
हे 'सर्वद्रष्टा' तुमको नमन है।

सर्व + दृक् = सर्वदृक् (सर्वद्रष्टा)
दृक् (धातु – देखना)
सबको देखनेवाला।

200. सिंह

निशा का मर्दन कर अरुण उदय हो – अन्धकार अपनी हिंसा समझे।

प्रभु, तुम कब हिंसा करो – कब किसका मर्दन करो। सर्वप्रिय, सबसे प्रेम करो।

जो अधर्म की राह चले, असत्य की दुन्दुभि बजाये, अनाचार करे, उसका प्रभु तुम हनन करो।

अधर्म का जब भवन खड़ा हो – तुम भूकम्प बनकर ढहा देते। जब पाप का वन सघन हो, दावानल बनकर नष्ट कर देते – जब मदोन्मत्त जन्तु विचरण करे, सिंह बनकर हनन करते।

हे सर्वदृक्! तुम केवल मूक साक्षी ही नहीं, अधर्म का हनन करनेवाले विकराल सिंह हो।

दानव धर्म का नाश करे, आप दानव का हनन करें।

अधर्म का हनन करनेवाले
हे 'सिंह' तुमको नमन है।

सिंहः = हिसि (धातु – हिंसा करना)
प्रषोदरादि नियम से प्रादि अन्त का विपर्यय होने पर 'हिनस्तीति हिंसः' न होकर सिंह होता है। जो हिंसा करे, हनन करे।

भक्ति

201. सन्धाता

आकाश – सूर्य और चन्द्र, दोनों को समान रूप से
धारण करे, गंगा – मेघजल हो या नाले का जल,
दोनों को अपने में समा ले, एक पुत्र योग्य दूसरा
अयोग्य, माँ दोनों को ही अपने हृदय में धारण करे।

हे परमेश्वर! आप सबको समान रूप से धारण
करें, पापी हो या पुण्यात्मा, दोनों में निवास करें।
ज्ञानी हो या अज्ञानी, दोनों को ही जीवन दें।
हाँ, अरुण का प्रकाश, कमल – दल का खिलना है–
उलूक के लिए, अन्धकार का उपजना है।

ज्ञानियों के हृदय में आप प्रकाश हैं,
अज्ञानियों के लिए संसार में अन्धकार। फिर
कोई अन्धकार में ठोकर खाये, कोई प्रकाश में
पग बढ़ाता चले, लेकिन हे प्रभु – तुम ज्ञानी–
अज्ञानी दोनों को ही धारण किये हो।

समान रूप से सबको धारण करनेवाले
हे 'सन्धाता' तुमको नमन है।

सम् + धाता = सन्धाता
समान रूप से धारण करनेवाला।

202. सन्धिमान्

आकाश और पृथ्वी का जहाँ मिलन – वहीं सन्धि है।
गंगा – यमुना का जहाँ मिलन – वह संगम है।

देह और आत्मा का सह निवास – सन्धि है। जड़ में चैतन्य की,
क्षर में अक्षर की सन्धि है।

दरिद्री के घर लक्ष्मी आये, वह उसे अनदेखा कर दे,
हाथ में आये पारस को फेंककर भिक्षा के लिए हाथ फैलाये,
अमृत सागर के मध्य बैठकर भी प्यासा रहे,
यह कैसी विचित्र सन्धि है।

विश्व में परमात्मा हो, जीव में ब्रह्म
ज्योति में भी अन्धकार हो – यह कैसी विरोधाभास सन्धि है।

'हम' और 'तुम' की सन्धि है।
मणि माला के सूत्र। सन्धिमान् को न जाना।
मणि बिखर गयी।

सन्धि के प्रभु तुम ही कारण
मन तुमसे सन्धि करे
सन्धि का द्वैत मिटे – एक हो चले।

सन्धि से रहनेवाले
हे 'सन्धिमान्' तुमको नमन है।

सन्धि – पृथक् – पृथक् वस्तुओं का एक रूप होना।
सन्धिमान् – सन्धि करनेवाला

203. स्थिर

लट्टू तेजी से नाचे, फिर भी स्थिर है
सूर्य, चन्द्र, पृथ्वी, सभी ग्रह परिभ्रमण करें,
फिर भी धुरी पर स्थिर हैं।

शरीर जन्म ले – मृत्यु में विलीन हो जाये
आत्मा स्थिर है।
चंचल मन में कम्पन हो,
लेकिन आत्मतत्त्व में न सिहरन, न कम्पन।

विश्व सदैव गतिमान् रहे
हे विष्णु! आप इसमें स्थिर हैं।

सूर्य उदय होकर अस्ताचल जाये,
लेकिन वह स्वयं प्रकाशमान् रहे।

गतिमान् विश्व में
जीवन की ज्योति में
सदैव स्थित रहनेवाले
हे 'स्थिर' तुमको नमन है।

स्था (धातु – स्थित रहना) + किरच् (प्रत्यय) = स्थिरः
जो स्थित रहे।

204. अजन्मा

पवन सर्वत्र हो – प्राणों में न हो
जीव निष्प्राण है – प्राणों को गति चाहिए।

नयन हो – दृष्टि न हो – अन्धकार है
प्रकाश की गति चाहिए।

मन, बुद्धि, चित्त, अहंकार हो,
इन्द्रियों का व्यापार हो,
जीवन – वीणा के तार हों
फिर भी आनन्द नहीं -
प्रभु, तुम्हारे प्रकाश की गति चाहिए।

हे दयालु! तुम गतिमान् होकर प्रकट होते,
जब – भक्त निर्मल हृदय में आसन दे
ज्ञानी – आत्मप्रकाश का दीप जलाये
योगी – अपने ध्यान में धारण करे
मानव – निष्काम कर्म से पूजा करे

हे प्रभो!
तुम प्रणय के बन्धन में,
ज्ञान की ज्योति में,
और तो क्या – एक पुकार में
गतिमान् होकर आओ।

तुम्हारा जन्म कहाँ
सदैव थे, सदैव रहोगे।

जन्म-मृत्यु से परे
हे 'अजन्मा' तुमको नमन है।

---

1. अज (धातु – गमन करना) + अच् (प्रत्यय) = अजः (जो गमन करता है)
2. अ (नञ् समास) नहीं + जः जन्म
   जिसका जन्म नहीं होता – अजन्मा

205. दुर्गम्य

हे सर्वव्यापी! तुम सर्वत्र हो, फिर भी कठिनता से
कोई विरला तुमको जाने।

जाने कैसे – तुम अन्तर्यामी, जीव की चित्तवृत्ति बाह्य भ्रमण करे।
लोभ के विष – बीज डाल, फल उसके खा ले।
क्रोध के दन्त से स्वयं अपने अंग काट ले;
काम के अंगारे अपने ही पथ पर डाले; मन सुमन को
विषय रस में डुबा दे।

प्राणी भी कैसा – मृगजल की ओर दौड़कर
प्यास मिटाने चले; अपने गृह में आग
लगाकर – सर्प की माँद में रहने जाये; सुधा रस में
विष डालकर आनन्द खोजे।

दुर्ग पर आधिपत्य न हो – दुर्ग विजय
नहीं। चक्रव्यूह का भेदन न हो – विजयश्री
नहीं।

यदि मन पर विजय नहीं, मन से परे रहनेवाले,
हे परमेश्वर! तुमको कोई न जाने।

कठिनता से जानने योग्य
हे 'दुर्गम्य' तुमको नमन है।

दुर् (उपसर्ग) मृष्. + (धातु – जानना) + युच् (प्रत्यय) = दुर्मर्षणः (दुर्गम्य)
जिसका जानना कठिन है।

206. शास्ता

वायु शासन करे प्राणों में रहकर, जल शासन करे
प्लावित कर, अग्नि शासन करे ज्वलित कर—

हे विश्वदेव! तुम शासन करो— सबको नियन्त्रित कर।
ऋत और सत्य तुम्हारे शासन के अंग।

ऋत, तुम्हारे नियम; सत्य तुम्हारे पथ।

उल्का कितनी ही प्रकाशमान् लगे — काल की गति पर
टुकड़े — टुकड़े हो बिखरे। प्रकृति का नियम—
तुम्हारा ही अनुसरण करना।

सत्य से दूर चले — अन्धकार में गिरे। दावनता
कितनी ही सशक्त लगे, लहरों की लकीर — सा मिटे।

शासन करनेवाले हे 'शास्ता' तुमको नमन है।

शासु (धातु — शासन करना) + तृच् (प्रत्यय) = शास्ता
जो शासन करे।

207. विश्रुतात्मा

चकोर अपने नीड़ से चाँद की ज्योत्स्ना निहारे,
कुमुदिनी सरोवर की लहरों में प्रफुल्लित झूमे – सागर
अपनी लहरों में झिलमिल मचले – कोई अपने पात्र के आकार में चाँद को बाँध
ले। एक चन्दा विविध रूप में विविध
भाँति भास रहा है।

हे परमात्मा! तुम एक होते हुए भी–
तुम्हारे अनेक नाम सुने।

सच है – आकाश एक लेकिन घट का आकार–
आकाश का आकार बना।

आपने ज़ीवों में वास किया। निर्मल, उज्ज्वल
निःसंग आत्मा विविध जीवों में उसके विविध गुणों
के कारण – विविध नामों से पुकारा – कोई कहे
महात्मा, कोई कहे पापात्मा।

एक निर्गुण आत्मा सगुण व्यक्त होने पर अनेक नाम।

विविध आत्मस्वरूप से सुने जानेवाले
हे 'विश्रुतात्मा' तुमको नमन है।

वि (उपसर्ग) + श्रु (धातु – सुनना) + क्त (प्रत्यय) = विश्रुत्
विश्रुत् + आत्मा = विश्रुतात्मा
आत्मा जो बहुत प्रकार से सुना गया है।

208. सुरारिहा

पाला – लहलहाते खेतों को विनष्ट कर दे
बाढ़ – धरती को प्लावित कर जीवन हर ले
दावाग्नि – हरित वन को श्मशान कर दे
बड़वाग्नि – हिम सागर में भी ताप उत्पन्न कर दे
ताराओं के उथल-पुथल में – उल्कापात हो जाये
सब विनाशशील हैं
विश्व सौन्दर्य के चित्र मिटा दें।

जड़ शरीर में – चेतन सुख स्वर्ग है।
लेकिन जो शान्त हृदय में क्रोध की दावाग्नि उत्पन्न कर दे
सरल चित्त में विषयों की बाढ़ ला दे
चिन्तन में चिन्ता की ज्वाला लगा दे
सुबुद्धि में तुषारपात करे
ज्ञानदीप को वासना के झंझावात से बुझा दे
वे सब देवत्व के शत्रु हैं।

हे प्रभु! तुम्हारी शरण में जो जाये
देवत्व के इन शत्रुओं का तुम नाश करो
तुम चतुर्भुज हो
चारों भुजाओं से अरि मर्दन करो।

देवत्व के अरि का नाश करनेवाले
हे 'सुरारिहा' तुमको नमन है।

सुर (देव) + अरि (शत्रु) + हा (मारनेवाला) = सुरारिहा
देवताओं के शत्रु को मारनेवाला।

209. गुरु

गुरु खोजे कहाँ
हे प्रभो! आप ही गुरु हैं।

गुकार अन्धकार है
रुकार प्रकाश है।

अपने प्रकाश से अन्धकार मिटा दें। देह-विदेह
का भेद खुले। रज्जु – सर्प का भ्रम मिटे।

सागर अपने रत्न को छिपाये
आप सागर ऐसे – अपने रत्न को प्रकाशित करें,
कृपा इतनी कि स्वयं अमृत मन्थन कर, स्वयं पीयूष पिलायें।

हाँ, दक्षिणा इतनी माँगी
मन की बाती में – दीप तुम्हारे जले।
उस आत्मप्रकाश की ज्योति में – अन्धकार नहीं
भ्रम नहीं – अज्ञान नहीं, केवल गुरु-ही-गुरु है।

हे ज्ञानस्वरूप 'गुरु' तुमको नमन है।

---

1. गृ (धातु – निगीरण या ग्रहण करना) + उ (प्रत्यय) = गुरुः
जो ग्रहण कर दूसरों को (ज्ञान) दे।
2. गु = अन्धकार + रु (प्रकाश) = गुरुः
जो (अज्ञान के) अन्धकार को मिटा (ज्ञान का) प्रकाश दे।

210. गुरुतम

दीप का प्रकाश – भानु से अधिक नहीं,
पात्र का जल – सागर से विशाल नहीं।

हे ज्योतिस्वरूप!
जहाँ भी ज्ञान का प्रकाश है – वह तुम्हारे
ही कारण है। जिसमें ज्ञान का प्रकाश है
वह भी तुमसे ही लिया।

मधु ही मधु की मिठास जाने। चैतन्य
ही चेतन शक्ति को जाने।

किसी ने आकाश में पुष्प विकसित करने की
विद्या दी – किसी ने भूतल के भीतर रत्न खोजने
की विद्या दी – लेकिन प्राणों में चैतन्य दीप जलाने
की विद्या न दी।

वे लोकज्ञान देनेवाले लोकगुरु हैं – लेकिन
प्रभु, तुम दिव्यता दिलानेवाले दिव्य गुरु हो।

गुरुओं में श्रेष्ठ हे 'गुरुतम' तुमको
नमन है।

गुरुतमः = गुरुओं में श्रेष्ठ

211. धाम

कितना ही कोई दौड़े, मृगजल का कोई स्थान नहीं – कहाँ मिले,
स्वप्न सुन्दरी जागृत होने पर खोजें, कहीं न मिले।

चन्द्रमा भले ही सरोवर के जल में भी आलोकित हो,
लेकिन चन्द्र किरणें – चन्द्रमा में से ही निकलें, धूप हो
या छाँव, तरु पल्लव मूल से बँधे रहें।

इन्द्रियाँ बाह्य संसार को देखने के लिए मचलें–
विषय उसके गन्तव्य मार्ग – सुख के लिए दौड़े–
मिले तो आसक्ति, न मिले दुःख। उस भाग-दौड़ में मिला
द्वन्द्व स्थल – राग – द्वेष का, सुख – दुःख का और वहाँ मन
निरन्तर आहत होता रहे।

फिर, आनन्द का धाम कहाँ?
प्रभु, तुमने कहा बाह्य से वह अंतर की ओर है
ससीम से असीम की ओर है
अन्त से अनन्त की ओर है
स्थूल से सूक्ष्म की ओर है
जीवत्व से ब्रह्म की ओर है

और प्रभु! यह अन्तर्धाम तुम्हारा ही है
वही गन्तव्य है, जहाँ अतृप्त, पूर्ण तृप्त हो,
जहाँ परम शान्ति हो।

परम गन्तव्य स्थान हे 'धाम'
तुमको नमन है।

दुधाञ् (धातु – धारण करना) + मनिन् (प्रत्यय) = धाम
जो धारण करे, स्थान।

212. सत्य

आकाश देखो – मेघ झिलमिल वर्षा कर रहे।
उषा के स्पर्श से – सरोज ने अँगड़ाई ली। उपवन
में कोकिल बोल रही।

क्या यह सब सत्य नहीं?
हाँ, सुना, सत्य है – लेकिन काल की सीमा में बँधे हैं।
कल मिट जायँगे। स्थूल शाश्वत नहीं है। शाश्वत ही सत्य है।

यह देह यष्टि। इसने जन्म लिया। न जाने
कब मरण के द्वार यम ले चले। जो अनादि है – अजन्मा है
वही सत्य है।

मानव का मन भी कैसा। चंचल – क्षण – क्षण
चिन्तन बदले। चित्त के भाव बदले। कभी सुख, कभी दुःख
के ज्वार – भाटे – कारण से उठते – गिरते। स्वयं से ही
स्वयं में आनन्दस्वरूप – वही सच्चिदानन्द सत्य है।

कारण है – कार्य है – लेकिन जो अकारण
सर्वशक्तिमान् है – वही सत्य है।

हे प्रभु!
सत्य केवल तुम ही हो – क्योंकि
क्षणभंगुर नहीं – शाश्वत हो
आदि नहीं, अन्त नहीं, – अनादि हो
सीमित नहीं – सर्वव्यापी हो
नियन्त्रित नहीं – नियन्ता हो
शक्ति कुण्ठित नहीं – सर्वशक्तिमान् हो
जड़ नहीं – चेतन हो।

सत्य की खोज में जिज्ञासु के लिए
स्वयं 'सत्य' हो।

हे शाश्वत सत्तास्वरूप 'सत्य' तुमको नमन है।

सत् (जिसकी सत्ता रहती है) + यत् (प्रत्यय) = सत्य
जिसकी सदैव सत्ता है।

213. सत्यपराक्रमी

अन्धकार कितना ही कठोर हो – रवि प्रकाश में
विगलित हो जाये, नमक का पर्वत कितना ही
विशाल हो – सागर के तरल तरंगों में तरलित हो
जाये।

विजय सत्य की होगी। सत्य ही असत्य का
अतिक्रमण करेगा। असत्य की कितनी ही ऊँची भीति
बनायें – सत्य के बाढ़ को न रोक सकेगा।

मणि को काजल की कोठरी में भले
ही रखें – वह मणि का प्रकाश न हर सकेगा।

देव – दानव का युद्ध हुआ। हे देवेश्वर!
तुमने देवों को सत्य का आयुध दिया।
भयंकर दानव सत्य के धर्मयुद्ध में पराजित रहे।

जहाँ सत्य, वहाँ शक्ति, जहाँ शक्ति,
वहाँ पराक्रम।

सत्य का पराक्रम धारण करनेवाले
हे 'सत्यपराक्रमी' तुमको नमन है।

सत्य + पराक्रमः = सत्यपराक्रमः (सत्यपराक्रमी)
सत्य जिसका पराक्रम है।

214. निमीलित नयन

साधन पथ पर चल,
बाह्य नेत्र बन्द किये – तब अन्तर नेत्र खुले,
बाह्य विश्व था – अन्तर विश्वात्मा।
बाह्य दृश्य जगत् था – अन्तर ज्योतिर्पुंज।

बाह्य इन्द्रियों का व्यापार रहा
अन्तः इन्द्रियों का नियमन
बाह्य द्वैत संसार था,
अन्तः में केवल तुम एक थे।

जब अन्तः नेत्र खुले
जो अन्तः में था
बाह्य विश्व में उसी चैतन्य की लीला थी
अन्तः – बाह्य अब केवल एक रहा।

निमीलित नेत्र से मिलनेवाले
हे 'निमीलित नयन' तुमको नमन है।

निमिषः = पलक बन्द नेत्रोंवाला (निमीलित नयन)

215. अनिमीलित नयन

हे दयालु! तुम्हारे कमलनयन अपलक,
उन्मीलित हैं। भक्तों को निरन्तर निहार रहे हैं।

दिवा – रात्रि, क्षण – प्रतिपल। उसे अपने ही स्वरूप में रँगना है।
वह तुमको प्रिय, तुम उसको प्रिय। प्रेम में
भेद कहाँ? अभेद हो गया। नेत्र अब निमीलित
कैसे हों?

जो अन्तः था, तुम्हारे बाह्य जगत् में
भी सर्वत्र तुमको ही देखे। देखने दो–
अब नेत्र को निमीलित क्यों करे,
सर्वत्र तुम-ही-तुम हो। जगत् तुम्हारा ही दृश्य
चित्र है; जगत् – क्रिया तुम्हारी लीला है।

सदैव खुले अपलक नयनवाले
हे 'अनिमीलित नयन' तुमको नमन है।

अ (नञ् समास – नहीं) + निमिषः (बन्द नेत्र (अनिमीलित नयन) = अनिमिषः
जिसके नेत्र बन्द नहीं हैं।

216. मालाधारी

आकाश में तारे चमक रहे। काली वितान
में छितरे हैं। चन्दा ने उनको एक सूत्र में बाँधकर
माला न बनायी।

लेकिन हे विश्वबन्धु! तुमने धरती पर सब
जीवों को अपने ही वक्षःस्थल में एक सूत्र से
पिरोकर हृदय का हार बनाया।

सब में निर्विकार आत्मा एक, लेकिन सबकी
बुद्धि, चित्त, अहं और मन भिन्न-भिन्न।
रंग-बिरंगे पुष्प से सुवासित हैं।

सूत्ररूप ब्रह्म – इस मालारूप जगत् में ओत – प्रोत
कोई रंग-बिरंगे पुष्पों को न पुकारे – क्योंकि
सब माला में गुथ चुके हैं। विविधता
छोड़ एक सूत्र में बँधे हैं।

यह माला प्रभु, तुम्हारे वक्षःस्थल पर 'वैजयन्ती माला'
है। तुम्हारे अन्तस् की शोभा है। ब्रह्म विकास का
सौन्दर्य है।

हे 'मालाधारी' तुमको नमन है।

स्रक् (सं – माला) + विनि (प्रत्यय) = स्रग्वी (मालाधारी)
जो माला धारण करे।

217. वाचस्पति उदारधी

विद्या का प्रकाश अविद्या को मिटा दे।
अरुणोदय की लालिमा में तिमिर स्वयं तिरोहित
हो जाये। मेघ की वर्षा सूखी धरती का स्वयं शृंगार करे।

लेकिन प्रभु, तुम्हारी विद्या क्या है? वह
बाह्य वाचा नहीं – अन्तस् का अनुभव है। नासिका
सुगन्ध का वर्णन कैसे करे, जिह्वा मिठास को वाणी से
कैसे अनुभव कराये। नयन रूप का माधुर्य भी ले,
वाणी कैसे नयन रस बरसाये।

हे प्रभो! तुम स्वयं को स्वयं ही प्रकाशित
करो। दूसरा कौन बताये। अपनी विद्या को स्वयं
बताने से तुमको लोग 'वाचस्पति' कहें।

लेकिन तुम कृपण नहीं, उदार बुद्धि हो।
तुम्हारी ज्ञान गंगा सबके लिए सदैव प्रवाहित है।
पापी हो या पुण्यात्मा, मन्द बुद्धि हो या कुशाग्र,
सब पर कृपालु हो। मेघ की वर्षा – पर्वत हो
या खाईं – सर्वत्र समान है।

हाँ, कुमुदिनी चन्द्रिका की चाँदनी में
खिले, लेकिन अन्य सुमन सोते रहें।

जब बुद्धि अविद्या की ओर चले – अविद्या
में डूबेगा, जब बुद्धि विद्या की ओर चले – तुम वाचस्पति
को प्राप्त करेगा। प्रभु! तुम स्वयं उदार हो।

विद्या के स्वामी, उदार बुद्धिवाले
हे 'वाचस्पति उदारधी' तुमको नमन है।

वाचः (विद्या) + पतिः (स्वामी) + उदार + धीः = वाचस्पतिरुदारधीः
विद्या का पति, उदार बुद्धिवाला।

218. अग्रणी

स्थूल से सूक्ष्म आगे है
सीमा से असीम आगे है
बन्धन से मुक्ति आगे है
जीव से ब्रह्म आगे है
हे भगवान्! तुम भक्त के आगे हो।

लेकिन आगे को ले जानेवाला मार्ग – मार्ग का
दर्शक, मार्ग का गन्तव्य, प्रभु तुम ही हो। भटके
पथिक को स्वयं हाथ पकड़कर आगे ले चलो।

तुम माली, पादप लगा, स्वयं सिंचित कर,
पुष्पित – फलित करो।

देरी केवल मेरे शरणागत होने की थी।
दृढ़ संकल्प करने की अभिलाषा का था।
मार्ग पर चलने की प्रदीप्त कामना का था।

तुम स्वयं आगे आये – आगे ले चले

आगे ले जानेवाले हे 'अग्रणी' तुमको नमन है।

अग्र (आगे) + णीञ् (धातु – ले जाना) + क्विप् (प्रत्यय) = अग्रणी
आगे ले जानेवाला।

219. ग्रामणी

पाँच ज्ञानेन्द्रियाँ, पाँच कर्मेन्द्रियाँ – जीव के स्थूल ग्राम।
मन, बुद्धि, चित्त, अहंकार, जीव के सूक्ष्म ग्राम।

हे हरि! आप ही इन दोनों ग्रामों को नियन्त्रित
करनेवाले हैं।

सरिता में तन अवगाहन करे – निर्मलता मिले
यह तन का अवगाहन नहीं – मन का अवगाहन है।
मन न माने, तन सरिता में प्रवेश न करे।

प्रभु तुम स्थूल – सूक्ष्म ग्राम को नियन्त्रित
कर अपनी ओर ले चलो। ज्ञान, क्रिया, इच्छा तीनों
का तुममें समन्वय हो।

ग्राम का नेतृत्व करनेवाले हे 'ग्रामणी'
तुमको नमन है।

ग्राम (समुदाय) + णीञ् (धातु – ले जाना) + क्विप् (प्रत्यय) = ग्रामणीः
ग्राम का नेता।

220. श्रीमान्

रश्मि बिना – सूर्य में कान्ति नहीं, चन्द्रिका बिना – चन्द्र में कान्ति नहीं।

शक्ति बिना शिव नहीं, नर बिना नारायण नहीं।
एक-दूसरे के पूरक हैं।

क्रिया के लिए शक्ति – शक्ति के लिए ज्ञान
सौन्दर्य के लिए अभिव्यक्ति – अभिव्यक्ति के लिए जीवन।

एक-दूसरे के लिए पूरक हैं।
पूरक ही पूर्णता की शोभा है।

हे विश्वम्भर! तुम्हारी पूर्णता चित् शक्ति 'श्री' में है।
वह चित् शक्ति सबमें व्याप्त कर सबको
श्री मत् किया।

चित् शक्ति से सुशोभित हे 'श्रीमान्'
तुमको नमन है।

श्री (सं.) चित् शक्ति + मान् + श्रीमान्

221. न्याय

न्याय – सत्य का ही स्वरूप;
सत्य क्या है – असत्य क्या है,
तर्क से कब सिद्ध हो, प्रमाण की भी सीमा है।
कोई प्रमाण दे, कोई ग्रहण करे – वह भी अधूरा,
ज्ञान का प्रकाश ही सत्य की ओर ले चले।

तर्क से रज्जु को अन्धकार में सर्प सिद्ध करे,
लेकिन प्रकाश में भ्रम दूर हो जाये।

मृगजल – दृष्टि के तर्क से भले ही जलाशय लगे,
लेकिन समीप आने पर केवल भ्रम है।

झील में, चन्दा भले ही अवतरित लगे, लेकिन
जब स्पर्श करे, वह विलीन हो जाये।

नेत्रहीन – हाथी को स्पर्श करे – सूँड़ को अजगर,
कर्ण को पंखा और देह को भित्ति कहे।

सत्य का ज्ञान – असत्य को मिटा दे। वहाँ प्रमाण
प्रमेय एक हो जायँ।

सत्य की ओर जो चले वही न्याय रहा।

प्रभु, तुम सत्यस्वरूप, प्रमाता, प्रमाण,
प्रमेय तीनों तुममें ही सन्निहित हों। तर्क–
वितर्क शान्त हो। सत्य स्वयं सिद्ध हो।

सत्य की ओर नय करनेवाले
हे 'न्याय' तुमको नमन है।

णीञ् (धातु – ले जाना) + घञ् (प्रत्यय) = न्यायः
जो नय करे, आगे ले चले।

222. नेता

प्रभु तुम परम श्रेष्ठ नेता
तुम्हारी शक्ति से आकाश में स्वर गूँजे, भास्कर में
किरणें निःसृत हों, हिमांशु में शीतलता बरसे, पृथ्वी में
गुरुत्व का आकर्षण हो और सौर्यमण्डल तुम्हारी शक्ति
से भ्रमण करे।

धरती पर चारों ओर मानव। धनीभूत द्वन्द्व पीड़ा
से पीड़ित — मीन-सा दुःख में तड़पे।

तब प्रभु, तुम उसके अन्तरतम को सुन्दर से
सुन्दरतम बना दो, मन को सम्बल दे आगे ले चलो,
हृदय में प्रकाश दे, पथ-प्रदर्शन करो — ज्ञान की
दिशा ही उसका मार्ग हो,

ब्रह्म की ओर ले चलनेवाले तुम ब्रह्मनायक हो।

जिसने अपने अन्तः को कालिमा से
रँग लिया — उसे रात्रि का अन्धकार, जिसने
तुम्हारी लालिमा से अपने को रँगा — उसे ज्ञान के
अरुणोदय का स्वर्णिम स्वरूप दिया।

प्रभु तुम कर्मफल नायक हो।

सब ओर से नेतृत्व करनेवाले हे
'नेता' तुमको नमन है।

णीञ् (धातु ले जाना) + तृच् (प्रत्यय) = नेता
जो (आगे) ले चले।

223. समीरण

अग्नि की ज्वाला – वायु प्रकोप से जल में
बड़वाग्नि, मन में दावाग्नि बनकर – भस्म कर दे।

समीर प्राणों में जीवन डाल दे। समीर का कम्पन
प्रभु के हाथों में, वही दे, वही ले ले।

योगियों ने समीर को ही उसके पास पहुँचने की सीढ़ी
बनायी। प्राणायाम से मन स्थिर कर अपनी चित्तवृत्ति
उसमें समा दी।

चिन्तन में जब क्रोध हो – अन्तर समीर भयंकर ज्वालाओं में धधके,
कामना के प्रकोप में गहरे उच्छ्वास हों,
चित्त विचलित हो, मन उद्विग्न हो, बुद्धि विक्षिप्त हो,
तब श्वासों का कम्पन असम हो जाये।

मन और समीर का अटूट सम्बन्ध।
समीर नियमित करने के लिए हठयोग को अपनाया
बुद्ध ने श्वासों पर अपने को केन्द्रित किया।

प्रभु, तुम्हारा चिन्तन ही समीर को सम कर दे।
अन्तः दीपशिखा को अकम्पित प्रकाश दे।

समीर के कम्पन को नियमित करनेवाले
हे 'समीरण' तुमको नमन है।

---

1. सम् (अव्यय) + ईर (धातु – कम्पन करना) + युच् प्रत्यय = समीरणः (जो कम्पन करे) वायु का कम्पन करना।
2. सम् + ईरणा (प्रेरणा) = जिसकी समीचीन प्रेरणा है।
3. समीर (सं. – वायु)

224. सहस्रमूर्धा

हे परमात्मा! अपने अंश से तुम सबमें प्रविष्ट हो,
लेकिन तुम्हारे सहस्रों मूर्धा हैं – और सबमें भिन्नता है।

मूर्धा – इसमें ज्ञान कोष है – कामनाओं की
जननी भी यही। क्रियाशक्ति का उद्‌भव है। यही
हृदय में स्वभाव बनाकर अपना रंग घोले।

आत्मतत्त्व एक – मूर्धा अनेक
फिर कवि गाये।

'मूढ़ा मूढ़ा मतिर्भिन्नाः'
इस भिन्नता में कहीं कलह, कहीं दानवता के अंगारे बरसें।

फिर मानव ने आतुर होकर तुमसे प्रार्थना की
'धियो यो नः प्रचोदयात्'

सूत्र एक था – लेकिन उसमें गुथे थे कहीं
काँच के टुकड़े, कहीं मणि, कहीं हीरे, और कहीं–
कहीं केवल काँटे।

सहस्रों मूर्धा की भिन्नता को धारण करनेवाले
हे 'सहस्रमूर्धा' तुमको नमन है।

सहस्र + मूर्धा = सहस्रमूर्धा (मस्तक)
जिसके सहस्र मूर्धा है।

225. विश्वात्मा

सूर्य एक है। रश्मि ने कहीं सरिता की लहरों
के साथ आँख – मिचौली की, कहीं सूर्यमुखी को
आमुख किया, कहीं सरोजों में मुस्कान भर दी,
कहीं किसी अँधेरी कोठरी में प्रकाश भर दिया।

प्रभु, आप विश्वरूप सूर्य हैं। विश्व में केवल आपकी
आत्मा है, प्राणियों में वही झलक रही। भिन्नता केवल
प्रकृति में। कहीं मौलश्री, कहीं काँटे। कोई कृश,
कोई स्थूल, कोई मेधावी, कोई मतिमन्द है।

फिर किसी ने प्रकृति की विविधता में विराट्
आत्मस्वरूप के दर्शन किये और किसी ने अपने को
प्रकृति की गोद में सुला दिया। उसने प्रकृति के रंगों
को देखा – तुम्हारे आत्मस्वरूप को न देखा।

भले ही प्राणी प्रकृति के साथ खेले, लेकिन
हर प्राणों में तुम्हारी झन्कार है। आकाश में उड़ते
विहगों का उन्मुक्त विचरण, जल में मछलियों की
सुहावनी तरंगित चाल, वन में सोते, जागते या
चलते वनचर सभी में हे विश्वात्मा! तुम्हारी झलक है।

हे विराट् 'विश्वात्मा' तुमको नमन है।

विश्व + आत्मा = विश्वात्मा
विश्व के (सब प्राणियों में) जिसकी आत्मा है।

226. सहस्राक्षी

अक्ष, बाह्य संसार को देखे। देखने पर बाह्य संसार
को अन्तर में कर ले। तब सब इन्द्रियाँ मिलकर भोग
भोगने में जुट जायँ। जो प्रिय लगे उसे अपनाने की अकुलाहट,
जो अप्रिय लगे उसे दूर करने की कसमस।

फिर द्वन्द्व युद्ध शुरू हुआ — राग — द्वेष का, दुःख -सुख का, हानि — लाभ का।

नयनों ने चित्र बनाये — रंग — बिरंगे। कहीं
वीभत्स, कहीं शान्त, कहीं युगल मिलन, कहीं बिछोह।
सहस्र नयन, सहस्र जीवन चित्र।

चक्षु अन्तः दृष्टि करे तो केवल एक चैतन्य
प्रभु तुम हो। चक्षु बाह्य दृष्टि करे तो सहस्र चक्षु
विराट् संसार है।

हे एकात्मा! आप सहस्र जीवों में सहस्राक्ष होकर
जगत् में विचरण कर रहे हैं।

सहस्र नयन धारण करनेवाले
हे 'सहस्राक्षी' तुमको नमन है।

सहस्र + अक्षः (नेत्र) = सहस्राक्षः (सहस्राक्षी)
जिसके सहस्र नयन हैं।

227. सहस्रपाद

पद में गति है। गति-गति एक – दूसरे के पूरक। जैसी गति, वैसी पद गति। गति मानव – मन की अभिव्यक्ति।

सुमति की गति स्वर्ग की ओर,
कुमति की गति नर्क की ओर ले चले।

पवन, अनल के साथ संसार को ज्वालामय कर दे, सुगन्ध के साथ सुगन्ध बिखेर दे; जल के साथ लहरों में चंचलता भर दे, मेघ के साथ सुदूर देश का साथी हो जाये, सुमनों के साथ सुन्दर सहवासी हो जाये।

कोई पद पूर्व, कोई पश्चिम। सहस्रों पद सहस्रों पथ पर चल पड़ते हैं। कोई थल पर, कोई जल पर। कोई पर्वत पर, कोई पाताल की ओर।

पद गति – कर्म की गति का चक्राधार बनी। पद चलकर कर्म ने स्वयं अपने करों से फल चुन लिए – किसी ने अमृत फल, किसी ने विष फल लिए।

पद – गति, कर्म – गति है।
हे विश्वात्मा! सर्वत्र आत्मरूप से जीवों में व्याप्त होकर सहस्रमूर्धा से सहस्रपाद होकर सहस्र रूप से गतिमान् हो रहे। सहस्रपाद से समस्त विश्व में विचरण कर रहे।

सहस्र पदवाले हे 'सहस्रपाद'
तुमको नमन है।

सहस्र + पात् = सहस्रपात् (सहस्रपाद)
जिसके सहस्र पद (पैर) हों।

228. आवर्तन

हे परमेश्वर! प्रकृति के साथ आप जीवों का
निरन्तर आवर्तन कर रहे। जन्म – मरण का आवर्तन,
मन की गति का आवर्तन, कर्म – फल का आवर्तन।
आप एकरस हैं, लेकिन जीवों में प्रविष्ट होकर आवर्तन कर रहे हैं।

जल शान्त है – लेकिन ढलान पर सरिता है,
ऊपर से अवतरण पर, निर्झर है सागर में मिले, संगम
है। सीमा से बँधने पर – वह कहीं सरोवर है, कहीं कूप है।

वासना प्राणियों को चलायमान् करती रहे।
वह विषयों की खोज में लगा रहे। वासना उसे
ऊपर से नीचे, नीचे से ऊपर नचाये।
यह चक्र अन्तहीन अबाध गति से चलता रहे।

इस आवर्तन के चक्र में
न जाने कितनी रेखाएँ बनती रहीं,
न जाने कितनी रेखाएँ मिटती रहीं।

कहीं स्वर्ग की कामना ने सिंहासन पर आरूढ़
किया, कहीं विषाद ने सागर में डुबाया।

यह आवर्तन का चक्र, जन्म – जन्मातर से
चल रहा है और जब तक प्रभु आपका प्रकृति
के साथ खेल होगा – आवर्तन होता रहेगा।

निरन्तर परिवर्तन करनेवाले
हे 'आवर्तन' तुमको नमन है।

आ (उपसर्ग) + वृतु (धातु – वर्तन करना, पलटना) + युच् (प्रत्यय) = आवर्तनः
जो बार-बार परिवर्तन करे।

229. निवृत्तात्मा

हे प्रभो! आप शुद्ध चैतन्य, निर्विकल्प, निर्विकार, आत्मस्वरूप हैं।

न उसमें धूप की उष्णता, न छाया की शीतलता
न दुःखों का तुषारापात, न सुखों की बौछार।

न कामनाओं के पर्वत, न भोगों के सागर की गहराई
न संकल्प – विकल्प के वायु का प्रकम्पन
न वासनाओं के ज्वाला की धधकती अग्नि।

न शैशव का भोलापन – न यौवन का उन्माद
न वृद्धावस्था की जर्जरता।

कर्त्तृत्व का कारण होते हुए भी अकर्त्ता
भव – बन्धन में रहते हुए भी – उससे परे
प्रकृति संग रहते हुए भी, प्रकृति से अलिप्त।

हे प्रभो, आप आत्म रूप से
सब जीवों के संग रहते हुए भी असंग
संसार में प्रवृत्त रहते हुए भी निवृत्त।

सबसे अनासक्त रहनेवाले
हे 'निवृत्तात्मा' तुमको नमन है।

निवृत्त + आत्मा = निवृत्तात्मा
जिसकी आत्मा निर्लिप्त है।

230. संवृत

हे प्रभो।
तुम व्याप्त होते हुए भी – अलभ्य
दृश्यमान् होते हुए भी – अदृश्य
ज्ञातव्य होते हुए भी – अज्ञात हो।
ऐसा क्यों?

धरती पर जीव उतरे – उसने अहं से
अपने को आवेष्टित किया। कहने लगा
'मैं कर्त्ता हूँ', 'मैं भोक्ता हूँ', 'मैं द्रष्टा हूँ'
उसने अपना तादात्म्य केवल बाह्य प्रकृति से
किया। अभ्यन्तर के विष्णु से दूर होता
चला। उसे विष्णु कहाँ दृश्यमान हो।

बाँस कहाँ बजे, जब तक वह बाँसुरी न बने
सितार झंकृत कैसे हो, जब तक तार न सध जाये
घृत कैसे मिले, जब तक दूध मथा न जाये
ब्रह्मत्व कैस मिले जब तक जीवत्व न मिट जाये।

जीवत्व से–
अपना ही आवरण छोड़ें – वह प्रकट होगा।

जीवत्व से आवेष्टित हे 'संवृत' तुमको नमन है।

संवृतः = ढका हुआ, आवेष्टित

231. सम्प्रमर्दन

जो घातक तत्त्व
बलवान् को बलहीन कर दे
शक्तिमान् को शक्तिहीन कर दे
प्रकाश से अन्धकार के गर्त में डाल दे
अमृत गागर को तोड़ हलाहल विष पिला दे
आनन्द निर्झर से दूर कर
दुःख की ज्वाला में भस्म कर दे
हे दयालु! तुम ही इन सबका मर्दन करो।

चित्त में संसार की चिन्ता
मन में भय, मस्तिष्क में बिखरे सपने,
हृदय में कलुषता,
हे कृपालु, सबका सम्यक् रूप से
अपनी प्रबल शक्ति से जब तुम मर्दन करो,
तब – हृदय स्फटिक,
चित्त – सुन्दर कमल,
मानस – प्रकाश किरणों से भर जाय।

फिर चारों ओर – केवल आनन्द – ही – आनन्द की,
वर्षा निरन्तर होती रहे।

सम्यक् रूप से प्रकृष्ट बल द्वारा
मर्दन करनेवाले हे 'सम्प्रमर्दन' तुमको नमन है।

सम् (सम्यक् रूप से) + प्र (उपसर्ग) – (प्रकृष्ट बल से) + मर्दनः = सम्प्रमर्दनः (मर्दन करनेवाला)

232. अहःसंवर्तक

अरुणोदय हो – गगन में प्रकाशपुंज भर जाय
तब रात्रि की कालिमा नहीं, दिन का धवल प्रकाश है।

प्रभु, जब तुम भास्कर बन, मानस गगन में उदय
हो – अन्तश्चेतना के सम्पूर्ण अन्धकार मिटा देते,
अन्तर्पीड़ा के बन्धन खोल, आनन्द पराग से भर
देते, वहाँ अज्ञान का अन्धकार स्वयं तिरोहित हो जाय।

कठोर हिम हृदय पिघलकर, सिंचित हो,
मधुमय हो जाय।

अज्ञान की रात्रि का अन्धकार मिटा,
ज्ञान के प्रकाश का अरुणोदय करनेवाले
हे 'अहःसंवर्तक' तुमको नमन है।

अहः (दिन) + संवर्तकः = अहःसंवर्तकः
दिन को करनेवाला।

233. वह्नि

अग्नि में हवि समर्पण किया किसी आशा से—
देवता आशा फलीभूत कर देंगे। संकल्प साकार कर देंगे।

अग्नि हवि को वहन करे, देवताओं के पास
ले चलने के लिए।

लेकिन हे नारायण! आप बिना समर्पण, स्वयं कर्त्ता के
कर्म को वहन कर, स्वयं ही फल दें।

धरती बीज ग्रहण कर – पुनः बीज को वृक्ष रूप में
विकसित कर दे – यह धरती का स्वयं ही वहन है।

सूर्य जितना सागर से जल ले – मेघ रूप में वर्षा
कर दे – यह सूर्य का स्वयं ही वहन है।

हाँ, जब कर्त्ता का कर्त्तापन विलय हो,
कर्म – अकर्म हो जाय, तब वहन नहीं अपने में ही
आत्मसात् होगा।

प्रभु! तुमको जो समर्पण करे – उसका कर्म अकर्म हो जाय।

कर्म-अकर्म को वहन करनेवाले
हे 'वह्नि' तुमको नमन है।

वह्निः = जो वहन करे
(सं.) – अग्नि

234. अनिल

(1)

वायु ने कब शयन किया – कब स्वप्न जगत् में
विचरण किया। सूर्य ने निद्रा कब जाना – निरन्तर प्रकाश
की किरणें बिखेरता रहे। जलधि रात्रि में भी स्वप्नहीन,
लहरों से आँख – मिचौली करता रहे।

ज्ञानी – अज्ञान निशा में सदैव जागृत रहे।

हे परमदेव! आप सदैव प्रबुद्ध हैं। शरीर में
निद्रा समाये – आप निद्राहीन रहें। मन थका हो। आप
तेजोमय प्रकाशित रहें।

जाग्रत्, स्वप्न सुषुप्ति – शरीर और मन के धर्म–
आप इन तीनों से परे हैं।

'इल' निद्रा – आप प्रबुद्ध हैं।

निद्रारहित हे 'अनिल' आपको नमन है।

(2)

वायु का प्रवेश कहाँ न हो – लेकिन जिस भाव में
किसी भी आकार में बाँध लें।

हे प्रभु, आप व्यापक हैं – लेकिन जिस भाव में
कोई बाँधे, बँध जायँ। आपमें माँ का प्यार है, पिता का
पोषण, भ्राता का बल, मित्रता का हित है,
प्रेम की सुगन्धि है, भावों को अपने साथ बहा ले चलें।

वायु के समान व्यापक हे 'अनिल' आपको नमन है।

अनिलः = (1) अ (नञ् – समास नहीं) इल (निद्रा) = निद्रारहित
(2) अनिल = सं. – वायु

235. धरणीधर

धरती समस्त वनस्पति को धारण करे
जिनके प्राणों में स्पन्दन हो – उनको धारण करे
हे विश्वम्भर! आप उस धरणी को भी धारण किये हुए हैं।

मन ने संसार को धारण कर रखा है,
चित्त ने अनुभवों का भण्डार भर रखा है,

श्वासों ने पंचभूत शरीर को धारण किया,
लेकिन कल्पना ने सारे ब्रह्माण्ड को सजा दिया।

हे प्रभो! आपने सभी को धारण कर लिया,
आप न होते, तो किसी में चेतना न होती।

धारण करनेवालों के धारक,
हे 'धरणीधर' तुमको नमन है।

धरणीधरः = धरणी - (1) जो धारण करे
(2) धरती
धरः = धारण करनेवाला
(धारण करनेवाले को जो धारण करे) = धरणीधरः

236. सुप्रसाद

रवि का प्रकाश हो
सरोज पुष्पित हो – मकरन्द बिखेर दे।

अमृत पान करें – अपनी अमरता दे दे।

श्री हरि का स्मरण करें
वह करतल में प्रसाद दे
मन के आँसू मिटाकर
हृदय में सुख के – तारों को झंकृत कर दे।
भावों में मधुरता भरकर
सुन्दर सपनों को साकार कर दे।

काजल की कोठरी में कोई प्रवेश करे
केवल कालिमा का शृंगार होगा
संसार का स्मरण करें,
तब दानव दान देगा – रज का, तम का।
सुख का क्षणिक मृदुभास होगा
लेकिन वह जीवन को दुःख के द्वार ले चले।

प्रभु, तुम्हारे पास चलें
तुम अन्तःकरण निर्मल कर,
आत्मप्रकाश की ज्योति जलाओ
उस निर्मल प्रकाश के निर्झर में
हे प्रभु, तुम सत्यं शिवं सुन्दरं का परम प्रसाद दो।

सुन्दर सुखदायी परम प्रसाद को
देनेवाले हे 'सुप्रसाद' तुमको नमन है।

सुप्रसादः = सु (उपसर्ग) अत्यन्त, सुन्दर + प्रसाद (प्रसन्नता देना) = जो अत्यन्त (कल्याणकारक) प्रसन्नता दे।

237. प्रसन्नात्मा

आत्मा न कर्त्ता है – न भोक्ता है
स्वयं परमानन्दस्वरूप है
उसमें आनन्द का सागर है,
और निरन्तर अमृत की वर्षा होती रहती है।

लेकिन आत्मपुंज से प्रकाशित प्राणी
आनन्दस्वरूप होते हुए भी, अप्रसन्न क्यों?

मेघ, सूर्य के प्रकाश को ढक दे
रात्रि सरोज की पाँखुरियों को बन्द कर दे
लेकिन प्राणी अपने ही गुणों के बन्धन से
अपनी प्रसन्नता स्वयं हर ले।

वह इच्छाओं के द्वन्द्व में बहता चले
जो चाहा – मिला भी, – तब भी सन्तोष नहीं – तृष्णा है।
न मिला, तब दुःख ही नहीं – द्वेष भी है
सदैव अनिष्ट का भय है
जो है – उसे देखने, सुनने, लड़ने की शक्ति नहीं
तब वह आनन्द से दूर – प्रसन्नता के प्रकाश से दूर रहे।

हे परमेश्वर! तुममें न इच्छा है – न अनिच्छा
न मिलना है – न खोना है
न आना है – न कुछ जाना है
तुम समस्त द्वन्द्वों से परे
सत्त्व, रज, तम गुणों से दूर
सदैव प्रसन्न आत्मस्वरूप हो।

हे 'प्रसन्नात्मा' तुमको नमन है।

प्रसन्न + आत्मा = प्रसन्नात्मा
आत्मा का गुण–प्रसन्न स्वरूप है।

238. विश्वधारक

प्रभु! तुम विश्व चेतना हो
तुम्हारी शक्ति से—
धरती पर सूर्य की किरणें बिखरें,
पुष्पों में हास, मकरन्द का विलास हो
सागर में ज्वार, पर्वत शिखर पर रजत मुकुट हो।

तुम्हारी चैतन्यता से
कोकिल में स्वर — संगीत के गुंजन हों
प्राणों में स्पन्दन हो।

उस चित् शक्ति से मन प्रस्फुटित हो,
देखे, सुने, अनुभव करे।

नेत्र खोले, विश्व सामने है
सुने उसी के स्वर हैं।

जड़ — चेतन समस्त विश्व को धारण करनेवाले
हे 'विश्वधारक' तुमको नमन है।

विश्व + धृक् (धातु — धारण करना) = विश्वधृक् (विश्वधारक)

239. विश्वभोक्ता

(1)

हे प्रभु! तुमने विश्व का सृजन किया। विश्व के
भोक्ता भी तुम ही हो।

मन में विश्व। उसमें संकल्प – विकल्प के उठते प्रवाह,
इसमें कभी राग से वसन्त का शृंगार – विराग से
शिशिर की सिहरन। कहीं सुख का संगीत। कहीं
दुःख के बिखरे तार।

तुम्हारी चित्‌शक्ति से अनुभव का संसार है।
जीव के संग – चेतना से भोक्ता हो।

विश्व प्राणियों के भावों के भोक्ता
हे 'विश्वभोक्ता' तुमको नमन है।

(2)

भवन की सभी दीवारें ढह जायँ
भवन कहाँ – वह आकाश हुआ।
अग्नि में आहुति है–
आहुति कहाँ – वह केवल अग्नि है
सब ईश्वर में समर्पण
जीव कहाँ – केवल ईश्वर है
शून्य में विलीन – शून्य ही है।

विश्व को अपने में विलीन कर
विश्व को भोगनेवाले
हे 'विश्वभोक्ता' तुमको नमन है।

विश्व + भुक् (धातु – भोजन करना) = विश्वभुक् (विश्वभोक्ता)
विश्व का जो भोक्ता है।

240. विभु

हे प्रभु! तुम एक स्वरूप हो
फिर – विविध रूपों में भास रहे।

झील एक है – विविध सरोज खिलें
जलधि एक है – विविध जलचर वास करें
धरती एक है – विविध तरु – लता उपजें।

पर्वत के शिखरों को देखें
उनके ऊँचे – नीचे आकार की सुन्दरता है।
मेघों को देखें
विहँसते विविध आकार लुभावने हैं
यह विविधता ही प्रकृति का सौन्दर्य है।

मानव को देखें
एक ही माता – पिता की सन्तति
सबकी विचारशक्ति भिन्न-भिन्न,
सबके मन अपने – विचार अपने
सबके स्वभाव भिन्न–
कोई क्रोधी – कोई प्रेमस्वरूप
कोई उदार – कोई कृपण
कोई सबका हरण कर ले
कोई अपना सर्वस्व लुटा दे
यह मानव प्रकृति की भिन्नता है
यह भिन्नता ही प्रकृति की लीला है।

परमेश्वर प्रकृति के साथ ओत – प्रोत
जल में रंग डालें,
लाल में वह लाल – हरित में वह हरित,
फिर रंगों का सर्वत्र खेल।

प्रकृति की विविधता के साथ
विविध रूपों में व्यापक रूप से भासनेवाले
हे 'विभु' तुमको नमन है।

---

1. विभुः वि (उपसर्ग) + भू (धातु – होना) + डु (प्रत्यय) विभुः विविध प्रकार से होनेवाला।
2. वि. व्यापक

241. सत्कर्त्ता

सूर्य प्रकाशस्वरूप
प्रकाश करना उसका स्वभाव है
सुधांशु में शीतलता है,
शीतल करना ही स्वभाव है
स्वभाव – कर्म दोनों एकरूप हुए।

सुधा – कभी जीवन हरण न करे
केवल अमरता ही दे,
तरल जल – नहला दे
उल्कापात बनकर न गिरे।

हे विष्णु! आप सत्स्वरूप
सत् प्रकाशित करना स्वभाव है।
जो आपका अनुसरण करे
उसे अपना ही सत् स्वरूप दे दें।
जहाँ असत्य का अन्धकार हो
वहाँ सत्य का प्रकाश दें
यही आपका कर्म है।

सत् को करनेवाले हे 'सत्कर्त्ता'
आपको नमन है।

सत्कर्त्ता = अस् (धातु – आकार लोप) + शतृ (प्रत्यय) = सत्
कृ (धातु – करना) तृच् (प्रत्यय) = कर्त्ता
= सत् को करनेवाला

242. सत्कृत्वान्

नेत्रहीन को जिससे नेत्र मिले
प्यासे को जिससे जलस्रोत मिले
मरणासन्न को जो अमृत दे
बलहीन को बलवान् बना दे
तप्त हृदय को शीतल छाया दे
संसार – सागर में डूबते को उबार दे
पदहीन को ब्रह्मपद दे,

> उसकी मुनियों ने स्तुति की – स्तोत्र बन गये
> ऋषियों ने वन्दना की – ऋचाएँ बन गयीं
> भक्तों ने गीत गाया – छन्द बन गये
> कवियों ने कविता की – काव्य बन गया।

हे प्रभो, तुम पूजनीय हो – हृदय ने पूजा की,
सत्यस्वरूप हो – संसार ने तुम्हारा सत्कार किया।

सत्कार करने योग्य
हे 'सत्कृत्वान्' तुमको नमन है।

सत् + कृ (धातु – करना) + तृच् (प्रत्यय) = सत्कृतः
सत्कृत्वान् जिसका सत्कार किया या किया जा रहा है।

243. साधु

स्वर्ण स्वयं शुद्ध है – तप्त होने से स्वर्ण तपे,
मलिनता ने जो घेरा डाला था – वह विलीन हुआ
स्वर्ण स्वयं कान्तिमान् है।

हिम स्रोत से प्रकटित सरिता – जल
स्वयं स्फटिक तरल है
मलिनता मिटने पर – निर्मल है।

आत्मा निर्लिप्त है,
जीवत्व के विकार के साथ – जीवात्मा कहलाये
जीवत्व के विनष्ट होने पर 'परमात्मा'।
आत्मा स्वयं निर्मल, निःसंग है।

प्रभु, आप स्वयं सिद्ध हैं,
लेकिन साधक की साधना से
सिद्ध होने पर साधु हैं।

विश्वम्भर व्यापक है- लेकिन
प्रकृति बन्धन में बँध जीव
साधना से उन बन्धन के तारों को तोड़
व्यापक में जब विलीन हो
वहाँ साधक – साधना – साध्य
एक ही में अन्तर्निहित हो जायँ।

अपने को साधना से सिद्ध
करानेवाले हे 'साधु' तुमको नमन है।

साध (धातु – साधना करना) + उण् (प्रत्यय) = साधुः
जिसने साधना की है।
या जो साधना करने से मिले।

244. जह्नु

भास्कर क्षितिज पर उदय हुआ, अन्धकार अपना स्थान
छोड़कर चला गया,

पवन ने वेग से राह ली – तृण – पर्ण सबने उड़कर
स्थान छोड़ पवन को राह दी,

मेघों से आच्छादित आकाश – मेघ विलीन हुए
आकाश निर्मल, निर्विकार दृश्य हुआ।

चित्त ने काम, क्रोध, मद, मोह, लोभ को
छोड़ दिया–
वह आत्मदेव का मन्दिर हो गया
उस धवल आत्म सिंहासन पर
प्रभु, पदासीन होंगे,
सिंहासन खाली है–
सब छोड़ जा चुके हैं–

सब त्यागने पर
आनेवाले
हे 'जह्नु' तुमको नमन है।

ओहाक् (धातु – त्यागना) + नु (प्रत्यय) = जह्नुः
'जहातीति जह्नुः'

245. नारायण

सब जीवों में ज्योतित होनेवाले
प्राण वर्तिका के प्रकाश
देह – घटों में दीपमालिका
नरों के आश्रय, हे नारायण! तुमको नमन है।

नर – समस्त भौतिक तत्त्वों का रूप
उस तत्त्व को सत्त्व देकर
तुम – निराकार लेकिन नर रूप में आकार देनेवाले
जगत् आकाश के नक्षत्रों से दीप्तमान्
नरों में दिव्य हे 'नारायण' तुमको नमन है।

आकाश में वायु – वायु से अनल
अनल से जल – जल से पृथ्वी
पंचतत्त्व लिए धरती पर विचरण करता जीव
उस पंचतत्त्व रूपी नर में वास करनेवाले,
हे 'नारायण' तुमको नमन है।

नर अहंकार का प्रचण्ड रूप
जब तक अहं रहे – तब तक नर है
अग्नि – समिधा को अपने में ले
अग्नि – ज्योति बना ले
हे देव! अहं का विघटन कर
नर को नारायण बना लो
नरत्व के अहं को मिटानेवाले
हे 'नारायण' तुमको नमन है।

'नारायण' महामन्त्र है
क्षितिज को बिना सूर्य प्रकाशित कर दे
सागर को बिना अग्नि सुखा दे
मूक से मधुर छन्द का गान कराये
पंगु को बिना पग, सुमेरु पर चढ़ाये
और तो क्या
नर को अपना नारायण स्वरूप दे दे–
हे महामन्त्र 'नारायण' तुमको नमन है।

नमक की डली सागर में मिलने पर
सागर की हर लहरों में है
नर से नारायण होने पर
हर श्वासों में नारायण है
नयनों में नारायण है,
जगत् में नारायण, स्वप्न में नारायण
विश्व में नारायण – विश्व से परे नारायण
सब नारायण – ही – नारायण है।

हे अनन्त रूप 'नारायण' तुमको नमन है।

---

1. नार + (जीव) + अयण (आश्रय) = नारायण
   जीवों के आश्रय।
2. नार (जल) अयण (आश्रय)

246. नर

हे प्रभो! तुम जीवों के अन्तः में नारायण
लेकिन बाह्य नर ही हो।

तुमने पंचतत्त्व को आकार देकर
फिर उसमें गति दी, स्फूर्ति दी
और वह जड़ चैतन्य होकर जागा—
लोग कहें नर है।

जीव को अन्धकार से प्रकाश की ओर ले चले,
मृत्यु से जीवन की ओर ले चले,
भव के पार ले चले,
नय करनेवाले तुम नर हो।

तुम अन्तर्दृष्टि से दिशा दे
अन्तर आवाज़ से सबको आगाह कर रहे
अन्तः में रहते हुए, बाह्य नियन्त्रित कर रहे।

लेकिन मानव स्वभाववश कर्म करे
मानव का कर्म जिस ओर—
हे प्रभु, तुम उसका फल उसी ओर ले चले।

जीव को नय करनेवाले
हे 'नर' तुमको नमन है।

नृ (धातु – ले चलना) + अच् (प्रत्यय) = नरः
जो (आगे) ले चले।

247. असंख्येय

वह न एक है, न दो, न तीन, न चार
न पाँच, न छह, न सात, न आठ

न नौ, न दस – वह संख्याहीन शून्य
न संख्या का विषय है – वह असंख्येय है।

वह एक, अनेक में है
अनेक में वह एक है
चन्द्र एक, सरोवर की लहरों में अनेक
आकाश एक, घटों में अनेक
गणित से अगणित होनेवाला वह असंख्येय है।

वह एक है – एक ही था
एक ही रहेगा – वह एक ही तत्त्व है
न नाम, न रूप, न परिवर्तन, न संख्या।

प्रकृति के साथ – अनेक रूप
अनेक नाम, अनेक संख्या
सहस्रों बादलों में रिम – झिम बरसता है
सहस्रों तारों में झिलमिल झलकता है
उसको कौन गिने – वह असंख्येय है।

संख्या का विषय न होनेवाले
हे 'असंख्येय' तुमको नमन है।

अ नञ् (समास) नहीं + संख्येय = (असंख्येय) = असंख्येयः
जो गणना का विषय नहीं है।

248. अप्रमेयात्मा

हे परमात्मा – तुमको कौन मापे?

कोई कहे लघु हो – तुम आकाश से भी विशाल हो
कोई कहे विशाल हो – तुम मसक से भी लघु हो।

कोई कहे हल्के हो – तुम पर्वतों से भी भारी हो
कोई कहे भारी हो – तुम कण से भी हल्के हो।

कोई कहे रूपवान् हो – रूप तुम्हारे सहस्र
सुन्दर सरोज में भी तुम
नागफनी के काँटों में भी तुम
काले में भी तुम – गोरे में भी तुम हो।

कोई कहे प्रकाश हो
लेकिन सहस्रों पृथ्वी के अन्धकार गुहा में भी हो
कोई कहे अन्धकार हो
लेकिन सहस्रों सूर्य तुमसे भासित हो रहे हैं।

सर्वत्र प्रकाशित हे परमात्मा! तुम्हारा प्रमाण कौन ले?
किस तत्त्व से प्रमाण ले?
नयन तुमको देख न सकें
कर्ण सुन न सकें
कर स्पर्श न कर सकें
यह इन्द्रियाँ तुम्हारा क्या प्रमाण माँगें।

बुद्धि तुमको तर्क से छू न सके
मन स्वयं कहीं बँधा है
चित्त कहीं विगलित है
समस्त स्थूल तत्त्व कवलित हो
सीमित असीमित को कब बाँधे।

तुम ही प्रमाता, प्रमाण, प्रमेय हो,
अन्य कौन तुम्हारा प्रमाण ले?

प्रमाण से परे—अनुभवगम्य
हे 'अप्रमेयात्मा' तुमको नमन है।

अप्रमेयात्मा = अ (नञ् समास) नहीं + प्रमेय (प्रमाण योग्य) आत्मा (परमात्मा) प्रमाण का विषय नहीं।

249. विशिष्ट

उस प्रभु में विशेषता – वह विशिष्ट है
सबका अन्त – वह अन्तहीन है
सब नश्वर – वह अविनाशी है
सब सीमित – वह असीमित है
सब ऐंद्रियक – वह अतीन्द्रिय है।

उसकी विशिष्टता वर्णन करने के लिए
कवियों ने काव्य रच डाले
वेदों ने ऋचाएँ, गीतकार ने छन्द
पुराणों ने गाथाएँ गायीं।

संसार में सभी उपाधियुक्त
वह उपाधिरहित है
कहीं आकाश की ऊँचाई है
कहीं सागर की गहराई है
उसमें न ऊँचाई न गहराई – सर्वत्र है।

कोई राजा, कोई रंक
कोई विद्वान्, कोई मतिमन्द
कोई देव, कोई दानव
वह सबके संग होते हुए भी निःसंग है।

जहाँ पग न पहुँचे – वहाँ वह पहुँचे
जहाँ दृष्टि न हो – वहाँ वह दृश्यमान्
जहाँ गति न हो – वहाँ वह गतिमान्
जहाँ सूर्य न पहुँचे – वहाँ वह प्रकाशमान् है।

ससांर से परे विविध विशेषता लिए
हे 'विशिष्ट' तुमको नमन है।

विशिष्टः = वि (उपसर्ग – विविध) + शिष्लृ = (धातु विशेषण, विशेषता) जिसमें विविध प्रकार की विशिष्टता है।

250. शिष्टकृतवान्

प्रातः अरुणोदय की लालिमा है
सायं अस्ताचल में विलीन हो
पूर्ण चन्द्र में लहरों का सागर में उठना
अन्धकार में उनका तिरोहित होना
नियम से वह प्रभु संसार को नियन्त्रित करे।
नियम से अनुशासित कर
प्राणियों को शिष्ट कर दे।

अग्नि सुवर्ण तपाकर
विकारहीन, कान्तिमय कर दे
वह चित्त की कालिमा मिटा दे।

शिष्ट होने पर
इन्द्रियाँ रहें – पर उनमें विषय रस नहीं।
चित्त हो – चंचलता नहीं,
मन हो – संकल्प – विकल्प नहीं,
अवशेष केवल है – शिष्टता।

अनुशासित कर शिष्ट करनेवाले
हे 'शिष्टकृतवान्' तुमको नमन है।

शिष्टकृत् = शासु (धातु – शासन करना) + क्त (प्रत्यय) इत्व आदेश = शिष्ट + कृत् (करना) = शिष्टकृत् (शिष्टकृत्वान्) जो शिष्ट करे।

251. शुचि

जल दूषित होने पर मलिन,
स्वच्छ होने पर निर्मल है
वस्त्र मलिन होने पर अशुद्ध
अन्तःकरण मलिन होने पर पतित,
निर्मल होने पर पवित्र है।

लेकिन
पावक सदैव पावन है
उसमें कुछ भी आहुति दें — पवित्र — अपवित्र, कुरूप-सुरूप
सबको आत्मसात् कर प्रज्वलित कर दे।

गंगा पावन है,
पापी — पुण्यात्मा सबको अपने पाप — विनाशक
सलिला से पावन करती।
हे परमेश्वर! तुम सदैव पावन हो
अन्तःकरण के उतार — चढ़ाव; पाप-पुण्य
कर्म — अकर्म से निःसंग रहते हुए विशुद्ध हो।

लेकिन जो तुम्हारी पावन सलिला में अवगाहन करे
उसे भी विशुद्ध कर पवित्र कर दो।
जो उस अमृत का पान करे — उसे अमरता दे दो
जो उस पावनता में स्वयं को समर्पण करे
उसे स्वयं का पावन स्वरूप दे दो
तब दीप से दीप जले।

पावन करनेवाले — स्वयं विशुद्ध,
हे 'शुचि' तुमको नमन है।

इशुचिर् (धातु — पवित्र करना या होना) + इन् (प्रत्यय) = शुचिः
जो पवित्र है या पवित्र करे।

252. सिद्धार्थ

(1)

जब आकाश में झंझावात न हो – वह शान्त है,
जब झील में लहरें न हों – वह प्रशान्त है,
जब चित्त उद्वेलित न हो – वह सौम्य है,
जिसके अन्तर्गहन के द्वन्द्व मिट जायँ – वह पूर्णकाम है,
जिसके सब अर्थ सिद्ध हो चुके – वह सिद्धार्थ है।
हे प्रभु! तुम्हारे कौन-से अर्थ सिद्ध नहीं
तुम स्वयं सिद्धार्थ हो।

(2)

प्रकृति का वैभव तुमसे नियन्त्रित
धर्म के तुम स्वयं स्रोत हो,
समस्त कामनाओं की प्राप्ति तुमसे हो
मुक्ति का भी द्वार तुम ही हो,
धर्म, अर्थ, काम, मोक्ष–
प्रभु, तुमसे ही सब सिद्ध हों।

सबके अर्थों को सिद्ध करनेवाले
हे 'सिद्धार्थ' तुमको नमन है।

सिद्ध + अर्थः = सिद्धार्थः
जिससे सभी अर्थ सिद्ध होते हैं।
जिसके सभी अर्थ सिद्ध हो चुके हैं।

253. सिद्धसंकल्प

(1)

दीपक जलायेंगे – प्रकाश होगा
अग्नि प्रज्वलित करें – दाहकता होगी
सप्तक के तार झंकृत करें – संगीत मुखरित हो उठेगा।

प्रभु को जब चिन्तन में लें
वह निराकार भी साकार हो जाय
यह चिन्तन की दृढ़ता संकल्प में
जब सत्य का संकल्प हो
वह परमेश्वर सिद्ध हो जाय।

सत्य संकल्प से सिद्ध होनेवाले
हे 'सिद्धसंकल्प' तुमको नमन है।

(2)

मानव ने न जाने कितने संकल्प किये
लेकिन संकल्प की सिद्धि केवल प्रभु के संकल्प से
कर्म करे मानव – वह फल दे
पग चले मानव – वह पहुँचाये मंजिल
सरोज सरोवर के पंक में उपजे
लेकिन पंखुरियाँ खिलें रवि किरणों से।

संकल्प को सिद्ध करनेवाले
हे 'सिद्धसंकल्प' तुमको नमन है।

सिद्धसंकल्पः = सम् (उपसर्ग) + क्लृपू (धातु) + अच् (प्रत्यय) = संकल्प
+ सिद्ध संकल्पः
जिसके संकल्प सिद्ध हो चुके हैं।
जिसके संकल्प सिद्ध होते हैं।

254. सिद्धिदाता

यह विश्व प्रभु तुम्हारा — इसमें ही तुम व्यापक,
लेकिन इसमें सब प्राणियों को मन दिया
तब वह मन सबका अपना — अपना
उस मन की लहलहाती धारा जिस ओर बढ़े
कर्म का प्रवाह भी उसी ओर चले
और जहाँ बहे कर्म का प्रवाह
प्रभु, तुम उसको उस तट पर ला दो
जहाँ कर्म तरु के फल लगे हैं,
कर्म फल सिद्ध करनेवाले हो।

तुम विश्व वैभव के स्वामी
प्रार्थना करें, विश्व की सम्पदा दे दो,
तुम मन के स्वामी
प्रार्थना करें — मनस्वी बना दो
तुम चित्त के स्वामी
प्रार्थना करें — अपने चिन्तन में ले लो,
सब सिद्धियों को देनेवाले हो,

लेकिन जिसके लिए तुम ही साध्य हो
और साधना करे जब तुम्हारे लिए
तुम अपने ही स्वरूप में उसे विलय कर लो
यह परम सिद्धि है।

सिद्धि को देनेवाले हे 'सिद्धिदाता' तुमको नमन है।

सिद्धि + दः (देना) = सिद्धिदः (सिद्धिदाता)
सिद्धि को देनेवाला।

255. सिद्धिसाधन

सिद्धि वही, जो उससे मिलवा दे
उस शिखिर पर ला दे
जहाँ पावन प्रेम की वर्षा हो
आनन्द अमृत में अवगाहन हो
प्रकाशपुंज में अन्धकार दूर हो।

उस सिद्धि का साधन क्या?
वह कृपा साध्य है
पूर्ण समर्पण केवल साधन है
साधन वह स्वयं होगा।

अन्धकार को कितने ही शस्त्र से घायल करें
वह कब शस्त्रों से डरे
हाँ प्रकाश आये – स्वयं चला जाये
शास्त्र तर्क की सीढ़ी पर चढ़कर
किसने स्वर्ग को जाकर देखा
फिर वैकुण्ठ – धाम कैसे पहुँचे?

तुम्हारी शरण में जो हो
अपना – अपना कहना छोड़
केवल तुम्हारा ही सब है – जाने
अपने को न देखे – दूसरे को न देखे
केवल तुमको सबमें देखे
तुम शक्ति दो–सम्बल दो
और अपने धाम ले चलो।

पर्दा हटा, तुम दृश्य हुए
बाँसुरी खोखली हो – स्वर प्रवाहित हो उठे,
चित्त का दर्पण निर्मल हो
तुम्हारा दर्शन हो।

सिद्धि के लिए स्वयं साधन
हे 'सिद्धिसाधन' तुमको नमन है।

सिद्धि + साधनः = सिद्धिसाधनः
जो सिद्धि के लिए स्वयं साधन है।

256. वृषाही

अग्नि में दाहकता का प्रकाश,
सूर्य में तेजस्विता का प्रकाश
लेकिन सब ज्योतियों के प्रकाश, प्रभु तुम ही हो।

पंचतत्त्व – प्राणों का प्रणेता
लेकिन प्राणों का प्रकाश तुमसे है
यह स्थूल में प्राण का प्रकाश रहा।

सूक्ष्म अन्तःकरण का प्रकाश भी तुमसे
मन में संकल्प – विकल्प की हिलोरें
चित्त की चंचलता
अहं की बाढ़,
सर्व गति का प्रकाश
प्रभु तुमसे।

लेकिन तुम प्रकाशित – अप्रकाशित रहे
नयन विश्व देखे – लेकिन अपने अंतर में विश्वात्मा न देखे
कर्ण सब सुने – तुम्हारी न सुने।

जब मन अपने अन्तः तुम्हारे दीप जलाये
प्रभु, तुम प्रकाशित हो।

रवि, सदैव प्रकाशित
लेकिन काष्ठ में अग्नि अप्रकाशित
जीवत्व में आत्मज्योति के
जलने पर ही तुम प्रकाशित हो।

अन्तः अग्नि से प्रकाशित होनेवाले
हे 'वृषाही' तुमको नमन है।

वृष (अग्नि) + अहः (प्रकाश) + टच् (प्रत्यय) = वृषाही
अग्निरूप से प्रकाश देनेवाला।

257. वृषभ

जब जीवन धरती प्यासी हो
प्रभु, तुम्हारी रिमझिम आनन्द की वर्षा-हरियाली ला दे।

जो कामना के बीज प्रसुप्त हों
तुम्हारे अनुग्रह की वर्षा से
जीवन धारण कर लें।

तुम आर्त – क्रन्दन के अंगारों को अपनी
वृष्टि से शान्त करो।

जिज्ञासु के अन्तर्खोह में
ज्ञान – गंगा की अविरल धारा के स्रोत हो।

धर्म की धारा है
उसकी बाढ़ में अधर्म बह जाय।

जिसने तुमको सबमें सर्वत्र जाना
वहाँ तुम परमानन्द की वृष्टि करो।

साधो – अवगाहन करो–
वह सर्वत्र वृष्टि कर रहा।

धर्म, ज्ञान, आनन्द की
वृष्टि करनेवाले
हे 'वृषभ' तुमको नमन है।

---

1. वृषभः = वर्षा करनेवाला
2. वृष – धर्म (धर्म की वर्षा करनेवाला)

258. विष्णु

भूतल के पाषाण हों या गगन के ग्रह हों
सागर की लहराती लहरे हों,
या आकाश के नक्षत्रों की ज्योति
कोमल दूर्वादल हो, या नागफनी का शृंगार हो
हे प्रभु! तुम ब्रह्माण्ड के रग – रग
में प्रविष्ट हो।

जीव हो या जन्तु
नर हो या नारी,
विशाल हो या लघु
विकराल हो या सौम्य,
काला हो या गोरा,
तुम सबके प्राणों में प्रविष्ट हो।

तुम्हारा अनाहद संगीत सतत प्रवाहित हो रहा
कोई उस ध्वनि को सुने या न सुने
कोई तुमको देखे या न देखे
कोई तुमको जाने या न जाने
तुम सबकी चेतना में प्रविष्ट हो।

तुम सबकी सुन रहे
सबको देख रहे
सबके कर्म – अकर्म को जान रहे
तुम ही सबकी अन्तर्गुहा में प्रविष्ट हो।

सर्वत्र व्यापक होकर सबमें प्रविष्ट होनेवाले
हे 'विष्णु' तुमको नमन है।

259. वृषपर्वा

हे विष्णु!
तुम सबमें व्याप्त हो – सबमें प्रविष्ट हो
लेकिन सबमें रहते हुए भी – सबसे दूर हो
संग होते हुए भी निःसंग हो।

सूर्य का प्रकाश हो, फिर भी अँधेरे में रहकर गिरते हैं
वर्षा हो – फिर भी अग्नि से तपते हैं
शक्ति का साम्राज्य हो, फिर भी भिखारी रहते हैं
अमृत की वर्षा हो, फिर भी मरण के द्वार जाते हैं।

क्यों?
द्वार बन्द हो – भवन सूना ही रहेगा
बँधे हो – विचरण न होगा
नेत्र बन्द हों – प्रकाश का उजियाला हतप्रभ रहेगा,
सीढ़ी न हो – अटारी न पहुँचेंगे।

ईश्वर सर्वत्र – फिर भी न मिलेगा
जब तक बाह्य की अन्तः से सन्धि न हो
जीव की ब्रह्म से सन्धि न हो
जड़ मन की चैतन्य से सन्धि न हो
यह सन्धि ही प्रभु, तुम्हारा पर्व है।

एक ओर छोड़ेंगे – तब दूसरी ओर पहुँचेंगे
जब अधर्म को छोड़ेंगे- धर्म को पकड़ेंगे
अज्ञान को छोड़ेंगे – ज्ञान के प्रकाश में आयेंगे
स्वप्न को मिटायेंगे – जागृत में रहेंगे।

पूर्व से पर की पुष्टि करनेवाला यह पर्व है।
यह असत्य को दूर करने पर – सत्यपर्व है
अज्ञान को मिटाने पर – ज्ञानपर्व है
अधर्म हटाने पर – धर्मपर्व है

अशान्त कोलाहल मिटाने पर – शान्तिपर्व है
घृणा मिटाने पर – प्रेमपर्व है।

पर्व में वर्षा होने पर मिलनेवाले
हे 'वृषपर्वा' तुमको नमन है।

वृषपर्वा = वृष-धर्म, अग्नि, वर्षा
पर्व–पूर्व से पर की पुष्टि करनेवाला
जो (धर्म) वर्षा होने का पर्व है।

260. वृषोदर

नयनों में संसार बसा है
कानों में सृष्टि का स्वर – जाल बिछा है
लेकिन उदर में पोषण का स्रोत है
इसमें अमृत दें – जीवन लहरा दे
विष डालें – मृत्यु के द्वार ले चले।

उदधि में ही बड़वाग्नि है
हरित वन में ही दावाग्नि है
धरती में ही ज्वालामुखी है
उदर में ही जठराग्नि है।

वह अनन्त प्रकाश भी स्वयं में ही है
लेकिन उसे ग्रहण नहीं करते
उसे पोषित नहीं करते
पोषित करते हैं – संसार को
तब मस्तिष्क में द्वन्द्व छा जाय
चिन्तन करते हैं, स्वार्थ का
तब चिन्ता घेर लेती
वासना से जब क्षुधा न मिटे
फिर स्वयं को ही भक्षण कर लेते।

लेकिन जब तुमको अंतर उदर में लें
तुम वासना की जठराग्नि में
वर्षा करो – ज्ञानामृत की
दुःख की उदर अग्नि में
वर्षा करो – परमानन्द की
उदर वर्षा से पोषित करो
तन को, मन को, अन्तस् की निर्मल भावना को
तब सत्यं शिवं सुन्दरं से जीवन अभिभूत हो जाय।

उदर में वर्षा करनेवाले
हे 'वृषोदर' तुमको नमन है।

वृषः (वर्षा करना) + उदरः (पेट) = वृषोदरः
जो उदर में वर्षा करे।

261. वर्धन

स्थूल हो या सूक्ष्म
जड़ हो या जीव-सृष्टि में सबका सृजन कर
प्रभु, तुम ही वर्धन कर रहे।

पादप विकसित हो
किसलय हरियाली लाये
सुमन खिले – मधुर फल मिले
यह तरु का वर्धन है।

शिशु की किलकारी
यौवन का उन्माद
प्रौढ़ता की कड़ी
फिर वृद्धावस्था की जर्जरता
यह काया का वर्धन है।

प्रकृति में स्थूल तत्त्व की भिन्नता
विश्व के कण – कण में है।
स्थूल में भिन्नता प्रकट है
सूक्ष्म तत्त्व की भिन्नता अव्यक्त है
लेकिन क्रिया में व्यक्त है।

कहीं मन सुकोमल – कहीं विकराल
कहीं प्रेम का सागर – कहीं द्वेष का वमन
कहीं शान्ति की सुधा – कहीं वासना का गरल
कहीं सत्त्व की प्रधानता
कहीं रज – तम की बाढ़।

प्रकृति का गुण – तम से तम को बढ़ाये
वासना से वासना को जगाये
लेकिन तम को सत्त्व में परिवर्तन कर
सत्त्व का वर्धन न करे,

प्रभु! तुम सत्यस्वरूप
जब मानव अपने मन को समर्पण करे
तुम मन के सूक्ष्म तत्त्व को
सत्त्व में वर्धन करो।

नीरस तरु को जल की बूँदें जीवन दें
कोमल किसलय विहँस उठें
दीपक का प्रकाश
अँधेरे को दूर कर दे
अमृत की एक घूँट
मरण को मिटा दे
उषा की एक किरण
नयनों के पलकों को खोल दे।

हे दयालु, तुम्हारी कृपा
निर्धन को धनी, पंगु को गतिमान्

अज्ञानी को ज्ञानी बनाकर
जन्म – मरण को भी दूर करे।

लोक – परलोक सबको
उत्तरोत्तर बढ़ानेवाले हे 'वर्धन' तुमको नमन है।

वृधु (धातु – बढ़ानेवाला) + ल्युट् (प्रत्यय) = वर्धनः
जो बढ़ाये, प्रगति करे, विकास करे।

262. वर्धमान्

हे प्रभु, तुम स्थूल से सूक्ष्म
सूक्ष्म से सूक्ष्मतर होते हुए
अनन्त में व्याप्त हो रहे

तुम एक रूप — विविध नाम रूपों में
परिवर्धित होकर — विविध शृंगार किये हो
तुम्हारी ज्योतिर्मय दीपमाला
विश्व के आँगन में जगमग जल रही है।

तुम्हारी एक किरण ने
सहस्रों कमल — दल के पाँखुरी को
प्रफुल्लित कर दिया
तुम्हारे एक स्वर ने
विश्व बाँसुरी के विभिन्न छिद्रों से
हृदय व्योम को संगीतमय कर दिया।

हाँ, बूँद, जब सागर में मिल जाये
वह बढ़ता हुआ सागर है
जब दिवाकर अँधेरे की गुफा से
क्षितिज की ऊँचाई पर आये
वह ऊँचा उठता हुआ भास्कर है।

विश्व में अनन्त रूपों में
व्यापक होकर बढ़नेवाले
हे 'वर्धमान' तुमको नमन है।

वृधु (धातु — बढ़ना) + मनिन् (प्रत्यय) = वर्धमानः
जो बढ़ता है, बढ़ा हुआ है।

263. विविक्तवान्

हे प्रभो।
तुम न बन्धन में हो, न खुले हो
सबमें रहते हुए भी – सबसे भिन्न हो।

तुम दूर कहाँ जाओ – तुम ही सर्वत्र सबमें हो
सबमें रहते हुए भी, अनासक्त हो।

कमल के शतदल खिल रहे हैं
गर्दल में रहते हुए भी निर्मल हैं।

झील की लहरों में – हर लहरों के साथ चन्दा है
लेकिन चन्दा उनमें नहीं – वह अलग, एक अकेला है।

माटी का दीया है, बाती है, घृत है
उसकी लौ – उसमें रहते हुए भी अलग है
तुम्हारा प्रकाश सबको स्पर्श करे
लेकिन स्वयं प्रकाशित पदार्थ से विलग रहे।

तुम विकार में निर्विकार
संग में निःसंग
आसक्ति में विविक्त हो।

सबमें रहते हुए भी पृथक् रहनेवाले
हे 'विविक्तवान्' तुमको नमन है।

विजिर् (धातु – पृथक् रहना) + क्त (प्रत्यय) = विविक्तः (विविक्तवान्) पृथक् रहनेवाला।

264. श्रुतिसागर

सरिता किसी भी देश से
किसी भी गिरि से निकले
अन्त में मिलन सागर से ही होगा।

आकाश शब्दों को निगले – वह शब्दसागर है,
ध्वनि कहीं से निकले – सब आकाश में समाये,
हाँ, कोई कानों से मन में ले
कोई सुनकर अनसुना कर दे।

लेकिन प्रभु, तुम बिना ध्वनि के भी सुनते
बिना कहे – मन की सुन लेते
बिना कहे – हृदय की धड़कन को सुन लेते
क्योंकि हृदय की अन्तःगुहा में हो।

भाषा भिन्न हो सकती है
स्वर भिन्न हो सकते हैं
छन्द भिन्न हो सकते हैं
उसे किसी भी स्वर में पुकारें
वन्दना उसी की है।

शब्द तो नाम – रूप का सम्बोधन है
वहाँ शब्द मौन हो जाते हैं
नाम – अनाम, रूप – अरूप
मूर्त – अमूर्त हो उठता है
वहाँ भेद का बन्धन नहीं
अभेद का सागर है।

उसे जहाँ से सुनायें – वहाँ सुने
जिस समय सुनायें – वह उसी समय सुने
शब्दवाणी, मनवाणी, अन्तर्वाणी सब एक हो चले

सदैव सुननेवाले
हे 'श्रुतिसागर' तुमको नमन है।

श्रु (धातु – सुनना) + क्तिन (प्रत्यय) = श्रुति + सागरः = श्रुतिसागरः
1. जो सुनने में सागर (के समान) है।
2. जो श्रुतियों (ज्ञान) का सागर है।

265. सुभुज

हे विश्वदेव! तुम्हारी सहस्रों भुजाएँ,
तुम्हारी बाँहों में विश्व बँधा है
क्योंकि तुमको धर्म की स्थापना
और अधर्म का नाश करना है।

एक हस्त में कल्मष विनाश करने का सुदर्शन चक्र है,
दूसरे में जागृत करने का शंखनाद है,
तीसरे हस्त में ज्ञानकमल का सुवास है
और चौथा वरद हस्त है।

जब अँधेरा अपने ही हाथों को ढूँढ़ने लगे
असत्य में सत्य का भान हो
सत्य में असत्य का भय हो
तुम प्रकाशपुंज लिए हुए
अभयहस्त हो।

जन्म – मरण, सुख – दुःख, राग – विराग
कोमल – कठोर का भेद मिटानेवाले, तुम्हारे
समरस हस्त हैं।

उषा दूर्वादल के आँसू
अपने आँचल से पोंछे,
प्रभु, तुम्हारे वरद हस्त
सबके नयनों के आँसू पोंछे।

डूबते को तिनके का सहारा
तुम अपनी बाँहों से उबारनेवाले हो।

सुन्दर भुजाओंवाले
हे 'सुभुज' तुमको नमन है।

सु (सुन्दर) + भुजः (बाहु) = सुभुजः (सुभुज)
सुन्दर भुजाओंवाला।

266. दुर्धर

जो विश्व को,
समस्त ब्रह्माण्ड को धारण किये है
उसको स्वयं में धारण करना दुष्कर है।

जो सबमें, सर्वत्र व्याप्त है
सुलभ होते हुए भी दुर्लभ है।

हम इन नयनों से निहारना चाहते हैं
वह इन नयनों से परे, अन्तर्दृष्टि से दृश्य है,
उसकी ध्वनि इन कानों से सुनना चाहते हैं
वह इन कानों से दूर अन्तर्ध्वनि में है,
इन करों से स्पर्श करना चाहते हैं,
वह गन्धहीन, मांसल स्पर्श से परे अन्तर्मिलन में है।

इन्द्रियाँ तो क्या, मन के भी पार है
न वह बुद्धि के तर्क-वितर्क के उलझन में है
इन सबको पार करे, वहाँ वह पहुँचे।

नदिया में नाव चले
छिद्र होने पर डूब जाये
सप्तक के तार बजते हैं,
तार टूटने पर संगीत, मौन हो जाये

दीप-दिवाकर को धारण न करे
पंकज-सलिल को धारण न करे
अन्धकार-प्रकाश को धारण न करे
अज्ञान-ज्ञान को धारण न करे,

मन में जब संसार सँजोये रखें
आत्म प्रकाश से दूर रहें
हे जगदीश! तुमको केवल बुद्धि से धारण करें
तब तुम धारण करने में 'दुर्धर' हो

धारण करने में कठिन
हे 'दुर्धर' तुमको नमन है।

दु (उपसर्ग – कठिन) + धृञ् (धातु – धारण करना) = खल् (प्रत्यय) = दुर्धरः जो धारण करने में कठिन है।

267. वाग्मी

जो अंतर में है, वही वाणी से निःसृत हो
क्रोध है — तब अग्नि की फुंकार निकले
मोह है — सिसकते स्वर निकलें
माया है — उसमें ममता की पुकार है
लोभ है — उसमें लिप्सा की ललार है
काम है — तब याचना के स्वर हैं
दुःख है — तब आर्त क्रन्दन है
सुख है — तब गतिहीन अट्टहास है
यही मानव की वाणी है।

हे दयालु, मानव तुम्हारे घर पहुँचे
वहाँ उसकी मुखर वाणी भी शान्त हो जाती है,
कहना चाहा — कुछ कहने के लिए नहीं,
याचना करने को कहा — कोई याचना नहीं है।

फिर प्रभु की वाणी प्रस्फुटित होती है
जिसने उसको सुना — समाधिस्थ हो गया,
जिसने उसके लिए लिखा — धर्मग्रन्थ हो गया,
जिसने उसकी वाणी में अवगाहन किया — पावन हो गया,
जिसने उसकी वाणी को — अंतर में बसाया,
प्रकाशस्वरूप हो गया।

उसे सुनकर सुप्त जाग उठे
मृत अमरता का पान करने लगे।

वह प्रतिपल बुला रहा है — मिलो,
उसकी ध्वनि बाहर भी है — अन्दर भी — सुनो,
अमरत्व देनेवाली उसकी वाणी है।

मुखर वाणीवाले
हे 'वाग्मी' तुमको नमन है।

वाग्मी = वक् (धातु — बोलना) + क्विप् (प्रत्यय) = वाक्
वाक् + मिनि (प्रत्यय) = वाग्मी (बोलनेवाला)

268. महेन्द्र

यह मन – इन्द्रियों का स्वामी इन्द्र है
मन ने नयनों से कहा देखो – देखा
कहा न देखो – न देखा
मन ने कानों से कहा सुनो – सुना
कहा न सुनो – न सुना
मन ने कहा करो – किया
कहा न करो – न किया
इन्द्रियाँ नहीं भोग रही हैं
मन इन्द्रियों के द्वारा भोग रहा है।

भीगा वस्त्र स्वयं न सूखे
वायु सुखा दे,
काष्ठ स्वयं न जले
अग्नि जला दे।

नयन रोते नहीं – मन रुला दे
सपने मरते नहीं – मन जगा दे
डगर पर-पग नहीं चलते – मन ले चले

लेकिन तुम्हारे दरबार में – इन्द्र को स्वामी नहीं
दास बनना होगा
यदि वह इस द्वार नहीं आयेगा
दर – दर ठोकर खाता रहेगा
कहीं शान्ति न मिलेगी
मृगमरीचिका की दौड़ व्यथित कर देगी
और एक दिन आह, कराह उठेगी।

प्रभु! तुम इन्द्रियों के स्वामी – महान् इन्द्र हो
जो तुम्हारी शरण जाये
मन की गति स्थिर कर
शान्त, सरल सहज कर दो
तब मन मरा नहीं – चकोर है

उस चन्दा का प्यारा है
भास्कर के उदय होने पर
शतदल कमल विहँस उठते हैं
मन उसमें – इन्द्रियाँ उसके लिए नृत्य करें।

इन्द्र के स्वामी – महान् इन्द्र
हे 'महेन्द्र' तुमको नमन है।

महत् + इन्द्रः (मन) = महेन्द्रः (महेन्द्र)
इन्द्र का स्वामी।

269. वसुदा

भोजन वह है, जो शरीर को पुष्ट करे
जल वह है, जो भिगो दे
आकाश वह है, जो सब समा ले
अग्नि वही, जो जला दे
प्राण वही, जो जीवन दे दे
धन वही, जो सुख दे।

जहाँ समरसता नहीं — द्वन्द्व मिला
जहाँ अखण्डता नहीं — खण्डता मिली
जहाँ प्रकाश नहीं — अन्धकार मिला
जहाँ सुख नहीं — चिन्ता मिली
वह धन नहीं, निर्धनता है।

परम धन वह है
जो सर्वांगीण विकास करे
लोक भी बनाये, परलोक भी बनाये
अन्धकार भी हटाये, कालिमा भी मिटाये।

सर्व नष्ट होने पर भी, वह विनष्ट न हो
जीवन के हर अंग में प्रकाश भर दे
अन्दर भी, बाहर भी।

प्रभु! तुम परम धन तब दो
जब मानव तुमको मन में बसाये,
तब तुम ले चलो — ससीम से असीम की ओर
बन्धन से अनन्त की ओर।

सुमन खिलकर फिर मुरझायें,
तुम अन्तर सुमन विकसित करो
न झुलसे, न मुरझाये।

अपने मन में बसाने से परम धन
देनेवाले हे 'वसुदा' तुमको नमन है।

वसु (धन) + दः (देना) = वसुदः (वसुदा)
धन देनेवाला।

270. वसु

सब कहें ब्रह्माण्ड के कण-कण में
जन – जन के अन्तः में
वह वास कर रहा
लेकिन उस बसनेवाले को
न जाना, न देखा, न सुना।

नयन खुले, बाह्य संसार देखा
उषा की लाली में पंकज खिले
सन्ध्या के आँचल में बन्द हुए
उसकी पंखुड़ियाँ पतझड़ हुईं
लेकिन नयनों ने उसे न देखा
जो सदैव स्वयं प्रफुल्लित, प्रकाशित
न कभी मुरझाये, न कभी मिटे।

और फिर क्या
उसी के वास करने से
मन में संकल्प – विकल्प की हलचल
चित्त में चंचलता
इन्द्रियों में संसार का बवण्डर
अहं का आधार है।

जगत् नश्वर है – वह अविनाशी
शरीर का जन्म हो – मरण हो
वह जन्म के पहले
जन्म के बाद भी रहे।

काया का परिवर्तन
शैशव की कोमलता, यौवन का तेज
वृद्धावस्था की जर्जरता
लेकिन उसमें वह सदैव एकरस वास करे
जीव में वह आत्मरूप
जड़ में वह शक्तिरूप वास करे!

नभ में सूर्य चमके
सागर में उत्ताल तरंगें
धरती के गर्भ में भूकम्प की हलचल
वायु में प्रकम्पन, अनल में दाहकता
जल में आर्द्रता, पृथ्वी में स्थूलता
पंचतत्त्व की शक्ति में वह वास करे।

सर्वत्र सबमें वास करनेवाले
हे 'वसु' तुमको नमन है।

वसुः = वस (धातु – बसना)
जो वास कर रहा है।

271. अनेकरूप

प्रभु तुम्हारे रूप की कल्पना की
रूप में सँजोया – देखा
लेकिन तुम्हारे एक रूप नहीं, अनन्त रूप हैं
तूलिका से लाखों रूप बनाये
फिर तूलिका भी रुक गयी
कहाँ तक तूलिका चले – रूप अनन्त हैं।

भास्कर रूप में – धवलित प्रकाश दे रहे
चन्दा रूप में – शीतलता बरसा रहे
गिरि रूप में – भव्य आकार में खड़े
सरिता के रूप में – सरस सुधा बहा रहे
पौधों में हरियाली भर दी
सुमन के रूप में – विहँस रहे।

नारी का लावण्य रूप हो
या नर का लौह शक्ति प्रदर्शन
शिशु की किलकारी से भरा मोहक रूप हो
या प्रौढ़ावस्था की झुलसती रेखाएँ
सभी रूपों में तुम ही हो।

देव हो या दानव
सबमें तुम वास करो
तुम्हारी अन्तर्ज्योति से
सबने रूप लिए
सौम्य हो या विकराल
रूप केवल आकार रहा
तुम आकार में आकारहीन
अनेक रूप में प्रकाशित हो।

मुनियों ने देखा

“जलं विष्णुः, स्थलं विष्णुः
विष्णुः आकाशमुच्यते।
स्थावरं जंगमं विष्णुः
सर्वं विष्णुमयं जगत्।”

एक नहीं, अनेक रूपोंवाले
हे ‘अनेकरूप’ तुमको नमन है।

न + एक + रूपः = नैकरूपः (अनेकरूपवान)
जिसका एक रूप नहीं है। (अनेक रूपवाले)

272. बृहद्स्वरूप

धरती का रूप, सौर्यमण्डल का अंग है
सौर्यमण्डल का रूप
ब्रह्माण्ड की केवल एक कड़ी है
ब्रह्माण्ड का रूप
तुम्हारी भुजाओं में सीमित है
हे विश्वम्भर! तुम्हारा रूप
अनन्त दिशाओं में अनन्त छोर तक है।

हाँ, यशोदा के तुम बालरूप
अभी किलकारी ले रहा है – माखनचोर है,
मीरा का साँवला – प्रियतम है,
तुलसी ने – धनुर्धर रूप देखा,
अर्जुन को मीत
कंस को कालरूप लगे।
वृहद्रूप की – रूप में सीमा हो गयी।

लेकिन तुमको रूप में कौन कहाँ तक सँवारे,
प्रभु तुम समस्त चराचर में व्याप्त होकर
जिसमें बसे वही रूपवाले हो।

विशाल रूपवाले
हे 'बृहद्स्वरूप' तुमको नमन है।

बृहत् + रूपः = बृहद्रूपः (बृहद्स्वरूप)
विशाल रूपवाला।

273. रश्मि

अन्धकार में उदीयमान होता हुआ बाल रवि
सुप्त में जागृत की अँगड़ाई ले
मरण – जीवन के संगीत गाये
रुदन – हास की मधुर बंशी बजाये
विष के प्याले में, सरस सुधा बहे।

प्रभु, तुम दुःख में – सुख की किरण
विष में – अमृत की किरण हो
मृत्यु में – जीवन की किरण
अन्धकार में प्रकाश की किरण हो।

विशिष्ट किरणवाले
हे 'रश्मि' तुमको नमन है।

शिपि + (बाल रश्मि, पशु) + विष्टः (आविष्ट) या (विशिष्ट) = शिपिविष्टः (रश्मिस्वरूप)

274. प्रकाशन

सूर्य सदैव है,
जब अन्धकार को चीरता हुए निकले
वह 'भास्कर' है,

सागर की उत्ताल तरंगों में
जब छिपा रत्न निकले
वह रत्नाकर है,

हृदय है, जब उसकी धड़कन में
प्रेम सुधा बरसे, वह प्रेमी है,

मानस है, जब उसकी लहरों में
विवेक तरे, वह 'मानस हंस' है,

चेतना है, जब उसमें उसकी ज्योति जले
वह 'चेतनानन्द' है

प्रभु, तुम सर्वकाल व्याप्त होने पर भी
अप्रकट हो,
तुम अप्रकट, प्रकट होने पर
'प्रकाशन' हो

प्रकाशित होनेवाले
हे 'प्रकाशन' तुमको नमन है।

प्र (उपसर्ग) + काश्रृ + (धातु – प्रकाश करना) + = ल्युट (प्रत्यय) =प्रकाशनः जो प्रकाशित है।

275. ओजस्तेजोद्युतिधर

(1)

भूधर है – भार लिए खड़ा है
केवल स्थूल है – प्राणबल नहीं
तरु है, जीवन का स्पन्दन,
लेकिन गतिहीन है।

मानव है – मानव में प्राण है
प्राणों में ओज है
जो गति दे रहा है – कुछ करने की
शक्ति दे रहा है – संसार को झेलने की
संसार पर विजय करने की
यह ओज, ओजस्वरूप प्रभु तुम्हारे
अंश से सबमें प्रविष्ट है
कोई जाने या न जाने
तुम ही सबको अपना ओज दे रहे
तुम ओजस्वरूप हो।

(2)

घने अन्धकार में जुगनूँ का तेज है
सुनहली रातों में चन्दा का दूधिया प्रकाश है
दिवा में रवि किरणों का प्रचण्ड तेज है
पृथ्वी की कोख में ज्वालामुखी का विस्फोटक तेज,
और सागर में बड़वानल का
वह सब केवल पंचतत्त्व के तेज हैं।

लेकिन प्रभु – तुम्हारे कारण प्राणों में तेज है
तुम्हारे तेज से – मन में तेजस्विता है
मन में संसार को जीत लेने की कामना है
बुद्धि में तेज देकर – प्रखरता की शिखरता पार करा देते

हृदय में तेज देकर
अन्तः के सूखे सागर को भर देते
जो तुमको स्वयं को समर्पण करे
उसको तेजस्वरूप बना देते—

(3)

द्युति में लहर है
शक्ति से उत्पन्न हो
जहाँ द्युति लहर — वहाँ प्रकाशपुंज
लेकिन ज्ञान की द्युति
करोड़ों विद्युत् के प्रकाश से भी अधिक प्रकाश है।
ज्ञान — अज्ञान के बीच अन्धकार का पर्दा
प्रभो! तुम ज्ञान द्युति से अज्ञान मिटानेवाले हो
द्युति प्रकट हो — प्रकाश है।

ओज, तेज और द्युति को धारण करनेवाले
हे 'ओजस्तेजोद्युतिधर' तुमको नमन है।

ओजः + तेजः + द्युति + धरः = ओजस्तेजोद्युतिधरः
उब्ज (धातु — ओज करना) + असुन् (प्रत्यय) = ओजः
तिज् (धातु — तीक्ष्ण करना) + असुन् (प्रत्यय) = तेजः
द्यु (धातु — अभिगमन करना) + क्तिन् (प्रत्यय) = द्युतिः
धृ (धातु — धारण करना)
ओज, द्युति और तेज को धारण करनेवाला।

276. प्रकाशात्मा

सूर्य प्रकाशस्वरूप है
बादलों से घिरा अगोचर है,
वह रात में सोया हुआ
किरणहीन प्रतीत होता है।

दर्पण है, मलिन होने पर
स्वयं को भी, न देख सके,

जीवन है, उसमें वह जाग्रत् है
उसके प्रकाश को देख न सके,

प्रकाशस्वरूप है, उसके प्रकाश का अनुभव तब हो,
जब निर्लिप्त, निर्विकार हो,
तब जड़ में चेतन, सुन्दर में सुन्दरतम
आत्मतत्त्व में वह प्रकाशस्वरूप है।

प्रकाशित आत्मस्वरूप
हे 'प्रकाशात्मा' तुमको नमन है।

प्रकाश + आत्मा = प्रकाशात्मा
आत्मा में प्रकाश है।

277. प्रतापक

हे विष्णु! तुम तप से ही मिलो
वह तप मन, बुद्धि, चित्त, अहं का तापन रहा।

धरती तपकर बीज को हरियाली में लहलहाये,
वह धरती का तप है।

विष के सागर में रहते हुए भी,
जीवन का विकास, अमृत का तप है।

इन्द्रियाँ संसार में मुखर होने पर भी
उनका मन से नियमन, मन का तप है।

अज्ञान के अन्धकार में रहते हुए भी
ज्ञान का दीप जलायें, ज्ञान का तप है।

बाह्य संसार में गमन करते हुए भी
हे प्रभु, तुम्हारी पूजा अन्तः का तप है।

विशिष्ट तप से प्राप्त होनेवाले
हे 'प्रतापक' तुमको नमन है।

प्र (उपसर्ग)+ तापनः = प्रतापनः
तप (धातु – सन्तापार्थक) + युच् (प्रत्यय) = तापन
प्रतप्त करनेवाला (प्रतापक)।

278. ऋद्ध

नेत्र हों – उनमें आनन्द के झरनें न बरसें – नेत्र अपूर्ण हैं
कर्ण हों – उनमें विषवाणी गुंजित हों – कर्ण अपूर्ण हैं

मन हो – उसमें वेदना हो – मन अपूर्ण है
हृदय हो – सूना हो – वह अपूर्ण है।

भूधर तोड़ा – फिर भी जो चाहा न मिला
जो कुछ मिला भी – वह अधूरा लगा
कुछ पाना बाकी है – शायद उससे सुख मिले
अधूरा का अधूरा – प्यासों की प्यास न मिटी
राह चलते गये – मंजिल न मिली।

जो पूर्ण है – वही पूर्णता दे सकेगा
जगदीश्वर पूर्ण हैं – वही पूर्णता दें।

वह मन में शान्ति दे
हृदय में आनन्द-सागर लहरा दे
और तो क्या – अपने पास बुलाकर
अपने में ही विलीन कर ले।

वृद्धि कर पूर्णता को देनेवाले
हे 'ऋद्ध' तुमको नमन है।

ऋधु (धातु – वृद्धि करना)+ क्त (प्रत्यय) = ऋद्धः
वृद्धि कर पूर्ण कर दे।

279. स्पष्टाक्षर

जो कली आज खिली
कल वह मुरझायेगी
जो बादल आज मँडरा रहे हैं
वह न जाने कब कहाँ विलीन होंगे
जो बिजली आज चमक उठी
तत्पर तिरोहित भी हो गयी।

इस तन का अनवरत क्षरण है
यह क्षरणमय 'शरीर' है
जब जन्म लिया
मृत्यु की प्रतीक्षा करता रहे।

जो कुछ धरती पर बनाया
कल मिटने के लिए है
बालू के घरौंदे बनाये
बाढ़ की प्रतीक्षा नहीं,
हवा ही उन्हें बहा ले चली।

ऋतुएँ बदलती रहेंगी
लेकिन सूर्य सदैव प्रकाशित रहेगा,
माटी के रंग बदलते रहेंगे
पर हीरा चमकता रहेगा,

तन बदलते रहेंगे
लेकिन आत्मज्योति जलती रहेंगी,
क्षर का क्षरण होता रहेगा
लेकिन उसमें हे अक्षर! आप सदैव रहेंगे।

सृष्टि बनती — बिगड़ती रहेगी
लेकिन हे प्रभु — आप अनादि अनन्त

सदैव प्रकाशित रहेंगे
क्योंकि क्षर में आप
स्पष्ट अक्षर हैं।

क्षरण संसार में क्षरण न होनेवाले
हे 'स्पष्टाक्षर' तुमको नमन है।

स्पष्ट + अक्षरः = स्पष्टाक्षरः
स्पष्ट रूप से जिसका क्षरण न हो।

280. मन्त्र

मार्ग वही जो मंजिल पहुँचाये
दीप वही जो प्रकाश दे
अमृत वही जो अमरता दे,

स्वर वही जो संगीतमय कर दे
नाम वही जो नामी को बुला ले,

मन्त्र वही जो मन को प्रभु में अनुरक्त कर,
उसे जना दे,

मन से प्रभु को देखे – वही मन्त्र है।
ध्यान करे – उसका अन्तर्दर्शन ही मन्त्र है।
उसका कोई भी नाम लें – वही नाम मन्त्र है।

मन को अवस्थित कर
वह प्रकाशित होनेवाला 'मन्त्र' है।

मन के अन्तर्मिलन से मिलनेवाले
हे 'मन्त्र' तुमको नमन है।

मन (धातु – ज्ञान होना) + ष्ट्रन् (प्रत्यय) = मन्त्रः
मननात् त्रायते इति मन्त्रः
मन्यते मनुते अनेनेति 'मन्त्रः'
जिसके द्वारा जाना जाय वह 'मन्त्र' है।

281. चन्द्रांशु

चन्द्र किरण शीतलता दे
हे प्रभु, आप संसार की तपन में
शान्ति की शीतलता दें।

चन्दा अपनी किरणों से
औषध पुष्ट कर
जीवन शक्ति दे।

हे विष्णु, आप अपने अंश किरणों से
सबमें प्रवेश कर
विषय-विकार मिटाकर
सरस सुधा बरसा दें।

तब शान्ति की सौम्यता
स्नेह की मधुरता मिले
अंतः से आनन्द विहँस उठे।

अज्ञान की काली रात में
सत्य के सौन्दर्य के साथ
ज्ञान की ज्योत्स्ना में नृत्य कर
शिव को रुझा लें
फिर चारों ओर
कल्याण-ही-कल्याण की वर्षा हो।

ज्ञान – ज्योत्स्ना की किरण से
सब में आनन्द बरसानेवाले
हे 'चन्द्रांशु' आपको नमन है।

चन्द्र + अंशुः (किरण) = चन्द्रांशुः
चदि (धातु – आनन्द देनेवाला) + रक् (प्रत्यय) = चन्द्र
अंश (धातु – विभाजन करना) + कु (प्रत्यय) = अंशुः
जिसके चन्द्र (आनन्द) देनेवाली किरणें हैं।

282. भास्करद्युति

आकाश में सूर्य प्रकाशित है
लेकिन सहस्रों सूर्य एकत्रित हो जायँ
उस परम तेजस्वरूप विष्णु के
प्रकाश को सहन नहीं कर सकते,

उसकी द्युति में तेजस्विता है
कलुष को सुखा देने की,
प्रचण्डता है – अज्ञान – तिमिर मिटाने की
शक्तिहीन को – शक्तिमान् बनाने की।

भास्कर केवल आकाश में प्रकाशित है
वह सबके अंतर में प्रकाशित,
उसकी द्युति ब्रह्माण्ड के कण-कण में है।

उसका प्रकाश सबका स्पर्श करे,
वह स्वयं स्पर्शहीन है।

उसको मानस – मेघ के घेर में
भले ही छिपा दें,
वह स्वयं द्युतिमान् है।

प्रकाश करनेवालों में द्युतिमान्
हे 'भास्करद्युति' तुमको नमन है।

भासकरद्युतिः = भास् (प्रकाश) + कृञ् (धातु – करनेवाला + ट (प्रत्यय) = भास्कर द्युति (प्रकाश)
प्रकाश करनेवाले का प्रकाश।

283. अमृतांशूद्भव

पुराणों की कथा है
क्षीरसागर में मन्थन हुआ
मन्थन से विष – अमृत दोनों निकले
शिव ने विष पीकर केवल कण्ठ में रखा
अमृत के अंश से चन्द्रमा हुआ
और तब से आकाश में विचरण कर रहा है।

चन्द्रमा ने उस अमृत अंश को
धरती पर बिखेरा
वनस्पति ने जब ग्रहण किया
वह ओषधि हो गयी
मानव के मन को तब से
सुधांशु हरण कर रहा है।

यहाँ धरती पर मानव
उसके मानस में विशाल अमृत सागर है–
विष भी है उसमें
विवेक से मन्थन हो
वहाँ मिले सत्य – असत्य का भेद
सुन्दर – वीभत्स का भेद,
और उसी मन्थन में मिले
वह अमृतानन्दस्वरूप प्रभु।

संसार – सागर में मिलनेवाले पदार्थ
सब मिट जायँगे
उसमें एक वही अमर मिलेगा
वह मृत न होनेवाला 'अमृत' है।

हाँ, सुन्दर मानस हो
वहाँ वह विकसे
मानस – सागर में
ज्ञान की मथानी से

अमरत्व का अभ्युदय हो
उस अमरत्व में ही
हे प्रभु! तुम विलास करो।

अमरतत्त्व के अंश से उद्‌भव होनेवाले
हे 'अमृतांशूद्‌भव' तुमको नमन है।

अमृत + अंश + उद्‌भवः = अमृतांशूद्भवः (अमृतांश उद्‌भव)
अमृत के अंश से जो उत्पन्न हुआ।

284. भानु

(1)

भानु ऊर्जा का भण्डार
संसार में यह ऊर्जा का स्रोत,
वह केवल जड़ ऊर्जा है।

प्राण है – जीवन प्रकाशित
लेकिन प्राणों में चेतना की ऊर्जा
केवल एक वह ईश्वर है,
वह चेतन ऊर्जा है
भानु संसार का बाह्य प्रकाश
वह प्राणियों का अन्तरतम प्रकाश है।

भानु के प्रकाश को नयन देखे
उसके अन्तरतम प्रकाश को कोई बिरला देखे।

(2)

अज्ञान अन्धकार है
ज्ञान प्रकाश है
वह ज्ञान रूप प्रकाशमान् है

सरोज क्यों अविकसित रहे?
कली क्यों बन्द रहे?
उसको प्रकाश की प्रतीक्षा है
प्रकाश हो, वह विकसित हो।

ज्ञान के प्रकाश में
अन्तर की पाँखुरी खिले
आनन्द विहँस उठे
अन्दर – बाहर केवल प्रकाश – ही – प्रकाश।

प्रकाशित होनेवाले
हे 'भानु' तुमको नमन है।

भा (धातु – प्रकाश करना) + नु (प्रत्यय) = भानुः
जो प्रकाशित करे या जो प्रकाशित है।

285. शशबिन्दु

मन गतिमान् है
चित्त गतिमान् है
बुद्धि गतिमान् है
सभी शीघ्र चलते हैं
तिरछे चलते हैं
इनकी गति का कोई क्रम नहीं
समय नहीं, शृंखला नहीं।

नदिया में बाढ़, मेघ की वर्षा से,
ज्वार – भाटा, चन्द्रमा की गति से है,
मन की गति, संसार के झरोखे से है,
चित्त उसी में डूबता – उतराता,
बुद्धि की नाव – उस संसार धारा में
बिना पतवार बहती जाये
गति तिरछी है – तीव्र भी।

इस द्रुत गति से चलनेवालों को
हे विष्णु! सम्यक् रूप से तुम ही जानो
तुम बिन्दु जाननेवाले हो।

जो अपनी गति इस बिन्दु में केन्द्रित करे
बिन्दु की ओर चले
तब गति का अन्त है
वह बिन्दु में समाये।

गति को जाननेवाले
हे 'शशबिन्दु' तुमको नमन है।

---

1. शशबिन्दुः शश (धातु – तिरते हुए या शीघ्र गति से चलना) + अच् (प्रत्यय) = शश। = सं.–खरगोश
विद् (धातु – जानना) + उ (प्रत्यय) + नुम् (निपातन) = विन्दु
जो शीघ्र-से-शीघ्र चलनेवालों की गति को जाने।
2. सं. चन्द्रमा (जिसमें खरगोश का-सा बिन्दु है)

286. सुरेश्वर

सरिता अपने आँचल से
धरती को नहलाये
लेकिन सरिता के स्रोत, प्रभु तुम ही हो।

सजल मेघ, धरती पर
वर्षा की बौछार कर
धरती पर हरियाली छा दे
पर मेघ में तुम ही जल – कण सिंचित करते।

भास्कर अपनी आभा से प्रकाश बिखराये
भास्कर को तुम ही प्रकाश देनेवाले हो।

धनवान धन लुटाये
धनवान को तुम ही धन देनेवाले हो
बलवान – बल प्रदर्शन करे
बलवान को भी तुम ही बल देनेवाले हो।

ज्ञानी, अज्ञानी को ज्ञान दे
ज्ञानी को भी तुम ही ज्ञान देनेवाले हो।

देवता शक्ति, बल, धन देनेवाले हैं
लेकिन देवों ने तुम्हीं से सब शक्ति ली।
तुम देवताओं को देनेवाले हो।

तुम दाताओं के दाता हो
देवताओं के देवता हो।

सुरों के ईश्वर हे 'सुरेश्वर' तुमको नमन है।

सुरेश्वरः = सु (उपसर्ग) + रा (धातु – दान देना) + ड (प्रत्यय) = सुर
सुर + ईश्वरः = सुरेश्वरः
देनेवाले देवताओं का ईश्वर।

287. औषध

असन्तुलन व्याधि है,
सन्तुलन ओषधि है,

सुधामय सरिता का जल – जीवन दे
उसकी बाढ़ – सब – कुछ हर ले
यह सरिता का असन्तुलन है,

पंचतत्त्व का घटना – बढ़ना
वात – पित्त – कफ़ का असन्तुलन होना,
शरीर की व्याधि है,

मन में पीड़ा, मानस में द्वन्द्व – द्वेष
आँखों में आँसू – यह मानस का असन्तुलन
मानस की व्याधि है,

क्षत-विक्षत हृदय, अन्तरतम की कराह
शूलों-सा दाह, अंगारों-सा उच्छ्वास
यह चित्त का असन्तुलन
चित्त की व्याधि है,

संसार के सागर में भव – पीड़ा है
विविध – रंगों में, विविध गति में
जीव प्रतिपल व्याधियों में गोते लगा रहा है,
सबकी औषध केवल एक प्रभु, तुम हो।

अपने तेज ताप से
व्याधि दग्ध कर दो
औषध का रूप ले–
अमृत वर्षा कर दो
तब सन्तुलन है–
सत्य है, सुन्दर है, शिव है।

व्याधि को दग्ध कर मिटानेवाले
है 'औषध' तुमको नमन है।

उष् (धातु – दग्ध करना) + घञ् (प्रत्यय) = औषध
(रोग को) दग्ध करने (मिटाने) वाला।

288. जगत्सेतु

प्रकृति का पल – पल परिवर्तन, उसकी गति है
चित्त की चंचलता, मन का राग – विराग,
आशा – निराशा, भावों का उतार – चढ़ाव
झंझावात – सी मन की गति है।

नदी के दो पाट – अलग-अलग – किनारे,
एक गतिशील है – एक गतिहीन
दोनों के बीच जगत् की जलधारा है
दोनों किनारे मिलते नहीं
हम अपने को उससे बाँधे
वही हमको अपने सेतु से पार करा दे
जगत् कोलाहल से – शान्त लोक की ओर
कलुषता से – पावनता की ओर
नीरसता से – ज्ञान की ओर
जीवत्व से – ब्रह्म की ओर

तब संसार छोड़ने की दरकार नहीं
जगत् बहता रहे
आना – जाना होता रहे
कर्म – अकर्म होते रहें
उस भँवर में बहना नहीं
तटस्थ देखते रहें – अनासक्त रहेंगे
सेतु से भव पार करेंगे,

जगत् से पार करानेवाले
हे 'जगत्सेतु' तुमको नमन है।

जगत्सेतुः = गम् (धातु – गमन करना) + क्विप् (प्रत्यय) = जगदादेश से – जगत् (जो चलायमान् है)
षिञ् (धातु – बाँधना) तुन् (प्रत्यय) = सेतु
जो जगत् का सेतु है।

289. सत्यधर्मपराक्रमी

भास्कर का प्रकाश—एक सत्य है
बादलों से भले ही घिरे हों
प्रकाश उसमें सदैव रहे,

हिमांशु की शीतलता – एक सत्य है
रात्रि के घेरे में रहकर भी
शीतलता न छोड़े।

सत्य वही जो शाश्वत हो
स्वप्न के टूटने पर भी रहे
जाग्रत्, स्वप्न, सुषुप्ति
तीनों गति में साथ न छोड़ें
सदैव एकरस रहें
यही सत्य सुन्दर है
यही सत्य कल्याणकारक है।

असत्य की प्रवृत्ति, सत्य को घेर ले
इन्द्रियों का रस – मन को बाँध ले
तब विवेक, मन के कगार पर ढह जाये।

अधर्म – धर्म को जब बन्दी बना ले
उस अधर्म की बाढ़ में
धर्म का धवल मेरु शिखर भी डूबने लगे,

उस धर्म – अधर्म के युद्ध में
असत्य के ऊपर सत्य की विजय में
विशिष्ट रूप से क्रमण करने की
परम शक्ति को धारण कर
उस पराक्रम से
हे प्रभु, तुम
सत्य की विजय कर
धर्म की स्थापना करनेवाले हो।

तुम्हारा धर्म भी क्या–
सत्य ही धर्म है
जब असत्य में सत्य की प्रतीति हो
असत्य ही सुलभ, सुखद, प्रिय हो
हे प्रभु! तुम ही
सत्य धर्म को धारण करने की शक्ति दो।

सत्य धर्म को, पराक्रम से धारण करनेवाले
हे 'सत्यधर्मपराक्रमी' तुमको नमन है।

सत्य + धर्म + पराक्रमः अ सत्यधर्मपराक्रमः
सत्य और धर्म का जिसमें पराक्रम है।
या – सत्य धर्म को पराक्रम से धारण करे।

290. भूतभव्यभवन्नाथ

अबाधित सागर में लहरों का जन्म लेना,
दौड़ना और विलीन होना – लहरों का काल है,
लेकिन सागर का जल शाश्वत है।

प्रकृति काल के बन्धन में,
मानव काल के बन्धन में,
विचारों की गति, कर्म का स्पन्दन
काल के बन्धन में है,

काल का विभाजन–
कल, आज, कल, में – लेकिन
हे परमेश्वर! तुम तीनों के नियन्ता हो।

क्या किया, क्या हुआ
क्या कर रहे हैं – क्या हो रहा है
क्या करेंगे – क्या होगा
प्रभु, तुम सब – कुछ जान रहे
और न्याय – तुला पर
जीवन के कण – कण को माप रहे।

निशा के अँधेरे में हो, या उषा की लाली में
कल किया या आज किया या कल करेंगे
प्रभु, तुम कर्त्ता, कर्म, कृति
सबके न्यायशील स्वामी हो,
मानव के कर्म, विचार, गति देखकर
जो किया – न्याय किया
जो कर रहे – न्याय कर रहे
जो करोगे – न्याय करोगे।

जो हुआ, जो हो रहा है, जो होगा
उन सबके स्वामी हे 'भूतभव्यभवन्नाथ'
तुमको नमन है।

भूत (व्यतीत काल) + भव्य (आनेवाला काल) + भवत् (वर्तमान काल) + नाथ (स्वामी) = भूतभव्यभवन्नाथः
भूत, भविष्य और वर्तमान का जो स्वामी है।

291. पवन

मणि में दीप्ति है
भले ही कालिमा में लिपटी हो
गंगा की धारा पवित्र है
भले ही नारजल साथ हो,

सुधा अमरता लिए है
भले ही नश्वर मृत्तिका पात्र में हो
सूर्य में प्रकाश है
भले ही चारों ओर काले मेघ मँडराते हों,

धरती पवित्र है
भले ही खाईं हो या मेरु हो
अनिल पवित्र है
भले ही प्रकाश में हो या अँधेरे में।

हे परमेश्वर! तुम प्राणियों के अन्तरतम में
समाये हुए भी पवित्र हो
भले ही मानव मन, अपवित्र हो
मन आसक्त, तुम अनासक्त हो
मन में विकार, तुम निर्विकार हो।

पवित्र करनेवाले
हे 'पवन' तुमको नमन है।

---

1. पवनः = पूञ् (धातु – पवित्र करना) + ल्युट् (प्रत्यय) = पवन – जो पवित्र करता है।
2. पवन (सं.) – वायु

292. पावन

जल दूषित होकर अपवित्र है
निर्मल करे, पवित्र हो जाये
लेकिन अनल पावन है—
कभी कोई अपवित्र न कर सके।

सूर्य में भी कालिमा हो सकती है
अग्नि धुएँ से लिपट सकती है
लेकिन वह अनल सदैव पावन है।

वह परम पावन, दूर नहीं,
अपने अन्तरतम में ही है।

भास्कर प्रकाशमान् है
जहाँ हो, वहाँ प्रकाश करे
लेकिन नेत्र में पट्टी बाँध लें
भास्कर प्रकाशहीन प्रतीत हो।

रिमझिम वर्षा हो
निकुंज में निवास करें
सुखद जल – कण का अनुभव न हो।

जब मन प्रभु की पावनता में रमे
वह मन पवित्र विचार निर्मल कर दे
चित्त जब उसमें रमे – भाव सुन्दर हों
तब ज्ञान, चित्त, क्रिया में पावनता का गुंजन हो।

केवल उसका नाम लें
पतित का पाप मिटा – पावन कर दे।
अभ्यन्तर कलुष को निर्मल कर
धवल कान्तिमय कर दे।

वह दिव्य है
गरल पीनेवाले को
सुधा – पान करा दे।

वह कोलाहल में शान्त
विषाद में सौम्य
पतितों में पावन है।

शरण में आये
पतितों को पवित्र करनेवाले
हे 'पावन' तुमको नमन है।

पूञ् (धातु – पवित्र करना) + ल्युल्यु (प्रत्यय) = पावनः जो पवित्र है।

293. अनल

(1)

श्वास है – प्रश्वास है
गति है – संगति है
लेकिन प्रभु – तुम ही प्राणों के आधार हो।

प्राण श्वासों में आये
श्वासों से जाये
लेकिन श्वासों के आधार
प्राणों को धारण करनेवाले
हे 'अनल' तुमको नमन है।

(2)

'अल' ससीम है – विराम है
लेकिन प्रभु! तुम असीम हो
तुम्हारा न आदि है, न अन्त है
रूप – एक नहीं – अनन्त हैं।

सीमा में न बँधनेवाले
हे असीम 'अनल' तुमको नमन है।

(3)

'नल' गन्ध है – विषय है, विलास है
इन्द्रियों के झरोखे से रस ग्रहण कर रहा है
सुख – दुःख, शान्ति – अशान्ति के कोलाहल में
डूबता – उतराता, जीता – मरता है।
तुम इन्द्रियों के रस से परे
चैतन्यस्वरूप, स्वयं परमानन्द हो।

गन्धहीन हे 'अनल' तुमको नमन है।

---

1. अन् (प्राण) + ल (ग्रहण करना) = अनलः (प्राणों को जो धारण करे।)
2. अल् (सीमित) + नञ् (समास नहीं) = अनलः (जो सीमित नहीं है।)
3. णल् (धातु – गन्ध ग्रहण करना) + नञ् (समास) = अनलः (जो गन्ध (विषय) न ग्रहण करे।)
4. अनल (सं. – अग्नि)

294. कामहा

अमृत पान करने के बाद
क्या कोई मधुरस के लिए तड़पेगा?
कुबेर क्या धन की याचना करने
किसी के द्वार जायेगा?

जिसने परमानन्द को प्राप्त किया
वह वासनाओं के जाल में
क्या स्वयं को बाँधेगा?

समस्त कामनाओं का जन्म,
वासना के गर्भ में हो – फिर
वित्तेषणा, पुत्रेषणा या लोकेषणा उपजे,
जहाँ कोई वासना ही नहीं
वहाँ कोई एषणा नहीं,
वह तो वासना की गन्ध भी न रहने दे
वासना को ही समूल नष्ट कर दे
चित्त की फड़कती वृत्तियाँ
शान्त सरोवर में विलीन हो जायँ।

सुख के सागर में
तिरता रहे – डूबे नहीं
दु:ख की ज्वाला में
सहता रहे – जले नहीं।

कामनाओं की सब नदियाँ
शान्ति के सागर में विलीन हो जायँ।

काम का हनन करनेवाले
हे 'कामहा' तुमको नमन है।

कामहा = काम (इच्छा – एषणा) + हन् (धातु मारना) = कामहा
अच् (प्रत्यय) = कामहा (जो काम को विनष्ट करे)

295. पूर्णकामकर्त्ता

वह कामनाओं को विनष्ट करनेवाला
कामनाओं को पूर्ण करनेवाला भी है
जीवन के विविध प्रतिबिम्ब में
वही झलक रहा है,

प्रकृति का वह नियन्ता
कण – कण में समाया है
अभिशप्त कलुष को वही मिटाये,

वह अश्रुकण को धो, मधु हास ला दे
निर्धन को कुबेर, मूक को वाचाल कर दे,
मरण को जीवन दे,

जब प्रार्थना निर्मल हो
अन्तरतम की पुकार हो
न्याय की शिला पर
वह सर्व कामनाओं को पूर्ण कर दे।

जिसने अन्तरतम के पट खोल
उसे बुलाया, वह आया
हृदय सिंहासन पर जब बिठाया
कामना पूर्ण की।

जिसने उसे जान लिया,
उसने उसे अपना – पराया भूल
स्वयं में ही लीन किया
सागर की बूँद – सागर में कहाँ है?

कामनाओं को पूर्ण करनेवाले
हे 'पूर्णकामकर्त्ता' तुमको नमन है।

काम (इच्छा) + कृत् (पूर्ण करना) = कामकृत् (पूर्णकामकर्त्ता)
कामनाओं को जो पूर्ण करे।

296. कान्त

(1)

पुत्र कितना ही कुरूप हो
माँ का वही प्यारा है, सुन्दर है,

निशा कितनी ही कालिमा लिए हो
प्रियतम का आगमन
स्वर्णिम मधुमय कर दे,

घाटी कितनी ही विकराल हो
सरिता का सुखद जल,
जीवनदायक प्यारा है,
जो कल्याणकारी — वह प्यारा
जो प्यारा वही अति सुन्दर रहा।

वह परम कल्याणकारी
सुन्दर से सुन्दर है
उस सुन्दरता में कान्ति है, छटा है
उस कल्याणकारी कमनीय 'कान्त' को नमन है।

(2)

शरीर के अवयव सुन्दर हों
नयनों में मन बाँधने के जाल हों
अधरों में रस बहाने के स्वर हों
आभूषण का कमनीय शृंगार हो
प्राण न हो, वह देह यष्टि कान्तिहीन है,
यह जगत् जड़ है
उसकी शक्ति ही उसे संचालित करे
वह व्यापक होकर संसार को कान्तिमय कर रहा
वह विश्व की प्रभा है
अन्तरतम की ज्योतिर्मय कान्ति है।

हे चैतन्यस्वरूप 'कान्त' तुमको नमन है।

कमु (धातु – कमनीय होना) + क्त (प्रत्यय) = कान्तः
जो कमनीय है।

297. काम

प्रकृतिभूत मन, संकल्प – विकल्प के
ऊहापोह में डूबे – उतराये

अविरल चिन्तन की धार में बहे,
उसकी चाह है–
प्रिय को पाओ
अप्रिय को त्यागो।

मधुकर मधु को न छोड़े,
चकोर चन्दा को ही देखे,
मीन का जल में ही
जीवन का आनन्द है।

मानव के लिए हे प्रभु! आप ही काम्य हैं
जहाँ जड़ जीवन – चैतन्य में लय हो,
प्रकृतिजन्य विषय रस से परे
अमृत सागर में लहरे।

जहाँ अन्त नहीं – अनन्त है,
जहाँ सुख – दुःख, द्वन्द्वों की दुन्दुभि नहीं,
शान्ति का संगीत है।
वही सिद्धि, वही प्राप्तव्य है
वही काम्य है।

सत्य की कामनावालों के लिए
हे 'काम' तुमको नमन है।

कामः = कमु (धातु – इच्छा करना) + घञ् (प्रत्यय) = कामः
कामना करने योग्य।

298. कामप्रदा

जैसी करनी – वैसा फल
विधि का यही विधान,

ज्वाला में सभी जले,
गलन में सभी गले,

लेकिन उसकी शरण में जो जाय
अँधेरे में उजाला कर दे,
विष को अमृत कर दे,
असम्भव को सम्भव कर दे।

सत्य की राह हो,
न्याय की पुकार हो,
वह सभी शुभकामनाओं को
प्रदान करनेवाला – 'कामप्रदा' है।

यह विश्व उसका
विश्व की सम्पदा उसकी
जिसने वह सम्पदा माँगी
उसके हाथों वह दिया,
मन उसी में अनुरक्त हो गया
उस खिलौने के खेल में
माँ की कब सुध आये?

लेकिन जिसने–
विश्व स्वामी को ही माँग लिया
वह प्रकट हुआ–
उसके अन्तः को निर्मल कर
सदैव प्रकाशित रहा
मन – संसार में नहीं
तब उसमें अनुरक्त रहा।

सर्व कामनाओं को प्रदान करनेवाले
हे 'कामप्रदा' तुमको नमन है।

काम (इच्छाएँ, वांछित, इष्ट) प्र + (उपसर्ग) दा (धातु – देना) = कामप्रदः (कामप्रदा) कामनाओं को पूर्ण करनेवाला।

299. प्रभु

आस्तिक कहे – वह है
नास्तिक कहे – वह नहीं है।

विहंग आकाश में ही उड़ें
आकाश की व्यापकता में ही उसकी उड़ान है।

आकाश शून्य है – वह शून्य में भी है,
पृथ्वी स्थूल है – वह स्थूल में भी है,
सर्वदिशाओं में है – दिशा से परे भी है,
गति में है – गतिहीन में भी है।

जीवों के अन्तरतम गुहा में वह
जाग्रत् में है – स्वप्न में भी
दोनों से परे – सुषुप्ति में भी है
वह सार्वभौमिक सत्तावान् – प्रभु है।

संसार में जो हैं – उसी में वह है
जो हो रहा है – उसके कारण हो रहा है
जो हुआ – उसमें वह था
जो होगा – उसकी सत्ता से प्रादुर्भाव होगा।

मीरा ने विश्व को–
श्याममय देखा
तुलसी ने राममय
वेदान्ती ने ब्रह्ममय
दार्शनिकों ने शून्यमय
रावण ने कालमय देखा।

उसको किसी ने देखा हो – या न देखा हो
वह सबको देख रहा,
वह सर्वव्यापक,
सर्वत्र सत्तावान् है।

विश्व में व्यापक
प्रकृष्ट रूप से सर्वत्र स्थित रहनेवाले
हे 'प्रभु' तुमको नमन है।

प्र (उपसर्ग) + भू (धातु – जो उत्पन्न हुआ है) = प्रभुः
जो अवस्थित है, प्रकृष्ट रूप से जो सत्तावान् है।

300. युगादिकर्त्ता

कालचक्र चला
सूर्य ने वर्ष, चन्द्रमा ने दिन,
ग्रहों ने संवत्सर बनाया
काल का खण्ड – खण्ड में
क्षण-क्षण में, पल – पल में विभाजन कर दिया।

वह अनन्त असीम, उसे काल में कौन बाँधे
आकाश असीम है, भले ही घने मेघ
उसे आच्छादित कर – उसमें मँडराते रहें
वह तो प्रकृति के सामंजस्य से
कालचक्र की परिधि में युगों का निर्माण कर रहा है।

सविता उदय काल में,
सिन्दूरी लाली से, संसार रंग दे
मध्याह्न – अग्नि की लहरों से तपाये
सन्ध्या – डूबकर, अँधेरे का आलिंगन करे।

वह युगों का आदिकर्त्ता है।
जो सत्य के समीप है – 'सतयुग' है
तीनों गुणों से आवृत – 'त्रेता' है
द्वन्द्व में पड़ा 'द्वापर' है
सत्य से परे 'कलियुग' है
मन का कालचक्र है।

कालचक्र की परिधि में
वह जोड़ता जाये–
कभी कलिकाल कभी सत्काल
जुड़ने का यह युगचक्र चलता रहे
इसी चक्र में सतयुग, त्रेता, द्वापर, कलियुग
आते रहे – जाते रहे।

वह युगद्रष्टा, युगकर्त्ता, युगादिकर्त्ता है।
युग का आरम्भ करनेवाले
हे 'युगादिकर्त्ता' तुमको नमन है।

युगादिकृत् = युज् (धातु – जोड़ना) + घञ् (प्रत्यय) = युग (युग आदिकर्त्ता) + आदि कृत् = युगादिकृत् जो युग का आदि कारण है।

❑❑

वन्दना

द्वितीय खण्ड

नामावली

301 से 650

चित्र

सुधीर नारायण

लेखक एवं चित्रकार

वाणी प्रकाशन

प्रकाशन के उत्कृष्टतम 60 वर्ष

vaniprakashan.com

सजिल्द पहला संस्करण : 2023

वाणी प्रकाशन
4695, 21-ए, दरियागंज, नयी दिल्ली-110 002
फ़ोन : +91 11 23273167, 23275710
शाखाएँ
अशोक राजपथ, पटना-800 004, बिहार
कॉफ़ी हाउस कैम्पस, महात्मा गांधी मार्ग, इलाहाबाद-211 001, उत्तर प्रदेश
महात्मा गांधी अन्तरराष्ट्रीय हिन्दी विश्वविद्यालय, वर्धा-442 001, महाराष्ट्र
36/ए, शेक्सपियर सरणी, रानी बिरला गर्ल्स कॉलेज के पास, कोलकाता-700 017, प. बंगाल
sales@vaniprakashan.in
vaniprakashan@gmail.com

Vandana-2
by Sudhir Narain

ISBN : 978-93-5775-936-6
Collection of Poems

प्रति खण्ड मूल्य : ₹ 1800
सम्पूर्ण खण्ड (तीन खण्ड) मूल्य : ₹ 5400

आर. टेक ऑफ़सेट प्रिंटर्स, दिल्ली-110 032 में मुद्रित

वाणी प्रकाशन का लोगो मक़बूल फ़िदा हुसेन की कूची से

नामावली सूची

334.	आदिदेव	आदिदेवः	427
335.	पुरन्दर	पुरन्दरः	428
336.	अशोक	अशोकः	430
337.	तारण	तारणः	431
338.	तारक	तारः	432
339.	शूर	शूरः	433
340.	शौरि	शौरिः	434
341.	जनेश्वर	जनेश्वरः	435
342.	अनुकूल	अनुकूलः	436
343.	शतावर्त	शतावर्त्तः	438
344.	पद्मी	पद्मी	440
345.	पद्मनिभेक्षण	पद्मनिभेक्षणः	441
346.	पद्मनाभ	पद्मनाभः	442
347.	अरविन्दाक्ष	अरविन्दाक्षः	444
348.	पद्मगर्भ	पद्मगर्भः	446
349.	शरीरभर्ता	शरीरभृत्	447
350.	महर्द्धि	महर्द्धिः	448
351.	ऋद्ध	ऋद्धः	449
352.	वृद्धात्मा	वृद्धात्मा	450
353.	महाक्ष	महाक्षः	451
354.	गरुडध्वज	गरुडध्वजः	452
355.	अतुल	अतुलः	453
356.	शरभ	शरभः	454
357.	भीम	भीमः	456
358.	समयज्ञ	समयज्ञः	457
359.	हविर्हरि	हविर्हरिः	459
360.	सर्वलक्षणलक्षित	सर्वलक्षणलक्षण्यः	460
361.	लक्ष्मीवान्	लक्ष्मीवान्	461
362.	समितिञ्जय	समितिञ्जयः	462
363.	विक्षर	विक्षरः	464
364.	रोहित	रोहितः	466
365.	मार्ग	मार्गः	467
366.	हेतु	हेतुः	468
367.	दामोदर	दामोदरः	470
368.	सह	सहः	471
369.	महीधर	महीधरः	472
370.	महाभाग	महाभागः	473

371.	वेगवान्	वेगवान्	474
372.	अमिताशन	अमिताशनः	475
373.	उद्भव	उद्भवः	476
374.	क्षोभण	क्षोभणः	478
375.	देव	देवः	479
376.	श्रीगर्भ	श्रीगर्भः	480
377.	परमेश्वर	परमेश्वरः	481
378.	करण	करणं	483
379.	कारण	कारणं	484
380.	कर्त्ता	कर्ता	485
381.	विकर्त्ता	विकर्ता	487
382.	गहन	गहनः	489
383.	गुह	गुहः	490
384.	व्यवसायी	व्यवसायः	491
385.	व्यवस्थित	व्यवस्थानः	492
386.	संस्थान	संस्थानः	493
387.	स्थानदाता	स्थानदः	494
388.	ध्रुव	ध्रुवः	496
389.	परमऋद्धि	परर्द्धिः	497
390.	परमस्पष्ट	परमस्पष्टः	499
391.	तुष्ट	तुष्टः	500
392.	पुष्ट	पुष्टः	501
393.	शुभदर्शन	शुभेक्षणः	502
394.	राम	रामः	504
395.	विराम	विरामः	506
396.	विरत	विरजः	507
397.	मार्ग	मार्गः	509
398.	नेय	नेयः	510
399.	नय	नयः	512
400.	अनय	अनयः	513
401.	वीर	वीरः	515
402.	शक्तिमतांश्रेष्ठ	शक्तिमतां श्रेष्ठः	516
403.	धर्मराज	धर्मः	517
404.	उत्तमधर्मज्ञ	धर्मविदुत्तमः	518
405.	वैकुण्ठ	वैकुण्ठः	519
406.	पुरुष	पुरुषः	521
407.	प्राण	प्राणः	523

408.	प्राणदाता	प्राणदः	524
409.	प्रणव	प्रणवः	525
410.	पृथु	पृथुः	526
411.	हिरण्यगर्भ	हिरण्यगर्भः	527
412.	शत्रुघ्न	शत्रुघ्नः	528
413.	व्याप्त	व्याप्तः	530
414.	वायु	वायुः	531
415.	अधोक्षज	अधोक्षजः	532
416.	ऋतु	ऋतुः	533
417.	सुदर्शन	सुदर्शनः	534
418.	काल	कालः	536
419.	परमेष्ठी	परमेष्ठी	538
420.	परिग्रह	परिग्रहः	539
421.	उग्र	उग्रः	540
422.	संवत्सर	संवत्सरः	541
423.	दक्ष	दक्षः	542
424.	विश्राम	विश्रामः	543
425.	विश्वदक्षिण	विश्वदक्षिणः	545
426.	विस्तार	विस्तारः	546
427.	स्थावरस्थाणु	स्थावरः स्थाणुः	548
428.	प्रमाण	प्रमाणं	549
429.	अव्ययबीज	बीजमव्ययं	550
430.	अर्थ	अर्थः	551
431.	अनर्थ	अनर्थः	552
432.	महाकोश	महाकोशः	553
433.	महाभोग	महाभोगः	554
434.	महाधन	महाधनः	556
435.	अनिर्वेद	अनिर्विण्णः	558
436.	स्थविष्ठ	स्थविष्ठः	559
437.	अभू	अभूः	561
438.	धर्मयूप	धर्मयूपः	562
439.	महामख	महामखः	563
440.	नक्षत्रनेमि	नक्षत्रनेमिः	564
441.	नक्षत्री	नक्षत्री	565
442.	सक्षम	क्षमः	566
443.	क्षाम	क्षामः	568
444.	समीहन	समीहनः	569

445.	यज्ञ	यज्ञः	570
446.	इज्य	इज्यः	572
447.	महेज्य	महेज्यः	574
448.	क्रतु	क्रतुः	576
449.	सत्र	सत्रं	578
450.	सतांगति	सतां गतिः	579
451.	सर्वदर्शी	सर्वदर्शी	580
452.	विमुक्तात्मा	विमुक्तात्मा	582
453.	सर्वज्ञ	सर्वज्ञः	584
454.	ज्ञानस्वरूप	ज्ञानमुत्तमम्	585
455.	सुव्रत	सुव्रतः	587
456.	सुमुख	सुमुखः	588
457.	सूक्ष्म	सूक्ष्मः	589
458.	सुघोष	सुघोषः	591
459.	सुखद	सुखदः	592
460.	सुहृत्	सुहृत्	593
461.	मनोहर	मनोहरः	595
462.	क्रोधजयी	जितक्रोधः	597
463.	वीरबाहु	वीरबाहुः	598
464.	विदारण	विदारणः	599
465.	स्वप्नकारी	स्वापनः	600
466.	स्ववशी	स्ववशः	602
467.	व्यापी	व्यापी	604
468.	अनेकात्मा	नैकात्मा	605
469.	नैककर्मकर्त्ता	नैककर्मकृत्	607
470.	वत्सर	वत्सरः	608
471.	वत्सल	वत्सलः	609
472.	वत्सी	वत्सी	610
473.	रत्नगर्भ	रत्नगर्भः	611
474.	धनेश्वर	धनेश्वरः	612
475.	धर्मरक्षक	धर्मगुप्	614
476.	धर्मकर्मी	धर्मकृत्	615
477.	धर्मी	धर्मी	616
478.	सत्	सत्	617
479.	असत्	असत्	619
480.	क्षर	क्षरम्	620
481.	अक्षर	अक्षरम्	621

482.	अविज्ञाता	अविज्ञाता	622
483.	सहस्रांशु	सहस्रांशुः	624
484.	विधाता	विधाता	626
485.	कृतलक्षण	कृतलक्षणः	627
486.	किरण	गभस्तिनेमिः	628
487.	सत्त्वस्थ	सत्त्वस्थः	629
488.	सिंह	सिंहः	630
489.	भूतमहेश्वर	भूतमहेश्वरः	631
490.	आदिदेव	आदिदेवः	632
491.	महादेव	महादेवः	633
492.	देवेश	देवेशः	634
493.	देवपालगुरु	देवभृद्गुरूः	635
494.	उत्तर	उत्तरः	637
495.	गोपति	गोपतिः	639
496.	गोप्ता	गोप्ता	641
497.	ज्ञानगम्य	ज्ञानगम्यः	642
498.	पुरातन	पुरातनः	644
499.	शरीरपालक	शरीरभूतभृत्	645
500.	भोक्ता	भोक्ता	646
501.	कपीन्द्र	कपीन्द्रः	648
502.	भूरिदक्षिण	भूरिदक्षिणः	649
503.	सोमपायी	सोमपः	651
504.	अमृतपायी	अमृतपः	652
505.	सोम	सोमः	653
506.	पुरुजित्	पुरुजित्	654
507.	पुरुसत्तम	पुरुसत्तमः	656
508.	विनय	विनयः	657
509.	जय	जयः	658
510.	सत्यसंकल्पी	सत्यसन्धः	659
511.	दाशार्ह	दाशार्हः	660
512.	सत्यवान् रक्षक	सात्वतां पतिः	662
513.	जीव	जीवः	663
514.	विनयितासाक्षी	विनयितासाक्षी	664
515.	मुकुन्द	मुकुन्दः	665
516.	अमितविक्रम	अमितविक्रमः	667
517.	अम्भोनिधि	अम्भोनिधिः	669
518.	अनन्तात्मा	अनन्तात्मा	670

519.	महोदधिशायी	महोदधिशयः	672
520.	अन्तक	अन्तकः	673
521.	अजन्मा	अजः	674
522.	पूजनीय	महार्हः	675
523.	स्वभावरूप	स्वाभाव्यः	676
524.	जितामित्र	जितामित्रः	677
525.	प्रमोद	प्रमोदनः	679
526.	आनन्द	आनन्दः	680
527.	नन्दन	नन्दनः	682
528.	नन्द	नन्दः	683
529.	सत्यधर्मा	सत्यधर्मा	684
530.	त्रिविक्रम	त्रिविक्रमः	685
531.	महर्षि कपिलाचार्य	महर्षिः कपिलाचार्यः	687
532.	कृतज्ञ	कृतज्ञः	688
533.	मेदिनीपति	मेदिनीपतिः	689
534.	त्रिपद	त्रिपदः	690
535.	त्रिदशाध्यक्ष	त्रिदशाध्यक्षः	693
536.	महाशृङ्ग	महाशृंगः	695
537.	कृतान्तकृत्	कृतान्तकृत्	696
538.	महावराह	महावराहः	697
539.	गोविन्द	गोविन्दः	699
540.	सुषेण	सुषेणः	700
541.	कनकांगदी	कनकाङ्गदी	701
542.	गुह्य	गुह्यः	703
543.	गभीर	गभीरः	704
544.	गहन	गहनः	705
545.	गुप्त	गुप्तः	706
546.	चक्रगदाधर	चक्रगदाधरः	707
547.	वेधा	वेधाः	708
548.	स्वरमणीय	स्वांगः	709
549.	अजित	अजितः	710
550.	कृष्ण	कृष्णः	712
551.	दृढ	दृढ़ः	714
552.	संकर्षणाच्युत	संकर्षणोऽच्युतः	715
553.	वरुण	वरुणः	717
554.	वारुण	वारुणः	719
555.	वृक्ष	वृक्षः	720

556.	पुष्कराक्ष	पुष्काराक्षः	722
557.	महामना	महामनाः	723
558.	भगवान्	भगवान्	725
559.	भगहा	भगहा	727
560.	आनन्दी	आनन्दी	729
561.	वनमाली	वनमाली	730
562.	हलायुध	हलायुधः	731
563.	आदित्य	आदित्यः	733
564.	ज्योतिरादित्य	ज्योतिरादित्यः	735
565.	सहिष्णु	सहिष्णुः	736
566.	उत्तमगति	गतिसत्तमः	738
567.	सुधन्वा	सुधन्वा	740
568.	खण्डपरशु	खण्डपरशुः	741
569.	दारुण	दारुणः	742
570.	द्रविणप्रदाता	द्रविणप्रदः	743
571.	आकाशस्पर्शी	दिविस्पृक्	744
572.	सर्वदर्शी व्यास	सर्वदृग्व्यासः	745
573.	वाचस्पति योनि अजन्मा	वाचस्पतिरयोनिजः	747
574.	त्रिसामा	त्रिसामा	749
575.	सामगायक	सामगः	750
576.	साम	साम	752
577.	निर्वाण	निर्वाणम्	753
578.	भेषज	भेषजम्	754
579.	भिषक्	भिषक्	756
580.	संन्यासकृती	संन्यासकृत्	757
581.	शम	शमः	758
582.	शान्त	शान्तः	760
583.	निष्ठा	निष्ठा	761
584.	शान्तिस्वरूप	शान्तिः	763
585.	परायण	परायणम्	765
586.	शुभांग	शुभाङ्गः	766
587.	शान्तिदाता	शान्तिदः	768
588.	स्रष्टा	स्रष्टा	769
589.	कुमुद	कुमुदः	770
590.	कुवलेशय	कुवलेशयः	771
591.	गोहित	गोहितः	773
592.	गोपति	गोपतिः	774

593.	गोप्ता	गोप्ता	775
594.	वृषभाक्ष	वृषभाक्षः	776
595.	धर्मप्रिय	वृषप्रियः	778
596.	अनिवर्ती	अनिवर्ती	779
597.	निवृत्तात्मा	निवृत्तात्मा	781
598.	संक्षेप्ता	संक्षेप्ता	782
599.	क्षेमकर्त्ता	क्षेमकृत्	783
600.	शिव	शिवः	784
601.	श्रीवत्सवक्षा	श्रीवत्सवक्षाः	785
602.	श्रीवास	श्रीवासः	786
603.	श्रीपति	श्रीपतिः	787
604.	श्रीमतांवर	श्रीमतां वरः	788
605.	श्रीदाता	श्रीदः	789
606.	श्रीश	श्रीशः	790
607.	श्रीनिवास	श्रीनिवासः	791
608.	श्रीनिधि	श्रीनिधिः	792
609.	श्रीविभावन	श्रीविभावनः	793
610.	श्रीधर	श्रीधरः	794
611.	श्रीकर्त्ता	श्रीकरः	795
612.	श्रेय	श्रेयः	796
613.	श्रीमान्	श्रीमान्	797
614.	लोकत्रयाश्रय	लोकत्रयाश्रयः	798
615.	स्वक्ष	स्वक्षः	799
616.	सुन्दरांग	स्वंगः	801
617.	शतानन्द	शतानन्दः	802
618.	नन्दी	नन्दिः	804
619.	ज्योतिर्गणेश्वर	ज्योतिर्गणेश्वरः	805
620.	विजितात्मा	विजितात्मा	807
621.	विधेयात्मा	विधेयात्मा	808
622.	सत्कीर्ति	सत्कीर्तिः	810
623.	छिन्नसंशय	छिन्नसंशयः	811
624.	उदीर्ण	उदीर्णः	813
625.	सर्वदर्शी	सर्वतश्चक्षुः	814
626.	अनीश	अनीशः	815
627.	शाश्वतस्थिर	शाश्वतस्थिरः	816
628.	भूशायी	भूशयः	818
629.	भूषण	भूषणः	819

630.	भूति	भूतिः	821
631.	विशोक	विशोकः	822
632.	शोकनाशक	शोकनाशनः	823
633.	अर्चिष्मान्	अर्चिष्मान्	824
634.	अर्चित	अर्चितः	825
635.	कुम्भ	कुम्भः	827
636.	विशुद्धात्मा	विशुद्धात्मा	829
637.	विशोधन	विशोधनः	831
638.	अनिरुद्ध	अनिरुद्धः	832
639.	अप्रतिरथ	अप्रतिरथः	833
640.	प्रद्युम्न	प्रद्युम्नः	835
641.	अमितविक्रम	अमितविक्रमः	836
642.	कालनेमिनिहा	कालनेमिनिहा	837
643.	वीर	वीरः	839
644.	शूर	शौरिः	841
645.	शूरजनेश्वर	शूरजनेश्वरः	843
646.	त्रिलोकात्मा	त्रिलोकात्मा	845
647.	त्रिलोकेश	त्रिलोकेशः	847
648.	केशव	केशवः	849
649.	केशिहा	केशिहा	851
650.	हरि	हरिः	853

अर्चना

301. युगावर्त

हे प्रभु, तुम युग का आवर्तन करनेवाले हो।

प्रकृति का युग है — प्रकृति बदलती रही। पतझर हमेशा न रहे — मधुमास में नव किसलय हरियाली ले आये। निशा की कालिमा सदैव न रहे — उषा की लाली अम्बुज के उर खोल दे।

और यह जीवन का युग — निरन्तर परिवर्तित होता रहे। इस जीवन में ही है — कभी सतयुग, कभी त्रेता, कभी द्वापर, कभी कलियुग।

प्रकाश की ओर चले, अन्धकार का युग मिटता जाये। मानस की धारा जहाँ एक ओर जगत् से जुड़ा है, तुमसे जुड़े — जीवन युग का आवर्तन हो जाये।

और तब हे प्रभु, तुम जो असत्य से जुड़ा-सत्य से जोड़ दो, अमंगल से जुड़ा-मंगल से जोड़ दो, असुन्दर से जुड़ा — सुन्दरता से जोड़ दो।

आवर्तन होगा—
एक युग पतित जीवन का — दूसरा पावनता का
एक युग अज्ञान का — दूसरा ज्ञान का
एक युग अधर्म का — दूसरा धर्म का

और यह युग का आवर्तन समाज में,
देश में होता रहा और होता रहेगा।

युग का आवर्तन करनेवाले
हे 'युगावर्त' तुमको नमन है।

युग + आवर्तः = युगावर्तः
आवर्त (धातु — बदलना)
जो युग को बदल दे।

302. अनेकमाया

हे विश्वम्भर! तुम्हारी माया विचित्र। वह भी एक नहीं, अनेक हैं।

यह माया क्या है? तुम एक चैतन्य, प्रकृति के आवरण से भिन्न-भिन्न रूप में भास रहे।

भास्कर गगन में एक अकेला भास रहा-लहरों में स्वर्णिम किरणें-सब लहरों के साथ झिलमिल नाचें।

कुम्भकार ने अनेक कुम्भ बनाये – उनके अनेक आकार। आकाश सब में एक रहा।

धरती पर सहस्रों नर-नारी छाये। सबके रूप-रंग-गुण, भिन्न-भिन्न लेकिन सबके प्राणों में हे परमेश्वर! तुम्हारे एक चैतन्य का दीप जले। लेकिन यह माया की छलना है जो सबको भिन्न-भिन्न देखे।

देखो यह जड़ माया की अनेकता। कहीं भास्कर की रश्मि भा रही है, कहीं राका की स्वर्णिम शीतलता बरस रही, कहीं हिमालय का शुभ्र धवल किरीट है, कहीं सागर की उत्ताल तरंगें।

और इस माया के कारण सत्य में असत्य का, और असत्य में सत्य का भास हो रहा।

नेत्रहीन, हाथी स्पर्श करे। वह कहे विशाल शरीर-दीवार है, सूँड़ कदली का तना, कर्ण पंखा है।

माया की विविधता में रहनेवाले
हे 'अनेकमाया' तुमको नमन है।

अ (नञ् समास-नहीं). एक. मायः = नैकमायः
जिसकी माया एक नहीं (अनेक) हैं। (अनेकमाया)

303. महाशन

रवि की तेजस्वी किरणें-जल को, किसी भी रंग में रँगा हो-सोख लें।

अनल की ज्वाला – सर्व पदार्थों को अपने में आत्मसात् कर भस्मीभूत कर दे।
अमृत की एक बूँद, विष भरे वपु में जीवन को जाग्रत कर दे।
प्रभु, जो तुम्हारे द्वार आया – तुमने उसके पापों का गरल पिया।

जिसने अश्रु से चरण धोये – उसके अश्रु से भरे दुःखों के सागर को अपने करतल में लिया।

जिसको वासनाओं का विष मरण की संवेदना दे रहा था – तुमने उसके विष का अशन कर, उसको जीवन्मुक्त कर दिया।

केवल समर्पण की आहुति दें, तुम सर्व पाप, सर्व दुःख अशन करते।

महान् अशन करनेवाले
हे 'महाशन' तुमको नमन है।

महाशनः = महत् (बड़ा). अश (धातु-भोजन करना). ल्युट् (प्रत्यय) = महाशनः जो भोजन करनेवालों में महान् है।

304. अदृश्य

हे प्रभो! तुम सर्वकालिक, सर्वव्यापी हो, फिर भी अदृश्य।

कारण—

हम तुमको जानना चाहते हैं—
नयनों से — दर्शन कर
कर्ण से — श्रवण कर
कर से — स्पर्श कर
लेकिन तुम अतीन्द्रिय हो।

और पाना चाहते हैं—
बुद्धि द्वारा-तर्क में
मन द्वारा-रसानुकूल संसार में
चित्त द्वारा-चंचलता में

लेकिन यह सब दीवारें बनीं। तुम तो परदा भी नहीं रहने देते।

वहाँ तो-ध्याता, ध्यान, ध्येय
ज्ञाता, ज्ञान, ज्ञेय,
दर्शक-दृश्यमान् का भी भेद न रहे।

और भेद में अदृश्य हो।

दूध में माखन
सागर में बड़वाग्नि
प्राणी में परमेश्वर-अदृश्य है।

नयनों से न दिखनेवाले
हे 'अदृश्य' तुमको नमन है।

अदृश्यः = नञ् (समास — नहीं) दृशिर् (धातु-देखना). क्यप् (प्रत्यय) = अदृश्यः जो दिखायी न दे।

305. व्यक्तरूप

बाती है – जब जले, दीपक व्यक्त है,
पाषाण है – तराशें, मूर्ति व्यक्त है,
दूध है-मथें, माखन व्यक्त है

हे विष्णु! तुम प्रकृति में समाये
जब ज्ञान हो-तुम प्रकृति में व्यक्त रूप हो
न जाना-परोक्ष हो; जाना प्रत्यक्ष हो।

मन ने सँवारा, चित्त ने चित्रित किया
तब तुम निर्गुण सगुण हुए
अजन्मा का जन्म हुआ
रूपहीन-रूपवान् हुआ
अनामी-नामी हुआ
अव्यक्त – सगुण रूप में व्यक्त हुआ।

सगुण रूप में देखा-
तुम्हारे सुन्दर कृपा नयन हैं
सशक्त भुजाएँ हैं
विशाल वक्षःस्थल है
विश्व क्रमण करनेवाले पराक्रमी पग हैं।

आनन्द की कौस्तुभ मणि है
प्रेमहार की वैजयन्ती माला है।
और उस प्रेम महोत्सव में आरती होने लगी,
शंखनाद हुआ।

हृदय – कमल के पुष्पों की वर्षा होने लगी।
तुम्हारे व्यक्त रूप में पूजा हो रही थी।

भक्ति की धारा में – निराकार आज साकार खड़ा था।

और हे प्रभो! ज्ञानी ने तो यह सम्पूर्ण विश्व को ही तुम्हारा व्यक्त रूप देखा। तुम विश्व में और विश्व तुममें।

विश्वाकार स्वरूप में प्रकट
हे 'व्यक्तरूप' तुमको नमन है।

व्यक्तरूपः = वि (उपसर्ग). अंजू (धातु-प्रत्यक्ष दिखना). क्त (प्रत्यय) = व्यक्त. रूपः जिसका रूप (आकार) व्यक्त है।

306. सहस्रजेता

सागर है-सहस्रों लहरें उमड़ रहीं-वह उनको नियन्त्रित न कर सके। शशि के आगमन पर ज्वार-भाटे विचलित हो चलें।

भास्कर है – सहस्रों किरणें बिखर उठें-लेकिन वह उनको नियन्त्रित न कर सके। कह न सके किसको स्पर्श करो-किसको न करो।

लेकिन हे विश्वम्भर!

संसार है – सहस्रों प्राणी श्वास ले रहे। जीवन की ज्योति जलती है, बुझती है। तुम सबको नियन्त्रित कर जीत रहे हो। दैहिक या दैविक; भौतिक हो या आध्यात्मिक, सबके नियन्ता हो।

मानव – अपने मन के भयंकर तूफानों को न रोक पाये। गिरती बुद्धि को न रोक सके – अन्तर के सहस्रों शत्रु पर विजय न कर सके।

हे प्रभो! तुम्हारी शरण जो जाय-
जब उसका मन हार जाय – वहाँ शक्ति बनकर आते।
जब बुद्धि भ्रमित हो – वहाँ विवेक बनकर आते।
जब निर्बल हो – वहाँ बल बनकर आते।
जब अज्ञान के अँधेरे में हों – वहाँ प्रकाश बनकर आते।

पराक्रमी ही विजय करे – हे प्रभु, तुम महापराक्रमी। विजय करने के लिए-
सहस्रपाद से चलते,
सहस्रबाहु से सहस्र शस्त्र धारण करते,
सहस्राक्ष से देखते,
सहस्रमुख से बोलते।

सहस्रों पर विजय करनेवाले
हे 'सहस्रजेता' तुमको नमन है।

सहस्रजित् = (हजार-बिन्दी बढ़ाये जाने पर असंख्य हो जाता है) + जित् (जीतना) जो असंख्य लोगों को जीतनेवाला है। (सहस्रजेता)

307. अनन्तजेता

सीमा का अन्त है – उसको पार करना सरल।
लेकिन हे प्रभु, आप असीम को अपने में समा लेते।

सागर को कोई पार करे, आप सागर को ही अपने में समा लेते।

कोई संसार में भ्रमित विचरण करे, आप संसार को ही अपने करतल में ले लेते।

जन्म का अन्त, मरण में – हे परमेश्वर आप जन्म-मरण से परे अनन्त हो। विश्व के भण्डार की सीमा विषय रस में, आप असीम अनन्त-आनन्द हो।
कोई एक विघ्न में प्राण दे, आप अनन्त विघ्नों का नाश करें।
आसुरी शक्ति अन्त करे – आप उन पर विजय कर अनन्त की ओर ले चलें।

विजय कर अनन्त दिलानेवाले
हे 'अनन्तजेता' आपको नमन है।

अनन्त + जित् = अनन्तजित् = (अनन्तजेता)
जिसने अनन्त पर विजय की-या
जो विजय कराकर अनन्त दे।

308. इष्ट

मीन के लिए जल प्रिय है
जल ही उसका जीवन है।

प्रेमी को प्रियतम प्यारा है
वही उसके जीवन का संगीत है।

पंगु को पग प्यारा है
वही उसके जीवन की गति है—

नेत्रहीन को नेत्र प्यारा है
वही उसके जीवन का प्रकाश है—

लेकिन वह प्रभु, सबका प्यारा है
वह सबके प्राणों का प्राण है,
उसके न मिलने से—
सब मिला हुआ चला जाय
उसके मिलने से—
न मिला हुआ सब मिल जाय।

वही सब को दे,
लोक-परलोक, अर्थ-परमार्थ,
वही प्रेय है — वही श्रेय है
वही सबका इष्ट है।

वह जीवन के सप्तक तारों को झंकृत कर
आनन्दमय संगीत से भर दे,
बिछुड़े को मिला दे,
खाली हाथ को-भर दे,
द्वार पर आये को-गले लगा ले।

सबके प्यारे
सबके कल्याणकारी
हे 'इष्ट' तुमको नमन है।

इष्टः = इषू (धातु-प्राप्त करना, चाहना) + क्त (प्रत्यय) = इष्टः
जिसको प्राप्त करना चाहते हैं।
जिसकी कामना की जाय।

309. विशिष्ट

तरु है – उसमें पल्लव हैं – पुष्प हैं – फल हैं
लेकिन मूल ही विशिष्ट है।

सीप में मोती है-सीप नहीं, मोती ही विशिष्ट है।

तन है- उसमें कमल नयन हैं, मधुर वाणी है, विशाल वक्षःस्थल है, आजानु बाहु है- इसमें प्राण ही विशिष्ट है।

डबडबाती इन्द्रियाँ हैं, हिलोरें लेता मन है; चलित चित्त है लेकिन, इसमें आत्मा ही विशिष्ट है।

विश्व है-उसमें पदार्थ हैं। बनते हैं-मिटते हैं। विश्व में प्राणी भी हैं। जीते हैं-जागते हैं, बुझते हैं। हे परमेश्वर! तुम ही इसमें विशिष्ट हो।

हे प्रभो।
सब वृथा, तुम सत्य होने से विशिष्ट,
सब नश्वर, तुम शाश्वत होने से विशिष्ट,
सब जड़, तुम चैतन्य होने से विशिष्ट।

विशिष्टता लिए–
हे 'विशिष्ट' तुमको नमन है।

वि (उपसर्ग) + शिष्टः = विशिष्टः

310. शिष्टेष्ट

हे प्रभो, तुम शिष्ट लोगों के ही इष्ट हो
अशिष्ट तुम्हारे द्वार न आये-

उलूक का इष्ट
अँधियारी यामिनी होगी।

राक्षसों का इष्ट-रावण,
मुनिजन का इष्ट-राम होगा।

विषयानुकूल मन का इष्ट विषयानन्द होगा।

झरना हो, नीचे गिरना प्रिय होगा,
तामसी प्रवृत्ति हो, तामस ही ललकेगा।

जिज्ञासु को ज्ञानी प्रिय,
जहाँ ज्ञान की ज्योति जले।
भक्त को भगवान् प्रिय,
जहाँ उसका सर्वस्व रहे।

प्रभु, तुम शिष्ट के इष्ट
लेकिन शिष्ट कौन?
प्रभु, तुम सत्यस्वरूप
सत्यनिष्ठ ही शिष्ट है
वही तुम्हारा दर्शन कर सकेगा।

शिष्ट जनों के इष्ट
हे 'शिष्टेष्ट' तुमको नमन है।

शिष्ट + इष्टः = शिष्टेष्टः
जो शिष्ट लोगों का इष्ट है।

311. शिखण्डी

जो तेज से व्याप्त करे वह शिखण्डी है लेकिन, हे प्रभु, तुम विचित्र शिखण्डी।

काष्ठ का अनल से संसर्ग ज्वाला का उद्भास है, तेजस् का उद्दीपन है। जो उसकी लपटों में आये-उसे आत्मसात् कर ले।

लेकिन हे जगदीश्वर! तुम्हारा तेजस् बिना जलाये सबमें व्याप्त है। विश्व में प्राण, तुम्हारे तेजस् से ही उद्भासित हो रहे।

यह तेजस् जगत् का आधार, जीवन की शिखा है।

अपने तेजस् से विश्व में व्याप्त रहनेवाले
हे 'शिखण्डी' तुमको नमन है।

---

(1) शिखण्डी
शिखा-शींग (धातु-ज्वालार्थक, शयनार्थक) + ख (प्रत्यय) + टाप् (प्रत्यय) = शिखा
अण्ड-अम् (धातु – गति करना, व्यापन करना) ड (प्रत्यय) अण्ड
जो तेज को व्याप्त करता है।
(2) शिखण्डी (सं.) – मोर

312. नहुष

हे प्रभु, तुम बाँधनेवाले नहुष हो।

विश्व बन्धनमय है
नक्षत्र-आकाश से बँधा
सरिता-भूधर से सागर तक बँधी
तरु-धरती से बँधे।

मेघ आकाश में भले ही लहराये
धरती से फिर भी बँधा,
सरोज-रवि किरणों से कितनी ही दूर हो
फिर भी उससे बँधा

मानव-मानव से बँधा है
कहीं प्रेमसूत्र से,
कहीं घृणा से,
कहीं घृणा-धुन्ध से।

जीवन नदिया – जन्म – मृत्यु के पाट में बँधे
भाव-लहरों के उतार-चढ़ाव में बह रहा है
कितनी लहरें हैं-कब गिना
बनती रहीं मिटती रहीं-देखते रहे।

बाह्य बन्धन दृश्य है
स्वयं का बन्धन अदृश्य है
अपने से अपने को बँधा पाना
अपनी ही माया का बन्धन है।

हे प्रभु, जिसका मन तुम अविनाशी को छोड़े,
उसे तुम संसार से बाँधते,
जिसका मन संसार को छोड़े
उसे तुम अपने में बाँध लेते।

बाँधनेवाले
हे 'नहुष' तुमको नमन है।

नहुषः = णह् (धातु-बाँधना) + उषच् (प्रत्यय) = नहुषः
(बाँधनेवाला या बन्धन में रहनेवाला)

313. वृष

हे परमेश्वर! तुम वर्षा करनेवाले 'वृष' हो
निरन्तर वर्षा कर रहे।

जहाँ दुःख से तप्त हृदय हो
वहाँ आनन्द रस की वर्षा कर रहे,
जहाँ अँधियारे में राह न मिले,
वहाँ प्रकाश की वर्षा कर रहे।

जहाँ अधर्म का विष फैले
धर्म-सुधा की वर्षा कर, जीवन देते।

एक सूर्य दशों दिशाओं में
प्रकाश की वर्षा करे
फिर भी मानव के अन्तस् में अँधियारा रहे
हे चैतन्य विष्णु!
तुम सबके अन्तस् में प्रकाश की वर्षा करते।

उस वर्षा में ज्ञानीजन अवगाहन करें
अज्ञानीजन उस सुधामयी वर्षा का
अपने अन्तस् में अनुभव न करें।
लेकिन तुम्हारी वर्षा निरन्तर हो रही।

वर्षा करनेवाले
हे 'वृष' तुमको नमन है।

वृषः = वृषु – (धातु – सेचन करना) + क (प्रत्यय) = वृषः
जो वर्षा करता है।

314. क्रोधहा

सुना – अप्रिय लगा
क्रोधित हो गये
देखा – अप्रिय लगा
क्रोधित हो गये,

अप्रिय मिला-क्रोधित हो गये
प्रिय न मिला-क्रोधित हो गये,

जहाँ अहंकार का विशाल पर्वत
ऊँची-नीची खाड़ियाँ
वहाँ क्रोध की द्वन्द्व-ध्वनि टकरा उठती।

काष्ठ अनल के स्पर्श से
स्वयं को भस्मीभूत कर ले,
धूमकेतु मचलकर
स्वयं को विनष्ट कर ले।

विषपान-मरण को
स्वयं बुला ले,
अपना क्रोध
अपना ही विवेक नष्ट कर ले,

लेकिन हे प्रभु,
जिसने तुम्हारी इच्छा में अपनी इच्छा का समर्पण किया
उसके क्रोध का हनन किया
जिसमें वासना का सागर रहा
क्रोध की लहरें उमड़ती रहीं
हे प्रभु, तुमने
उसमें न तो वासना की चंचलता
न अहंकार के मेघों की गड़गड़ाहट
न क्रोध के विद्युत् को रहने दिया।

वहाँ शान्त आकाश है
क्रोध का अवसान हो गया

अब जीव निःसंग द्रष्टा है
उस पर क्रोध के शर निष्फल हुए
उसने देखा-मन को न जोड़ा
केवल देख रहा-अनासक्त।

उसने सुना-हृदय में कम्पन न हुआ
केवल सुन रहा है
निश्चल, निर्विकल्प, निःसंग
न राग-न विराग
फिर क्रोध कहाँ।

क्रोध का हनन करनेवाले
हे 'क्रोधहा' तुमको नमन है।

क्रोधहा = क्रुध (धातु – क्रोध करना) + घञ् (प्रत्यय) = क्रोध
हन् (धातु-नष्ट करना) क्विप् (प्रत्यय) = हा = क्रोधहा
क्रोध का हनन (नष्ट) करनेवाला।

315. क्रोधनिवृत्तकर्त्ता

हे दयालु! तुम क्रोध होने के कारणों को निर्मूल करनेवाले हो।

क्रोध उपजे-राग से या विराग से
आसक्ति से या उदासीनता से
प्रेम से या घृणा से
तुम अन्तर्पीड़ा शान्त कर
क्रोध विनाश करो।

जिसका क्रोध हरण करो
फिर वह विचलित न हो
जैसे
अनल भले ही ज्वाला में जले
रवि को न जला सके
उल्का भले ही हिमालय पर गिरे
उसकी शीतलता न ले सके
चन्दन भले ही कोई काटे
उसकी सुगन्ध चुरा न सके।

क्रोध के कारण को नष्ट करनेवाले
हे 'क्रोधनिवृत्तकर्त्ता' तुमको नमन है।

क्रोधकृत्कर्त्ता = क्रोध करनेवाले (के कारणों को)
कर्त्ता-नष्ट करनेवाला (क्रोधनिवृत्तकर्त्ता)।

316. विश्वबाहु

हे प्रभो! विश्व में तुम्हारे सर्वत्र बाहु हैं।
तुम विश्वबाहु हो
एक बाहु में सुदर्शन चक्र,
कलुष कालिमा का विनाश किया।
एक बाहु में गदा-
अधर्मी को गर्दिश में डाला।
कमल हस्त से-ज्ञानकमल दिया
वरदहस्त से-वरदान दिया।

विश्व में व्याप्त सहस्रबाहु
जिसने जैसा किया-वैसा फल दिया।
किसी को बल दिया-किसी से छीना।
किसी को धन दिया-किसी से हरण किया।

मानव को भी बाहु दिये
शक्ति दी कि वह कर्म कर सके।
किसी ने पुष्प-पल्लवित किया,
किसी ने उसको मुरझाया,
किसी ने दीप जलाया,
किसी ने उसको बुझाया,
किसी ने प्रेम की वर्षा की,
किसी ने घृणा का विष दिया।

हे विश्वबाहु! तब तुमने सबके कर्मों का फल दिया।

विश्व में व्यापक बाहुवाले
हे 'विश्वबाहु' तुमको नमन है।

विश्व + बाहुः (भुजाएँ) = विश्वबाहुः
विश्व में जिसकी सर्वत्र भुजाएँ हैं।

317. महीधर

(1)

'मही' जड़ तत्त्व का प्रतीक और प्रभु, चैतन्य तत्त्व। चैतन्य ही जड़ तत्त्व को धारण करे। यह पंचतत्त्व का शरीर जड़ और आत्मा चैतन्य। आत्मा शरीर धारण करे।

विश्व में जो कुछ भी अनित्य वह सब 'मही'।
मही को धारण करनेवाले उस 'महीधर' को नमन है।

(2)

वह चैतन्य ही प्रसुप्त ज्योति को जगा दे
अन्धकार से प्रकाश में ला दे
हृदयाकाश को सुरभित कर दे
जीवन वीणा में
आनन्द राग के स्वर भर दे
वह महत् है-पूजनीय है।

महत्ता को धारण करनेवाले
हे 'महीधर' तुमको नमन है।

---

(1) महीधरः =
मह (धातु – पूजा या महत्त्व का होना)
घच् (प्रत्यय) = मह ङीष् (प्रत्यय) = मही
धृ (धातु-धारण करना) अच् (प्रत्यय)
जो महत्त्व को धारण करे
(2) मही (सं.) – पृथ्वी (जो पृथ्वी को धारण करे)

318. अच्युत

प्रातः उषा की लाली
मध्याह्न ज्वालाओं की चिनगारी
सन्ध्या का नील गगन में
अपनी आभा को समर्पण करते जाना
यह परिवर्तन की बढ़ती-सिमटती रेखाएँ
आज कली, कल खिलकर हँसना
फिर न जाने कहाँ-मुरझाकर जाना
प्रकृति का यह च्युत होना है।

मानस में सुख
तब अधरों पर मुस्कान
मानस में पीड़ा
तब नयनों में आँसू
यह मानस का च्युत होना है।

लेकिन प्रभु, तुम अच्युत हो।
तुम ब्रह्माण्डनायक ज्योतिस्वरूप
तुम्हारी शाश्वत ज्योति जले
तुम प्रकाशस्वरूप
सदैव प्रकाशित रहे।
तुम आनन्दस्वरूप
सदैव आनन्दमय रहे।

तुम चैतन्यस्वरूप
सदैव चैतन्य रहे।

अपने स्वरूप से कभी च्युत न होनेवाले
हे 'अच्युत' तुमको नमन है।

नञ् (समास) + च्युंग (धातु-स्खलित होना) + क्त (प्रत्यय) = अच्युतः
जो अपने (स्वरूपभूत लक्षणों से) च्युत नहीं होता।

319. प्रथित

हे जगदीश!
तुम्हारा सब गुणगान करें
तुम्हारी प्रशंसा प्रख्यात है।

रवि तुम्हारी आरती उतारे
गगन गीत गाये
सागर चरण धोये
धरती श्रृंगार करे
नक्षत्र फूल बरसायें।

विश्व तुम्हारी कृति
यह कृतित्व स्वयं ही तुम्हारा आख्यान है।

अग्नि का तेज, वायु की गति, जल की आर्द्रता-प्रकृति की यह शक्तियाँ तुम्हारा स्वयं गुणगान करें।

प्राणों के स्वर, नेत्रों का प्रकाश,
अधर के शब्द, जीवन की ज्योति- सब कहें-तुम ही पालनकर्त्ता हो।

प्रकृति तुम्हारे गीत गाये,
सृजन में या विनाश में।
मानव तुमको पुकारे
व्यथा में या आनन्द में।
विश्व में तुम्हारा यश गूँज उठा।

प्रसिद्धि पानेवाले
हे 'प्रथित' तुमको नमन है।

प्रथ (धातु-प्रख्यान करना, प्रसिद्धि करना) + क्त (प्रत्यय) = प्रथितः (प्रथित) जिसका प्राख्यान किया जाय-या जो प्रसिद्ध है।

320. प्राण

शाखाएँ-प्रशाखाएँ हैं
मूल ही तरु का प्राण है
जिसके बिना पल्लव न लहरे
पुष्प न खिले, फल न फले।

हे प्रभो! तुम प्राणियों के प्राण हो।
तुम्हारी आत्मज्योति से
श्वासों में वायु प्रकम्पित,
इन्द्रियों में गति,
मन में संकल्प-विकल्प,
चित्त में चंचलता जाग्रत हो।

तब-प्राणी, नयनों से संसार देखे,
लेकिन अन्तर्निहित प्राणों के स्वामी,
तुमको न देखे।

प्राणियों में अन्तर्निहित आत्मतत्त्व
हे 'प्राण' तुमको नमन है।

प्र (उपसर्ग) अच् (धातु – अन्तर्गर्भित होना) (अच् – प्रत्यय) = प्राणः जीवन शक्ति।

321. प्राणदाता

सितार में तार भले ही हों,
करों से ही झंकृत होगा,
बाँसुरी में छिद्र भले ही हों,
स्वर से ही गुंजन होगा।

शरीर में पंचतत्त्व भले ही हों
प्राण से ही जीवित होगा,
प्राणों को ज्योति प्रभु, तुम ही देनेवाले हो।
और वह प्राण ही क्या,
जिसमें आनन्द की सुरसरि न बहे।

अग्नि के अंगारे बरसें
हरित वन में दाह है
जब मन मलिन हो,
हृदय व्यथित हो,
चिन्ता की ज्वाला हो,
निराशा का अन्धकार हो
तब प्राणों में दाह है।

जब हे चैतन्य, तुमको देखें
अंतर में आनन्द की अमृत-धारा है
प्रभु, तुम ही जीवन के प्राण हो।

प्राण को देनेवाले
हे 'प्राणदाता' तुमको नमन है।

प्राणदः = प्राण + दः = प्राणदः
प्राण को देनेवाला (प्राणदाता)।

322. वासवानुज

विश्व में स्थूल तत्त्व वास कर रहा।
स्थूल विशाल है। सूक्ष्म छोटा है। विशाल स्थूल के सामने बौना है। बड़े में छोटा अनुज है।

नयन विशाल विश्व को झाँक रहा है।
प्रभु, तुम अन्तरतम में ज्योति जला रहे। स्थूल का आकार विशाल है-अन्तरतम गुहा सूक्ष्म है।

इन्द्रियों का अधिष्ठाता यह मन ही इन्द्र,

नयन, कर्ण, नासिका, जिह्वा, त्वचा, वाक्, पाणि, पाद, गुहा, उपस्थ की मांसल काया में मन वास कर इन्द्रियों का नियमन करे।

मन विशाल है। जीव की चित्तवृत्तियों को व्यापक कर दे।

हे प्रभु, तुम मन से सूक्ष्मतर। जो तुम्हारी शरण में जाय-मन तुम्हारा दास – तुम उसके स्वामी हो।

वास करनेवाले स्थूल और सूक्ष्म के अनुज हे 'वासवानुज' तुमको नमन है।

वासवानुजः = वस (धातु-बसना, आच्छादन करना) + उण् (प्रत्यय) = वासव (जो वास करे)
वासव + अनुज (छोटा भाई) = वासवानुजः
वास करनेवाले का छोटा भाई।

323. जलनिधि

जल का आकार ही क्या?
वह सब आकार में व्याप्त
घट में-घट का आकार
झील में झील का आकार
सागर में सागर का आकार

परमेश्वर का भी आकार क्या?
मानव में मानव का आकार
जन्तु में जन्तु का आकार
वह जल-सा सब में व्याप्त
चर में अचर
उसकी गति सर्वत्र
वह जलनिधि है
अपार है, अनन्त है।

लेकिन उस जलनिधि को
बड़वाग्नि सुखा न सके
हिमालय हटा न सके।

विचलित मन के ज्वार-भाटे के कम्पन में भी वह,
अन्तस्तल के शान्त सरोवर में भी वह।

जल रूपी चैतन्य तत्त्व के भण्डार
हे 'जलनिधि' तुमको नमन है।

अपां निधिः = अप (जल)
निधि-जिसमें रखा जाय। (जलनिधि)
जिसमें जल रखा जाय।

324. अधिष्ठान

हे प्रभु, चराचर जगत् तुममें स्थित
सबके अधिष्ठान हो।

तुम नहीं-कोई नहीं
तुम हो-सब हैं।

तुम चल में-अचल
गति में-स्थिर
चंचल में-शान्त
चक्र में-कूटस्थ हो।

सूर्य-सौर्यमण्डल का अधिष्ठान
लेकिन हे प्रभु तुम-ब्रह्माण्ड के अधिष्ठान हो।

चराचर जगत् की स्थिति के कारण
हे 'अधिष्ठान' तुमको नमन है।

अधिष्ठानम् = अधि (उपसर्ग) + ष्ठा (धातु-स्थित रहना) + ल्युट् (प्रत्यय) यु को अनादेश – अधिष्ठानम्
जिसमें (चराचर जगत्) स्थित रहता है।

325. अप्रमत्त

प्रभु, तुम्हारी क्रिया में कोई प्रमाद नहीं

पृथ्वी सूर्य की परिक्रमा कर रहा
कहीं अन्धकार-कहीं प्रकाश
कहीं उष्णता-कहीं शीतलता
लेकिन गति नियमबद्ध है—
कोई प्रमाद नहीं।

इस विश्व में-
सबके पदचाप सुन रहे
सबके करतल देख रहे
सबकी मति देख रहे
सबकी दिशाएँ देख रहे।

पदचाप देखा
जीवन का मार्ग बना दिया,
करतल देखा
कर की रेखाएँ खींच दीं,
नयनों में चिन्ता की चिनगारी देखी
शान्ति की वर्षा कर दी।

मानव हृदय की लहरों को देखा
दिशाएँ दे दीं,
उसके कर्मों को देखा
कर्मानुरूप फल दिया।

जिसने आकुलता से तुमको पुकारा
स्वयं को प्रकट किया।

अन्धकार में प्रकाशपुंज से
समीर में सुगन्ध से आये
कभी प्रमाद न किया।

प्रमाद न करनेवाले
हे 'अप्रमत्त' तुमको नमन है।

अप्रमत्तः – जो प्रमाद नहीं करता

326. प्रतिष्ठित

यह विश्व-एक मन्दिर
हे देव! आप इसमें प्रतिष्ठित हैं।
लेकिन हमने स्वयं नेत्र बन्द किये हैं
दर्शन न कर सके
कर्ण बन्द किये हैं
आपकी अन्तर्वाणी न सुन सके।

अधर्म की गलियों में भटकते रहे
आप धर्म में प्रतिष्ठित हैं,
आप अन्याय की ज्वाला में नहीं
न्याय मेघ की शीतल वर्षा में हैं,
घृणा के तूफानों में नहीं
प्रेम के शीतल समीर में हैं।

आपको वन-वन में ढूँढ़ा
लेकिन आप सबके हृदय में प्रतिष्ठित मिले।

संसार में स्थूल पदार्थ को
प्रत्यक्ष रूप से स्थित देखा
जो कल अस्तित्वहीन हो जायँगे
लेकिन नयनों ने उस परोक्ष को न देखा
जो सदैव प्रतिष्ठित है
कल था-आज है-सदैव रहेगा।

सदैव सर्वत्र स्थित रहनेवाले
हे 'प्रतिष्ठित' तुमको नमन है।

प्रतिष्ठितः = प्रति (उपसर्ग) + ष्ठा (धातु-स्थित होना)
क्त (प्रत्यय) = प्रतिष्ठितः
आदर भाव से जिसकी प्रतिष्ठा है, स्थिति है।

327. स्कन्द

हे प्रभो! तुम गतिशील होने से स्कन्द हो।

सरिता गतिशील है
सागर से मिलने के लिए
प्रकाश गतिशील है-अन्धकार मिटाने के लिए
प्राण गतिशील है-जीवन ज्योति जलाने के लिए।

लेकिन तुम गतिशील हो-
अमृत मन्थन के लिए
जीव के अन्तः विष निकाल-
आनन्द सुधा पिलाने के लिए।

लेकिन हमने अपने मन के कपाट बन्द किये
बुद्धि के झरोखे भी बन्द
तुम्हारे ज्ञान के प्रकाश की गति रोक दी
सरस आनन्द-समीर को आने न दिया।

जो तुमको अपनाये
उसके जीवन को गतिशील कर देते,
कलुष सुखा
हृदय में निर्मल आनन्द-सागर भर देते।

गति देनेवाले
हे 'स्कन्द' तुमको नमन है।

स्कन्दः = स्कन्दिर् (धातु-गति देना, सुखाना, शोषण करना) अच् (प्रत्यय) = स्कन्दः जो गति देता है, सुखाता है।

328. स्कन्दधर

पथ दो हैं-सत्य और असत्य।
सत्य धर्म की ओर
असत्य अधर्म की ओर ले चले
एक अमृत दे
दूसरा विष दे
एक आनन्द पुष्प बरसाये
दूसरा दुःख के अंगारे
एक जीवन दे
दूसरा जीवन हर ले।

जहाँ भानु-प्रकाश
सरोज वहाँ विकसित हो उठे,
जहाँ धर्म
वहाँ प्रभु, तुम प्रकट होकर
धर्म पन्थ की ओर ले चले
और उस धर्म मन्दिर में तुम विराजमान मिले।

धर्म धारण करनेवाले
हे 'स्कन्दधर' तुमको नमन है।

स्कन्द (सं-धर्म) धरः (धारण करना) = स्कन्दधरः
जो धर्म को धारण करे।

329. धुर्य

हे प्रभो! तुम वहन करनेवाले धुर्य हो।

वायु-सुगन्ध को
सरिता की धार-नौका को वहन करे।

हे प्रभु, तुम समस्त चराचर को
अपने में निहित कर वहन कर रहे।

सृजन, पालन, विलय
सबके प्राणों का संचार
शक्ति का आधार
सबके अन्तः प्रकाश की किरण
केवल एक अकेले
हे प्रभु, तुम वहन कर रहे।

वहन करनेवाले
हे 'धुर्य' तुमको नमन है।

धुर्यः = धुर् (धातु-वहन करना) + यत् (प्रत्यय) = धुर्यः
जो वहन करे।

330. वरद

हे प्रभो, तुम वरदान देनेवाले वरद हो।
तुम ब्रह्माण्डनायक-तुम्हारा भण्डार भरा
जो माँगे वह वर मिले,

अग्नि में जलन है
जो भी स्पर्श करे-ज्वलित होगा,
जलधि में जल है,
जो उसमें उतरे-अवगाहन करेगा।

कल्पतरु के नीचे बैठें
कौन-सी कामना पूर्ण न हो
लक्ष्मीपुत्र को-कब धन की कमी हो,

वे विश्वपिता!
सब तुम्हारे पुत्र
मनोकामना क्यों न पूर्ण करो-
जगत् माँगे या तुम जगदीश को,
दोनों करतल से देनेवाले हो।

चातक आकाश की ओर
स्वाती के बूँद की प्रतीक्षा करे
अम्बुज-सुनहले उषा की प्रतीक्षा करे
लेकिन प्रभु, तुम सबको मंगल कामना का वर
बिना प्रतीक्षा, प्रतिक्षण दे रहे।

तुम श्रेष्ठतम हो
जो तुम्हारे पास बैठे
उसे श्रेष्ठता मिले
जो तुमको वरण करे
तुम्हारा ही स्वरूप मिले।

मनोकामना पूर्ण करने का वर देनेवाले
हे 'वरद' तुमको नमन है।

वरदः = 1. वर (सं. मनोवांछित शुभ वस्तु, श्रेष्ठ वस्तु) + दः (देनेवाला) मनोवांछित वस्तु को देनेवाला
2. वर-श्रेष्ठ + दः (देना) जो श्रेष्ठता दे।

331. वायुवाहक

वायु-गतिहीन में गति कर दे
प्रसुप्त बाँसुरी में स्वर फूँक दे
शान्त-सरोवर में लहर-लहरा दे।

मीन-जल बिना
प्राणी-वायु बिना अस्तित्वहीन।

प्राणियों में वायु है
उदान, समान, अपान
उससे श्वासों में गति है
लेकिन आत्मतत्त्व की गति बिना
ये सब वायु निर्जीव हैं।

उस वायु को प्रभु तुम ही धारण करते
उसमें शक्ति देते
जड़ – शरीर में चेतना डालते
तुम्हारे बिना प्राणों में वायु भी न रहे।

प्राणियों में वायु को वहन करनेवाले
हे 'वायुवाहक' तुमको नमन है।

वायुवाहनः = (वायुवाहक)
वा (धातु-गति करना) उण् (प्रत्यय) = वायु
वह् (धातु-वहन करना) ल्युट् (प्रत्यय) = वाहन, (वायु को वहन या संचार करनेवाला)

332. वासुदेव

हे विश्वम्भर! तुम सबमें वास करनेवाले देव हो।

लहरें सागर में बस रहीं
कोई कहे सागर लहरों में बस रहा।

शाखा, पल्लव, पुष्प, फल
मूल में बस रहे
कोई कहे, यह मूल ही
तरु में बसकर फल-फूल रहा।

प्रभु, तुम्हारा यह विश्व-भवन
उसमें तुम वास कर रहे
जड़ में भी वास तुम्हारा
लेकिन प्राणियों के वपु की बाती में
तुम दीप से जल रहे।

वास करनेवाले
हे 'वासुदेव' तुमको नमन है।

वासुदेवः = वस (धातु-निवास करना) + उण् (प्रत्यय) = वासु
वासु + देवः = वासुदेवः
सब में वास करनेवाला देव।

333. वृहद्भानु

भास्कर जब विश्व को प्रकाश दे
चक्षु खुले-विश्व दृश्य है।

भानु केवल बाहर प्रकाश करे
प्रभु, तुम जन-जन में
अन्तर्प्रकाश कर रहे।

जो अन्तर्चक्षु खोले
वह अपने जीवन को प्रकाशमय कर ले
जब हृद कलुष का अन्धकार मिटे
तब अंतर अनुभूति में
आनन्द आलोक छा जाय।

हे विष्णु! तुम प्रकाशपुंज
तुम्हारी सहस्रों किरणें
ब्रह्माण्ड को प्रकाशित कर रहीं।

ब्रह्माण्ड में व्यापक
सर्वत्र सदैव प्रकाशित
हे 'वृहद्भानु' तुमको नमन है।

वृहद् (बड़ा, विशाल) + भानुः (सूर्य) = वृहद्भानुः
जो विशाल सूर्य है।

334. आदिदेव

जो अनादि है-अनन्त है–
उसका आदि और अन्त कैसा?

हाँ, वह आदिदेव है–
सृष्टि का आदि है-सृजन एवं विलय उसी में।

आदिदेव है–
सबके जीवन – ज्योति का आदि
जीवन – लहरी की लहर उसी से
फिर विलय भी उसी में।

आदिदेव है–
शक्ति का साम्राज्य उदय हुआ
भानु का आलोक उसी से
वायु के झोंके उसी से
सब की ऊर्जा उसी से।

सागर होगा-लहरें होंगी
लहरों का नर्तन होगा
वह होगा-सृष्टि में स्फुरणा होगी।

मानव – मन में
संकल्प-विकल्प; चिन्तन-मनन
का प्रत्यावर्तन होगा
वह है – सब कुछ है
वह नहीं – कुछ नहीं
केवल अव्यक्त आकाश होगा।

सृष्टि की आदिशक्ति
हे 'आदिदेव' तुमको नमन है।

आदि (प्रथम-आरम्भ) देवः (शक्ति रूप) = आदिदेवः
शक्ति का आरम्भिक स्वरूप।

335. पुरन्दर

हे प्रभो! तुम पुर को
विदरित करनेवाले पुरन्दर हो।

कुम्हार ने घट बनाया
आकाश उसमें बँध गया
घट टूटा
घटाकाश अनन्त आकाश में विलीन हुआ
कुम्भ-पुर विदरित हो गया।

चारों ओर दीवारें बनायीं
उसमें बँध गये
यह कारागार का पुर
दीवारें टूटीं — मुक्त हुए।

देह यष्टि की यह पुरी
इसमें प्रभु की किरणें प्रविष्ट हुईं
अपना अहं बोल उठा
'यह पुरी ही सत्य है।'

लेकिन प्रभु, आप उसमें बँधे हुए नहीं
बन्धनमुक्त हैं,
जीव नहीं — जीवन्मुक्त हैं।

जीव को जीवत्व ने
जाग्रत्, स्वप्न, सुषुप्ति
के घेरों में बाँधा,
जाग्रत्-स्वप्न को न देख सका,
स्वप्न-जाग्रत् में मिथ्या हो गया,
सुषुप्ति — इन दोनों को न देख सकी।

जाग्रत्, स्वप्न, सुषुप्ति
प्रभु, इन तीनों पुरों को तोड़कर

बन्धनहीन अनन्त में
अपने में तद्रूप कर लें
फिर जाग्रत्, स्वप्न, सुषुप्ति में भी
उसके दर्शन हो रहे हैं
सारे पुर विदरित हो चुके हैं।

देह पुर में-केवल देह है
इस देह मन्दिर में-वह प्रभु देव है
जो बाहर भी है-भीतर भी है
देह भाव विनष्ट हुआ
तब केवल देव है।

देहत्व के पुर को विदरित करनेवाले
हे 'पुरन्दर' तुमको नमन है।

पुरन्दरः = पुरम् = (सं. = नगर, शरीर)
दरः = दारि (धातु-विदारण करना) + खच् (प्रत्यय) = दरः। पुरम् दरः = पुरन्दरः
पुर (देहत्व) को विदरित (नष्ट) करनेवाला।

336. अशोक

शोक मन में बसा
मन ने, अग्निबाण छोड़े
दावानल ने स्वयं के
हरित जीवन-उपवन को जला दिया
मन ने हृदय की मालाओं को तोड़ा
महकते फूल धरती पर बिखर गये।

मन ने सुख माना-सुख है
दुःख माना-दुःख है
मन का न हुआ – क्रोध ने जला दिया
लोभ ने आ घेरा – दलदल में दब गये
मोह ने बाँधा – बिना जाल बँध गये
मन शोक में डूब चला,

प्रभु, तुममें न मन के दुःख हैं-न सुख हैं
मन से निःसंग
मन के विकार से निर्विकार
सरोवर के अन्तस्तल-सी गहन शान्ति है।

जो तुमको समर्पण कर दे
उसके शोक को हर लेते
फिर वह कहे-
'जो आ रहा है-आने दो
जो जा रहा है-जाने दो
तन हो, मन हो, धन हो, जन हो
सब उस प्रभु में विलीन होने दो'

तब उसमें न द्वन्द्व है-न शोक
उसे भी अशोक कर देते।

शोकरहित
हे 'अशोक' तुमको नमन है।

अशोकः = अ (नञ् – समास – नहीं) शोकः = अशोकः
शुच् (धातु-शोक करना) + घञ् (प्रत्यय) = शोकः
जो शोक न करे, जिसमें शोक नहीं है।

337. तारण

हे प्रभो! तुम संसार – सागर से
पार करानेवाले तारण हो।

यह सागर है – मानस का
इसमें लहरें हैं – परतें हैं
ज्वार-भाटे हैं – गहराई है
इसमें संसार बसा है
जितना चिन्तन करें – उतना उलझे
जितना देखें – उतना विस्मित हुए
जितना सुनें – उतना चिन्तित हुए
फिर संसार – सागर की गहराई में
डूबते गये, डूबते गये, डूबते गये।

प्रभु, जब तुम अपनी शरण में ले लो
तब चिन्तन शान्त हो,
दृश्य-अदृश्य हो जाय
स्वर-अनन्त में विलीन हो जाय।

मानस में अब न लहरें हैं,
न गति है – न डूबना है – न उतराना है,
तुमने तो पार करा दिया।

भवसागर से पार करानेवाले
हे 'तारण' तुमको नमन है।

तारणः = तृ (धातु-नदी आदि से पार करना)
ल्युट् (प्रत्यय) अन (आदेश) = तारणः
जो तारता है अर्थात् पार कराता है।

338. तारक

सागर में डूबे
जीवन जल में समा गया
पर्वत से फिसले
गर्त में पतन हुआ
शलभ ने शमा देखी
जल गया।

मन ही डूबे-उतराये
मन की डगर पकड़े
चले या रुके
गति हो या विसंगति
संसार में जाये
डूबे, तो डूबता जाये।

उसके उद्धारक केवल प्रभु तुम हो
डूबते को अपने अंक ले लो
उस ओर ले चलो
जहाँ सागर नहीं
आनन्द का प्रकाश है।
वहाँ शान्ति की शीतलता,
सौन्दर्य का स्वर है।

उद्धार करनेवाले
हे 'तारक' तुमको नमन है।

तारः = तृ (धातु-तारना, उठाना) अच् (प्रत्यय) = तारः (तारक) जो डूबते या गिरते को उठाये।

339. शूर

हे प्रभो! तुम अप्रतिबन्धित
गतिमान्, विक्रमी शूर हो।

अन्धकार-क्या भास्कर को
उदय होने से रोक सकेगा
उसकी किरणें विश्व में प्रकाश भर देंगी।

कामधेनु को क्या कोई
कामना पूर्ण करने से रोक सकेगा
वह मनोकामना की वर्षा कर दे।

जहाँ प्रकृति की गति न हो
वह चैतन्य तत्त्व को व्याप्त हो जाये।

जहाँ मानस धारा अवरुद्ध हो
वह हंस की चाल चले।

जहाँ बुद्धि कुण्ठित हो
वह विद्या वारिधि प्रवाहित करे।

जहाँ पग पहुँच न सके,
पवन की गति-सा चले
जहाँ नयन देख न सकें
सूर्य किरण-सा सर्वत्र देखे।

हे विक्रमशाली 'शूर' तुमको नमन है।

शूरः = 1. शूर (धातु-विक्रान्त करना) अच् (प्रत्यय) = शूरः (शूर) जो विक्रमशाली है, पराक्रमशील है।
2. शु (धातु-गति करनेवाला, जानेवाला) क्रन् (प्रत्यय) = शूरः जो सर्वत्र अप्रतिबन्धित रूप से जाय।

340. शौरि

हे प्रभु, तुम क्रमण करनेवाले शौरि हो
क्रमण करने की शक्ति तुमसे जिसको मिले
वह भी शूर बने।

सृष्टि का सृजन-विकास-विलय है,
परिवर्तन है, परिवर्द्धन है,

शिशु, जन्म ले-यौवन में शक्ति पुंज हो
विलय होकर पुनर्जन्म ले,

कली विकसित हो-सुगन्ध बिखेरे
मुरझाकर धरती पर प्रयाण करे,

क्रम-क्रम से क्रमण होता गया
यह क्रमण शक्ति प्रभु तुमसे ही मिले।

पग-सागर का क्रमण न कर सके
पंगु-गिरि का क्रमण न कर सके
चित्त की वासना-कलुषित मन क्रमण न कर सके
शौर्य वही जो सबका क्रमण कर ले।

जो मन का क्रमण करे
भव पार कर तुमसे मिले,
भ्रम का क्रमण करे
ज्ञान का प्रकाश पा ले-वह शूर है।

शूरता दिलानेवाले
हे 'शौरि' तुमको नमन है।

शौरिः = शूर (धातु-विक्रान्त करना) इञ् (प्रत्यय)
वृद्धि करने पर = शौरिः (शौरि)
जो विक्रमण करता है या कराता है।

341. जनेश्वर

जन्मनेवाला जन, स्वयं को स्वामी माने।
उसके लिए देह ही सर्वस्व है।

'मैं करूँगा-पाऊँगा-भोगूँगा'
''यह मेरा है-वह तेरा है''

लेकिन जन्म देह का हुआ
जीवन में ज्योति तुम्हारी थी
प्राणों में जीव जगे
माँ की गोद में किलकारी ले
हर श्वासों में दीप, हे प्रभु, तुम्हारी ही ज्योति से जले।

पुष्प भले ही महके
सच पूछो-मूल ही महकाये
अलंकार भले ही इतराये
सच पूछो-स्वर्ण उसमें विहँसे।

जन्म देह का हुआ
अंतर में तुम्हारी किरण प्रकट हुई
हे देव! तुम अंतर – बाहर सबके स्वामी
सबको नियन्त्रित करनेवाले ईश्वर हो।

जन-जन के ईश्वर
हे 'जनेश्वर' तुमको नमन है।

जन (जन्मनेवाला प्राणी) + ईश्वरः = जनेश्वरः
जन्म लेनेवाले प्राणियों का स्वामी।

342. अनुकूल

हे प्रभो! तुम सबके अनुकूल हो
पापी हो या पुण्यात्मा; जीव हो या जन्तु
तुम्हारी कृपा सब पर है।

भानु की किरणें सबको स्पर्श करें
भूधर हो या सागर
नदिया सबको जल दे
सुन्दर हो या विकराल
तरु सबको फल दे
पापी हो या पुण्यात्मा
किसी के प्रतिकूल न हो।

लेकिन प्रभु के नियम-
जो न माने वह उसके प्रतिकूल है।

जब लय-ताल में स्वर हो
संगीत अनुकूल है
प्रतिध्वनि खण्डन में प्रतिकूल है।

सौर्यमण्डल संयम से गतिमान् है
बिखरे तो प्रतिकूल है।

जो सत्य की राह चले
वह परमेश्वर अनुकूल है
मिथ्या के संग-प्रतिकूल है।

केवल उसको समर्पण करें
वह सबका प्यारा,
सबका हितैषी,
सब उसके अपने
वह सबके अनुकूल है।

संसार भले ही प्रतिकूल रहे
वह सदैव अनुकूल रहे।

सबके प्रिय
सबके हितैषी,
हे 'अनुकूल' तुमको नमन है।

अनुकूल – (सं.) सर्वप्रिय, सर्व हितैषी

343. शतावर्त

प्रभु, तुम शत-शत आवर्तन कर रहे
पल-पल में परिवर्तन हो रहा।
स्थूल में-सूक्ष्म में भी।

कल जहाँ सागर था
आज भूधर है
कल जहाँ भूधर था
आज सागर है
कल जहाँ मरुभूमि थी
आज उपवन है
पल-पल का यह परिवर्तन
प्रकृति का आवर्तन है।

आज जन्म-कल मरण
पुनः जन्म
शरीर का फिर शैशव
यौवन-प्रौढ़ावस्था-फिर अन्त
शरीर का यह आवर्तन है।

नयनों ने कभी दुःख से अश्रु बहाये
कभी हर्ष से-
कभी प्यार किया-कभी घृणा
कभी क्रोध की ज्वाला
कभी शान्ति की शीतलता
भावों का यह आवर्तन है।

प्रभु, तुम शाश्वत, अपरिवर्तनीय
तुम्हारा आवर्तन निराला है—
तुम पापी को पुण्यात्मा बना दो
जीवत्व को मिटा-ब्रह्मत्व दो
देहत्व का यह आवर्तन है।

आवर्तन निरन्तर हो रहा है
प्रतिपल हो रहा है।

शत-शत निरन्तर आवर्तन करनेवाले
हे 'शतावर्त' तुमको नमन है।

शत – सौ – (सन्दर्भ में असंख्य) आवर्त-उलटना, चक्र के समान घुमाना अनेक रूपों से (संसार में) चक्र-सा घुमानेवाला = शतावर्तः

344. पद्मी

पंक से उत्पन्न
जल में रमा हुआ
फिर भी जल से निर्लिप्त
विविध दलों से सज्जित
अरुण की लालिमा में
पद्म विहँसे।

प्रभु, तुम पद्म ऐसे
प्रकृति के कीचड़ में रहते हुए भी-उससे दूर
भव जल के संग-फिर भी निःसंग
आत्मप्रकाश की सविता में विकसित
आनन्द का पराग
और शान्ति की सुरभि बिखेर रहे।

जगत् के हे प्राणियों!
उस पद्म को ग्रहण करो
वह जीवन मंगलमय कर दे
ज्ञान प्रकाश से
हृदय पाँखुरी खिला दे।
वह पराग-सा मधुमय हो
सौन्दर्य की कमनीयता से
प्राणों के श्वासों को भर दे।

पद्म धारण करनेवाले
हे 'पद्मी' तुमको नमन है।

पद्म (कमल) + इनि (प्रत्यय) = पद्मी
जिसके पास कमल है।

345. पद्मनिभेक्षण

कमल के नयन देखें – प्रकाश
भले ही जन्म पंक में – पंक न देखे
लहरों में हलचल – वह शान्त गगन को देखे।

नयनों में प्रेम – सागर लहराये
वह मेघ – सा उमड़, अमृत वर्षा करे।

नयनों में करुणा हो
वह पर पीड़ा के हलाहल को पी ले।

नयनों में घृणा हो
वह जीवन में विष घोल दे।

नयनों में क्रोधाग्नि हो
वह हरियाली में दावानल ला दे।

लेकिन हे प्रभु, तुम कमलनयन
ज्ञानमय दृष्टि है
ज्ञान से तुम जगत् देख रहे
ज्ञान से ही तुमको देखा जा सके।

बालक सब तेरे – प्रेममय दृष्टि है
भक्तों की पीड़ा में – करुणामय दृष्टि है।

कमल सदृश देखनेवाले
हे 'पद्मनिभेक्षण' तुमको नमन है।

पद्म (कमल) + निभ (सदृश) + ईक्षण (देखना) = पद्मनिभेक्षणः
जिसके नयन कमल के सदृश देखनेवाले हैं।

346. पद्मनाभ

(1)

नाभि जन्म का स्रोत,

मानस भी नाभि
वह चिन्तन का स्रोत है
उसमें संगीत की समधुर स्वर – लहरी है
वीभत्स का ताण्डव नृत्य भी है
आलोक का ज्ञानोदय है
अज्ञान की कालरात्रि भी है
चिन्तन का स्पन्दन है
ज्ञान दीप जलायें-प्रकाश करे।

मानस में जब केवल प्रभु, तुम रहो
संसार-सरोवर से ऊपर उठकर
अनन्त शून्य में
मानस नाभि-केवल ब्रह्म चिन्तन में लीन रहे
ब्रह्म पद्म उपजे।

चिन्तन की नाभि में
शून्य निर्विकल्प पद्म को धारण करनेवाले
हे 'पद्मनाभ' तुमको नमन है।

(2)

पद्म प्रकाशस्वरूप है
नभ-नील गगन-सा अन्धकारमय
उस अज्ञान के अन्धकार में
वह ज्ञानरूप पद्म प्रकाशित है।

प्रकाश में विकास
अन्धकार में संकोचन

प्रकाश में दृश्यमान्
अन्धकार में अदृश्य रहे।

अन्धकारमय अज्ञान नभ में
अन्तः प्रकाश पद्म रूप
हे 'पद्मनाभ' तुमको नमन है।

पद्मनाभः = 1. पद्म (कमल) + नभ (नाभि) + अण् (प्रत्यय) = पद्मनाभः
2. पद्म (प्रकाश – ज्ञान) नभ (आकाश, अन्धकार, अज्ञान) अण् प्रत्यय = पद्मनाभः
जो अन्धकार में प्रकाशस्वरूप है
जो अज्ञानरूपी अन्धकार में ज्ञानरूपी प्रकाश है
3. पद्म (विचार शक्ति) नभ (चित्त) अण् (प्रत्यय)
जो नाभि (चित्त) में विचारों का स्रोत है।

347. अरविन्दाक्ष

(1)

हे प्रभु, तुम कमलनयन हो। रवि के आलोक में-अरविन्द अपनी पाँखुरी खोल दे – निशा के अन्धकार में संकुचित कर ले।

प्रभु, तुम्हारी अक्षि भी अरविन्द-सी।
जहाँ भक्ति-भावना हो – उसके उर में विलास करते उसमें सुधा रस प्रवाहित करते।

तब मन-मकरन्द, विहँसती आनन्द की लहरी ले।

जो तुमसे मुख मोड़ ले-प्रसुप्त तन्द्रा में रहे। वह अन्धकार में भटकता-पथ को ढूँढ़ता रहे।

कमल सदृश नेत्रवाले
हे 'अरविन्दाक्ष' तुमको नमन है।

(2)

मन गतिशील है,
उसकी सतत चिन्तन की धारा है,
अबाध गति से बहता जाय,

आकाश-मँडराते मेघ को देखे
सागर-लहरों की ऊँचाई देखे
लेकिन हे प्रभु, तुम्हारी अक्षि
मानव-मन की गतिशीलता को देखे
लेकिन तुम्हारी गति को कौन देखे–

प्रभु, तुम संसार के पंकज से परे
ज्ञानस्वरूप अरविन्द हो–

जिसकी अक्षि-केवल तुमको निहारे
उसको ही तुम दृश्य हो।

ज्ञानरूपी अरविन्द-अक्षि से देखे जानेवाले
हे 'अरविन्दाक्ष' तुमको नमन है।

अरविन्दाक्षः = 1. अरविन्द (कमल) + अक्षि (नेत्र) + क (प्रत्यय) = अरविन्दाक्षः (कमल-सा नेत्रवाला)

2. ऋ (धातु-गति करना) + अप् (प्रत्यय) अर् + विद् (धातु-जानना) + श (प्रत्यय) नुम् आगम = अरविन्द + अक्षः = अरविन्दाक्षः गति को जाननेवाले नेत्र

348. पद्मगर्भ

प्रभु, तुम्हारे अन्तः गर्भ में पद्म है—
यह अज्ञान से आवृत
इसका जन्म होगा — जब, ज्ञान-प्रकाश मिलेगा।

वह पद्म तो अन्तः में ही है
सत्य वही है,
सुन्दर वही है,
शिव वही है,

कस्तूरी तो स्वयं में — उसकी
सुगन्ध बाहर ढूँढ़ रहे हैं,

ज्योति अन्दर है — उसके
दीप को बाहर ढूँढ़ रहे हैं,

चित्त में उसे धारण करें
पद्म रूप से प्रकाशित होगा।
मानस में मनन करें
पद्म-सा वह खिलेगा।
समर्पण करें
वह आनन्द पराग बिखेर देगा

अन्तर गर्भ में ब्रह्म-पद्म धारण करनेवाले
हे 'पद्मगर्भ' तुमको नमन है।

पद्म (कमल) + गर्भः = पद्मगर्भः
जिसके गर्भ में पद्म है।

349. शरीरभर्ता

क्षरण होता यह शरीर, इसमें वह चैतन्य, अशरीरी है। क्षरण में अक्षुण्ण है।

विचित्रता यह – क्षरणता प्रतिपल नश्वर करे, अक्षुण्ण प्रतिपल उसका पोषण करे।

शरीर पिण्ड है – आकाश, वायु, अग्नि, जल, पृथ्वी – पंचतत्त्व का संयोग। सप्त धातु के रस इसमें निरन्तर प्रवाहित हो रहे।

इसमें वह चैतन्य प्रविष्ट कर-श्वासों को प्राण दे। इन्द्रियों का संचार करे। धमनियों में धारा दे, उदर में पंचाग्नि को प्रज्वलित करे।

वह शरीर पोषण कर रहा है। वह जाय-शरीर जाय।

शरीर को पोषण करनेवाले हे 'शरीरभर्ता' तुमको नमन है।

शरीर + भृत् = शरीरभृत् (शरीरभर्ता)
शीर्ण (धातु-क्षीण होना) इरन् (प्रत्यय) = शरीर
जो शीर्ण (क्षरण) होनेवाला है।
भृत् (धातु-पोषण करना)
जो क्षरण होनेवाले (शरीर को) पोषण करता है।

350. महर्द्धि

हे प्रभो! तुम महान् ऋद्धिवाले हो।

सर्वत्र तुम्हारी ऋद्धि – व्यापक है। एकांगी नहीं विश्वव्यापी है।

भानु है – विश्व में भास रहा – प्रकाश उसकी ऋद्धि है।

लक्ष्मी का ऐश्वर्य है-धन उसकी ऋद्धि है। ज्ञानी है-अज्ञान मिटाने की शक्ति उसकी ऋद्धि है।

और प्रभो! सबकी ऋद्धि के स्वामी तुम हो। राजा को रंक-रंक को राजा कर दो। वाचाल को मूक-मूक को वाचाल कर दो। यह भौतिक ऋद्धि रही।

लेकिन अन्तर्गुहा में – तुम्हारी आध्यात्मिक ऋद्धि है। उस ऋद्धि को जब पाये-मानस में शुभचिन्तन, हृदय में प्रेम हो। कर से परोपकार, पग विश्वमन्दिर की ओर चले-और अन्त में मिले तुम स्वयं महान् ऋद्धिस्वरूप।

महान् ऋद्धिस्वरूप
हे 'महर्द्धि' तुमको नमन है।

महर्द्धिः = महत् (समास-महान्) + ऋधु (धातु-सम्पत्ति, शक्ति देना) क्तिन् (प्रत्यय) = महत् ऋद्धिः = महर्द्धिः
महती शक्ति, ऐश्वर्यवाला।

351. ऋद्ध

हे प्रभु, तुम विकसित होनेवाले ऋद्ध हो
विकसित होना तुम्हारा धर्म है—
एक से अनेक में
कली से कुसुम में
और विकास में ही पूर्णता है।

विकसित होकर व्यापक हो रहे,
व्यष्टि से समष्टि में,
स्थूल से सूक्ष्म में,
स्थिर से गतिशीलता में।

प्रभु, तुमको जो जाने
तुम उसे अन्धकार से प्रकाश में
अज्ञान से ज्ञान में
जीवत्व से ब्रह्म में
विकसित कर देते।

विकास करनेवाले
हे 'ऋद्ध' तुमको नमन है।

ऋधु (धातु-बढ़ना, फैलना) + क्त (प्रत्यय) = ऋद्धः
जो बढ़ता है, व्यापक होता है।

352. वृद्धात्मा

मानव धरती पर आया
खुशी के नगाड़े बजे
जब गया—
शोक की शहनाई भी न बजी
कल आये थे-वह मिला था
आज दरवाजा खटखटाया
वह न था।

रेखा-आदि से शुरू हुई—
विराम में अन्त हुआ
समय की लहरों में
वह मिट गयी।

लेकिन प्रभु, जब तुम आये
न सूर्य था — न चन्द्र
न जल, न उसमें उभरती धरती,
न ब्रह्माण्ड का रूप था-
न नभ मण्डल के तारे
तुम शून्य में
शक्तिपुंज रूप व्यापक रहे
कब आये-किसी ने न जाना।

और जब तुम आये
आत्मस्वरूप से सबमें व्यापक होते गये
और निरन्तर व्यापक होते जा रहे हो,
सबमें प्रविष्ट होकर
वास किया, फिर चले गये
लेकिन प्रभु, तुम सदैव रहोगे।
पुरातन आत्मा होने से
जगत् में लोग कहें — तुम वृद्धात्मा हो।

सदैव व्यापक रहनेवाले
हे 'वृद्धात्मा' तुमको नमन है।

वृधु (धातु-बढ़ना) + क्त (प्रत्यय) = वृद्ध
वृद्ध + आत्मा = वृद्धात्मा, (व्यापक आत्मा)

353. महाक्ष

मानव नेत्र स्थूल हैं
वह केवल जगत् देखे,
जगत् से परे क्या है—
न देखे-न जाने।

लेकिन प्रभु, तुम सर्वव्यापक
सर्व विश्व को देख रहे
सबके मन की गति,
चित्त की चंचलता
विचारों का प्रवाह,
सबके अंतर में रहकर देख रहे।

मानव में स्वार्थ है – लघु नेत्र हैं,
स्वयं को देखे
और स्वयं से सीमित सम्बन्धी को देखे।

लेकिन, प्रभु – तुम सर्व हित देख रहे
सबकी कालिमा देख रहे
तुम्हारे अक्ष लघु नहीं – विशाल हैं
एकान्तिक नहीं – सर्वव्यापक हैं।

महान् नेत्रवाले
हे 'महाक्ष' तुमको नमन है।

महाक्षः = महत् (महान्, विशाल) + अक्ष (नेत्र)
जो विशाल या महान् नेत्रवाला है।

354. गरुडध्वज

विष जीवन की ज्योति ले ले
लेकिन प्रभु, तुम विषदंश सर्प को ही
निगीरण करनेवाले गरुड़ हो।

विष कहाँ–
मन ही विषय विष पान करे,
बुद्धि विचलित होती रहे,
अहं का विष व्यापक होता रहे,
और क्या-जो तुमसे दूर ले चले–
वे सभी विष हैं,
उस विष को निगीरण करनेवाले गरुड़ हो।

जब विष मिटे,
शक्ति स्फुरित हो,
प्रकाश गतिमान् हो,
ज्ञान तेजस्वरूप हो,
पराशक्ति विकसित हो,
यह गतिशीलता ही प्रभु, तुम्हारा शुभ ध्वज है।

विष मिट चुका
कालिमा निःसृत हो चुकी
वह निर्मल, निर्विकार शुभ्र धवल है।

विष को निगीरण करते हुए
जीव को आगे ले चलनेवाले
हे 'गरुडध्वज' तुमको नमन है।

गरुड़ध्वजः = गृ (धातु-निगीर्ण करना, ग्रहण करना) उडच् (प्रत्यय) = गरुड़ (जो निगीर्ण करता है)
ध्वज (धातु-गति करना) अच् (प्रत्यय) = ध्वज
गरुडध्वजः = जो निगीर्ण करते हुए, आगे ले चलता है।
गरुड (सं) = सर्प को भक्षण करनेवाला विशेष पक्षी।

355. अतुल

तुलना उससे हो-जो उसके तुल्य हो
आकाश की तुलना-आकाश से
मेघ की तुलना-मेघ से
तारों की तुलना-तारों से।
लेकिन,

धरती पर मानव की चाह वह अतुल्य बने
ज्ञानी से महाज्ञानी
राजा से महाराजा
धनी से कुबेर बनकर अतुल्य होना चाहे।

लेकिन तुमसे कौन तुलना करे
तुम महान् – से – महान्,
अणु – से – अणुमान हो।

सृष्टि प्रभु, तुमने बनायी
लेकिन तुम्हारा कर्त्ता कोई नहीं,
सबको जन्म दिया,
स्वयं अजन्मा
सबका अन्त–
स्वयं अनन्त हो।
तुम असम्भव को सम्भव,
सम्भव को असम्भव कर देते।
तुम्हारी तुलना किससे करें
तुम अतुल्य हो।

तुलना से परे
हे 'अतुल' तुमको नमन है।

अ (नञ्-समास) + तुला (समानता) = अतुलः
जिसकी किसी के साथ तुलना न की जा सके।

356. शरभ

(1)

यह शरीर ही 'शर'—
क्योंकि इसका क्षरण होता जा रहा है।
इस क्षरण होते हुए शरीर में
प्रभु, तुम अच्युत भास रहे।

वाणी भले ही मूक हो जाय
प्रभु, तुम अन्तर में बोल रहे
नेत्र में दृष्टि भले ही न हो
सबको देख रहे
शरीर कैसा भी हो
प्राणों में स्वर तुमसे ही है।

गीत कैसा ही गायें
शब्द तुम्हारे ही हैं
दीप कैसे भी जलें
प्रकाश तुम्हारा ही है।
अलंकार कैसा भी हो
स्वर्ण तुम्हारा ही है
लहरें कितनी भी हों
जल तुम्हारा ही है
क्षरण होते शर में
भासनेवाले हे 'शरभ' तुमको नमन है।

(2)

शर-लक्ष्य को भेदकर नष्ट करे
प्रभु, तुम्हारे शर अमोघ हैं।

वे भव दुःखों को नष्ट करें
कलि कलुष सब विघटित हों

तुम्हारी कृपा हो
अहं विनष्ट हो
अज्ञान मिटे
प्रकाश से परिपूर्ण हो।

शर से भेदनेवाले
हे 'शरभ' तुमको नमन है।

1. शर- (क्षरण होनेवाला) भ (प्रकाश) = शरभः
क्षरण होनेवाले शरीर (में) जो प्रकाशमान् है।
2. शृ (धातु – हिंसा करना – धनुष के द्वारा छोड़ा हुआ बाण जो लक्ष्य कर हिंसा करता है – इसलिए उसका नाम शर है।)

357. भीम

हे प्रभु, तुम भयभीत करनेवाले भीम हो—
तुम्हारा भय दुःस्वप्न नहीं – कल्याणकारक है।

काले मेघ भयभीत कर गरजें
पर शुभ्र मोती-से बूँद बरसाकर
जीवन में अमृत भर दें
भानु अन्धकार को भयभीत कर
विश्व को प्रकाश से भर दे
एक ओर विनाश है
दूसरी ओर सौन्दर्य का शृंगार है।

तुम्हारे हस्त में गदा है
त्रिशूल है, खड्ग है
अनेक संहार के शस्त्र हैं
दूसरी ओर वरद हस्त है
पद्म है, मोदक है
भक्तों के लिए सुखद अभयदायक है।

मानव दानव से डरे
लेकिन तुम दानव का संहार करो।
उसके लिए तुम महाकाल
विकराल, भयावह भीम हो।

दानवता मिटे
तुम सौम्य, सुहृद् मंगलदायक हो।

भयावह मेघों का गर्जन
चंचल चपला की चकाचौंध
तूफानों की हलचल मिटे
आकाश निर्मल शान्त है।

भयभीत करनेवाले
हे 'भीम' तुमको नमन है।

भी (धातु – भयभीत करना) + मक् (प्रत्यय) = भीमः
जिससे प्रत्येक भयभीत हों।

358. समयज्ञ

कल क्या था-आज क्या है-कल क्या होगा,
यह समय है – बदलता जाये
कल जहाँ गुलशन था
वहाँ आज वीरान है
कली खिली-विहँसी-मुरझा गयी,
फिर न जाने कहाँ गयी।

समय के बन्धन में सब बँधे,
हे ब्रह्माण्डनायक! तुम समय के बन्धन में नहीं
कौन कहाँ से आया
कहाँ है-कहाँ गया-कहाँ जायगा,
तुम सब जान रहे।

समय स्वयं न जन्मा-न मरा
उसका न आदि है-न अन्त
लेकिन काल की गति में
समय का विभाजन हे प्रभु, तुमने किया।

उस विभाजन में कहीं सुख-कहीं दुःख
कहीं शान्ति, कहीं अशान्ति
और समय के द्रष्टा तुम हो।

समय को जाननेवाले
हे 'समयज्ञ' तुमको नमन है।

(2)

हे प्रभु, तुम्हारी गति सम है
उसमें समत्व है
मेघ सभी पर वर्षा करे
भानु सभी को प्रकाश दे
तरु सभी को फल दे
कोई भेद नहीं
कोई दुराव नहीं

माँ के सब बालक
सबको उससे प्यार मिले,
प्रभु, तुम परम कृपालु
सब पर कृपादृष्टि तुम्हारी एक-सी रहे।

समत्व को जाननेवाले
हे 'समयज्ञ' तुमको नमन है।

(3)

प्रभु, तुम गति को जाननेवाले हो
गति मन में है
उसमें संकल्प-विकल्प है
भले हों या बुरे
वह काम के भँवर में हो
या क्रोध की ज्वाला में
राग में हो या द्वेष में
सबके चित्त की स्फुरणा जाननेवाले हो।

लहलहाते खेत हों
या सागर की उत्ताल तरंगें
सूर्य का प्रकाश किसको न देखे

सम्यक् रूप से सबकी गति को जाननेवाले
हे 'समयज्ञ' तुमको नमन है।

समयज्ञः = 1. समय (काल) ज्ञः (जाननेवाला) = समयज्ञः
समय (काल को जाननेवाला)।
2. सम (समान) + अय (गमन) समय + ज्ञः = समयज्ञः
समान गतिवाला-समत्व रखनेवाला।
3. सम (सम्यक्) + अय (गमन) + ज्ञः (जानना)
गमन (गति) को सम्यक् रूप से जाननेवाला।

359. हविर्हरि

हवि को ग्रहण करनेवाले
हे हविर्हरि!
तुमको जो कुछ भी समर्पण करें
सब ग्रहण कर लेते
तुम यज्ञस्वरूप हो
अग्नि में जो डालें-आत्मसात् कर लेते।

जो तुमको मन दे
मन अपने में मिला लेते
अपना अहं समर्पण करे
अहं का भेद मिटा देते
चिन्ता समर्पण करे
चिन्ता हरण कर लेते
आशा-आकांक्षा समर्पण करे
पूर्णकाम कर देते
दुःख के आँसू दे
तुम आनन्द के मोती देते।
उस यज्ञ में – आवाहन कर
आहुति दे – ग्रहण कर-सर्व दुःख हरण कर लेते

दुःख का हरण हुआ
सर्वत्र आनन्द है
अन्धकार का हरण हुआ
सर्वत्र प्रकाश है
कोलाहल का हरण हुआ
सर्वत्र शान्ति है
मलिनता का हरण हुआ
सर्वत्र निर्मलता है।

हवि को ग्रहण करनेवाले
हे 'हविर्हरि' तुमको नमन है।

हविर्हरिः = 1. हविष् (संज्ञा) – यज्ञ में आहुति) + हृ (धातु-हरण करना, ग्रहण करना) + इन् (प्रत्यय) = हविर्हरिः (यज्ञ में) आहुति-हरण (ग्रहण) करनेवाला
2. हु (धातु-बुलाना) + इस् (प्रत्यय) = हविः
3. हृ (धातु-हरण करना) + इन् (प्रत्यय) = हरिः = हविर्हरिः। बुलाने पर (आकर) हरण करनेवाला।

360. सर्वलक्षणलक्षित

सत्य बोलने का लक्षण हो
सत्यवादी लक्षित हो
प्रेम की धारा बहती हो
प्यारा लक्षित हो।

मरण में जो जीवन दे
अमृत लक्षित हो।

गुंजन से आकाश भर दें
स्वरलहरी लक्षित हो
काया में श्वासों का कम्पन हो
जीवन लक्षित हो।

हे विश्वदेव! तुम सभी लक्षणों से लक्षित हो रहे
बाह्य देखें – तुम विश्व रूप में लक्षित
आकाश देखें – व्यापक रूप में लक्षित
धरती देखें – तुम्हारी कृति लक्षित
सबका अंतर देखें – सबमें प्रविष्ट लक्षित।

सभी लक्षणों से लक्षित होनेवाले
हे 'सर्वलक्षण लक्षित' तुमको नमन है।

सर्वलक्षणलक्षण्यः (सर्वलक्षणलक्षित)
सर्वलक्षणः सर्व (समास-सब) + लक्ष (धातु-चिह्नित करना, दर्शना) + युच् (प्रत्यय) (यु को अन आदेश) लक्षण
लक्षण्यः = लक्षण्यः = देखा जाय, जाना जाय
सभी चिह्नों (प्रमाणों) से जो लक्षित होता है।

361. लक्ष्मीवान्

दीपिका है – लौ नहीं – अन्धकार है,
दीप जले – ज्योतिर्मान् है,
दर्पण मलिन हो – कान्तिहीन है,
जब निर्मल हो – प्रकाशमान् है,
सागर है – ऊँची – नीची लहरें हैं,
जब मन्थन हो – रत्न मिले – रत्नाकर है।

हे प्रभु, तुम परम पुरुष,
यह सृष्टि तुम्हारी प्रकृति की शक्ति-इसमें वास कर रही
यह शक्ति-लक्ष्मीस्वरूपा माँ
तुममें ही वास कर रहीं
ज्ञानियों के लिए यह ज्ञानज्योति
संसार के लिए वैभव है, ऐश्वर्य है।

वह लक्ष्मी माँ है-
सबके प्रति प्यार है
सब – कुछ दे-
ज्ञान, शक्ति, सौन्दर्य,
सुख, धन, ऐश्वर्य
जीवन में आनन्द की वृष्टि करे।

यह लक्ष्मी तुममें वास करे
जो तुमको पुकारे – लक्ष्मी स्वयं आये।

लक्ष्मी को धारण करनेवाले
हे 'लक्ष्मीवान्' तुमको नमन है।

लक्ष्मी (श्री, शक्ति, ज्ञान, तेज, ऐश्वर्य) + वान् = लक्ष्मीवान्
जिसमें लक्ष्मी बसती है।

362. समितिञ्जय

युद्ध कितना ही प्रलयंकर हो
प्रभु, विजय तुम्हारी ही होगी
तुम जय दिलानेवाले समितिञ्जय हो।

भानु को कितने ही मेघमण्डल
अपनी सेना से घेर लें
उसका प्रकाश अजेय है।

भीमकाय भूधर को कितना ही
किले के कारागार में डालें,
वह कारागार बालू की भीत-सा ढह जाय।
संसार में कितना ही कोलाहल हो
शान्ति में ही उसका सुमधुर संगीत है।

भयंकर युद्ध हो
देव-दानव का; पाशविकता-मानवता का
हिंसा-अहिंसा का; क्रोध-अक्रोध का
शान्ति-अशान्ति का; राग – विराग का
बन्धन – स्वतन्त्रता का; ज्ञान-अज्ञान का
हे प्रभु, युद्ध में तुम ही विजयी हो।

तुम्हारे संग जो रहे
उसकी भी विजय होगी–
क्योंकि–
जब सत्य में दृढता होगी
असत्य पर विजय होगी
अहिंसा में दृढता होगी,
हिंसा पर विजय होगी,
प्रेम में दृढता होगी,
घृणा पर विजय होगी।

विजय की शक्ति प्रभु तुमसे
जो तुम्हारे संग-जय उसकी।

युद्ध में जय करनेवाले
हे 'समितिञ्जय' तुमको नमन है।

समितिः = (युद्ध) + खच् (प्रत्यय) + जयः (जीतनेवाला) = समितिञ्जयः = जो युद्ध में जीतनेवाला है।

363. विक्षर

(1)

हे प्रभो! तुम क्षरण से रहित – विक्षर हो।
काल तो बँधा है-क्षरण से
जन्म से-मरण से,

काल में गति है–
वह बढ़ता है – क्षरण होने के लिए,
घटता है – क्षरण होने के लिए,
काल ने संसार के पदार्थों को बाँध रखा है–
जिसका उद्‌भव, विकास, अवसान है।

लेकिन प्रभु, तुम–
अनादि, अनन्त, शाश्वत
क्षरणरहित 'विक्षर' हो।

(2)

उषा की लालिमा हो
या दुपहरी की धूप,
या सन्ध्या की सुगन्ध
या निशा में तारों की चमकाहट
भास्कर का स्वभाव एक ही
जहाँ भी हो – प्रकाशस्वरूप है।

प्रभु, तुम एकरस
विविध रंग नहीं – एक रंग है
विविध भाव नहीं– एक भाव है
विविध स्वरूप नहीं – एक स्वरूप है।

विविधता तो मन में है – भावों की
कभी तीरों से बिंधें – घृणा के भाव

कभी क्रोध की ज्वाला
कभी लोभ की लालसा
ज्वार – भाटे – से उठते-गिरते।

लेकिन हे सच्चिदानन्द! तुम निज स्वरूप से क्षरणरहित हो।

निज स्वरूप से क्षरणरहित
हे 'विक्षर' तुमको नमन है।

वि (उपसर्ग – रहित, विगत) + क्षरः (क्षरण होना, नष्ट होना) = विक्षरः
जो क्षरण से रहित है।

364. रोहित

(1)

जन्म प्राणी का हो
निर्माण पदार्थ का हो
लेकिन हे प्रभु, तुम्हारा न जन्म-न निर्माण
और व्यापक होते हुए भी-अप्रकट
सर्वत्र होते हुए भी-अदृश्य
सबको देखते हुए भी-परोक्ष—

लेकिन जब तुम अप्रकट-प्रकट हो।
अदृश्य-दृश्य हो
परोक्ष-अपरोक्ष हो
तब तुम स्वर्णिम प्रकाशपुंज
प्रकट होनेवाले 'रोहित' हो।

(2)

बीज अंकुरित हो — रवि रश्मि से
हिम पिघले — रवि रश्मि से
मेघ बने, बरसे — रवि रश्मि से
रवि अकर्त्ता — निःसंग,
अपने स्वरूप में स्वयं भासित है।

हे परमेश्वर!
आप ऐसे रवि — आकारहीन को आकार दें
अनिर्मित को निर्मित करें
अस्तित्वहीन हो जीवन्त करें
तब धरती पर नाना पदार्थ-नाना जीव
प्रकट हो जायें।

हे सृष्टिकर्त्ता-जगत्पिता
जगत् को प्रकट करने से भी
आप रोहित हैं।

नाना रूप से प्रकट होनेवाले
हे 'रोहित' आपको नमन है।

रोहितः = (1) रुह (धातु-प्रकट करना) + इतन् (प्रत्यय) = रोहितः
जो स्वयं (नाना रूपों में) प्रकट होता है
या जो (नाना प्रकार के पदार्थों को प्रकट करता है)
(2) रोहित (विशेषण) = लाल

365. मार्ग

प्रभु, तुमको पाना है—
कौन-सा मार्ग है — कहाँ है—
तुम विहँस पड़े—
क्योंकि मार्ग स्वयं ही रहे।

प्रकाश को लायें
अन्धकार स्वयं चला जाय
सत्य की निष्ठा
असत्य को दूर रखे
प्रेम की अमृत बूँद
घृणा के विष को पी ले।

आनन्द की खोज करें
तुम मिले — स्वयं आनन्द है
तुम ही साधन हो — साध्य भी हो
गीत तुम ही हो
गीत गाने की शक्ति भी तुमसे मिले।

केवल समर्पण करें
अन्तः से पुकारें
हे विष्णु! उसके लिए तुम स्वयं मार्ग हो।

साधक के लिए — स्वयं साधन,
हे 'मार्ग' तुमको नमन है।

मार्ग (धातु — अन्वेषण करना) + घञ् (प्रत्यय) = मार्गः अन्वेषण या प्राप्त करने का साधन।

366. हेतु

सूर्य न हो – प्रकाश न हो
प्रकाश का हेतु – सूर्य स्वयं है
हिम न हो – शीत न हो
शीत का हेतु – हिम स्वयं है
अग्नि न हो – ताप न हो
ताप का हेतु – अग्नि स्वयं है।

यह विशाल विश्व
हे विष्णु – इसके हेतु आप स्वयं हैं
सागर की उत्ताल तरंगें हों
या उदयाचल के शिखर
पवन के झोंके हों
या आकाश की नीरवता
सबने शक्ति आपसे ही ली–
सबके हेतु आप ही हो।

यह काया है–
प्राणों का इसमें संचार
प्राणियों के प्राण के हेतु प्रभु आप ही हैं।
मन की सूक्ष्म तरंगें हैं
उसकी गति के कारण भी आप ही हैं।
सरोवर में जल
लहरों का हेतु है
लहर पवन के साथ – जल स्वयं निःसंग रहे
प्रभु, आप चराचर जगत् के हेतु,
लेकिन हेतु होते हुए भी अनासक्त, निःसंग।

और आश्चर्य यही–
जीवों को आपसे मिलने के लिए
स्वयं हेतु हो।
आपकी कृपा न हो
आपके पास रहते हुए भी – दूर रहें

अमृत कुम्भ होते हुए भी
पान न कर सकें।

केवल अहं को जो आपमें समर्पण करे
अपना ही निज स्वरूप दें।
आप ही अहेतुकी कृपा करनेवाले
सर्वस्व हेतु हैं।

कारणस्वरूप हे 'हेतु' आपको नमन है।

हि (धातु – गति, वृद्ध्यर्थक) + तु (प्रत्यय) = हेतु
कार्य रूप से बढ़नेवाला कारण।

367. दामोदर

काली घटा छा जाय
रश्मि उसमें जाकर छिप जाय
मलिनता आने पर
दर्पण कान्तिहीन हो जाय
झाँके-निज स्वरूप भी तिरोहित हो जाय।

मानस-पटल पर-संसार की मलिनता
हे परमेश्वर-तुम अदृश्य, बहुत दूर;
वासना ने हृदय में घेरा डाला
हे देव! तुम वहाँ कैसे आसीन हो?

यह मन उदर,
न जाने कितनी वासना का अशन करे
जब संयम से दमन करें
तुम प्राणों में आनन्द भर दो
संयम से वह मानस निर्मल हो
स्वयं दर्शन दे दो।

मनरूपी उदर के दमन से प्रकट होनेवाले
हे 'दामोदर' तुमको नमन है।

दाम (रस्सी, संयम) उदर (पेट, मन) = दामोदरः
जो मन के दमन-संयम से मिलता है।

368. सह

प्रकाश हो या अन्धकार
तपन हो या शीतलता
तूफान हो या स्थिरता
तरु-सब सहन करे।

आकाश-घने मेघों की गर्जन को
चंचल दामिनी की चपला को
भास्कर की तप्त किरणों को
चन्द्रिका की सुधामयी शीतलता को,
सब सहन कर ले।

हे विष्णु!
आप सम-विषम
सदाचारी-दुराचारी
गतिहीन-गतिशील
आगत-विगत
सबको सम भाव से सहन करें।
आप चेतना की ज्योति हैं
मन के तरंगों को सह लें
चंचल चित्त की दामिनी को सह लें।

लेकिन आपकी अन्तर्गामिनी गंगा में
जो अवगाहन कर ले
उसे निर्मल-निष्पाप कर दें।

सबको सहन करनेवाले
हे 'सह' आपको नमन है।

सह (धातु – सहन करना) + अच् (प्रत्यय) = सहः
जो सहन करे-वह सह है।

369. महीधर

मही, चर-अचर को धारण करे
हे प्रभु, तुम मही को धारण करो
तुम धारक के धारक हो।

मही जड़ता का रूप
तुम जड़ को गति दो
प्राणी हँसे बोले-धरती पर चले
आत्मप्रकाश जाये-वह भी जाये
जड़ की जड़ता में तुम,
गतिमान् में – गति,
मूक में – मौन,
वाचाल में – शब्द,
ज्योति में – प्रकाश
अन्धकार में – नीरवता,
सबमें प्रभु तुम ही हो।

स्वर्ण – अलंकार धारण करे
सरोवर – लहरें धारण करे
तुम जड़रूपी मही को धारण करो,
उसी में सृष्टि का
उद्भव, विकास, विलय हो।

मही को धारण करनेवाले
हे 'महीधर' तुमको नमन है।

मही (पृथ्वी) + धरः (धारण करनेवाला) = महीधरः
पृथ्वी (जड़ तत्त्व) को धारण करनेवाला।

370. महाभाग

ब्रह्माण्ड में जड़ एक भाग
चैतन्य एक भाग
यह चैतन्य ही महाभाग
जिसके बिना जड़ अस्तित्वहीन रहे।

क्षिति, जल, पावक, गगन, समीर हो
प्रभु, तुम न हो-सब शक्तिहीन
प्राणी हो-प्राण न हो
शरीर जीवनहीन है।

भाग कितने ही हों
विराट् भाग तुम्हारा ही है।

मेघ कितना ही घेरा डाले
आकाश को नाप न सकेगा।

जहाँ अंक न हो,
तुम शून्य में लय कर लो,
जहाँ अंक हो-शून्य से द्विगुणित कर दो।

जीवात्मा को परमात्मा बना दो
अभागे को भगवान् बना दो
अपूर्ण को पूर्ण कर दो।

महान् भागवाले
हे 'महाभाग' तुमको नमन है।

महान् (वृहद्) + भज् (धातु-विभाजन करना) + घञ् (प्रत्यय) = महाभागः
महान् या विशद भाग जिसका है।

371. वेगवान्

स्थूल-गति पाने पर ही वेगवान् है
सूक्ष्म-सदैव गतिशील है
परम सूक्ष्म-अतिशय गतिशील है।

शरीर-स्थूल है
प्राण हो-तब ही गतिमान् है।

मन-सूक्ष्म है
सदैव भ्रमणशील
कहाँ न भ्रमण करे
किस द्वार न पहुँचे-
किसको न बुलाये
भानु की रश्मि न पहुँचे-वह पहुँचे।

हे विष्णु-आप अत्यन्त सूक्ष्म
परम वेगवान्
नेत्र खोलें-आप बाह्य दृश्यमान् जगत् हैं
अंतर में देखें-आप विराजमान हैं
पुकारें-अपलक आयें।

सूक्ष्म से सूक्ष्मतर
अतिशय वेगवाले
हे 'वेगवान्' आपको नमन है।

विजिर् (धातु – संचालन करना) + घञ् (प्रत्यय) = वेग + मतुप् (प्रत्यय) = वेगवान्
शीघ्र चलनेवाला, अतिशय वेगवाला।

372. अमिताशन

हे प्रभु, संसार के लोग तो
मित भोजन करें—
लेकिन आप-अतिशय भोजन करें
करें भी क्यों न—

रवि-किरणें-किसको न सुखा दें
जागृति-किस स्वप्न को मिथ्या न कर दे
अग्नि-ज्वाला-किसको न अपने में समेट ले।

प्रभु, तुम सबकी पीड़ा पी लेते
मन के संकल्प-विकल्प का अशन कर रहे
पाप-पुण्य का अशन कर रहे
जीवन के अन्धकार का अशन कर रहे हो।

हविष् है-सब ग्रहण कर लेते
तुम्हारी क्षुधा अनन्त है-अमित है
ग्रहण कर ज्योति जाग्रत् कर देते।

ज्ञान की ज्वाला में
द्वैतमय संसार कहाँ
सबको अशन कर
केवल प्रदीप्त प्रकाश दे रहे।

अतिशय अशन करनेवाले
हे 'अमिताशन' तुमको नमन है।

अ (नञ् समास-नहीं) + मित (कम) + अशन (भोजन) = अमिताशनः
जो कम भोजन न करे। या जो अतिशय भोजन करे।

373. उद्भव

बीज है-धरती के गर्भ से जब उपजा
पल्लव खिले – तरु विकसित हुए
प्रकृति की गोद में उसका जन्म हुआ।

प्राणी है – माँ के गर्भ में पलकर
धरती पर आया
जीवात्मा का जन्म हुआ।

मानव ने धरती खोदा
आकाश में उड़ा-उसको भेदता गया
फिर अपने हाथों
विविध वस्तुओं को साकार किया
यह उसका निर्माण कर्म हुआ।

चित्त में क्रोध जगा
ज्वालाएँ जलने लगीं
प्रेम जगा-पीयूष स्रोत बहा
मन में भाव-विभाव, आये-गये
यह चित्त का निर्गमन हुआ।

हे प्रभु, तुम निर्विकार-चैतन्य
सबमें रमण करनेवाले
अंतर में बसनेवाले हो।

जब हृदय-पट खुले
अंतर में-प्रसुप्त ज्योति जगे
प्रकाश पद्म विकसे
चैतन्य पराग बिखरे
आनन्द स्वर बजे।
और तुम प्रभो-सहस्रों सूर्य के प्रकाश के समान
प्रकट हुए।

यह तुम्हारा जीवात्मा से
परम विराट् आत्मा का उद्भव हुआ।

अंतर आत्मा से प्रकट होनेवाले
हे 'उद्भव' तुमको नमन है।

उद् (ऊँचा, बाहर) भू (होना, प्रकट होना) = उद्भवः
जो (अंतर से) बाह्य प्रकट हो।

374. क्षोभण

हे प्रभु, तुम ही सबको संचारित करो
तुमसे ही प्राणों का स्पन्दन है
मन का वेग है
अहं की गन्ध है
चित्त की चंचलता है
अंतर के सूक्ष्म तत्त्व का संचालन है
तुम साथ रहे-सभी संचारित हैं।

और मानव ने–
जो चाहा न हुआ – क्षोभ है
तुम्हारी न कोई अभिलाषा
न संकल्प, न राग, न विराग
तुम केवल सत्यस्वरूप हो
तुमको कौन पदार्थ संचारित करे।

हाँ, तुम्हारे पास चलें
तुम संचारित करो
असत्य से सत्य की ओर
अन्धकार से प्रकाश की ओर
द्वन्द्व से आनन्द की ओर।

संचारित करनेवाले
हे 'क्षोभण' तुमको नमन है।

क्षुभ (धातु – संचारित करना) + ल्युट् प्रत्यय = क्षोभणः संचारित या संचालित करनेवाला।

375. देव

खिली कली, विहँसता सुमन
या मुरझाये फूल
उत्पत्ति, विकास, प्रलय
जाग्रत्, स्वप्न, सुषुप्ति
भेद-विभेद, गति – संगति
प्रकृति के संग
यह हे देव! तुम्हारी क्रीड़ा है।

मानव में दानव
दानवता ने आ घेरा डाला
घन मेघ में
दामिनी की चीत्कार
सुख-दुःख, राग-विराग के तूफ़ान
न जाने कितना,
मानव का क्या-क्या नाश किया।

जब दानवता मिटी
शान्त अन्तः आकाश में
हे द्युतिमान् देव! तुम प्रकाशित हुए
जो तुम देव को देखे
तुम्हारी उपासना करे,
दानवता में देवत्व जगेगा,
मानव में देवत्व से जगद् तन्द्रा टूटेगी
स्वप्न नहीं – देवत्व देखेगा
भीतर में – बाहर में
प्रभु, तुम्हारा ही प्रकाश मिलेगा।

दीप्तमान् करनेवाले
हे 'देव' तुमको नमन है।

दिवु (धातु – क्रीड़ा करना, दीप्तमान् करना) + अच् (प्रत्यय) = देवः क्रीड़ा करनेवाला, दीप्तमान् करनेवाला।

376. श्रीगर्भ

हे प्रभु, तुम्हारे गर्भ में श्री है
अग्नि हो-दाहकता न हो, — अग्नि नहीं
दीप हो — लौ नहीं; — दीप नहीं
शरीर हो — प्राण न हो, जीवन नहीं
विश्व हो — तुम न रहो, विश्व नहीं
सबके मूल-गर्भ में तुम्हारी ही श्री है।

श्री पदार्थों में ढूँढ़ रहे
वह पदार्थों में नहीं
पदार्थों ने तो तुमसे ही श्री ग्रहण की।

प्रकृति के संग-
सौन्दर्य-तुम्हारी ही श्री है
पदार्थ में लक्ष्मी
विश्व में ऐश्वर्य
सब तुममें निहित, तुमसे ही मिले
वह तुम्हारी श्री का उपहार है।

अंतर में
जाग्रत्, स्वप्न, सुषुप्ति
सब काल में, सदैव श्री निवास करे
फिर भी उसका भान नहीं
उसी से बुद्धि का प्रकाश
ज्ञान का तेजस् है।

सत्, चित्, आनन्द-तुम्हारी श्री
अन्तः प्रकाश में भास करे
अमृत रस बरसे
तुमको पाया-श्री मिली

अंतर में हिरण्यगर्भ तेज से प्रदीप्त
हे 'श्रीगर्भ' तुमको नमन है।

श्री (ऐश्वर्य आदि) गर्भ = श्रीगर्भः
जिसके अन्तर (गर्भ) में श्री (ऐश्वर्य-हिरण्य तेज है)।

377. परमेश्वर

विश्व में अधिपति बहुतेरे–
लेकिन सबके नियन्ता, प्रभु, तुम परमेश्वर ही हो।

कुम्भकार मृत्तिका से
जो चाहे बनाये-जो चाहे मिटाये
वह कुम्भाधिपति है।

नृप मानव के
कर्त्तव्य – अधिकार निर्णय करे
वह मानवाधिपति है।

नयन-दर्शन का
कर्ण-श्रवण का
मन-इन्द्रिय का
बुद्धि-मन का अधिपति है।

प्रभु, तुम लोक-परलोक
जड़-चैतन्य
मन, बुद्धि, चित्त, अहं
सबके अधिपति हो।

विश्व में वास कर
विश्व नियन्त्रित कर रहे
सबमें रहकर
सबको नियन्त्रित कर रहे
हे नियन्ता! तुम्हारा यही ऐश्वर्य है।

चींटी-धरती को कितना ही नापे-नाप न सके
दीप-सूर्य को कितना ही प्रकाश दिखाये-प्रकाशित न कर सके
ओस-सागर को कितनी ही बूँदें दे-बाढ़ न ला सके
यह मानव तुम्हारे ऐश्वर्य की
क्या बखान करे।

परम नियन्ता
सबके स्वामी
हे 'परमेश्वर' तुमको नमन है!

परम (उत्कृष्ट) + ईश (धातु – नियन्त्रण करना, ऐश्वर्य देना, आक्रान्त करके अधिकार करना) = परमेश्वरः

378. करण

कारण से – कार्य हुआ
लेकिन साधन बिना – साध्य न हो

जगत् में कार्य के अपने – अपने साधन–
लेकिन सबके साधनस्वरूप प्रभु तुम हो।

दृश्य जगत् देखने का साधन – नयन है
सुनने का – कर्ण है
विषय रस भोगने का – इन्द्रियाँ हैं
संसार में अनुरक्त होने का साधन – मन है
लेकिन चराचर जगत् को
बनाने, सजाने, सँवारने के साधन
प्रभु! आप स्वयं हैं।

प्रभु, तुमने सबको बनाया
लेकिन उसने तुमको न जाना
जबकि तुम सदैव साथ रहे
सबको देखा – तुमको न देखा,

हम अपने को उसे समर्पण करें
तब वह अपने को प्रकट करने का
स्वयं 'करण' है।
वही साधन है – साध्य है
जीव बहिर्मुखी – वह अन्तर्मुखी।

अन्तर में – अनन्त का द्वार
लेकिन अन्तर-पथ के 'करण' प्रभु तुम ही हो।

साधनस्वरूप
हे 'करण' तुमको नमन है।

डुकृञ् (धातु-करने का साधन) ल्युट् (प्रत्यय) = करण (साधन) = करणं जो स्वयं साधन है।

379. कारण

यदि सूर्य न हो, प्रकाश न हो
जल न हो, लहरें न हों
मृत्तिका न हो, कुम्भ न हो
यह सब उपादान कारण हैं।

हे प्रभु, तुम जगत् के कारण
जगत् का उद्‌भव, विकास, प्रलय
तुम्हारे ही कारण।

शून्य आकाश में
न जाने कब सृष्टि बनी
ब्रह्माण्ड का एक पिण्ड बना
वायु ने वेग लिया
अनल ने ज्वालाओं से खेला
जल ने अपने को लहराया
स्थूल पृथ्वी ने जन्म लिया
प्रभु, तुमने ही सबमें
शक्ति का संचार किया।

जीव के भी तुम ही कारण
जीवन का स्पन्दन
बन्धन-या अवगुण्ठन
गति या विसंगति
तुम्हारे ही कारण
प्रभु, तुम कार्य-कारण में स्वयं ही बँध गये।

जगत् जीव के हेतु
हे 'कारण' तुमको नमन है।

कारणं = हेतु, निमित्त

380. कर्त्ता

(1)

सूर्य का स्वभाव – प्रकाशस्वरूप
कहते हैं – वह प्रकाशकर्त्ता है
जल में आर्द्रता है
कहते हैं – वह आर्द्रकर्त्ता है,

पहाड़ से स्वयं गिरे
कहते हैं – पहाड़ ने गिराया,
सागर में डूबे
कहते हैं – सागर ने डुबाया,

दीप के पास गये
कहते हैं – दीपक ने रोशनी दी,
अँधेरे में गिरे–
कहते हैं – अँधेरे ने गिराया,

स्वयं का स्वभाव
अकर्त्ता में कर्त्ता का भान है।

दीप जगायें
वह प्रकाशकर्त्ता है,

सच्चिदानन्द के समीप बैठें
वह आनन्दकर्त्ता है।

(2)

कर्त्ता का सम्बन्ध कर्म से
कर्म का सम्बन्ध मन से
मन ने किसको पकड़ा
किसको छोड़ा

किससे बँधा है
किससे दूर है—
यह मन की गति-विसंगति,
मन जड़, वह चैतन्य,
मन में आकार-विकार,
वह निराकार है।
उस चैतन्य से ही – कृतित्व की शक्ति है।

कृतित्व की शक्ति देनेवाले
हे 'कर्त्ता' तुमको नमन है।

कर्त्ता – करनेवाला

381. विकर्त्ता

कर्म करे
फिर फल भोगे
कर्त्ता-तब भोक्ता है।

मन के कहे-कर्म करे
मन के कहे-पग बढ़े
मन के कहे-हस्त चले,

मन में सुख-दुःख
राग-विराग, संकल्प-विकल्प
कर्म करे – भोगता चले।

हे प्रभु, आप कर्त्ता हैं-भोक्ता नहीं,
संग में निःसंग हैं,
चलते हुए भी स्थिर
आहार करने पर भी – निराहार
अनुरागी होते हुए भी – विरागी
आसक्त होते हुए भी – अनासक्त।

पलाश पर ओस की बूँद
आये-जाये वह निःसंग

सब – कुछ करते हुए भी अकर्त्ता
तुम विशिष्ट कर्त्ता-विकर्त्ता हो।

गंगा प्रवाहित है–
उसमें से जल को लिया
कहा-गंगा ने जल दिया
अवगाहन किया
कहा – गंगा ने अवगाहन कराया
सत्य यही – स्वयं थे कर्त्ता।
प्रभु, तुम अनन्त व्यापक शक्ति

सदैव सर्वत्र प्रवाहित
मन को जिसने तुममें अवगाहन कराया
तुम उनकी मनोकामना के पूर्ण कर्त्ता
जो दूर रहे
वह कहे-वह कर्त्ता
सत्य यही
मन कर्त्ता-तुम विकर्त्ता रहे।

हाँ! तुम अनायास न्यायकर्त्ता
नदिया की धारा
ऊँचे से गिरे-झरना कहलाये
सागर में मिले-सागर कहलाये
धारा स्वयं विकर्त्ता

कर्म ने आकार लिया
तुमने रूप दिया
स्वयं का आकार-स्वयं का फल
लोग कहें-तुम न्यायकर्त्ता
लेकिन तुम रहे-विरल विकर्त्ता।

विशिष्ट-विरल कर्म करनेवाले
हे 'विकर्त्ता' तुमको नमन है।

वि (उपसर्ग – विशिष्ट, विविध) कर्त्ता जो विशिष्ट प्रकार से कर्म करे-वह विकर्त्ता।

382. गहन

(1)

सागर में अवगाहन करें
शायद तलहटी छू लें
पाताल को खोदें
शायद आर-पार हो जायें
लेकिन आकाश की गहराई में
स्पर्श करने का कितना ही प्रयास करें
पार न पायें
वह प्रभु तो आकाश से भी व्यापक-अनन्त है।
अनन्त ही 'गहन' है।

(2)

नयन, रूप-कुरूप
कर्ण, प्रिय-अप्रिय
लेकिन वह प्रभु वहाँ है – जहाँ द्वन्द्व नहीं,
जहाँ जाग्रत्, स्वप्न, सुषुप्ति की
सीमा मिट चुकी हो
जहाँ परम चेतना में
अवगाहन हो चुका हो
वहाँ वह 'गहन' है।

(3)

काष्ठ में अनल
दूध में माखन
सागर में रत्न-अप्रकट है,
विलोड़न से प्रकट हो
वह अन्तर विलोड़न से
प्रकट होनेवाला 'गहन' है।

अन्तरतम में विलोड़न करने से
मिलनेवाले हे 'गहन' तुमको नमन है।

गाहू (धातु – अवगाहन करना, विलोड़न करना) + युच् (प्रत्यय) – यु अन आदेश = गहनः जिसका विलोड़न किया जाय।

383. गुह

हे प्रभु, तुम बाह्य जगत् से अपने को संवृत कर
अंतर में स्थित गुह हो।

सरिता की कल-कल निनाद करती धाराएँ
सविता की स्वर्णिम किरणें
सुमन की मधु मुस्कान
मानव – जीवन की अठखेलियाँ
सभी दृश्य, श्रव्य, स्पृश्य हैं
ये गुहा में नहीं-
बाह्य प्रकट हैं।

लेकिन हे परमेश्वर! तुम गुहा में अवस्थित
तुमसे सब भासित हैं
नयन गुहा में-प्रकाश
कर्ण गुहा में-शब्द
इन्द्रिय गुहा में-
संचालन की शक्ति-तुम ही दे रहे।

मानस गुहा में तुम
हृदय गुहा में तुम
जब अंतर गुहा की ओर चलें
तब मन के संकल्प-विकल्प
चित्त के राग-विराग
चिन्तन की धारा
उस गुहा में स्थिर होकर
सब शान्त हो जायँ
वहाँ तुम ही
शून्य शाश्वत प्रकाशित हो।

तुम बाह्य अप्रकट
अन्तर्गुहा में प्रकट गुह हो।

अपने को संवृत कर निवास करनेवाले
हे 'गुह' तुमको नमन है।

गुह (धातु – आच्छादन करना, संवरण करना) क (प्रत्यय) = गुहः
जो अपने को संवृत या आच्छादित करके स्थित है।

384. व्यवसायी

बन्धन में रहनेवाला-व्यवसायी
लेकिन हे प्रभो!
तुम न बँधे हो, न खुले हो।

जब बँधे, तुम प्राणों में स्वर हो
शरीर में-चैतन्य हो।

नभ भानु से बँधे-उजियाला है
चाँद से बँधे – चाँदनी है
मणि-सूत्र से बँधे-माला है
स्वर्ण-आकार से बँधे-अलंकार है।

मन-प्रभु तुमसे बँधे-भक्ति है
चित्त-तुमसे बँधे-अमृतपान है
अनन्त से मिले-समाधि है।

संशयहीन निश्चयात्मक बुद्धि से
बँधने पर हे प्रभो, तुम 'व्यवसायी' हो।

बन्धन से स्थिर रहनेवाले
हे 'व्यवसायी' तुमको नमन है।

वि (उपसर्ग) + अव (उपसर्ग) + षिञ् (धातु-बन्धन करना) + षिञ् (प्रत्यय) = व्यवसायः
जो बन्धन या निश्चय से स्थिर रहनेवाला है। (व्यवसायी)

385. व्यवस्थित

(1)

लहरें – जल में
प्रकाश – पुंज, दीप में
सुगन्ध – समीर में व्यवस्थित है।

चराचर जगत् में
जीवन में – जीवन के पार
गति में – स्थिरता में
सर्वत्र प्रभु तुम ही व्यवस्थित हो।

(2)

तुम ही सबको व्यवस्थित भी करो
आकाश को – तारामण्डल को
रवि को – राका को
धरा को – ब्रह्माण्ड को
व्यवस्थित कर्त्ता – तुम ही व्यवस्थित हो।

(3)

जब सीमा से – असीम की ओर
सृष्टि से – समाधि की ओर
जीवत्व से – ब्रह्मत्व की ओर
द्वैत से – अद्वैत की ओर
प्राणी तुमको-अपने हृदय में व्यवस्थित करे
तब प्राणियों में–
तुम सच्चिदानन्दस्वरूप होकर
व्यवस्थित हो।

व्यवस्थित होकर वास करनेवाले
हे 'व्यवस्थित' तुमको नमन है।

वि (उपसर्ग) + अव (उपसर्ग) + स्था (धातु – स्थिर रहना, करना) + ल्युट् (प्रत्यय) = व्यवस्थानः (जो व्यवस्थित है)
वि (उपसर्ग) + अव (उपसर्ग) स्था (धातु-स्थित करना) + युच् (प्रत्यय) = व्यवस्थानः
जो व्यवस्थित करता है।

386. संस्थान

आकाश में
मेघों का नर्तन हो
या चपला की चमक हो
या सप्तरंगी धनुष का विलास
आकाश स्वयं निर्लिप्त, शान्त, संस्थित है।

काम ने बाण चलाये
क्रोध ने अग्नि से फूँका
लोभ ने लालसा दी
अहं ने विशाल पर्वत बनाये
माया ने अपने भँवर में समा लिया
बुद्धि ने अपनी स्थिरता गँवा दी
इन्द्रियों ने अपनी सीमा तोड़ दी
लेकिन प्रभु सदैव अपने स्वरूप में संस्थित हैं।

उषा उदय हो – पंकज खिल उठें
हिम हो – तरु सिहर उठें
वसन्त हो-सुमन खिलें

लेकिन हे प्रभु तुम
न किसी के उदय होने से विकसित
न अस्त होने से झुरमित
प्रभु, तुम सदैव स्वयं विकसित
जिसमें सहस्रदल खिले हैं
आनन्द पराग है
अनाहत का नाद है
अबाध है – निरन्तर है।

समान रूप से स्थित रहनेवाले
हे 'संस्थान' तुमको नमन है।

सम् (समान) + स्था (धातु – स्थित रहना) + युच् (प्रत्यय) = संस्थानः समान रूप से स्थित रहनेवाला।

387. स्थानदाता

(1)

हे प्रभु, तुम स्थान देनेवाले हो
जहाँ अन्तर्ज्वाला धधकती हो
वहाँ शान्ति वर्षा करते
जहाँ काँटें हों–
वहाँ फूल बनकर आते
जहाँ विष का हाला हो
वहाँ पीयूष बनकर आते।

मेघों ने कितनी ही किरणों से
आँख-मिचौली की
रवि सदैव प्रकाशमान् रहा।

प्रभु तुम-नश्वर में शाश्वत
जड़ में चैतन्य हो।

विकार मिटा, आत्मपद का स्थान देनेवाले
'स्थानदाता' हो।

(2)

संसार में चारों ओर से
बाणों की जब भीषण वर्षा हो
हे प्रभु, तुम ही शरणागत के स्थान हो
दुःखों के तिमिर वन से दूर
तुम आनन्द के धाम हो
अतृप्त अपूर्ण जीवन में
पूर्णकाम-अक्षयवट में
स्थान देनेवाले 'स्थानदाता' हो।

(3)

घर के बाहर
दर-दर भटके
न जाने कहाँ-कहाँ अटके
बाह्य नहीं-अन्तर गुहा में
केवल तुम्हारे चरणों में स्थान है।
केवल समर्पण करें
तुम प्रेम से सिंहासन पर
अपने पास बिठा लेते।

अपने समीप स्थान देनेवाले
हे 'स्थानदाता' तुमको नमन है।

स्थान – (पद, स्थायित्व) दा (धातु – देनेवाला) क (प्रत्यय) = स्थानदः स्थान देनेवाला-स्थायित्व या पद देनेवाला (स्थानदाता)।

388. ध्रुव

प्रभु, तुम ध्रुव हो-स्थिर हो।

धुरी पर सब नाच रहे
तुम स्वयं स्थिर-कूटस्थ हो।

सुबह से शाम
शाम से रात-और रात में
काली चादर बिछा-तारिकाएँ हँसीं
उषा ने पुनः लाल चादर बिखेर दी।

शिशिर गया-वसन्त आया
ऋतु बदलते गये
क्रम चलता रहा,

जन्म हुआ-मरण में अन्त हुआ
पुनर्जन्म-पुनरागमन,
कुण्डलिनी बनती-बिगड़ती रही
प्रभु, तुम चैतन्य अपरिवर्तनीय रहे।

जो कल था-वह आज नहीं
जो आज है-वह कल न होगा
लेकिन,
प्रभु, तुम कल भी थे-आज भी हो
कल भी रहोगे
तुम परम सत्य अविचल ध्रुव हो।

सदैव स्थिर रहनेवाले
हे 'ध्रुव' तुमको नमन है।

ध्रु (धातु – स्थिर रहना) अच् (प्रत्यय) = ध्रुवः (जो स्थिर रहता है।)

389. परमऋद्धि

प्रभु, आप कामनाओं को पूर्ण करनेवाले हैं
लेकिन
कामनाएँ अनेक हैं
पूर्ण करें-फिर भी अपूर्ण रहें
ज्वाला में घृत पड़े
ज्वाला बढ़ती जाय
सदैव अतृप्त उदास,

मेघ वर्षा कर
जलधि को निरन्तर प्रसन्न करे
फिर भी जलधि को उल्लास न आये,

सभी ऋद्धियाँ मिलें
सभी विभूतियाँ मिलें
समय के पथ पर
न जाने कहाँ जायँ,

ऋद्धि वही-जिससे वृद्धि हो
शाश्वत जीवन की
अंतर आनन्द की
वह वृद्धि नहीं-जहाँ क्षरण है
लेकिन प्रभु, तुम परम ऋद्धि हो
जिसने तुमको पाया
सब – कुछ पाया।

हे परमेश्वर! तुम पूर्णकाम हो
तुममें जब समर्पण करें
सर्व कामनाएँ स्वयं विलीन हो जायँ
शेष सत्-चित्-आनन्द रहे।

दुःख से परे
शाश्वत आनन्द की
वृद्धि करनेवाले
हे 'परमऋद्धि' तुमको नमन है।

परा (उपसर्ग – उत्कृष्ट) ऋधु (धातु – वृद्धि करना) = क्तिन् (प्रत्यय) जो पूर्ण वृद्धि करता है। (परमऋद्धि)

390. परमस्पष्ट

नयन खुले हों
सुनहले प्रकाश में
सब – कुछ स्पष्ट है
अनल समीप हो
ताप का अनुभव स्पष्ट है
जब रात की कालिमा हो
तारों का चमकना स्पष्ट है।

जब मानस द्वन्द्वहीन हो
निर्मल हृदय में प्रभु, तुम्हारे लिए आसन हो
उसमें तुम्हारा विराजमान होना स्पष्ट है।

मलिन दर्पण में
स्वयं का भी रूप न झलके
मलिन मानस में हे प्रभु, तुम अस्पष्ट
निर्मलता में स्पष्ट हो
असत्य के अँधेरे में अस्पष्ट
सत्य के प्रकाश में स्पष्ट हो।

मलिनता मिटे
सत्य ज्ञान का प्रकाश हो
तब जीव जगत् में
जड़ में – चेतन में सर्वत्र
हे प्रभु, तुम परम स्पष्ट हो।

पूर्ण रूप से दृश्य
हे 'परमस्पष्ट' तुमको नमन है।

परम (उपसर्ग – सम्यक् प्रकार से, पूर्ण रूप से) स्पष्टः (दिखायी पड़नेवाला) (जो पूर्ण रूप से स्पष्ट है, दृश्य है) = परमस्पष्टः

391. तुष्ट

मेघ कितना ही नृत्य करे
आकाश को लाँघ न सके
मृगजल के पाने, कितना ही दौड़ें
वह कभी न मिले,

अग्नि में कितना ही घृत डालें
तुष्ट न हो
लोभी को कितना ही धन मिले
तुष्ट न हो
वासना की तृप्ति कितना ही करें
तुष्ट न हो।

नयनों ने देखा – तुष्ट न हुआ
कानों ने सुना – तुष्ट न हुआ
मन ने कहा – पूरा किया
फिर भी तुष्ट न हुआ
सदैव असन्तुष्ट,

तुष्टि तो उसी से मिले
जहाँ सभी कामनाएँ विलीन हों
बाहर आनन्द कहाँ खोजें
प्रभु, तुम स्वयं ही आनन्द के स्रोत हो
तुष्टता को कहाँ खोजें–
तुष्टता को देनेवाले प्रभु तुम ही हो।

अपूर्ण-पूर्णता न दे सके,
असम-समता न दे सके,
असन्तुष्ट-तुष्टता न दे सके।

पूर्णता को देकर – सन्तुष्टि देनेवाले
हे 'तुष्ट' तुमको नमन है।

तुष् (धातु – पूर्ण करना) + क्त (प्रत्यय) = तुष्टः (तुष्ट)
जो पूर्णता दे या जो पूर्ण रूप से सन्तुष्ट है।

392. पुष्ट

सूर्य में से सूर्य का प्रकाश
कोई कितना ही ले,
सूर्य स्वयं प्रकाशित रहेगा
आकाश को कितना ही खण्डित करें,
वह सर्वत्र व्यापक रहेगा।
अमृत-सागर में कितना ही-अवगाहन करें
उसकी अमरता कम न होगी।

प्रभो, तुम व्यष्टि में हो-समष्टि में हो
काल-महाकाल – किसी के बन्धन में नहीं हो।

पदार्थ में नहीं-पदार्थ तुमसे है
सब तुमसे पोषित
तुम किसी से पोषित नहीं
स्वयं परिपूर्ण हो।

हे परिपूर्ण 'पुष्ट' तुमको नमन है।

पुष् (धातु – पोषण करना, पूर्ण करना) + क्त (प्रत्यय) = पुष्टः (पुष्ट)
जो पोषण करके परिपूर्ण करे या तो परिपूर्ण है।

393. शुभदर्शन

सुनहले प्राची में उदय होते हुए
क्षितिज पर जब रवि
लालिमा लिए आये
अन्धकार से मुक्ति हो
प्रकाश बिखर जाय
जन-जीवन जाग्रत् हो,
वसन्त लहरा उठे
प्रकाशित करनेवाले उस भानु का दर्शन शुभ है।

चन्दा का आना
चकोर के लिए,
मीन को जल का पाना
प्राणों का शुभ दर्शन है,

तुमको जो हृदय आसन पर बिठाये
उसकी मानस वीणा के तार झंकृत कर देते
उस स्वर – लहरी में
जब अन्तर में प्रकाशित हुए
प्रिय दर्शन है-शुभ-दर्शन है,

तुम्हारे दर्शन से वासनाओं की भीति
बालू के कगार-सी ढह जाय
चित्ताकाश आनन्द के
झकोरे लेने लगे।

प्रभु, तुमसे माँगना क्या–
लक्ष्मीपुत्र धन कहाँ खोजे
कामधेनु हो
किस द्वार भिक्षा माँगे
वसन्त आया
बहार स्वयं आये,
उसे हम देखें

वह हमको देखे
नयनों में अश्रु नहीं
उसमें आनन्द का प्रकाश है
प्रेम का सागर है।

हे 'शुभदर्शन' तुमको नमन है।

शुभ (कल्याणकारक) ईक्षण (दर्शन) = शुभेक्षणः
जिसका दर्शन कल्याणकारक है। (शुभदर्शन)

394. राम

(1)

धूप हो या छाँव
कपाट बन्द हों या खुले
पवन बह रहा है।

आँखें मूँदें या खोलें
सोयें या जागें
शीत हो या तपन
भूधर हो या सागर
भानु सदैव प्रकाश दे रहा है।

हे राम! तुम ही सबकी जीवन धारा में,
स्रोत से बह रहे
घट-घट में, चैतन्य रूप
तुम ही रमण कर रहे।

हे विष्णु! जब आप अंतर में रमण करें
आप राम हैं।

(2)

हे राम! तुम शक्ति के पुंज हो
मन के दश आनन हैं।
जब विकृति आये – वह रावण है
उस रावण का वध
हे राम! तुम्हारे बाणों से हो
रावण से युद्ध करें
विजय, हे राम! सदैव तुम्हारी है।

(3)

हे राम! तुम सुधा – सागर हो
आनन्द – लोक हो-सच्चिदानन्द हो
कोई जप कर तुममें रमण करे
कोई तुममें ध्यानावस्थित हो जाये
कोई तुम्हारे गीत गाये
और योगी तुममें ही सदैव रमण करें।

रमण करनेवाले
हे 'राम' तुमको नमन है।

रमु (धातु – रमण करना, क्रीडा करना) घञ् (प्रत्यय) = रामः
जो रमण कर रहा है या जिसमें रमण किया जाय।

395. विराम

नदिया में कितनी ही धाराएँ हों
सागर में ही विराम है।

स्वप्न सुनहले हों या भयावह
जागृति में सबका विराम।

पक्षी आकाश में
कितना ही पंख से विचरण करे
नीड़ में ही उसका विराम।

मन की विशद गति, चित्त की चंचलता
बुद्धि की अस्थिरता
प्रभु, तुम्हारे में विलीन होने पर ही विराम है।

मानव मन खोज रहा है
पूर्णता को
कितनी ही दौड़ हो
एक मिला-दूसरा बिगड़ा
अधूरा-का-अधूरा।
पूर्णता संसार के संग विलास में नहीं
केवल तुम्हारी शरण जाने में है
वहाँ संसार में रमण करने का अन्त है
और प्रभु, तुममें रमण करने से
सब शान्त हो जाये।

पूर्णता दिलानेवाले
हे 'विराम' तुमको नमन है।

वि (उपसर्ग – विरत होना, शान्त होना) रामः (रमण करना) = विरामः
जिसमें रमण करके शान्त हो या रमण करने का जहाँ अन्त हो।

396. विरत

आकाश में
मेघ-बरसे, या विहार करे
शुभ्र हो या कालिमा ओढ़े
इन्द्रधनुष की रेखाएँ हों
या-चन्द्र किरण के सुनहले रंग
नभ-निर्लिप्त, निर्विकार, विरत रहे।

वसन्त आया
उपवन विहँस उठा
ग्रीष्म आयी-तप्त हुआ
हेमन्त में ठिठुरा
पतझर में सब बिखर गया
भास्कर प्रकाश देता रहा
धरती पर क्या हो रहा है
वह आकाश विरत रहा।

मन ने अपनाया
मन ने ठुकराया
मन ने बनाया-उसी ने ढहाया
अन्तश्चेतना का क्षितिज
विरत रहा।

तम मन में
रज मन में
प्रकृति से बँधा यह मन
स्वयं जाल रच
उसी के रंग में रमण कर रहा।

जो जुड़ा हो-वही जुदा भी हो
लेकिन जो निःसंग
उसका मन से बन्धन कैसा
हे प्रभु, तुम निर्विकार

सत्त्व रज तम से विरत
स्वयं सच्चिदानन्द रूप में स्थित हो।

विषयों से अनासक्त
मन भँवर से मुक्त
हे 'विरत' तुमको नमन है।

वि (उपसर्ग – विगत हो गया है) रतः आसक्ति = विरतः (विरत) जो (विषयों या त्रिगुणों की) आसक्ति से रहित है।

397. मार्ग

मंजिल है
पहुँचने के लिए मार्ग ढूँढ़ रहे
खोजना है
खोजने के लिए साधन ढूँढ़ रहे
लेकिन हे ईश्वर,
तुमको ढूँढ़ने के लिए–
तुम ही मार्ग हो–
स्वयं साधन हो – साध्य भी हो।

भास्कर का उदय होना
प्रकाश का स्वयं ही मार्ग है
सुधा – सागर में, सुधा का पान करें
अमरता का स्वयं मार्ग है।

प्रभु, जो तुमको अपना ले
उसके लिए तुम स्वयं मार्ग हो।

प्राप्त करने के लिए स्वयं साधन
हे 'मार्ग' तुमको नमन है।

---

1. मृग् (धातु – अन्वेषण करना) घञ् (प्रत्यय) = मार्गः
2. मृज् (धातु – शुद्ध करना) घञ् (प्रत्यय) = मार्गः
जिसके द्वारा अन्वेषण या प्राप्त किया जाय या जो शुद्ध करने का कारण है।

398. नेय

(1)

हंस – निशा के अश्रुकण नहीं
मोती ही चुगे
चकोर – खारे सागर का जल नहीं
स्वाति सुधा का पान करे
लेकिन मानव की बुद्धि–
हीरे को छोड़ दे
उसे पता नहीं
वह कंकड़ नहीं – हीरा है।

जो ज्ञेय था, उसे न जाना
जो इन्द्रिय को प्रिय लगा
उसमें वह बँध गया
श्रेय को अनदेखा किया।

दिशा थी – मार्ग था
फिर भी भटक गये,

वह प्रभु बाहर के कोलाहल में नहीं
अन्तर की स्वर – लहरी में गेय है
बाहर कहाँ भटक रहे
आओ चलें
वह प्रभु, अपनी ओर ले चलनेवाला 'नेय' है।

(2)

मार्ग हो
शरीर शक्तिहीन हो
मन भी थका रहे
तब मंजिल दूर है।

लेकिन हे प्रभु, तुम मार्ग भी
मार्ग में चलने की शक्ति भी
पथिक के सम्बल हो
केवल समर्पण करें
तुम चलने की शक्ति दो
फिर हाथ पकड़कर
अपने साथ ले चलो।

ले चलनेवाले
हे 'नेय' तुमको नमन है।

---

1. णीञ् (धातु – प्राप्त करना) + यत् (प्रत्यय) = नेय (प्राप्त करने योग्य)
2. नय (धातु ले चलना) + अच् (प्रत्यय) = नेयः
ले चलनेवाला या चलने की शक्ति देनेवाला।

399. नय

सूर्य अन्धकार से
प्रकाश की ओर ले चले
अमृत-मरण से
जीवन की ओर ले चले।

हे प्रभु, तुम शोक से अशोक
दुःख से आनन्द,
अज्ञान से ज्ञान
की ओर ले चलनेवाले हो।

कुम्भकार की कृति
साधन साध्य है,
लेकिन हे दयालु! तुम कृपा साध्य हो।
जिस पर कृपा हो
उसको सहज मिले।

जो समर्पण करे
उस पर कृपा तुम्हारी।
संसार में गिरते उस प्राणी को
अपने साथ ले चले।

अपने साथ ले चलनेवाले
हे 'नय' तुमको नमन है।

नय (धातु – ले चलना) अच् (प्रत्यय) = नयः (ले चलनेवाला, नेता)

400. अनय

तिनके पवन के वेग में उड़ चलें
लेकिन धरती अचल रहे
मेघ पवन के साथ
न जाने कहाँ जायें
लेकिन आकाश वहीं स्थिर रहे।

उषा की लालिमा हो,
या चन्दा की सुनहली किरणें
सागर सदैव अपने में ही लहराता रहे।

काया – काल के थपेड़े में
न जाने कब विलीन हो जाय
आत्मा शाश्वत रहे।

मन में कितनी ही भँवरें हों
चित्त में चंचलता
बुद्धि में सिहरन
गति में व्याकुलता–
लेकिन हे प्रभु,
तुम परम चैतन्यस्वरूप – साक्षी रूप
अंतर में कूटस्थ रहते
जिसे न कोई हिला सके
न नय कर सके
सदैव अविचल रहे।

पल-पल में नय
मन का है
इन्द्रियाँ रस ले चलें
नय-बुद्धि का है–
उसकी धारणा बदलती रहे।

नय-अन्तर चित्तवृत्ति का है
बाह्य संसार के झोंके बहा लें
कभी क्रोध में जले
कभी काम में डूबे
कभी मद में झूले
लेकिन हे प्रभु,
तुम अविचल, अकम्पित परम शान्त रहते
तुमको कोई न ले चले।

नय न किये जा सकनेवाले
हे 'अनय' तुमको नमन है।

अ (नञ् – समास – नहीं) + नयः (ले चलनेवाला) = अनयः
जिसको ले चलनेवाला कोई नहीं है यानी स्थिर।

ध्यान

401. वीर

सूर्य वह है
जो अन्धकार को चीरता चले
अमृत वह है
जो जीवन देता चले
ज्ञान वह है
जो अज्ञान को मिटाता रहे
निर्भयी वह
जो भय का विनाश करे
वीर वह जो शत्रु पर विजय करे।

अपने में जब दानवता – विजय करे
देवत्व खोये
अमृत-मन्थन करने चले – चिन्तन दूषित
अमृतानुभव से दूर हुए
आनन्द के साम्राज्य को
अपने मन्द मति से हारे।

दानवता अपने में ही
हे प्रभो, तुम ही शक्ति दो
तब वीरत्व जागे
जीव इन्द्रियजित्, संयमी, सत्यनिष्ठ हो
शक्तिपुंज से प्रकाशित
दानवता पर अतिक्रमण कर
आगे बढ़ता चले
जो स्वयं से हारा था
स्वयं से ही विजय करे।

जब दानव हारे
अमृत वर्षा हुई
आनन्द का साम्राज्य छाया।

सबको अतिक्रमण करनेवाले
हे वीर! तुमको नमन है।

वीरः - जो अतिक्रमण कर आगे बढ़ता चले

402. शक्तिमतांश्रेष्ठ

अग्नि में शक्ति है – जलाने की
जल में शक्ति है – आर्द्रता की
पवन में शक्ति है – वहन की
धरती में शक्ति है – धारकता की
प्रकृति में शक्ति है – जनन की

मन में शक्ति है – इच्छा की
इन्द्रियों में शक्ति है – क्रिया की
चेतना में शक्ति है – अवबोधन की,

जब अंतर सौन्दर्य देखा
देव शक्ति ने उद्घोष किया
जब कुरूपता देखी
दानव शक्ति ने हुंकार ली।

शक्ति कहाँ नहीं–
सर्वत्र सबमें है
लेकिन उस शक्ति का स्रोत न देखा
हे प्रभु, तुम ही शक्ति देनेवाले
शक्तियों में श्रेष्ठ हो।

दानव के साथ हों–
दानव शक्ति मिले
देव के साथ हों
देवत्व की शक्ति जागे
तुम अनन्त के साथ हो जायें
अनन्त शक्ति मिले
प्रभु, तुम चैतन्य शक्ति
शक्तियों में श्रेष्ठ हो।

शक्तिमानों में श्रेष्ठ
हे 'शक्तिमतांश्रेष्ठ' तुमको नमन है।

शक्तिमतां = शक्लृ (धातु - शक्ति देना) क्तिन् (प्रत्यय) मतुप्
(प्रत्यय) - बहुवचन = शक्तिमतां (शक्तिमानों में)
श्रेष्ठः = प्र (उपसर्ग) शंसु (धातु - स्तुति करना) क्यप् (प्रत्यय) = प्रशस्य
प्रशस्य (अतिशय अर्थ में - इष्ठन् (प्रत्यय)
प्रशस्य प्रकृति को 'श्र' आदेश से = श्रेष्ठ (जो शक्तिमानों में श्रेष्ठ, अधिक प्रशंसनीय है)

403. धर्मराज

हे प्रभु, तुम धारण करनेवाले 'धर्म' हो
तुम्हारे रहने से सब-कुछ है—
तुम्हारे जाने पर कुछ भी न रहे।

उपवन में कुसुम खिले,
तरु उसे धारण किये है
तरु को धरा ने
धरा को प्रकृति ने,
और प्रकृति को धारण करनेवाले
तुम ही परम पुरुष हो।

शरीर ने इन्द्रियों को धारण किया
मन ने इन्द्रियों को
मन चेतना के तले लहरें ले
उस चेतना की ज्योति
आत्मप्रकाश ने धारण किया।

हे विष्णु! आप सृष्टि धारण करें
सृष्टि के सर्वभूतों के आत्मप्रकाश
को धारण करें।

धारण करनेवाले हे 'धर्मराज'
आपको नमन है।

धृञ् (धातु - धारण करना) + मन् (प्रत्यय) = धर्मः
जो धारण करे।

404. उत्तमधर्मज्ञ

धर्म अनेक हैं
उत्पत्ति – लय = प्रलय प्रकृति के धर्म
जन्म – मरण = जीवन के धर्म
कार्य – कारण = कर्म के धर्म
ब्रह्मचर्य, गृहस्थ, वानप्रस्थ, संन्यास,
वर्णाश्रम के धर्म।

काल के प्रक्षेप में
मनोभाव के डोल में
संसार के धर्म
संसार में हिलोरें ले रहा
लेकिन यह क्या–
बालू की भीति का धर्म
लहरों में समा जाय।

जहाँ न जरा – न मरण
सदैव चैतन्य, प्रकाशस्वरूप रहे
वही सर्वोत्तम धर्म
उस उत्तम धर्म को प्रभु स्वयं जाने
या जो उसमें विलीन हो, वह जाने।

सूर्य ताप में भले ही कोई तपे
वह स्वयं सूर्य नहीं,
सूर्य स्वयं अपने को जाने,
विहंग आकाश में कितना ही उड़े
आकाश अपना विस्तार स्वयं जाने।

हे विष्णु! आप ही उत्तम धर्म
और स्वयं ही उसको जानें।

उत्तम धर्म को जाननेवाले
हे 'उत्तमधर्मज्ञ' आपको नमन है।

धर्म + वित् (जानना) + उत्तमः = धर्मविदुत्तमः (उत्तमधर्मज्ञ)
जो धर्म को जानने में उत्तम है या जो उत्तम धर्म को जाने।

405. वैकुण्ठ

गति से या अवरोध से
मन में कहीं भी पीड़ा हुई – कुण्ठा है
राग से या द्वेष से
चित्त विक्षिप्त हुआ – कुण्ठा हुई
मन में कामना जागी
तृष्णा तृषित हुई
पूर्ण हुई, तो पुनः जागी
अपूर्णता बनी रही
कुण्ठा घनीभूत होती गयी।

अज्ञान को ज्ञान
ज्ञान को अज्ञान माना – कुण्ठा हुई,
काँच को मणि, मणि को काँच माना
सत्य को असत्य,
असत्य को सत्य माना - कुण्ठा हुई।

मानव – पाश में बँधे
पंछी – पिंजड़े में बँधे
लेकिन कुण्ठा मानव को
बिन पाश के बाँध ले।
प्रभु, तुम भास्कर
अन्धकार के बन्धन में नहीं,
तुम आकाश
सीमा के बन्धन में नहीं,
तुम चैतन्य
जड़ता की कुण्ठा में नहीं,
तुम परमानन्दस्वरूप
दुःख की कुण्ठा में नहीं
तुम कुण्ठा मिटानेवाले
बन्धन से मुक्त करानेवाले
लौह जंजीरों को तरल कर

विगलित करनेवाले
आनन्द के सागर
अमृत की वर्षा करनेवाले
कुण्ठारहित वैकुण्ठ हो।

कुण्ठा मिटानेवाले
हे 'वैकुण्ठ' तुमको नमन है।

वि (उपसर्ग) + कुठि (धातु - प्रतिघात करना, रुकावट मिटाना) घञ् (प्रत्यय) = विकुण्ठ
विकुण्ठ + अण् (प्रत्यय) = वैकुण्ठः
जिसकी कुण्ठा, रुकावट की गति मिट गयी है - या जो कुण्ठा मिटा दे - वह वैकुण्ठ है।

406. पुरुष

प्रकृति है – पुरुष है
दोनों पूरक हैं,
एक बाती – एक दीपक
प्रकाश उसके चैतन्य होने में है।

हे प्रभु, प्रकृति देह है
इसमें शयन करनेवाले
तुम पुरुष हो,
प्रकृति हो – पुरुष न हो
पूर्णता नहीं,
सर्व पूर्ण करनेवाले
केवल एक तुम ही पुरुष हो।

सुवर्ण अपने को
अनल में समर्पण करे
वह कान्तिमान् है,
जीव अपने को
तुममें समर्पण करे
तुम तपाकर
प्रकाशित करनेवाले हो।

आगे कैसे बढ़ें?
बल नहीं, गति नहीं
वीणा के तार बजे
ध्वनि आगे बढ़ चली
भानु उदय हुआ
प्रकाश आगे बढ़ चला
तुम्हारे समीप चलें
तुम शक्ति देकर
आगे चलनेवाले 'पुरुष' हो।

जीव में चैतन्य
प्रकृति के पूरक
हे 'पुरुष' तुमको नमन है।

---

1. पुरुषः = पुरुन् (पहले) उष् (धातु - दाह करना)
'उष दाहे' पुरुन् सर्वानोषति दहतीति वा पुरुषः
पहले अपने तेज से संतप्त करनेवाला
2. पुरि (देह) शे (धातु - शयन करना)
पुरि देहे शेते इति वा पुरुषः।
(जो देह में शयन करनेवाला है)
3. पुर (आगे) पुरति (चलनेवाला)
'पुर' अग्रगमने भवतीति वा पुरुषः
वह सबका अग्रगामी - आगे चलनेवाला है।
4. पुर (पूर्ण करनेवाला) पिपर्ति पृणाति पालयति इति वा पुरुषः
(वह विश्वान्तर्गत पदार्थों को पूर्ण करता है, अथवा पालन करता है)
5. पुर (पहले) उष् (विश्व)
पूर्वोअस्माद् विश्ववात्तदादिकारणत्वादिति पुरुषः
विश्व का आदिकरण होने से वह विश्व से पूर्व है।

407. प्राण

शरीर हो, प्राण न हो
प्राणी नहीं
तलहटी हो – नीर न हो
नदिया नहीं
भास्कर हो
आभा न हो – भानु नहीं।

श्वसन – शरीर का प्राण है,
हे प्रभु, आप श्वसन को गति देनेवाले
प्राणियों के प्राण हैं।

विश्व में सर्वत्र व्यापक
विश्व के प्राण हैं
योगियों में आप ही
ज्ञानस्वरूप प्राण हैं।

भक्तों में आप
भक्तिस्वरूप प्राण हैं।

आप चैतन्य
सबके आधार – स्तम्भ
पूर्णता देनेवाले
सबके 'प्राण' हैं।

जीवन की ज्योति, आत्मस्वरूप
हे 'प्राण' आपको नमन है।

प्रा (धातु - पूर्ण करना) + क्त (प्रत्यय) = प्राणः
पूर्ण करनेवाला, पूर्णस्वरूप।

408. प्राणदाता

जिसमें प्रकाश है
वह प्रकाश बिखेरे,
जो अमृत है
वही अमरता दे,
जो पूर्ण है
वही पूर्णता दे।

मन में गति है
कुपथ या सुपथ चले,
बुद्धि में धारकता है
असत्य या सत्य को
धारण कर ले,
एक में विनाश
दूसरे में विकास हो।

वह प्रभु ही, विनाश से बचा
विकास की ओर ले चले।

मन को शान्त, सुमंगल, सुमधुर कर
बुद्धि को सत्य में स्थिर कर
आत्म प्रकाश से पूर्ण कर दे।

हे विष्णु! आप स्वयं पूर्ण
अपूर्ण को पूर्णता
देह में प्राण
देनेवाले हैं।

प्राणित करनेवाले
हे 'प्राणदाता' तुमको नमन है।

प्राणदः = प्राण + दः (देनेवाला)
प्राण को देनेवाला।

409. प्रणव

जीवन के बुझते दीप को
जहाँ घृत मिल जाय
नेत्रहीन को – नयनों में
संसार का उजाला मिल जाय
बलहीन पंगु को
जब गिरि चढ़ने का बल मिल जाय
डूबते को जब
नौका मिल जाय,

तब जिसके अनुग्रह से मिले
उसकी वन्दना में
स्वर स्वयं फूट निकलें
मस्तक स्वयं नत हो,
दर्शन के लिए
ललककर – पग
स्वयं बढ़ चलें
जैसे आलोक में
सरोज विहँस उठे

मानस स्रोत से निःसृत
अन्तः सलिला बह निकली
मानव – मन सहज अन्तस्तल से
स्तवन करे।

जिसने सृष्टि रची
फिर पालन किया
हर पल इतना समीप रहे
कि स्वयं जीव में वास करे
वह परमेश्वर
वन्दनीय, स्तुत्य, प्रणम्य
'प्रणव' है।

हे स्तुत्य 'प्रणव' तुमको नमन है।

प्रणवः = प्र (उपसर्ग) णु (धातु - स्तुति करना) = प्रणवः स्तुति करने योग्य, प्रणम्य।

410. पृथु

भानु उदय हो
प्रकाश की किरणें – कहाँ न विचरण करें,
मीन सागर में जाय
जल उसे कहाँ न मिले,
वह विष्णु कहाँ नहीं–
जहाँ देखें – वहाँ मिले,
वह सर्वत्र है
व्यापक – विस्तरित 'पृथु' है।

लेकिन जो सर्वत्र व्यापक है
हम उसके समीप नहीं
उसी से दूर रहें,
वह कृपालु,
मन सुमंगल कर विकसित कर दे
हृदय निर्मल कर
विश्व को उर में समा,
विश्व में व्यापक कर दे
जैसे बूँद सागर में मिले
सागर उसको व्यापक कर दे,

विस्तार करनेवाले
हे 'पृथु' तुमको नमन है।

पृथुः = प्रथ (धातु - विस्तार करना) + कु (प्रत्यय) = पृथुः
जिसका सर्वत्र विस्तार है या जो विस्तार करनेवाला है।

411. हिरण्यगर्भ

अनन्त आकाश हो
सूर्य न हो – प्रकाश न होगा
आकाश में सूर्य – प्रकाशगर्भ है।

काष्ठ हो – अग्नि न हो
केवल काष्ठ है
अग्नि का जब संचार हो
वह अग्निगर्भ है।

शरीर हो, प्राण न हो
जीवन न होगा
प्राण – जीवनगर्भ है।

बुद्धि हो – अविद्या रहे
ज्ञान न होगा
जो अविद्या को मिटा
स्वयं में विद्या का प्रकाश दे
वह है–
अन्तः ज्ञानगर्भ

शोक हो – दुःख हो
लेकिन जो अन्तस् में आनन्द की वर्षा कर दे
वह आनन्दगर्भ है।

जीव है – लेकिन
दीप्तमान् चैतन्य का अनुभव भले ही अनुभव न करे
लेकिन वह विष्णु अंतर में ज्योतिर्मय
हिरण्यगर्भ है।

उस ज्योतिर्मान् प्रकाशपुंज
'हिरण्यगर्भ' को नमन है।

हिरण्य (स्वर्ण, रथ, शक्तिपुंज) + गर्भः = हिरण्यगर्भः
जिसके गर्भ में हिरण्य (स्वर्ण) है।

412. शत्रुघ्न

तूफान न जाने कितने
तरुओं को झकझोरकर उखाड़ दे
अनल की ज्वाला
किसको न जलाकर राख कर दे
विष की बूँदें, किसके प्राण न ले
यह सब प्रकृति की बाह्य शक्ति
वर्हि नष्ट करते चलते,

मानव अनल की ज्वाला को
जल से शान्त कर ले
दीपक को आँधी से
छाँव तले, बुझने से रोक ले
हिमपात की शीतलता को
गुफाओं में बचा ले,

लेकिन जब अन्तर्ज्वाला हो
चिन्ता का विष हो
मन में अभावों की चीत्कार हो
विरह की वेदना हो
घृणा का घोल हो
कायरता की खाईं हो
मद की हाला हो
कामनाओं के कारागार में बन्द हों
मन वासनाओं से घायल हो
तब इन हनन करनेवाले
शत्रुओं से कौन बचाये
इनको कौन हनन करे?

शत्रु अपने में
मित्र अपने में
शत्रु को मारनेवाला भी
अपने में है,

बल – निर्बलता को
प्यार – घृणा को
आशा – चिन्ता को,

ज्ञान – मोह को
संवदेना – शोक को
पूर्णता – अभाव को मिटा दे,

ये सब बाह्य नहीं
अन्तर में ही हैं।

प्रभु को समर्पण करें
उसे बुलायें
वह भी अंतर में ही,
नष्ट करनेवाले उन शत्रुओं का हनन करे।

शत्रु का हनन करनेवाले
हे 'शत्रुघ्न' तुमको नमन है।

शत्रुघ्न = शदलृ (धातु - बिगाड़ना, नष्ट करना) + क्रुन् (प्रत्यय) = शत्रु
हन् (धातु - विनष्ट करना) + टक् (प्रत्यय) = शत्रुघ्न
नष्ट करनेवाले शत्रु का हनन करनेवाला।

413. व्याप्त

चाँदनी सर्वत्र अपनी छटा बिखेरे
पर कुमुदिनी ही विहँसे।

मेघ सर्वत्र बरसे
नदिया में ही बाढ़ आये
नेत्र सभी कुछ देखे
लेकिन जहाँ टिकाये, वहीं टिके।

हृदय सब-कुछ धारण कर सके
जो धारण करायें, धरे
मन भले ही सर्वत्र विचरण करे
जिसको बसाये, वही बसे।

वह विष्णु व्यापक
उसके पास जाना नहीं
वह स्वयं आये
हृदय में विराजमान करें
हृदय में आसीन हो
मन में धारण करें
मन में छाये।
विश्व में व्यापक रहनेवाले
हे 'व्याप्त' तुमको नमन है।

वि (उपसर्ग) + आप्लृ (धातु - व्यापक होना) + क्त (प्रत्यय) = व्याप्तः जो व्यापक है।

414. वायु

हे दयालु! तुम गतिशील
गतिशीलता के कारण व्यापक हो
तुम्हारी गति से
सबमें गति है
जाग्रत् में – स्वप्न में
तुम पीयूष स्रोत
अन्तः में सदैव प्रवाहित हो
वायु से प्राणों को कम्पन
तुम प्राणों के प्राण हो।

तुम गन्ध वाहन,
कलुष से दूर – पावनता की गन्ध
विषाद से दूर – आनन्द की गन्ध
द्वेष नहीं – प्रेम की गन्ध
निर्बलता नहीं – शक्ति की गन्ध
तुम सुगन्ध को प्रवाहित करते चले।

उस वायु को प्राणों में भर लें
उससे अपनी बाँसुरी में स्वर फूँकें
आनन्द और प्रेम के संगीत से
जीवन भर दे।

गति देनेवाले
हे 'वायु' तुमको नमन है।

वा (धातु - गति करना, गन्ध वहन करना) + उण् (प्रत्यय) + वायुः
जो गतिवान् है, गन्धवान् है।

415. अधोक्षज

वह अनादि है – अनन्त है
न उसका जन्म, न मरण
वह शाश्वत, सर्वव्यापक
फिर भी अप्रकट है
क्यों?

मन बहिर्मुखी है,
इन्द्रियाँ मनगामी हैं
वह प्रकाशपुंज, न ऊपर न बाह्य
वह गहरे नीचे अन्तः में है।

जब दृष्टि बाह्य हो
प्रकृति का ताण्डव नृत्य है।
निर्झर झरते हैं
स्वर्णिम किरणें लुभायें
राका की रजत छटा
मन में लहराये
वहाँ हास – विलास
फिर आक्रोश – क्रन्दन
द्वन्द्व का नर्तन है।

जब अंतर चक्षु से अन्तः में देखा
जगत् सब सपना था
वहाँ तो केवल अपना
सुन्दर-से-सुन्दरतम
प्रकाशपुंज एक चैतन्य रहा,
कोई कहे प्रकट हुआ कोई कहे जन्म हुआ।

अंतर्दृष्टि से उत्पन्न होनेवाले
हे 'अधोक्षज' तुमको नमन है।

अधः + अक्षः = अधोक्षः + जः = अधोक्षजः
अधः (नीचे) अक्ष (नेत्र, प्रकाश) + जनी (धातु - उत्पन्न होना)
ड (प्रत्यय) = अधोक्षजः
(जो अक्ष (अध = अन्तर्हृदय) में उत्पन्न होनेवाला है)

416. ऋतु

पृथ्वी सूर्य की परिक्रमा करे
ऋतुएँ बदलती रहीं
वसन्त आया – उपवन महका
ग्रीष्म ने अग्नि बाण छोड़े
वर्षा ने उसको नष्ट किया
दरिया बह चली
शरद् ने चाँदनी छिटकायी
शिशिर ने शीत लहराया
सूर्य सदैव प्रदीप्त रहा।

मानव – मन
निज स्वभाव में बँधा
परिभ्रमण करे
मलिन या धवल
घृणा या प्यार
शोक या अशोक
क्रन्दन या हास
अनुरक्त या विरक्त,

सृष्टि बदलती रही
मानव – तन बदलता रहा
मन भी बदलता रहा
सर्जन-विसर्जन होता रहा।

हे प्रभु, तुम महाकाल
साक्षी रूप से
सदैव स्थित रहे
तुम, शाश्वत अपरिवर्तनीय
प्रकृति के बदलते परिवेश में
परिवर्तनशील 'ऋतु' रहे।

समय के साथ गमन करनेवाले
हे 'ऋतु' तुमको नमन है।

ऋ (धातु - गमन करना) स्तु (प्रत्यय) = ऋतुः
समय के साथ गमन करनेवाला।

417. सुदर्शन

आकाश में मेघ उमड़े
धरती पर मोर नाच उठे
चाँदनी छिटके
कुमुदिनी विहँसे
प्रियदर्शन है।

सूर्य का दर्शन
अन्धकार में प्रकाश है
प्रिय प्रभु का दर्शन—
चित्त का आनन्द है
पावन मन का शृंगार है
संगीत का स्वर है
जीव का प्राणोदय है।

प्रभु के दर्शन के लिए
याज्ञी यज्ञ करें
तपस्वी तप करें, योगी ध्यान करें
भक्त वन्दना करें—

क्योंकि उसका दर्शन शुभ है
शुभ ही सुन्दर है
सुन्दर से सुदर्शन है
सुदर्शन के दर्शन कैसे हों?
दर्पण मलिन हो
रूप कैसे देखें?

वह अन्तः में है
हम बाहर देखें।

मन ने रोया
सब-कुछ पाने के लिए
लेकिन हे सुदर्शन! तुम्हारे दर्शन के लिए न रोया।
सब-कुछ देखा,

तुमको न देखा—
जिसका दर्शन जीवन को सुन्दर कर दे।

शुभ दर्शनवाले
हे 'सुदर्शन' तुमको नमन है।

सु (उपसर्ग - शुभ, सुन्दर) दृश् (धातु - देखना) = सुदर्शनः
शुभ दर्शनवाला।

418. काल

जो कल था, वह आज नहीं
जो आज है, वह कल न होगा
भूत, भविष्य, वर्तमान की शृंखला
बनी, बिगड़ी-बनती रहेगी।

रजनी का अँधियारा था
लेकिन उषा ने लालिमा देखी
भास्कर ने प्रचण्ड प्रताप देखा – फिर
सन्ध्या के सिन्दूरी अस्ताचल में
चुपचाप विलीन हुआ
तब ऋतुओं का विलास हुआ
वर्ष बीते, युग बीते
काल की गणना होती रही।

गणना काल की नहीं – अपनी हुई
अक्षर की नहीं – क्षर की हुई
अविनाशी की नहीं – विनाशी की हुई
जल की नहीं – लहरों की हुई
आकाश की नहीं – सितारों की हुई,

वह गणक है
वह गणना-काल से
जीवन दे – फिर हर ले
जिन बूँदों को बिखराये
फिर समेट ले
किसने क्या किया
क्या कर रहा है
क्या होगा
गणना कर रहा है।

वह अनश्वर – नश्वर को,
अक्षुण – क्षणभंगुरता को,
अपरिवर्तनीय – परिवर्तन को,
देखकर गणना कर रहा है।

गणना करनेवाले
हे 'काल' तुमको नमन है।

कल (धातु - गणना करना) + घञ् (प्रत्यय) = कालः
गणना करनेवाला।

419. परमेष्ठी

वह कहाँ रहता है,
कहाँ बैठता है,
कौन स्थान है,
कौन-सा पद है?

गिरि कन्दराओं में
हरित वनों में
सागर की उत्ताल तरंगों में
सरिता की लहरों में
उनमें वह बँधा नहीं।

वह मानस के क्षितिज के परे
इन्द्रियों के स्पर्श से दूर,
जहाँ न द्वन्द्व के नगाड़े हैं
न अन्तर्ज्वाला की दाहकता,
न अज्ञान की कालिमा,
न जन्म-मरण का प्रत्यावर्तन,
प्रकाशमान् आत्मगुहा के अन्दर
ज्योतिर्मान परमपद पर आसीन है।

परम पद में स्थित रहनेवाले
हे 'परमेष्ठी' तुमको नमन है।

परमेष्ठी = परमे पदे तिष्ठतीति ताच्छील्ये (णिनिः)
जो अपने परम पद में स्थित है।

420. परिग्रह

वह दयालु है,
शरणागत पर कृपालु है,
जो भी शरण में गया — ग्रहण किया,
पापी या पुण्यात्मा
भोगी या योगी
निर्धन या धनी
निर्बल या बलवान्
वह सबको ग्रहण करनेवाला है।

रात्रि में भास्कर न आये
वह आयेगा
रेत से तेल न निकले
वह रस बहायेगा
गगन में मेघ
भले ही वर्षा न करें
वह अमृत बरसायेगा।

जो अँधियारे में भटक रहा था
प्रकाशपुंज बनकर
सत्य की राह दिखायी
जो निराशा के सागर में डूबा था
उसमें आशा का उल्लास भरा
जहाँ आँसू के कण बिखर रहे थे
वहाँ मोती-सा मुस्कान भरा।

केवल उसे पुकारें
वह आयेगा।

सबको ग्रहण करनेवाले
हे 'परिग्रह' तुमको नमन है।

परितः (सब ओर से) + ग्रहः (ग्रहण करना) = परिग्रहः
सब ओर से ग्रहण करनेवाला।

421. उग्र

भास्कर का प्रचण्ड प्रकाश
अन्धकार के लिए उग्र है
न कि किरणों के लिए,
अग्नि की ज्वाला
पदार्थ के लिए भस्मीकरण है
न कि उसमें मिलनेवाली
ज्वाला की लपटों के लिए,

सरिता की बाढ़
कगारों के लिए उग्र है
न कि मिलनेवाले सागर के लिए,

हे प्रभु, आप अज्ञानता के लिए
ज्ञानरूप प्रचण्ड हैं,
पाप के लिए विकराल दण्ड हैं।

आप असत्य के लिए
सत्य का वज्र हैं
रावण के लिए
विकराल उग्र राम हैं।

मानव के लिए वरद हैं
दानव के लिए उग्र हैं।

प्रचण्ड रूप में विनष्ट करनेवाले
हे 'उग्र' आपको नमन है।

उग्रः = प्रचण्ड

422. संवत्सर

हे प्रभु, आप कहाँ नहीं
विश्व प्रांगण में
आप ही क्रीड़ा कर रहे।

जड़ की शक्ति में
प्राणों के श्वासों में
आप अन्तर्वास करें।

आप सबमें बसे
लेकिन हम अपने मानस में संसार बसाये,

सूने हृदय-मन्दिर में
हे देव! वास करें
अन्तश्चेतना में
उसकी अन्तर्ज्योति जले
मन भले ही उसे न बसाये।

सम रूप से सबमें
वास करनेवाले
हे 'संवत्सर' आपको नमन है।

सम् (उपसर्ग) + वस् (धातु - बसना) सर (प्रत्यय) = संवत्सरः
जो सबमें निवास करे या जिसमें सब निवास करे।

423. दक्ष

हे विश्वम्भर! आप उपाधिरहित
फिर भी प्रकृति के साथ उपाधियुक्त
बल में महाबली
शक्तिमानों में सर्वशक्तिमान
ज्योतियों में ज्योतिर्मान
अग्र में अग्रतर 'दक्ष' हैं।

जो आपकी ओर बढ़े – उसे बढ़ायें
जब मन आपकी ओर चले
आत्मप्रकाश दें
अज्ञानी को परमज्ञान
भक्त को सुधासागर दें
मन्दमति को विद्वत्ता
निर्बल को बल दें
जो जिसमें दक्षता चाहे
उसमें उसकी दक्षता दें।

परमतत्त्व की वृद्धि करनेवाले
हे 'दक्ष' आपको नमन है।

दक्ष (धातु - वृद्धि करना, शीघ्र करना) + अच् (प्रत्यय) = दक्षः
वृद्धि करनेवाला, अग्रसर करनेवाला।

424. विश्राम

रवि अपने रथ पर
प्रचण्ड तेज से चलते-चलते थककर
अस्ताचल के पार
निशा की गोद में विश्राम ले।

विहंग कलरव करते-करते
शाम ढले, अपने नीड़ में आ
विश्राम लें।

तप-तपी धूप में तपता पथिक
छाँव तले विश्राम ले।

लेकिन संसार के विषम – भँवर में
पड़ा जीव का मन
केवल हरि के शान्त – सदन में ही
विश्राम पाये।

जो कुछ अपना समझा
आँख खुले – सब सपना रहा
मृगमरीचिका थी, दौड़ते रहे
जीवन की शाम ढली
विश्राम न पाया।

प्रभु, तुम्हारे ज्ञान – सरोवर में
अवगाहन कर
सुधा-पान किया
प्यास मिटी, तृप्त हुए
विश्राम मिला।

कामनाएँ प्रबल थीं
आधार अनेक लिए,
सब विफल हुए

जब प्रभु तुम्हारा आधार लिया
तुमने पूर्णकाम किया
कामनाएँ विलीन हुईं
विश्राम मिला।

मन की गति के तुम विश्राम
चित्त की चंचलता के तुम विश्राम
जीवन-प्रवाह के तुम विश्राम – स्थल।

थके हुए को अनन्त शान्ति देनेवाले
हे 'विश्राम' तुमको नमन है।

वि (उपसर्ग) श्रम (धातु - आराम करना) णिच् = विश्रामः विश्राम देनेवाला।

425. विश्वदक्षिण

वीणा के तारों में संगीत छिपा,
उँगलियों ने तारों से
स्वरों को रागों में बाँधा
यह करों की दक्षता है।

धरती पर, धरती से
पौधे हुए – बढ़ते गये – तरु हुआ
धरती ने पाला, पोसा, बड़ा किया
यह धरती की दक्षता है।

हे विश्वम्भर! आप कूटस्थ अविकृत ब्रह्म
विश्व की सृष्टि कर
विश्व में ही व्याप्त होकर
प्रतिदिन, प्रतिक्षण
उद्भव, परिवर्तित, परिवर्धित कर
जीवों के स्वभाव एवं कर्म को
दक्षता से नियन्त्रित कर रहे
स्वभाव से कर्म–
कर्म से फल
जीव नियन्त्रित होता चल रहा है।
विश्व को दक्षतापूर्वक
नियन्त्रित करनेवाले
हे 'विश्वदक्षिण' तुमको नमन है।

विश्व + दक्ष (धातु) णिनि (प्रत्यय) = विश्वदक्षिणः
विश्व को दक्षतापूर्वक नियन्त्रित करनेवाला।

426. विस्तार

बीज ने पौध का रूप लिया
पल्लव विकसित हुए, शाखाएँ बढ़ीं
पुष्पों ने शृंगार किया
मीठे फल लुभाने लगे
विशाल वट – आसमान को छूने लगा
देखो, सभी में बीज का विस्तार है।

विष की एक बूँद
नयनों में नीलिमा
पैरों में अकड़न
छाती में जलन
चेतना का अन्त
जीवन से मरण में अन्त हुआ
यह विष का विस्तार है।

जड़ प्रकृति – शक्तिहीन,
जब हे सृष्टिकर्त्ता, आप रहें
तब प्रकृति में उल्लास है
भानु में प्रकाश
चन्दा में चाँदनी
पवन में कम्पन
अनल में दाहकता
जल में आर्द्रता
गतिहीन में गति
प्रकृति में आपका विस्तार है।

जीव में जब अपना विस्तार करें
प्राणों में श्वास
इन्द्रियों में स्फुरणा
मन में चेतना
संकल्प-विकल्प के झोंके
बुद्धि का विलास हो।

विश्व में – विविध रूप, आकार लेकर
प्रभु तुम ही विस्तरित होते गये।

सब में विस्तरित होनेवाले
हे 'विस्तार' तुमको नमन है।

वि (उपसर्ग) + स्तृञ् (धातु - आच्छादन करना) + घञ् (प्रत्यय) = विस्तारः
जो सब में फैलकर आच्छादन करे।

427. स्थावरस्थाणु

गतिशील वायु में
मेघ विहार करें
पर आकाश निश्चल, शान्त।

चल जगत् में हे प्रभु, आप अचल
मन चंचल, लेकिन आप अविचल
स्वभाववश मन विचरण करे
लेकिन आप क्रियाहीन द्रष्टा रहे,
मन में संकल्प-विकल्प
आप निर्विकल्प रहे,
मन पल-पल अभिलाषा लिए मुखर
आप सच्चिदानन्द मौन रहे।

शरीर कितना ही हो विशाल
प्राण ही जीवन की धुरी है,
आकाश का कितना ही हो विस्तार
प्रकाश सूर्य से ही है।

विशाल जगत् में आप स्थिर
लेकिन उद्भव, पालन, प्रलय के
कर्त्ता हैं, द्रष्टा भी हैं।

सब में स्थिर रहनेवाले 'स्थावर'
एक स्थिति में रहनेवाले हे 'स्थाणु'
आपको नमन है।

स्था (धातु - स्थिर रहना, बैठना) + वरच् (प्रत्यय) = स्थावरः
(जो सब में रहे या जिसमें सब रहें)
स्था (धातु) णु (प्रत्यय) = स्थाणुः
(एक स्थिति में रहनेवाला कूटस्थ)
स्थावर विशेषण है, स्थाणु विशेष्य है।

428. प्रमाण

धुआँ है – अग्नि का प्रमाण है,
श्वास है – जीवन का प्रमाण है,
प्रकाश है – तेजस् का प्रमाण है,
सृष्टि है – कर्त्ता का प्रमाण है।

कर्म है – इन्द्रयों का प्रमाण है
संकल्प-विकल्प है, मन का प्रमाण है
तर्क-वितर्क है, बुद्धि का प्रमाण है
निर्विकल्प निःसंग स्वानुभूति
अपनी आत्मा का प्रमाण है।
विश्वात्मा-परमात्मा का प्रमाण है।

प्रभु तुम जगत् के आधार–
आश्चर्य है–
जगत् पूछे – तुम्हारा क्या प्रमाण है
जीव के–
जाग्रत्, स्वप्न, सुषुप्ति में सदैव साथ
वह पूछे – तुम्हारा अस्तित्व कहाँ है?
न जाना उसने–
कि तुम ही उसकी चेतना के आधार हो।
हे प्रभो!
तुम स्वयं से स्वयं के प्रमाण हो।

जड़-चेतन को प्रमाणित करनेवाले
हे 'प्रमाण' तुमको नमन है।

प्र (उपसर्ग) माङ् (धातु - मापना) ल्युट् (प्रत्यय) = प्रमाणम्
जिसके द्वारा माप किया जाय या जिससे यह जड़ - चेतन परिच्छिन्न - परिमित है - वही ब्रह्म प्रमाण है।

429. अव्ययबीज

बीज से पल्लव हुए
शाखाएँ फैलीं – पुष्प विहँसे
फल लहलहाये
विशाल वट छा गया
फिर पल्लव झरे, शाखाएँ सूखीं
वट की जड़ें हिलीं, वह गिरा
वट का बीज – शाश्वत नहीं
नश्वर था।

हे विश्वम्भर! आप अव्ययबीज हैं
सृष्टि तरु भले ही सूखे, मुरझाये
लेकिन पुनः-पुनः आत्मबीज से
प्रजनन, परिवर्धन, विलयन होता रहेगा
शरीर का क्षरण होगा
आत्मा पुनः-पुनः शरीर धारण करेगी।

जीवों में आप बीज रूप
आत्मतत्त्व के साथ
मनश्चेतना की छाया को भी
पुनर्जन्म में साथ लेते चलें।

नष्ट न होनेवाले
हे 'अव्ययबीज' तुमको नमन है।

बीजम् (बीज) अव्ययम् (नष्ट न करनेवाला) = बीजमव्ययम् (अव्ययबीज)

430. अर्थ

जो प्राप्तव्य हो – वह अर्थ,
निर्धनता हो – धन अर्थ है
प्यासा हो – जल अर्थ है
जंजीर में बँधा
निर्बन्ध होना अर्थ है
अन्धकार में टटोलें
प्रकाश – अर्थ है
अज्ञान हो – ज्ञान अर्थ है
काल कवलित होते प्राणी के लिए
सुधा की एक बूँद, अर्थ है।

लेकिन वह अर्थ नहीं
जो पाकर व्यर्थ है
कामना एक पूरी हुई – दूसरी जागी
दूसरे को शान्त किया
तीसरे ने आह भरी
मृगतृष्णा कभी शान्त न हुई
लेकिन हे दयालु! तुम आनन्द के सागर हो।
बालू की भीतिका कब ठहरे,
लेकिन तुम्हारा आनन्द – भवन शाश्वत है।

तुम मिले, सब मिला
न मिले, कुछ न मिला।

बुलबुले, जल में छलकें
रजत हिम शिखर पर नहीं,
अनल में धुआँ जगे
सूर्य में नहीं।

तुम साथ रहे
कामधेनु द्वार बँधा रहे।

सर्व अर्थ को देनेवाले
हे 'अर्थ' तुमको नमन है।

ऋ (धातु - प्राप्त करना) + थन् (प्रत्यय) = अर्थः
जो प्राप्त किया जाय।

431. अनर्थ

अपूर्णता पूर्णता की खोज करे
पूर्णकाम किसकी कामना करे
अन्धकार – प्रकाश की खोज करे
भानु – प्रकाश की नहीं
वायु की गति दिशाएँ देखें
अविचल भूधर नहीं।

वासनाएँ मार्ग ढूँढ़ें
कामनाएँ पूरित करने के लिए
जहाँ वासना नहीं
कामनाओं का वहाँ अर्थ नहीं
बीज है – प्रजनन का अर्थ छिपा है
जिसमें बीजत्व भुन चुका है
उसमें न अंकुर होंगे, न शाखाएँ
तब बीज का अर्थ नहीं।

हे प्रभो! तुम स्वयं सच्चिदानन्द हो
तुममें कामनाओं का अर्थ नहीं।

कामनाओं से अर्थहीन
हे 'अनर्थ' तुमको नमन है।

अन् (नञ् समास) + अर्थः = अनर्थः
जिसको किसी वस्तु के लिए प्रयोजन न हो।

432. महाकोश

कल्पतरु के तले
कौन-सी कामना न पूर्ण हो
हे दीनबन्धु! आप सर्वकाम्य कोष हैं।

लक्ष्मी जहाँ हो
वहाँ धन की याचना कौन करे
वह स्वयं धन- कोष है,
रवि किरणें कितनी ही दूर जायँ
रवि ही, प्रकाश - कोष है।

संसार - कोष पाने पर भी
मानव अतृप्त, उदास
निशा कितनी ही ओस के मोती बिखेरे
पंकज, रवि - किरणों से ही नेत्र खोले।

हे विष्णु! आपका कोष विशाल
जिसको पाने पर, दूसरे द्वार न जाना पड़े
वह सनातन परमानन्द कोष है
जहाँ ज्ञान की ज्योति,
प्रेम का पीयूष,
सत्य की धवल गंगा
आनन्द का संगीत है।
उस चेतना सरोवर में
मानस के सहस्र कमल
प्रकाश से भर जायँ
वह महाकोश है
सब में अन्तर्निहित है
जब खोजें, पायें।

सर्व कामनाओं को देनेवाले
हे 'महाकोश' तुमको नमन है।

महत् (उपसर्ग) + कुश (धातु - संश्लेषार्थक) घञ् (प्रत्यय) = महाकोषः (महान् कोषवाला)

433. महाभोग

शरीर में पीड़ा हुई
करुण क्रन्दन कर,
जीव, पीड़ा भोगे,

जो चाहा न मिला
या जो मिला था — खोया
मन वेदना के सागर में
बड़वाग्नि की ज्वाला से जलता
दुःख भोगे,

इन्द्रियों के बादल उमड़ पड़े
मन मोर नाच उठा
विषयों की वर्षा हुई
मन ने इन्द्रिय - सुख भोग लिया,

"मैंने यह किया" "वह किया"
"यह पद मिला"
"यह धन जोड़ा"
"यह हमारा अधिकार"
"यह हमारा परिवार"
करते करते 'अहं' का रस भोग लिया।
तृष्णा थी, फिर भी तृप्ति न हुई,
फिर दौड़ चले — कभी मंजिल न मिली
अँधेरी पगडण्डी में दौड़ते-दौड़ते
कब प्राण पखेरू उड़े
न काल को पता लगा — न स्वयं को
आत्मा अशान्ति में तड़पती रही।

हे दयालु! आप दुःख की तपती ज्वाला में,
शान्त सुधामयी वर्षा हैं,
सुख की अतृप्त तृष्णा में
परमानन्द की पावन गंगा हैं,

उसे बाहर नहीं खोजना
वह स्वयं में आनन्दस्वरूप है।

जिसने उस आनन्द-सुधा का पान किया
वह विष का सेवन क्यों करे
जिसने रवि को पा लिया
अँधियारी गली में क्यों चले।

वह भोग, आनन्द का निर्झर
प्रेम का संगीत
ज्ञान की वीणा है
वह परम शान्त
निर्मल सच्चिदानन्दस्वरूप का
नित्य, शाश्वत, सुन्दर निर्विकार भोग है।

उस परमानन्द भोग को देनेवाले
हे 'महाभोग' तुमको नमन है।

महत् (उपसर्ग) + भुज् (भोगना) + घञ्
(प्रत्यय) = महाभोगः
परम भोग (आनन्द) को देनेवाला।

434. महाधन

जो धन कल मिला–
आज न रहा
धन जिसके लिए मिला
वह भी सुखी न रहा
वह धन वृथा रहा।

धरती खोदी–
लोहा, ताँबा, अभ्रक, स्वर्ण मिला
धरती खोदते रहे
पिपासा तृप्त न हुई
प्राण पखेरू उड़ गये।

पुत्र, परिवार, सगे-सम्बन्धी
शक्ति – रूप धन मिला
वहाँ राग-द्वेष रहा, प्यार न मिला,
सब वृथा रहा।

सब विद्याएँ जानीं, वह विद्या न जानी
जिससे प्रभु, तुम मिलो,
वह विद्या प्रकाशपुंज न बनी
सब गृह देखे,
अपने गृह की राह न दिखा सका
वह विद्या – धन, वृथा रहा।

तुम मिले – सब धन मिला
तुम न मिले – कुछ न मिला
क्योंकि तुम शाश्वत हो – मिलने पर सदैव संग
तुम परिपूर्ण हो – कभी घटे नहीं
तुम अनित्य हो – निरन्तर रहे।

तुम आनन्द के प्रकाश
दुःखों का अन्धकार मिटाते चलते,

तुम चैतन्य की आभा हो
जड़ता दूर करते रहे
हे सर्व नियन्ता! तुम मिले
लोक-परलोक का परम धन मिला।

धनों में सर्वश्रेष्ठ
हे 'महाधन' तुमको नमन है।

महत् (उपसर्ग - बाहुल्य, अनन्त) + धन (द्रव्य) = महाधनः
वह परमश्रेष्ठ धन है।

435. अनिर्वेद

कामना हो, पूर्ण न हो
मन में उदासीनता रहे,
लेकिन प्रभु, तुम पूर्णकाम
तुममें—
न इच्छा, न अनिच्छा
न आशा, न निराशा,
तुमको न कुछ मिलना है – न खोना है
ब्रह्माण्ड ही तुम्हारा
तुमसे ही सबको मिलना है
फिर तुममें ही सब-कुछ विलीन होना है
तुमको, उदासीनता किससे?

नदिया का नीर
पर्वत से आये
या झरने से गिरे
नीर नदिया में ही बहे।

तुम शाश्वत, आनन्द के स्रोत
द्वन्द्व से परे
निर्मल, शान्त, खेदरहित हो।
उदासीन न होनेवाले
हे 'अनिर्वेद' तुमको नमन है।

नञ् (समास) + निर् (उपसर्ग) विद् (धातु – विचारण, उदासीनता) क्त (प्रत्यय) = अनिर्विण्णः (अनिर्वेद) जो उदासीनता, आलस्य, खेद को प्राप्त न हो।

436. स्थविष्ठ

प्राणों का दर्शन करना है
स्थूल शरीर को देखें
जिसमें श्वासों का उच्छ्वास है।

अग्नि की दाहकता देखना है
ज्वाला की लपटों से जानें
जल की आर्द्रता देखना है
सरिता – सागर में अवगाहन करें
रवि किरणों का उद्‌गम देखना है
रवि को ही देखें।

हे नयन!
उस निराकार परेमश्वर को आकार में देखना है
तब देखो, यह विशालकाय विश्व
यह विश्व उसका ही आकार है
इसी में उसकी शक्ति ज्योति है।

उस अति सूक्ष्म को
स्थूल रूप में देखना है
तब देखो, संसार में
सर्वशक्ति की क्रीड़ा उससे ही है।

आकाश में – शून्य रूप में
पवन में – गति रूप में
अनल में – दाहकता रूप में
जल में – आर्द्रता रूप में
धरती में – स्थूल रूप में
वह शक्तिस्वरूप है।

स्थूल जीवों में
वह आत्मस्वरूप है
वह परम सूक्ष्म, स्थूल शरीर में
इतना स्थूल है कि
उसे नयनों से देखें
कर से स्पर्श करें
बाह्य देख – अंतर को जानें।

अतिशय स्थूलकाय
हे 'स्थविष्ठ' तुमको नमन है।

स्थूल (धातु - परिवृहण होना, बढ़ना) इष्ठन् (प्रत्यय) = स्थविष्ठः जो अत्यन्त स्थूल है।

437. अभू

बीज ही पुष्पित हो
सुमन बिखेरे, फल दे
शुष्क होकर, काल कवलित हो जाय।

जीव जन्म ले–
तरुणाई में अँगड़ाई ले
वृद्धावस्था में जर्जर होकर प्राणहीन हो जाय
प्रकृति की क्रिया है – जन्म होने की
और प्रतिक्रिया है – अवसान होने की।

लेकिन जो पहले से ही था
और सदैव रहेगा – उसका जन्म कैसा?

मेघ – आकाश को आच्छादित कर
नगाड़ों से दुन्दुभि करे
इन्द्रधनुष से आकाश का तिलक करे
तड़ित विद्युत् आकर नृत्य करे,
मेघ जब बरसकर तिरोहित हो जाय
निःशब्द शून्य आकाश फिर भी रहे।
हे प्रभो! तुम सृष्टि के पहले भी थे
सृष्टि के बाद भी रहोगे
तुम्हारा जन्म नहीं
जन्मने के बाद की क्रिया-प्रतिक्रिया नहीं
तुम अजन्मा, अव्यय, अव्यक्त हो।

जन्मने की प्रक्रिया से न होनेवाले
हे 'अभू' तुमको नमन है।

नञ् (समास) भू (धातु - सत्ता में आना, होना) क्विप् (प्रत्यय) = अभूः
जो उत्पन्न होने की क्रिया में नहीं है।

438. धर्मयूप

सरोज, रवि किरणों से बँधा
वह आये – सरोज खिल जाये,

धरती, वर्षा से बँधी
जल की बहार हो
धरती हरियाली लाये,

शरीर, प्राणों से बँधा
श्वासों का उच्छ्वास हो
जीवन मुस्काये,

प्राणी, प्यार से बँधा
जहाँ प्यार मिले, चला जाये

प्रभु, तुम धर्म से बँधे
जहाँ धर्म था
वहीं तुम मिले।

धर्म से बँधे
हे 'धर्मयूप' तुमको नमन है।

---

1. धर्मयूपः= धर्म + यूपः (सं. - वेदी, खम्भा) धर्म खम्भे में बँधनेवाला
2. धर्म + यु (धातु - मिश्रण करना) + प (प्रत्यय) = यूपः = धर्म के साथ मिला हुआ

439. महामख

जल पड़े, तरु बढ़े
घृत पड़े, दीप जले।

लेकिन प्रभु से मिलना है
तब, मिटना होगा
क्योंकि वह ज्योतिर्मान् है
चित्त में उसकी ज्वाला जलायें,
मन की आहुति दें,
अन्तर में उस ज्वाला का कम्पन हो,
मुख में शब्द आहुति के हों,
कर्ण उसे निश्चल सुने,
नयनों में वह दृश्य हो
तब सर्व स्वाहा हुआ
कुछ द्वैत न रहा
केवल एक वही
अखण्ड, अविरल, जाज्वल्यमान्
महायज्ञ रहा।

सब-कुछ आत्मसात कर
जाज्वल्यमान् कर महायज्ञ करनेवाले
हे 'महामख' तुमको नमन है।

---

1. महत् + मखः (यज्ञ) = महामखः (महान् यज्ञवाला)
2. मख (धातु - जाना) + घ (प्रत्यय) = मखः
जिसमें सब चले जाते हैं।

440. नक्षत्रनेमि

पल्लव भले ही धरती पर बिखरें
तरु विहँसता रहे – जड़ धुरी है
मेघ भले ही, बरसकर विलीन हों
आकाश सदैव मौन रहे
शून्य धुरी है।

दिन-रात भले ही होते रहें
नक्षत्र सदैव रहें
ब्रह्माण्ड धुरी है।

जिसका क्षरण है – वह क्षत्र है
जो क्षरणहीन – वह नक्षत्र।

सबका क्षरण
केवल एक प्रभु, तुम ही क्षरणहीन नक्षत्र
उस नक्षत्र की ओर
ले चलनेवाले भी तुम ही हो।
तुम साधन साध्य नहीं – कृपासाध्य हो
तुम ही अपने धाम ले चलनेवाले हो
क्षरणहीन, अपनी ओर बाँधनेवाले
हे 'नक्षत्रनेमि' तुमको नमन है।

---

1. नक्षत्रनेमिः= नञ् (समास) + णक्ष (धातु - जाना, क्षरण होना) + अत्रन् (प्रत्यय) = नक्षत्र
(जिसका क्षरण न हो)
2. णीञ् (धातु - प्राप्त करना या करवाना) + मि (प्रत्यय) = नेमि
(प्राप्त करानेवाला)
नक्षत्र (तारे) + नेमि (धुरी) = नक्षत्रनेमि

441. नक्षत्री

तारामण्डल से देदीप्यमान्,
आकाशगंगा से धवलित नभ
शशि से निःसृत शीतल सुधा रस
भास्कर से प्रकाशित विश्व
धरती पर सुशोभित हिम शिखर
सभी प्रभु, तुमसे नियन्त्रित हैं
तुम ही ब्रह्माण्ड की धुरी हो।

हर प्राणी नक्षत्रस्वरूप
उसके दो हाथ, दो पैर, शिर
श्वासों का स्वर लिए
विशाल ब्रह्माण्ड के आकाश में
भासित हो रहा
वह नक्षत्र – मानव धरती पर विचरण करे
सागर पर, विहार करे
नभ में लहराये
उसके शरीर की धुरी – प्राण
इन्द्रियों की धुरी – मन
लेकिन चेतना की धुरी
केवल हे विश्वनियन्ता! तुम नक्षत्री हो
सब नक्षत्रों में तुम – सब नक्षत्र तुममें हैं।

नक्षत्र रूपी प्राणी को धारण करनेवाले
हे 'नक्षत्री' तुमको नमन है।

नक्षत्र + इनि (प्रत्यय) = नक्षत्री
(नक्षत्रोंवाला) नक्षत्र = (तारे)

442. सक्षम

(1)

अप्रिय प्राप्त करने पर
क्रोध न करे – सहन करे – 'क्षमा' है
दीपक, हवा की लहरों में बुझ जाय–
अहंकार आहत हो – विवेक चला जाय
लेकिन धरती,
ओले गिरते हों, या तपते अंगारे
सुरसरि गंगा की धारा हो,
या नार की नरक
धरती सब सहती है।

हे परमात्मा! आप
उज्ज्वल, प्रकाशमान्
निर्विकार, निर्लिप्त
चैतन्य, आनन्दस्वरूप
जीवों के अन्तर गुहा में वास करते
लेकिन मन के विकार से – पापात्मा
दूषित प्रकृति से – दुरात्मा
शरीर में अहं भाव से – जीवात्मा कहलायें
कलुषता की गति देखकर भी
सब सहनेवाले 'क्षम' हैं।

(2)

प्रभु! तुम सर्व सामर्थ्यवान्, सक्षम हो
मानव जहाँ पग हो, राह हो, वहीं चले
लेकिन तुम बिन पग
सर्व दिशाओं में चलने में सक्षम हो।
मानव अपने नयनों से देखे
तुम नयन बिन, सर्वत्र देखने में सक्षम
मानव अपने करों से कर्म करे

तुम बिन हस्त
सबको कर्म – फल, देने में सक्षम हो।
यही नहीं
हे ब्रह्माण्डनायक! तुम रेत को स्वर्ण
धूल को चन्दन
गतिहीन को गतिमान्
मूक को वाचाल
प्रताड़ित को अजेय
मृत्यु को जीवन
अमूर्त को मूर्त
जीव को ब्रह्म
असम्भव को सम्भव
करने में सक्षम हो

हे ‘सक्षम’ तुमको नमन है।

---

1. क्षमः = क्षमूष् (धातु - सहन करना) + अच् (प्रत्यय) = क्षमः (सहन करनेवाला)
2. क्षम (समर्थ, सक्षम)

443. क्षाम

मेघ बरसे, मेघ शेष नहीं
जागृत हो, स्वप्न का संसार नहीं
खिलौने कितने ही टूटें
कुम्हार फिर भी है
अनेक नाम-रूप से
हे प्रभु, तुमने संसार रचाया
नाम – रूप विनष्ट हो
तुम रचयिता शाश्वत हो
विश्व प्रलय हो
प्रलय में भी तुम अविनाशी
सृष्टि विनष्ट होने पर भी
तुम शेष रहनेवाले हो।

जब अन्तः में देखा
तुम प्रकट हुए
अन्धकार, पूर्ण विनष्ट हुआ
केवल एक तुम ही प्रकाशित रहे
मन संकल्प – विकल्पविहीन
चित्त, राग-द्वेष द्वन्द्वहीन
तुम एकरस
शेष रहनेवाले शेषान्त
चिदानन्द, ज्योतिर्मान् रहे।

सर्व क्षय होने पर भी
शेष रहनेवाले
हे 'क्षाम' तुमको नमन है।

क्षामः= क्षै (धातु - क्षय होना) + क्त (प्रत्यय)
(तकार मकार होने पर 'क्षाम' शब्द बने)
क्षय होने पर जो शेष रहे - वह क्षाम है।

444. समीहन

जब सूर्य उदय हो
उसकी अन्धकार मिटाने की चेष्टा है
जब लक्ष्मी आये
उसकी दरिद्रता मिटाने की चेष्टा है।

प्रभु, तुमने मानव बनाया
उसमें प्राण फूँके
उसमें हास्य भरने की चेष्टा की
चाहा, वह सुन्दर से सुन्दरतम हो
वह आनन्द – सुधा का पान करे
ज्ञान के प्रकाश में ज्योतिर्मान् हो
पावन सुरसरि में अवगाहन करे।

लेकिन,
मानव ने नाना पदार्थ देखे
मन भटका, वह स्वभाव के वशीभूत
अन्धकार में भटके
विषय – रस के सुख पाने की आशा में
न जाने कितने अन्याय किये
कुहराम मचाया,
अन्त में केवल अशान्ति
दुःख, क्रन्दन, आँसू मिले।

हे प्रभो, मानव ने तुमको भुलाया
तुम सृष्टिकर्त्ता के द्वार न आया
तुम तीर्थंकर! फिर भी उसे बुला रहे–
तुम्हारी अन्तः कामना है – उसके कल्याण की
सुख की – आनन्द की।

शुभ कामना करनेवाले
हे 'समीहन' तुमको नमन है।

सम (उपसर्ग) + ईह (धातु - चेष्टा करना, इच्छा करना) + ल्युट् (प्रत्यय) = समीहनः शुभ कामना करनेवाला।

445. यज्ञ

मेघ में जल
वह बरसाकर – धरती को समर्पण कर दे
तरु में फल
वह सब बिखरा दे – राही ले ले।

मानव – तन में
प्राण प्रभु तुमने फूँके
मन को गति, तुमसे ही मिले
फिर मन में संकल्प-विकल्प
वह कामनाओं में लहरें ले
हे मन! क्यों न उसको समर्पण करे
जो कामनाओं को दे।

हृदय है–
भरा है भावनाओं का भण्डार
उसके चरणों में लुटा दे
वह तो सब-कुछ दे रहा है।

क्या अपना था
प्रभु का था – उसने ही दिया था।

फिर
जो चाहा – न मिला
न चाहा – मिला
हे स्रष्टा! तुम्हारी इच्छा थी
तुम्हारी इच्छा में
अपनी इच्छा का समर्पण किया।

प्रभु, तुम यज्ञस्वरूप में
यह समर्पण मेरी आहुति रही

तुमने स्वीकारा
स्थूल का ज्योति में मिलन हुआ।

आहुति को ग्रहण करनेवाले
हे 'यज्ञ' तुमको नमन है।

यज् (धातु - देव पूजा करना, समर्पण करना) + नङ् (प्रत्यय) = यज्ञः
जिसकी पूजा की जाय, या जिसे समर्पण किया जाय।

446. इज्य

विष कितना ही मधुर हो
जीवन हर ले
सुधा, कितनी ही अप्रिय हो
जीवन दे दे
दृश्य कितना ही लुभावना हो
सपना है, टूट जाये।

जाग्रत सत्य है
सुन्दरतम उसे बनाना है
राह वही सुन्दर
जो सुखधाम ले चले
स्वर – साधना वही
जो मन्त्र बने
विद्या वही
जो सत्य ज्ञान दे
हृदय के तार वही
जो जीवन में संगीत बने
मधुर भावना वही
जो सर्व को प्रेम करे

वह विष्णु
अन्धकार से प्रकाश में ला
जीवन को सुन्दर से सुन्दरतम कर दे
भव से पार कर
सुधा-रस पिलाये
अन्तर्कलह की ज्वाला मिटा
परम शान्ति की शीतलता दे
टूटते-गिरते निर्बल को
शक्तिपुंज में प्रकाशित कर दे
वह वहाँ ले चले
जहाँ आनन्द का निर्झर हो

शान्ति की शीतलता हो
ज्ञान का प्रकाश हो।

उसको समर्पण किया – मस्तक स्वयं नत हो
पूजा के फूल उसी के लिए
आरती के दीप उसी के लिए
हृदय का संगीत उसी के लिए
साधना की कठोरता उसी के लिए।

वही समर्पण के योग्य है
पूजा के योग्य है
यज्ञ के योग्य है
हे मन! उसी में अपनी आहुति दे।

यज्ञ के योग्य
हे 'इज्य' तुमको नमन है।

यज् (धातु + क्यप् (प्रत्यय) = इज्यः
यज्ञ करने योग्य, पूजा करने योग्य।

447. महेज्य

देवों का आवाहन किया
आहुति दी
नतमस्तक हो पूजा की
देव प्रसन्न हुए – वरदान दिया
धन, यौवन, यश
प्रियसंगिनी, सन्तान
यह देवयज्ञ का फल रहा।

लेकिन
कामनाओं की भीड़ थी
अभिलाषाएँ ललकती रहीं
यज्ञ निरन्तर होते रहे
देवयज्ञ, पाकयज्ञ, हविर्यज्ञ,
सोमयज्ञ, अश्वमेध यज्ञ
और न जाने कितने यज्ञ
अग्नि में आहुति पड़ती रही
ज्वाला धधकती गयी
कामनाओं को पूर्ण करते रहे
पिपासा शान्त न हुई,

हे विष्णु! तुम्हारे लिए जिसने यज्ञ किया
उसके लिए अन्धकार में जुगनूँ नहीं
सूर्य का प्रकाश है
कामनाओं की ज्वाला नहीं
सन्तोष का सागर है
प्रकृति की क्षणभंगुरता नहीं
शाश्वत का स्फटिक प्रकाश है
सुख-दुःख के घट नहीं
आनन्द का विहँसता विशाल आकाश है।

यदि तुम मिले – सब मिले
लोक भी, परलोक भी

मधु – पीयूष होगा
जड़ – चैतन्य होगा
कामनाएँ – शुभ होंगी
प्राणी – सर्व प्रेमी होगा
जीवन कारागार नहीं
उन्मुक्त विहार होगा
मन में – सुन्दर दीप जलेंगे
बुद्धि में – विवेक की ज्योति होगी
हृदय – सरोवर में
पावन सरोज खिलेगा।

तुम न मिले
सब मिला हुआ भी वृथा है
प्राण – जड़
मणि – कंकड़ होगी।

सबकी पूजा की – अर्चना की
तुम्हारा स्मरण भी न किया
सबके लिए आह थी
तुम्हारा नाम भी न लिया
सबके लिए अग्नि प्रज्वलित कर, आहुति दी
तुम्हारे लिए पुष्प भी न समर्पित किया
जो किया वह सब वृथा हुआ।

परम पूज्य हे प्रभु, केवल तुम हो
तुम ही परम प्रेय
परम श्रेय, परम पूज्य हो।

महान् यज्ञ योग्य
हे 'महेज्य' तुमको नमन है।

महत् (समास) + इज्यः = महेज्यः
जो महान् यज्ञ एवं पूजा योग्य है।

448. क्रतु

प्रभु, तुम कर्मरूप क्रतु
लेकिन प्रभु तुम्हारा क्या कर्म?

सूर्य है – प्रकाश उसका स्वरूप
किरणों से प्रकाश दे
यही उसका कर्म।

वह विष्णु, ज्ञानस्वरूप
जहाँ न सत्त्व, न रज, न तम
न इच्छा, न अनिच्छा
न संकल्प, न विकल्प
केवल ज्ञान ही उसका कर्म
उसके समीप चलें
द्वैत का अन्धकार मिटा
अद्वैत का प्रकाश दे।

मानव भी कर्म करे
स्वयं से नहीं – स्वभाव के वश
प्रकृति के बन्धन में उसका निज स्वभाव
बनता या बिगड़ता
स्वभाव सुन्दर हो
शुभ संकल्पों का जगना
स्वभाव तम के वश में
अशुभ वासनाओं का जगना।

पवन के वेग
तिनके को बहा ले चलें
स्वभाव से कर्म
फिर जैसा कर्म, वैसा फल
सरिता का जल
धरती के धरातल के अनुरूप

गति, आकार बदलती चली
कहीं ऊँचे झरने
कहीं खाईं में सर्प चाल
समतल में विशाल चादर फैलाये।

हे प्रभु,
तुमको जो अपने हृदय में
यदि आसन न दे सके
केवल तुम्हारे पास बैठे
उसके स्वभाव में परिवर्तन कर
अपना ही स्वरूप दे देते
तुम ज्ञानस्वरूप—
ज्ञान प्रकाश ही तुम्हारा कर्म।

और जो तुमसे विमुख रहे
प्रकृति के संग नृत्य करे
न्याय तुला पर
उसके कर्मानुरूप फल देते
यह तुम्हारा न्याय कर्म।

कर्मानुरागी
हे 'क्रतु' तुमको नमन है।

कृञ् (धातु - कर्म करना) + कतु (प्रत्यय) = क्रतुः (कर्म)
जो किया जाय वह क्रतु यानी कर्म।

449. सत्त्र

असत्य का अन्धकार, कितना भी विकराल हो
वह भानु बनकर, सत्य का प्रकाश करे
पाप कितना ही स्थूल – भूधर-सा हो
वह भूकम्प बनकर विनष्ट करे
असत्य – सागर की गहराइयों में
सत्य को कितना ही छिपा ले
वह सागर पीकर सत्य उजागर कर दे।

असत्य के घने कण्टक वन हों
वह दावानल बन, सत्य की राह बना दे
सत्य को कोई लौह कारागार के बन्धन में डाले
वह द्युति बन, उन्मुक्त आकाश कर दे
जिह्वा काट – सत्य को भले ही कोई मूक कर दे
वह पाषाण को भी वाचाल कर
सत्य के स्वर बोले।

वह सत्यस्वरूप है
सत्य का प्रकाश करे
सत्य की विजय करे
सत्य की रक्षा करे।

सत्य की रक्षा करनेवाले
हे 'सत्त्र' तुमको नमन है।

---

1. सत्त्रम्= सत् (सत्य) + त्र (धातु - रक्षा करना) = सत्त्रम्
सत्य की रक्षा करनेवाला।
2. षद्लृ (धातु - गमन करना) त्र (प्रत्यय) = सत्त्रम्
सब जगह विस्तरित होकर जानेवाला।

450. सतांगति

प्राणों का संगीत – श्वासों में
दीपक का प्रकाश – ज्योति में
सरोज की मुस्कान – प्रकाश में
मीन का प्राण – जल में है–
उनकी गति उसी में है।

हे विश्वेश्वर!
आप सत्यस्वरूप–
सत्य ही आपका प्रकाश
सत्य ही जीवन
सत्य का ही संगीत है।

जिसमें आतुरता है
प्रभु, तुमसे मिलने की
तुम्हारे दर्शन की
तुमको पाने की
उनको सत्पथ से ही आना होगा
सत्य ही जीवन,
सत्य ही चिन्तन
सत्य ही कर्म – करना होगा

सत्य गति से मिलनेवालों के लिए
हे 'सतांगति' तुमको नमन है।

अस् (धातु) शतृ (प्रत्यय) = सत्
गम्लृ (धातु - जाना) क्तिन् (प्रत्यय) = गति = सतांगतिः
सत्य की खोज करनेवालों की गति।

451. सर्वदर्शी

(1)

सूर्य अपने प्रकाश से
संसार के पदार्थ देखे
वायु अपनी गति से
सबको स्पर्श करे
ध्वनि अपने झंकार से
संसार में गूँज करे

हे विष्णु, आप बिना प्रकाश,
गति, ध्वनि के,
सबके अन्तर में रह
सब - कुछ जानें
किसने क्या किया – न किया
क्या चाहा – न चाहा
क्या पाया – क्या खोया
किसकी झोली में
कितने फूल हैं – शूल हैं – सब देखें।

सब-कुछ देखनेवाले
हे 'सर्वदर्शी' तुमको नमन है।

(2)

सूर्य का प्रकाश
मेघ की वर्षा
वायु की गन्ध
सर्वत्र समान है
न अपना – न पराया
प्रभु, तुम्हारे लिए सभी अपने हैं
तुम्हारे लिए न कोई छोटा, न कोई बड़ा

न कोई भारी, न कोई हल्का
न कोई पापी, न कोई पुण्यात्मा।

तुम सबमें
सबसे तुमको प्यार है।

सबको समान रूप से देखनेवाले
हे 'समदर्शी' तुमको नमन है।

सर्व (सबको) + दृष् (धातु - देखना) + णिनि (प्रत्यय) = सर्वदर्शी
सबको देखनेवाला।

452. विमुक्तात्मा

मेघ आकाश से बँधे
आकाश मेघ से बँधा नहीं,
घट में वायु हो
वायु घट से बँधा नहीं,

जड़ चैतन्य के बन्धन में हो
चैतन्य जड़ के बन्धन में नहीं,
इन्द्रियाँ उसे ग्रहण कर सकें या न कर सकें
वह इन्द्रियों के बन्धन में नहीं,
मन नारायण में रमण करे या न करे
वह मन के बन्धन में नहीं
शरीर का जन्म हो, या मरण
शैशव, यौवन या वृद्धावस्था हो
वह शरीर के बन्धन में नहीं
वह निर्विकार, निस्पृह, निःसंग
'विमुक्तात्मा' है।

न वह पापात्मा, न पुण्यात्मा
मन - कर्म - धर्म से
उसे जैसा संगी बनाये
वह संग में रहते हुए भी निःसंगी
बन्धन में रहते हुए भी विमुक्त है।

पुष्प विहँसते हैं,
यदि, अपने से बाँधे, शृंगार है
स्वर सुधा बरसे,
यदि, शब्द में बाँधे, छन्द है
पीयूष सदैव अन्तर में बहे
यदि पी लें - अमरता है
सूर्य सदैव प्रकाश देता रहे
जो उसके समीप चले, स्वयं प्रकाशित हो।
प्रभु, चैतन्य, शाश्वत

न किसी से बँधा - न जुदा
स्वयं सच्चिदानन्द
हाँ, कोई उससे बँधे
उसके अमृतानन्द का पान करे।

सबसे निःसंग, निस्पृह
हे "विमुक्तात्मा" तुमको नमन है।

वि (उपसर्ग) + मुच्लृ (धातु - मोचन होना, छूटना, हटना) + क्त (प्रत्यय) + आत्मा = विमुक्तात्मा जो आत्मा बन्धनहीन है।

453. सर्वज्ञ

किस रंग से
कौन-सी तूलिका से चित्र बनायें
चित्रकार जाने
तन में पीड़ा है – कहाँ कैसी है
तन सब जाने
मन में क्या पीड़ा है – किस आघात से है
मन सब जाने
हिम सघन हो या तरल
अपनी शीतलता जाने।

यह विश्व प्रभु का,
वह विश्व में
वह विश्व को जाने
भले ही उसे कोई न देखे
वह सबको देख रहा है
उसकी भले ही कोई न सुने
वह सबकी सुन रहा है
उसे कोई जाने न जाने
वह सबको जान रहा है।

उससे दुराव क्या?
वह तो अंतर में है
तन की जाने, मन की जाने
श्वास – उच्छ्वास, रुदन – हास
सब-कुछ जाने
लहरें कितनी ही हिलोरें लें
सब सरोवर में विलीन हों
मेघ कितना ही विचरण करे
वह अम्बर के नीचे ही रहे।

सब-कुछ जाननेवाले
हे 'सर्वज्ञ' तुमको नमन है।

सर्व (सब - कुछ) + ज्ञ (जाननेवाला)
सबकुछ जाननेवाला।

454. ज्ञानस्वरूप

जल के लिए दौड़े
सरोवर नहीं – मृगमरीचिका थी
जल के लिए तरसते रहे
प्रयास व्यर्थ रहा।

अँधेरे में रज्जु को देखा
भय कम्पित हुए, यह सर्प है
प्रकाश में वह सर्प नहीं रज्जु है
भय व्यर्थ था।

मृग भागा, भागता ही रहा
हारा, थका,
यह न जाना, कस्तूरी उसके पास है
असत्य केवल भ्रम है, छलना है
सत्य ही ज्ञान है।

रंग हो, तूलिका हो,
चित्रकार न हो, चित्र नहीं
तन्त्री के तार हों
संगीतज्ञ न हो, संगीत नहीं
भाव हों, शब्द हों
कवि न हो, काव्य नहीं
तन हो, मन हो, आत्मतत्त्व हो
लेकिन आत्मस्वरूप का ज्ञान न हो
सच्चिदानन्द से मिलन नहीं।
सरोवर में कितनी लहरें हैं
गिनने से क्या
अवगाहन तो जल में होगा।

जिसको जाना – कल न रहा
ज्ञान अधूरा है
जो नश्वर में अमर है
जगत् जीवन का कारण है

अन्धकार में प्रकाश है
चैतन्य, शाश्वत, नित्य है
उसका ही ज्ञान
ज्ञानों में उत्तम ज्ञान है।

पल्लव पूजे, फल पूजे
जड़ को न जाना, न सींचा
पल्लव मुरझाये, तरु – फलविहीन है
जिसे पाकर भी – कुछ न मिला
वह अज्ञान ही रहा।

शरीर जाना, मन जाना
असंयमित, अनियन्त्रित रहे
संसार उदधि में डूबते-उतराते रहे
सुख-दुःख के भँवर से कभी न उबरे
उस विष्णु को न जाना
जो चैतन्य है, जिससे तन है, मन है
विवेक है, सत्य ज्ञान है
अन्य ज्ञान वृथा रहा
जिसे जानकर, सब-कुछ जान लिया
वही उत्तम ज्ञान रहा।

ज्ञानों में परम श्रेष्ठ
हे 'ज्ञानस्वरूप' तुमको नमन है।

ज्ञा (धातु - अवबोधन, जानना) + ल्युट् (प्रत्यय) = ज्ञान
उत् (अव्यय - श्रेष्ठ) + तमप् (प्रत्यय) = उत्तम
ज्ञानम् + उत्तमम् = ज्ञानमुत्तमम् (परमोत्तम ज्ञानस्वरूप)
बहुत उत्कृष्ट ज्ञान या ज्ञानवाला।
जिसका ज्ञान परम श्रेष्ठ है।

455. सुव्रत

सूर्य प्रकाश दे, अन्धकार नहीं
यही उसका व्रत है
सुधा अमरता दे, मरण नहीं
यही उसका व्रत है
गंगा की पावन धारा
निर्मलता दे, कलुषता नहीं
यही उसका व्रत है

हे परमेश्वर ! तुम सत्यस्वरूप
जो सत्य मार्ग पर चले
उसे अपना दर्शन दो
यही तुम्हारा व्रत है
जो तुमको समर्पण करे
उसे अपनी शरण में ले लो
गिरे को उठा
स्वयं अपने हाथों ले लो
दुःख से तपते को
शान्ति की शीतलता दो
जो तुममें ही समाहित हो
उसे अपने स्वरूप में समा लो
यही तुम्हारा सत्य व्रत है।

सत्य व्रतवाले
हे 'सुव्रत' तुमको नमन है।

सु (उपसर्ग) + व्रत (धातु -) अच् (प्रत्यय) = सुव्रतः
सुन्दर व्रतवाला या सत्य व्रतवाला।

456. सुमुख

सागर में ज्वार-भाटे उठे
रूप विकराल हुआ
मेघ ने वर्षा की
सरिता ने भीषण रूप लिया
हाहाकार हुआ
ज्वालामुखी ने अग्नि उगला
धरती ने रूप बदला – चीत्कार किया
वायु ने कितने ही झकोरों से झकोरा
लेकिन भानु ने,
कभी अपना रूप न बदला
स्वयं में दीप्तमान्, प्रकाशमान्।

हे अनन्त, चैतन्य शाश्वत विष्णु,
आपका स्वरूप न सुख की शीतलता से
न दुःख की ज्वाला से
न वासनाओं की लहरों से
विचलित हुआ
तुम्हारे मुख पर
न चिन्ता, न विषाद, न रुदन
सदैव शान्त, प्रिय
आनन्दस्वरूप रहे।

सुन्दर मुखवाले
हे 'सुमुख' तुमको नमन है।

सु (उपसर्ग - शोभनार्थ) + मुखः = सुमुखः
खनु (धातु - अवदारण - खोदना) + अच् (प्रत्यय) मुट् (आगम) = मुख
सुन्दर मुखवाला।

457. सूक्ष्म

नयन जिसे देख सके
कर्ण जिसे सुन सके
कर जिसे स्पर्श कर सके
जिह्वा जिसका रस ले सके
घ्राण जिसको सूँघ सके
इन्द्रियों के ज्ञान या कर्म से
जिसका अनुभव हो सके
वह स्थूल है।

मन सूक्ष्म है
इन्द्रियों को वह गतिमान् करे या गतिहीन करे
उसमें रमण करे या विश्राम करे,

यह मन स्वभाव के बन्धन में
स्वभाव अन्तर में सूक्ष्म प्रकृति का रूप
मन को भँवर में डाले
पाशविक प्रकृति, मन को तमस में प्रवृत्त करे
कलुषता, कालिमा दे, मन मलिन कर दे
सात्त्विक प्रकृति, सत्य में प्रवृत्त करे
प्रकाश दे, मन पावन कर दे।
बुद्धि-मन और निज प्रकृति से सूक्ष्मतर है
बुद्धि में विवेक-मन का नियन्त्रण करे
या मन ही विवेक को बहा ले
बुद्धि प्रकृति को नियन्त्रित करे
या प्रकृति की बाढ़ में
उसके भी कगार टूटे।

वह विष्णु, सूक्ष्म से सूक्ष्मतर है
शरीर, इन्द्रियाँ, मन, बुद्धि, प्रकृति
भिन्नता के रूप
वह उनसे भिन्न – और भिन्न में अभिन्न
अनेक में एक
जड़ता में चैतन्य

स्थूल में सूक्ष्म
संग में निःसंग।

शब्द में मौन
जाग्रत्, स्वप्न, सुषुप्ति में द्रष्टा
सूक्ष्म में सूक्ष्मतर है।

घट – आकाश को न बाँध सका
दीपक – सूर्य को प्रकाश न दे सका
पवन – दिशाओं को रोक न सका।

इन्द्रियों ने उसे न जाना
रूप, रस, गन्ध, स्पर्श, उसे सींच न सके
मन, बुद्धि, अहंकार उसे बाँध न सके
हाँ, जिसने अपने सूक्ष्म मन को उसमें समर्पण किया
वह सूक्ष्म भी उस सूक्ष्मतर में एक रूप हुआ।
ज्ञान अग्नि में समर्पण, सब स्वाहा हुआ
उस परम ज्योति में ज्योतिस्वरूप हुआ।

नदिया ने सागर में समर्पण किया
अपना रंग उसके रंग में रँग लिया।

तब चिन्तन में वह, भावों में वह
स्थूल में वह, सूक्ष्म में वह
उसके लय में अनन्य – भक्तिस्वरूप हुआ।

हे अनन्त, शाश्वत, सर्वव्यापक
सूक्ष्म से सूक्ष्मतर
अति 'सूक्ष्म' तुमको नमन है।

सूच (धातु - ज्ञापन करना, बताना) + स्मन् (प्रत्यय) = सूक्ष्म
जो गहन है, सूक्ष्म है।

458. सुघोष

सर्वव्यापक होने पर भी – अपने से दूर
अपने में होते हुए भी – प्रभु को अपना न सके
लेकिन नहीं – पुकारें वह आयेगा
नाम लें – नामी आयेगा।

उसके नाम का घोष करें
वह हृत् तन्त्री में विलीन हो जाये
मानस – लहरी में समा जाये
तब वह शब्दहीन
शब्द में ध्वनित हो रहा है
हृदय में उसका झंकार है
मन में गीत है
वाणी में उसका स्वर है
कानों में उसका अनहद नाद है
अन्तर हो या बाह्य
उसके पावन नाम का घोष है।

सुघोष से वह प्रकाशित हुआ
भक्त 'हरि बोल' 'हरि बोल'
कहकर प्रमत्त हुए
मुनिगण 'ॐ' का सुघोष कर
उसमें लीन हुए।

सुन्दर घोषवाले
हे 'सुघोष' तुमको नमन है।

सु (उपसर्ग) + घुषिर् (धातु - उच्चारण करना) + अच् (प्रत्यय) = सुघोषः
जिसके नाम का उच्चारण शुभ है।

459. सुखद

मन विषय में रहे
उसके अनुकूल रूप, रस, गन्ध, स्पर्श
मिले सुख है - न मिले दुःख है।

रेत की भीति बनायी
लहरों ने तोड़ दिया - आँसू ढह गये,
फूल खिले - हँसे, मुरझाये, रो पड़े।

जहाँ मन विष्णु में रमण करे
वहाँ न इच्छा - न अनिच्छा
न पाना है - न खोना है,
आये या जाये - हलचल से दूर
आनन्द लोक में समा गये
जहाँ न चिन्ता है - न आशा, न निराशा
वहाँ परमानन्द ही असीम सुख है।

उस सुख को खोजना नहीं
जो उसके पास आये, स्वयं दे
अनल के समीप जायें
दाहकता स्वयं आये
हिम पर जायें
शीतलता स्वयं घेरे
भानु को उदय होने दें
प्रकाश स्वयं बिखेरे।

वह विष्णु शान्ति का गगन
आनन्द का सागर
उसके समीप चलें
वहाँ सुख - ही - सुख है।

सुख को देनेवाले
हे 'सुखद' तुमको नमन है।

---

1. सुख + दः = सुख को देनेवाला
2. सु (उपसर्ग) खनु (धातु - खोदना) ड (प्रत्यय) = सुख

460. सुहृत्

माँ सुहृत् है
उसे कुछ लेना नहीं, केवल देना है,
वह दुःख हरण करे – प्यार दे
उसकी मुस्कान – शिशु की मुस्कान में
उसके नयनों में वह प्यारा शिशु
उसके कानों में उसकी आवाज
हृदय में हित की चिन्ता
माँ शिशु की सत्य सुहृत् है।

वह प्रभु जगज्जननी माँ
जगत् पिता
सब-कुछ दे रहा है
लेकिन हम लेते नहीं।

वह सुना रहा है
हम सुनते नहीं
वह राह दिखा रहा
हम पग बढ़ाते नहीं
वह दिशा दिखा रहा
हम देखते नहीं।
वह कंचन दे
हम कंकड़ बीनते हैं
वह प्रकाश दे
हम अँधेरे में जायें
वह अमृत बरसाये
हम विष पी लें
वह शाश्वत पद दे
हम क्षणभंगुरता में प्राण दें
वह सत्य की धवलता दे
हम मिथ्या की कालिमा पोतें
वह ज्योति जलाये
हम बुझा दें।

भले ही उसकी हम न मानें
वह सदैव हमारा मित्र है
दुःख हरण करे – सम्बल दे,
हम उसे भले ही भुला दें
वह न भुलाये,
पग-पग पर साथी रहे,
वह कितना प्यारा
वह दुःख हमारा हरण करे
पाप हमारे हरण कर निर्मल कर दे
चिन्ता हरण कर चैतन्य स्वरूप दे
कालिमा हरण कर – प्रकाश दे।

सर्व दुःख हरण कर, हित करनेवाले
हे 'सुहृत्' तुमको नमन है।

सु (उपसर्ग) + हृञ् (धातु) = हरण करना + कयन् (प्रत्यय) = सुहृत्
शुभ हित करनेवाला, (विपत्ति) हरण करनेवाला।

461. मनोहर

मन एक है
निरन्तर भ्रमण करे
आज यहाँ, कल वहाँ

यह मन चंचल
राहें ढूँढ़ रहा है
न राह मिली, न गन्तव्य मिला
न सुख मिला
फिर चिन्ता की ज्वाला में जलना
आशा की मृगमरीचिका में दौड़ना
निराशा के मेघ से उसका घिरना,

ज्वार - भाटे - जैसे संकल्प - विकल्प उठते रहे
फिर भी सुधांशु के समीप न हुए
दौड़ते रहे, शान्ति न मिली
खोजते रहे, आनन्द न मिला,

मन जब हरि में रमण करे
हरि का हो जाये।
प्रेम की मधुशाला में
सुधारस का पान करे
आनन्द के निर्झर में
सत्य का संगीत जगे
हरि स्वरूप के सौन्दर्य में
मन रमण करने लगे,

तब नयन उसी पर टिके रहें
कर्ण उसी के स्वर सुनें
अधर उसके रस का पान करें
हृदय में प्रभु आसीन

पग उसकी ओर
बाँहों में उसका आलिंगन है।

मन को हरण करनेवाले
हे 'मनोहर' तुमको नमन है।

मन + हृञ् (हरण करना) + अच् (प्रत्यय) = हरः = मनोहरः मन का हरण करनेवाला।

462. क्रोधजयी

मन के अनुकूल न हो, क्रोध है
अभिलाषाओं के प्रतिकूल हो - क्रोध है
चाहा न मिले - क्रोध है
न चाहा मिले - क्रोध है
क्रोध की गति बढ़ती गयी
मानस में विष छाया
शरीर जलने लगा
विवेक ढलने लगा
अन्तः का आकाश - मन का पाताल ध्वस्त हुआ
चिन्ता में जलते रहे
मानव जला, लेकिन मरा भी नहीं
जलता रहा, सर्व विनाश होता रहा
क्रोध ने मानव पर विजय की।

प्रभु, तुम परम शान्त
मन से परे हो
तुममें मन के विकार नहीं
तुम्हारे लिए न कोई अनुकूल है - न प्रतिकूल
न अभिलाषा, न तिरस्कार
तुम सागर हो जिसमें सब समायें
तुममें न संकल्प - विकल्प का ज्वार - भाटा
न क्रोध की बड़वाग्नि
न कुपित विष का फेनिल
तुम शान्त, गम्भीर, निस्पृह
निर्मल, निःसंग, निर्विकार हो।

क्रोध को जीतनेवाले
हे 'क्रोधजयी' तुमको नमन है।

जित + क्रोधः = जितक्रोधः
जि (धातु - जय करना) क्त (प्रत्यय) = जित्
क्रुध् (धातु - क्रोध करना) घञ् (प्रत्यय) = क्रोध
(क्रोध को जीतनेवाला) = क्रोधजयी

463. वीरबाहु

जहाँ रवि किरणें भी न पहुँचें
वहाँ दुष्टता का दमन करनेवाले हे विश्वेश्वर! तुम्हारे बाहु हैं।
नभ में मेघ की बरसा भले ही न हो,
भक्त की एक आवाज पर
वरद हस्त से वरदान की बरसा करते।

अन्याय से त्रस्त
जब "त्राहिमाम् त्राहिमाम्" करके पुकारें
तुम सहस्रबाहु से रक्षा करते
रवि किरण आकाश को पार करने में,
द्युति मेघ को चीरने में, देर भले ही करे
तुम सहस्रबाहु से, अन्याय के वज्रपात होने पर
रक्षा करने में कभी देर न करते।

कोई पर्वत से गिराये
तुम अपने बाहु से अंक में ले लेते।

वीरत्व से भरे भुजाओंवाले
हे 'वीरबाहु' तुमको नमन है।

वीर (धातु - वीरता) + अच् (प्रत्यय) = वीर
बाधृ (धातु - विलोडन करना) + कु (प्रत्यय) = बाहु = वीरबाहुः
जिसकी भुजाओं में वीरत्व है।

464. विदारण

विशाल 'अहं' भूधराकार - सा खड़ा हुआ
तूफ़ानों की भी राह बदल दी
हिम शीतल न कर सकी
भानु जला न सका
हे प्रभु, तुमने भूकम्प बन उस अहं को विदारण कर
चूर्ण - चूर्ण बना, धरातल पर समतल किया।

घनीभूत वासनाओं के वन थे
ज्ञान की ज्वाला बन, विदारण कर
बन्धनहीन उन्मुक्त श्वासों से
विश्व में व्यापक किया।

तुम्हारा विदारण नष्टता नहीं
पूर्णता दे,
मन का विदारण कर
मन को सौम्य करे,
अज्ञान का विदारण कर
ज्ञान का दीप दे,
विष का विदारण कर
अमृत - पान दे,
दुःख का विदारण कर
आनन्द दे।

खण्ड - खण्ड कर विनष्ट करनेवाले
हे 'विदारण' तुमको नमन है।

वि + (उपसर्ग) – (धातु - खण्ड करना) + णिच् (प्रत्यय) - अच्
– ल्युट् (विदारण) = विदारणः
जो एक वस्तु के खण्ड करके उसे अनेक बना दे, उसका नाम – 'विदारण' है।

465. स्वप्नकारी

जो स्वप्न है, वह जाग्रत नहीं
जो न स्वप्न, न जाग्रत – वह सुषुप्ति
जो स्वप्न, जाग्रत, सुषुप्ति नहीं
वह तुरीय है – समाधि है
जो समाधि भी नहीं
वह कैवल्य, निर्विकल्प चैतन्य है।

जो जगत् में जाग्रत है
ज्ञान में स्वप्न है
जो कल था – आज नहीं
जो आज है – कल नहीं
वह स्वप्न रहा।

निशा सुला दे
उषा जागृति की चेतना दे
स्वप्न निष्क्रिय करे
जागृति कर्म में प्रेरित करे
मोह संसार स्वप्न में सुला दे
गतिमान् को गतिहीन कर दे
जो मिलना था, वह खो दे
जो मिला था, वह हरने दे।

कर्म कर नहीं रहे
कराया जा रहा है
प्रकृति के स्वभाव से बँधे हुए
बहते जा रहे हैं
वह मोहपाश में
स्वप्न की गति है।

हे प्रभु! जब जीव तुमको भुला दे
तुम संसार के स्वप्न में सुला देते
जब वह तुम्हारी शरण जाये
मोह भंग कर

उसे चैतन्य रूप में जाग्रत कर देते,
तब जीव राग से नहीं – विराग से
बन्धन से नहीं – मुक्त से
अज्ञान से नहीं – ज्ञान से
निष्काम कर्म करे।

जो तुमसे दूर रहें
उनको संसार – मोह में सुलानेवाले
हे 'स्वप्नकारी' तुमको नमन है।

ष्वप् (धातु – शयन करना) + णिच् (प्रत्यय)
णिजन्त – ल्यु (प्रत्यय) = स्वापनः
(सुला देनेवाला) = स्वप्नकारी

466. स्ववशी

प्रकृति में जो कुछ भी है
सुख-दुःख, उत्पत्ति – विकास
कार्य – कारण से है
सरोज विहँसे
उषा के उदय से
संकुचित हो, निशा के मिलने से
उपवन महके, वसन्त के आगमन से।

सुख की मधुरिमा, दुःख की कालिमा
प्रेम की मिठास, घृणा की कसक
क्रोध की ज्वाला, मद का विष
कामनाओं का जाल, मोह का अँधेरा
कारण से है – वह भी अपने वश में नहीं।

करें या न करें, चलें या न चलें
वह भी अपने वश में नहीं
प्रकृति है – परतन्त्रतास्वरूप
सब बँधें हैं – परतन्त्र हैं।

शरीर अपना, अपने वश में नहीं
इन्द्रियाँ अपनी, अपने वश में नहीं
मन अपना – अपने वश में नहीं
यश-अपयश, धन-मान अपने वश में नहीं
जो हो रहा है – देख रहे हैं
होगा – रोक सकना अपने वश में नहीं
मानव अपने वश में नहीं
परतन्त्र है।

हे परमेश्वर! तुम स्वतन्त्र हो
किसी के वश में नहीं
तुम आनन्दस्वरूप, चैतन्यस्वरूप हो
तुमको मोह भ्रमित न कर सके
प्रकृति बाँध न सके।

सूर्य किसी से प्रकाश न ले
स्वयं प्रकाशस्वरूप है
उसे अनिल सुखा न सके
वर्षा भिगा न सके
उदधि डुबा न सके
हिम शीतल न कर सके।

हे विष्णु! आप सूर्य-जैसे विश्व में प्रदीप्त
स्वयं अपने वश में हैं।
यही नहीं—
प्रकृति भी तुम्हारे वश
उसकी उत्पत्ति, पालन, प्रलय तुम्हारे वश
संसार के प्राणी भी तुम्हारे वश
तुम्हारे सूत्र से—
नटी-सा नाचे।

स्वयं अपने वश में रहनेवाले
हे 'स्ववशी' तुमको नमन है।

स्वृ (धातु - अपना करना) + ड (प्रत्यय) टिलोप = स्व
वश (धातु) + अप् (प्रत्यय) = स्ववशः (स्ववशी)
जो अपने – आप अपने वश में रहता है।

467. व्यापी

जो बाह्य में हो – अन्तर में भी हो
जो दूर हो – पास में भी हो
जो एक में हो – अनेक में भी हो
वही व्यापक है।

आकाश का प्रवेश
जड़ पदार्थ में भले ही न हो
सूर्य का प्रकाश
भूतल की गहराई में भले ही न हो
हे सर्वव्यापी विष्णु! आपका प्रवेश
ब्रह्माण्ड के समस्त कण-कण में,
और जीवों के अन्तर में भी है।

लहरें सागर में – सागर में लहरें
लहरें भले ही न हों – सागर व्यापक है।

हे प्रभो, आप कारण भी – कार्य भी
जगत् की उत्पत्ति तुमसे – विलय भी तुममें ही।

पुष्प है – सुगन्ध उसी से
भानु है – प्रकाश उसी से
स्वर है – संगीत उसी से
विश्व है – विश्व प्रभु तुमसे।

सबमें और सर्वत्र व्याप्त
हे 'व्यापी' तुमको नमन है।

वि (उपसर्ग) + आप्लृ (धातु - व्याप्त होना) + णिनि (प्रत्यय) = व्यापी (जो व्याप्त है)

468. अनेकात्मा

हे विश्वात्मा,
आप अनन्त हैं – सर्वव्यापक हैं
निर्बन्ध हैं, व्यापक हैं
लेकिन जगत् के बन्धन के कारण
अद्वैत से द्वैत
एक से अनेक
निर्गुण से सगुण
सूक्ष्म से स्थूल हैं
और एक आत्मा से अनेक आत्मा होकर
विश्व में विचरण करें।

जल का आकार ही क्या
घट के आकार में बँधा
ईख के रस का टेढ़ा होना क्या
कोई मोटा, कोई गोरा
स्वयं रस ने कोई आकार न जाना।

मति, भिन्न-भिन्न
गति, भिन्न-भिन्न
मन की लहरें
चित्त की चंचलता
कोई पूर्व – कोई पश्चिम दौड़े
कोई अमृत – कोई विष पिये
कर वही – कर्म अलग-अलग
पग वही – राह अलग-अलग
कोई दुःख के गलियारे में
कोई सुख के उपवन में
संसार की उस भीड़ में
प्रभु, तुम निःसंग, निष्कलंक, परमात्मा
सहवास से

पुण्यात्मा-पापात्मा
महात्मा-दुरात्मा कहलाये।

एक आत्मा से अनेक आत्मा होनेवाले
हे 'अनेकात्मा' तुमको नमन है।

नैकात्मा = न एक आत्मा = नैकात्मा (अनेकात्मा)
जिसकी आत्मा का स्वरूप एक नहीं, अनेक है।

469. नैककर्मकर्त्ता

प्रकृति एक – उसके कर्म अनेक
उषा बन – सरोज जगाये
निशा बन – तुषार बरसाये
वसन्त बन – उपवन श्रृंगार करे
शिशिर बन – पतझर कर दे।

एक ही प्राणी
उसके भाव अनेक – कर्म अनेक
पिता है – पालन कर्म
पुत्र है – मातृ-पितृ सेवा
पति है – भार्या का भर्ता
सहोदर है – भ्रातृ सम्बल
स्वामी है – प्रजापालक
सेवक है – स्वामी सेवा करे।

हे परमेश्वर! आप एक
लेकिन आपके कर्म अनेक हैं,
भक्तों का उद्धार
पापी पर प्रहार,
जिज्ञासु को ज्ञान,
ज्ञानी को विज्ञान,
दुर्बल को सम्बल,
निर्धन को धन दें।

एक नहीं – अनेक कर्म करनेवाले
हे 'नैककर्मकर्त्ता' तुमको नमन है।

अनेक कर्मकर्त्ता (वि.स. - नैककर्मकर्त्ता)
न + एक + कर्म + कृत = नैककर्मकृत्
एक कर्म न करनेवाला यानी अनेक कर्म करनेवाला।

470. वत्सर

हे प्रभु, आप सबमें वास कर रहे
जड़ हो या चेतन
प्रकृति के विलास में
या जीव के हास में

इस प्रकृति में जब तुम वास करो
तुमसे तेजस् ले
विश्व प्रांगण में नृत्य करे।

यह आकाश
सब तारे तुमसे चमकें
यह मेघ – उसमें बूँदें तुमसे बरसे
यह सागर–
सब लहरें तुमसे लहरायें
यह वन–
तरु लताएँ तुमसे महकें।

जब आत्म रूप में बसे
जीव तुमसे प्राण लें
धड़कन – स्पन्दन तुमसे
जीवन – मरण तुमसे
सब तुममें बसे
तुम सबमें बसे
सब भवनों में
हे प्रभु, दीप तुम्हारे ही जलें।

सब में वास करनेवाले
हे 'वत्सर' तुमको नमन है।

वस् (धातु - वसना) + सरन् (प्रत्यय) = वत्सरः (वत्सर)
जो सबमें निवास करता है – अथवा जिसमें सब निवास करते हैं।

471. वत्सल

पापी हो या पुण्यात्मा
प्रभु, तुम सबको प्यार कर रहे।

सबकी अन्तरात्मा में आवाज करते
कोई सुने या न सुने
सबके अन्तर में दीप जलाते
कोई प्रकाशित रखे या बुझाये
सबको राह दिखाते
कोई चले या न चले।

अनल की लपटें
जो उससे मिले – भस्म कर दे
लेकिन, तुम ऐसे ज्योतिर्मय–
जो तुममें मिले–
अपना-सा ही प्रकाशित करते।

पुत्र कुपुत्र भले ही हो
माँ की वत्सलता उसे भी अपनाये
आकाश में मेघ काले हों या रजत
सबको अपने में समा ले
गंगा की धारा
पापी हो या पुण्यात्मा
सबको अवगाहन कराये।

हे हरि! सबके अन्तरतम में
स्नेहिल पीयूष स्रोत-से बहते।
कामनाहीन, दिव्य स्नेह से
जीवन अभिसिंचित कर देते।

सबको स्नेह करनेवाले
हे 'वत्सल' तुमको नमन है।

---

1. वत्सलः = वद् (धातु - स्पष्ट बोलना) + स (प्रत्यय) = वत्स
   वत्स + लच् (प्रत्यय) = वत्सलः (स्नेहवाला)
2. वत्स= सन्तान, पुत्र, बछड़ा

472. वत्सी

प्रभु, तुमने सृष्टि बनायी
धरती बिछायी – आकाश फैलाया
पवन में गति दी
अनल में ताप
जल से सींच दिया।

फिर जीवन दिया
श्वासों का संचार किया
शिशु ने किलकारी ली
माँ के स्तन में स्नेह से
दूध का स्रोत उमड़ा
तन बढ़ता गया
शैशव, यौवन, प्रौढ़, वृद्धावस्था में
प्रभु, तुमने ही अपने वत्स का पालन किया।

शिशु का मन जब विकसित हो
समझे – माता-पिता ने पालन किया
स्वयं अपने साधन से
जीवन पार किया,
लेकिन जिसने जीवन दिया
अन्त में वही जीवन ले ले,
जीवन देना-लेना – उसका पालन होना
केवल प्रभु तुम्हारे हाथों में है
अपना बल, अपना साधन
केवल एक भ्रम है
सब प्रभु, तुम्हारे वत्स
तुम ही सबके पालनहार।

वत्स के पालनहार
हे 'वत्सी' तुमको नमन है।

वत्स + इनि (प्रत्यय) = वत्सी
वत्स (दूध पीनेवाला बछड़ा, सन्तान, पुत्र)
वत्सी = वत्सवाली यानी गौ, माँ

473. रत्नगर्भ

रत्नाकर में रत्न
शशि में सोमरस
मधुप में मधु
मन में गोपनीयता
चित्त में चंचलता
बुद्धि में ज्ञान
बाह्य नहीं – अन्तर्निहित हैं।

हे विष्णु! आप अंतर गुहा में
आनन्द मणि हैं
जब अंतर निर्मल रखें
आप प्रकाश करें
बाह्य मृगमरीचिका
अंतर आनन्द सागर है
बाह्य पतझर
अंतर शाश्वत कल्पतरु है।

बाह्य खोज न करना पड़े
दर-दर भटकना न पड़े
आप नित्य निरन्तर अंतर गर्भ में
प्रदीप्त रहें
आप आनन्द रत्न हैं
प्राणी बाह्य कहाँ खोजे
अंतर में ही मिलें।

अक्षय, नित्य, कान्तिमान्
सदा रमणीय
सत्य, चैतन्य, सुन्दर रत्न बन
अन्तर्गर्भित रहनेवाले
हे 'रत्नगर्भ' आपको नमन है।

रत्नगर्भः = रमु (धातु - रमण कराना) + न (प्रत्यय) = रत्न
गृ (धातु - निगलना, अन्दर करना) मन् (प्रत्यय) गर्भ (रत्नगर्भ)
अपने – आपको रमण – आनन्द रमण देनेवाले वस्तु को जो अन्दर रखता है।

474. धनेश्वर

हे विश्वस्वामी!
सृष्टि तुमने रचायी
सृष्टि का संवर्धन तुमने किया
प्राणों में स्वर तुमने फूँके
पुत्र धन हो, या बन्धुजन – सब तुम्हारे,

धरती पर तन – उपवन, फूले
तुम धरती के धन के धन,
आकाश हो या पाताल
भूधर हो या सागर
भानु की तपन हो
या शशि की शीतलता
नृप का किरीट हो
या धरती का कंकड़
सर्व धन दो या हर लो
दण्ड दो या वर दो
सब हाथ तुम्हारे
हे प्रभु, तुम ही सर्व धन के ईश्वर हो।

स्थूल धन – नश्वरता है जिसमें,
उसका क्या मिलना – क्या खोना
वह पुष्प क्या
आज झोली में रखें – कल मुरझाये
इन्द्रधनुष का शृंगार क्या
आकाश में न जाने कहाँ तिरोहित हो जाये।

प्रभु, तुम अमृत धन के स्वामी
पियें तो यम भी तरसाये
तुम आनन्द कल्पतरु के स्वामी
जितना फल ले सकें – उतना पायें

तुम चैतन्य – सागर के स्वामी
जितने गहरे जायें – उतने रत्न पायें।

स्थूल, सूक्ष्म, चैतन्य
सर्व धन के ईश्वर
हे 'धनेश्वर' तुमको नमन है।

धनेश्वरः = धन (धातु - धान्य या धन देना) + अच् (प्रत्यय) = धन
अशू (धातु - व्यापक करना) + वरच् (प्रत्यय) = उपधा - ईत्व = ईश्वर
धन + ईश्वर = धनेश्वर
धन को व्यापक करनेवाला – धन का ईश्वर।

475. धर्मरक्षक

धर्म-अधर्म – दो राहें
अधर्म प्रिय लगे – यह विनाश की ओर ढलना है,
वासनाओं की वर्षा सुखद लगे
यह छलना है – उसमें अंगार भरा है,
अहं का मद सोमरस लगे
यह विष का पान है।

कामनाओं का जाल बुना
वह श्रृंगार नहीं – कारागार बना
अपने सुख के लिए – पर पीड़ा दिया
वह कल्याण नहीं – अधर्म रहा।

प्रभु को समर्पण करें
वह चित्त में प्रकाश करे
मन निर्मल कर
अधर्म मिटा – धर्म की रक्षा करे।

कलिमल संसार में
जब घोर अकाल हो
वह मेघ बन अमृत बरसाये
असत्य के कारागार में
जहाँ सब बन्दी हों
सत्य की राह दिखा – मुक्त कराये,
माया के अँधियारे से निकाल
धर्म के उजियाले में लाये
अधर्म की तपन से दूर
धर्म की शीतल छाया में लाये
धर्म से जब अधर्म प्रबल हो
रामबाण बन – अधर्म नष्ट करे।

धर्म की रक्षा करनेवाले
हे 'धर्मरक्षक' तुमको नमन है।

धर्मगुप् = धृञ् (धातु - धारण करना) + मनिन् (प्रत्यय) = धर्म
जो धारण करे वह धर्म।
गुप् (धातु – रक्षा करना) क्विप् (प्रत्यय) = गुप
धर्म गुप् = धर्मगुप् (धर्म की रक्षा करनेवाले) (धर्मरक्षक)

476. धर्मकर्मी

शीतलता हिम का धर्म है
शीतल कर दे
जलाना अनल का धर्म है
जलाकर भस्म कर दे
सूर्य प्रकाशधर्मा
उदय हो – प्रकाश कर दे।

हे विश्वम्भर! आप धर्म रूप हैं
सत्य विचलित हो
तुम सत्य को धारण करते
जब अज्ञान के अन्धकार का
चारों ओर तुषारापात हो
तुम ज्ञान के प्रकाशपुंज को धारण करते
जब जीवन के ताण्डव नृत्य में
विष उमड़ता जाये
तुम पीयूष की अविरल धारा से
अमृतमय जीवन धारण करते।

धराशायी होते को
अपने अंक में ले, धारण करते

बाह्य जगत् में–
अधर्म का नाश – धर्म की स्थापना
अन्तर्जगत् में आत्मदीप की ज्योति जगाना
यही तुम्हारा धर्म-कर्म,

धर्ममय कर्म को करनेवाले
हे 'धर्मकर्मी' तुमको नमन है।

धर्मकृत् = धर्म + कृत् (धर्मकर्मी)
धर्म की व्यवस्था करनेवाला।

477. धर्मी

निर्झर नीचे ही बहे
चाहे कितने ही रोड़े कोई डाले
भानु उजियाला लाये
चाहे कितने ही गहन काले मेघ
आकाश में छा जायें।

अनल ज्वलन न छोड़े,
हिम शीतलता न छोड़े,
जल तरलता न छोड़े,
वे धर्म हठी, धर्मी हैं।

हे विष्णु! तुम भी धर्म हठी
जब अधर्म - दावानल बन, अंतर उपवन जलाये
तुम धर्म मेघ की वर्षा कर
धर्म की रक्षा करते,
तुम विषहर, धर्म पीयूष पिलाते
जब अधर्म का अन्धकार फैले
तुम धर्म की ज्योति जलाते

तुम ज्ञानस्वरूप, चैतन्यस्वरूप
न्यायधर्मा, प्रेमधर्मा
सत्यधर्मा हो।

निज धर्म को न छोड़नेवाले
हे 'धर्मी' तुमको नमन है।

धर्म + इनि (प्रत्यय) = धर्मी
जो अपना धर्म न छोड़े या जिसकी धर्म व्यवस्था सदा एक समान चलती है।

478. सत्

अन्धकार है – उजियाला नहीं
उजियाला है – अन्धकार नहीं
हे विष्णु! आप दोनों में हैं।

अग्नि है – जल नहीं
जल है – अग्नि नहीं
आप दोनों में हैं।

जो कल था – आज नहीं
आज है – कल न होगा
आप सब काल में हैं।

मेघ रहे या न रहे
आकाश सदैव रहेगा
लहरें रहें या न रहें
सागर में जल सदैव रहेगा
वन की हरियाली हो
या विशाल मरुभूमि
धरातल सदैव रहेगा
सृष्टि का सृजन हो या प्रलय
हे परमेश्वर! आप सदैव रहेंगे

आप अविनाशी
ससीम नहीं – असीम हैं,
अन्त नहीं – अनन्त हैं,
क्षर नहीं – अक्षर हैं,
चल नहीं – अचल हैं,
स्थिर नहीं – व्यापक हैं,
एक नहीं – अनेक हैं
अनित्य नहीं – नित्य हैं।

मिटनेवाले असत् नहीं
सदैव रहनेवाले सत् हैं।

सर्वव्यापक, सदा, सर्वकाल रहनेवाले
हे 'सत्' तुमको नमन है।

अस् (धातु - होना) शतृ (प्रत्यय) = सत्
जो सब में, सदैव है।

479. असत्

तरु में पुष्प विहँसे या मुरझाये
पुष्प, तरु नहीं — भले ही तरु में हो
भूधर पर हिम की सिहरन हो या पिघलाये
हिम, भूधर नहीं।

इन्द्रियों में देखें — वह विष्णु इन्द्रिय नहीं
मन में देखें — वह मन नहीं
शरीर में देखें — वह शरीर नहीं।

लेकिन
वह सबमें बँधा है
शरीर है — उसमें भास रहा
इन्द्रिय, मन, अहं, चित्त है
अपनी चेतना से सबको स्फुरित कर रहा है।

प्रकट में वह अप्रकट है
परिवर्तनशील में — अपरिवर्तनशील है
व्यक्त में — अव्यक्त है।

बाह्य आकार एवं भाव से
असत् में सत् भान करानेवाले
हे 'असत्' तुमको नमन है।

अ + सत् = असत्
(परंब्रह्म सत्, अपरं ब्रह्मअसत्)
असत् में सत् का भान।

480. क्षर

जगत् गतिशील है
काल के घेरे में
क्षण-क्षण परिवर्तित होता चले
हे प्रभो! तुम अक्षर, जगत् के साथ
जब जगत् मिटे, क्षर हो।

सागर का जल – लहरों के साथ जन्मे
मिटे, क्षर है
रेखाओं ने रूप लिया
रेखा मिटी, रूप विलीन हुआ
आकार मिटा – निराकार रह गया।

ज्योति से जन्म
ज्योति रही – पलता रहा
ज्योति गयी – जीव प्राणहीन हुआ
जीव के संग
तुम अक्षर – क्षर हुए।

गतिहीन – गतिमान् के साथ,
आकाश – पवन के साथ,
जल – लहरों के साथ,
आत्मा – शरीर के साथ,
अक्षर – क्षर के साथ – क्षर है।

गमन रूप में संचरित रहनेवाले
हे 'क्षर' तुमको नमन है।

481. अक्षर

आकाश में मेघ गरजे
बरसे या विलय हो
आकाश सदैव निश्चल, व्यापक है।

धरती पर तूफानों का प्रलय हो
या भूकम्प का विनाश ताण्डव
भानु सदैव प्रकाशित रहे।

अलंकारों में स्वर्णिम आभा,
अलंकार बदलते रहे
स्वर्ण तत्त्व वही रहे।

शैशव, यौवन या जरा हो
अपने में अहं की चेतना वही रहे।

जन्मे हुए का ही मरण – अजन्मे का मरण नहीं
कृति का ही विनाश – अविनाशी का नहीं
गतिमान् का ही विराम – गतिहीन का नहीं।

प्रभु, तुम शाश्वत, चैतन्य
परिवर्तनशील प्रकृति के बदलते
परिवेश में अपरिवर्तनीय
सदा एक – से रहनेवाले कूटस्थ
अविनाशी हो।

क्षर न होनेवाले
हे 'अक्षर' तुमको नमन है।

अक्षर (वि.सं. अक्षरम्)
अ (नञ् समास – नहीं) + क्षर (नष्ट होना)
जो नष्ट न हो – वह अक्षर है।

482. अविज्ञाता

कौन ज्ञाता – कौन भोक्ता?
मीन जल में रहे
जल से प्राण ले
जल मीन के सुख-दुःख न जाने
उसकी क्षुधा – पिपासा न जाने
विहंग आकाश में उड़े
आकाश उसके मन की गति न जाने।

जीव में अहं
अहं के विकार
सुख-दुःख, प्रेम-घृणा
उसी में वासनाओं के सुमन खिले
या क्रोध के अंगारे
वासनाओं की लहरें उमड़ें
या शूलों की सेज पर शयन करे
सबका अनुभव
जीव के अहं का रहा
वही सब अनुभवों का ज्ञाता।

लेकिन–
सूर्य ने शीतलता न जानी
अमृत ने मृत्यु न जाना।

हे सच्चिदानन्द प्रभु, आपने संसार के
द्वन्द्वमय रस के विष को न जाना
आप परम ज्योतिर्मय
स्वयं अमृतानन्दस्वरूप
आप में अहं नहीं
अहं का अनुभव भी नहीं

अहं के विकार नहीं
अहं का ज्ञान नहीं।

जीवत्व के अहं के अनुभव से परे
हे 'अविज्ञाता' तुमको नमन है।

अ (नञ् समास - नहीं) + वि (उपसर्ग) ज्ञाता (जाननेवाला) = अविज्ञाता जो न जाननेवाला है।

483. सहस्रांशु

मेघ किरणों को भले ही न आने दे
किरणें प्रकाश बिखेरती रहें।

मलिन चादर भले ही डाल दें
हीरे का प्रकाश न्यून न हो।

उषा के उजियाले में नयन मूँद लें
लालिमा उसकी तिरोहित न हो।

चन्दन के तरु को
सर्प भले ही घेरे हों
सुगन्ध फिर भी बिखेरता रहे।

अनन्त प्रभु को देखें
वह प्रकाश दे रहा
विश्व में व्यापक हो रहा है
उसकी असंख्य किरणें
विश्व को आच्छादित कर रही हैं।

अपने अंतर में भी
वह प्रकाशपुंज, किरणें बिखेर रहा
मलिन मन ने ही
अपनी आँखें बन्द कर लीं
वह अनन्त व्यापक ही
सबको चेतना का प्रकाश,
ज्ञान का प्रकाश,
आनन्द का प्रकाश,
अपनी असंख्य किरणों से
बाह्य – अन्तर सर्वत्र बिखेर रहा
उसकी किरणों से ही
सृष्टि का सृजन है,

जन-जन में जीवन की ज्योति है,
आनन्द की लहर है।

असंख्य किरणोंवाले
हे 'सहस्रांशु' तुमको नमन है।

सहस्र (हजार - असंख्य अर्थ का वाचक)
अंशु (किरणें)
सहस्र + अंशुः = सहस्रांशुः
(असंख्य किरणोंवाला)

484. विधाता

सूर्य ग्रहों को धारण करे
ग्रहों का वह विधाता,
यम काल को धारण करे
जीवन गति का वह विधाता,
मानव कर्म को धारण करे
स्वयं का वह भाग्य – विधाता।

हे परमेश्वर!
आप चराचर जगत् को धारण करें
आप जगत् विधाता हैं।

पुष्प जब सुगन्ध धारण करे
उपवन महक उठे,
शरीर जब प्राण धारण करे
जीवन स्पन्दित हो उठे,
हे प्रभु, आप सृष्टि जब धारण करें
संसार में शक्ति संचारित हो उठे,
जन में जीवन धारण करें
अंतर में चैतन्य तत्त्व मुखर हो उठे।

तुम सर्वज्ञ, सबको धारण करनेवाले
सबके विधाता हो,
लेकिन जब प्राणी के कर्मों को
हे प्रभु तुम धारण कर न्याय करो
तुमको पुकारकर सब कहें
तुम ही 'विधाता' हो।

विशिष्ट रूप से धारण करनेवाले
हे 'विधाता' तुमको नमन है।

वि (उपसर्ग) + डुधाञ् (धातु - धारण करना, पोषण करना) + तृच् (प्रत्यय) = विधाता
धारण या पोषण करनेवाला।

485. कृतलक्षण

किरणों का प्रकाश
सूर्य का लक्षण,
श्वासों का स्पन्दन
जीवन का लक्षण है।

सृष्टि का निर्माण
हे ईश्वर! तुम्हारी सत्ता का लक्षण
तुममें समर्पण
भक्ति का लक्षण है।

जीवन के कर्म
विचारों का लक्षण
प्रभु, तुम्हारे बनाये नियमों के विपरीत जो कर्म करे
अधर्म का लक्षण है।

विश्व में सर्वत्र हे प्रभु, तुमने
लक्षण चित्रित किये,
तुम स्वयं शाश्वत, चैतन्य, अनन्त विभूषित
लक्षणों से मुक्त हो।

लक्षणों से सबको अंकित करानेवाले
हे 'कृतलक्षण' तुमको नमन है।

डुकृञ् (धातु - करना) क्त (प्रत्यय) = कृत
लक्ष (धातु - चिह्न - विशेष से विशिष्ट करना) न (प्रत्यय)
णि का लोप = लक्षण; कृत + लक्षणः = कृतलक्षणः
परिचय करवानेवाले चिह्न - विशेष जिसने किये हैं – कृतलक्षण हैं।

486. किरण

किरणें चारों ओर बिखर रहीं
उसका केन्द्र बिन्दु स्वयं भानु है।

जगत् गतिमान् है
सर्वत्र शक्ति का साम्राज्य है
शक्ति का केन्द्र वह प्रभु, स्वयं है।

श्वासों का स्पन्दन है
जीवन मुस्करा रहा है
उसका केन्द्र प्राण है।

वह प्राणों का प्राण
अंतर में वह
चैतन्य किरणों से प्रकाशित होनेवाला
आत्मज्योति केन्द्र है।
अंतर में, बाह्य में
चर में – अचर में
लोक में – परलोक में
सृष्टि में – ब्रह्माण्ड में
अपने प्रकाश की किरणों से
वह व्यापक हो रहा है।

अपने को प्रकाशित करने के लिए
सर्वत्र अपनी किरणों से व्याप्त
हे 'किरण' तुमको नमन है।

गभस्तनेमिः = (प्रकाश किरण) भस (धातु - दीप्त करना) + ति (प्रत्यय) = भस - गकार का आगम) = गभः णीञ् (धातु - फैलाना) मि (प्रत्यय) = नेमि किरण
जो प्रकाशित करने के लिए अपनी किरणों को सर्वत्र फैलाये, पहुँचाये।

487. सत्त्वस्थ

संसार में द्वन्द्व है – हे प्रभु, तुम निर्द्वन्द्व
मन में संकल्प – विकल्प, तुम निर्विकल्प
जीव में अहं – तुम अहंशून्य
चित्त में विकार – तुम निर्विकार हो।

तुम सत्त्व, रज, तम से परे,
विशुद्ध प्रकाशस्वरूप,
सत्त्व में स्थित 'सत्त्वस्थ' हो।

तुम्हारे सत्य का प्रकाश
चारों ओर व्यापक हो रहा है
अपनी ही कलुषता के काले मेघों से
हमने तुम्हारे प्रकाश को रोका है
जिसमें ज्ञान की किरणें हैं।

सत्त्व सुधा सदैव बह रही है
लेकिन विरले ही उसमें अवगाहन करें
कालरात्रि में वह,
सत्य की आकाशगंगा है,
विश्वाकाश में देदीप्यमान्
सत्त्व में स्थित है।

सत्त्व में स्थित रहनेवाले
हे 'सत्त्वस्थ' तुमको नमन है।

सत् (शुद्ध सत्त्व गुण) + त्व (प्रत्यय) = सत्त्व
स्था (धातु - स्थित रहना) + क (प्रत्यय) = सत्त्वस्थ
जो सत्त्व में स्थित रहे वह 'सत्त्वस्थ' है।

488. सिंह

असत्य ने कालरात्रि से
विश्व को छा दिया
सत्य भानु ने अपनी किरणों से उसे विच्छिन्न किया।

अविचारों ने पग-पग पर कण्टक डाले
सत्य विचारों के तूफानों ने उसे उड़ा दिया,
अहं ने विष पिलाया
प्रभु, तुमने ज्ञानामृत पिला, विनष्ट किया,
आसुरी शक्तियों ने विघ्न डाले
विनायक बन तुमने नष्ट किया।

काम, क्रोध, मोह, लोभ, मद, मत्सर
के घने वन राह रोके,
दावाग्नि बन – तुमने
राह सरल बनाया,
मद-मस्त जीवरूपी हस्ति को
तुम सत्य सिंह ने उसका मर्दन किया।

मेघों की कितनी ही विशाल सेना हो
दामिनी उनको चीरती – धरती पर आये
जलधि कितना भी अथाह हो
बड़वाग्नि सुखा दे।

दमनकारों में तुम प्रलयंकर
विघ्न नष्ट करने में विनायक
कल्मष नष्ट करने में
हिंसक सिंह हो।

विनष्ट करनेवाले
हे 'सिंह' तुमको नमन है।

---

1. सिंहः= षिच् (धातु - क्षरण करना, नष्ट करना) + क (प्रत्यय) हकार + नुम् आगम = सिंह (जो क्षरण करे वह सिंह)
2. हिसि (धातु - हिंसा करना) = पचाद्यच करने से 'सिंह' शब्द बनता है।

489. भूतमहेश्वर

हे प्रभु, तुम विश्व के मालिक
विश्व के वासी प्राणियों के मालिक
उन प्राणियों में प्रकाशमय कूटस्थ रहकर
नियन्त्रित कर रहे
अन्तर भी – बाहर भी
उसके कर्म की भी – अकर्म की भी।

उद्भव – विकास – विलय
जाग्रत्, स्वप्न, सुषुप्ति
विचारों के उत्थान-पतन
चित्त की उथल-पुथल
सबके द्रष्टा भी हो।

कर्म-विकर्म का फल देकर
नियन्त्रित करनेवाले हे नियन्ता! तुम ही ईश्वर हो।

जीवों के महान् ईश्वर
हे 'भूतमहेश्वर' तुमको नमन है।

भूत (जीवों का) + महत् (महान्) + ईश्वर (स्वामी) = भूतमहेश्वरः
भूतों का महान् ईश्वर।

490. आदिदेव

अरुण की पहली किरणें
सरोज की पाँखुरी जगायें
मेघ की प्रथम वर्षा
जब धरती को सींचे
हरियाली लहराये
बीज का प्रथम अंकुर
जब धरती पर विलास करे – तरु जागे।

हे परम देव! आपके
प्रथम अंश से ही
सृष्टि का निर्माण हुआ।

गगन में समीर
अनल में दाहकता
जल में आर्द्रता
पृथ्वी में धारकता उपजी।

फिर – प्राणियों का जन्म हुआ
वह जीवन लेकर–
धरती पर – विचरण करने लगा
देवों ने भी तुमसे शक्ति ली।

तुम ही सृष्टि के पहले
ज्योतिर्मय, कैवल्यरूप
शुद्ध स्वरूप में स्थित थे।

देवों में प्रथम
हे 'आदिदेव' तुमको नमन है।

आदि (प्रथम - पहला) देव (देवता) = आदिदेव (प्रथम देव)

491. महादेव

क्षिति, जल, पावक, गगन, समीर देव हैं
पंचतत्त्व का शरीर देव है
इन्द्रियाँ देव हैं
मन देव है
हे प्रभु, आप प्रकाशमय आत्मरूप महादेव हैं।

मन कर्म करे – अकर्म करे
मन की हलचल से
प्रवाह में, कर्म हो रहे हैं
लेकिन आप आत्मस्वरूप देवों की ज्योति हैं।

ग्रह-नक्षत्रों से घिरा
सूर्य-सा प्रकाशमय
अपने में सब आत्माओं को बाँधे
विश्व व्यापक विश्वात्मा देव हैं।

देवों के भी देव
हे 'महादेव' आपको नमन है।

महत् (महान्) + देवः = महादेवः (महान् देव)

492. देवेश

सूर्य – अन्धकार को
पवन – गति को
अनल – तपन को
जल – आर्द्रता को
धरती – स्थूलता को नियन्त्रित करे।

प्राण – जीवन को
मन – इन्द्रियों को नियन्त्रित करे।

वे सब देव हैं
जो नियन्त्रित करें।

हे प्रभु, आप देवों के भी ईश,
देवों को नियन्त्रित करें
आप देवेश हैं।

आप पग-पग में
पल-पल में
सर्व दिशा – सर्वकाल में
सबके नियन्ता
देवों के भी भाग्य-विधाता हैं।

देवों ने तुमसे ही अमरता माँगी
शक्ति माँगी
तुम्हारी पूजा की।

देवों के ईश
हे 'देवेश' तुमको नमन है।

देव + ईशः = देवेशः
देवताओं का भी स्वामी।

493. देवपालगुरु

सृष्टि बनी
देव बने – दानव बने
दानव विनाशकारी थे
देव प्रजापालक थे।

हे ईश्वर! तुमने देवों का धारण किया
दानवों का विनाश किया
देव-दानव युद्ध चलता रहा
असुरों की प्रबल शक्ति में
सुरों की हार थी
तुमने सुरों को शक्ति दे
दानवों पर विजय करायी।

चित्त में देव-दानव अब भी छाये हैं
मानस में युद्ध चल रहा है
तुमको जो समर्पण कर
शरण में जाये
तुम दानव का विध्वंस कर
देवत्व का पोषण करते

यही नहीं–
आत्म प्रकाश देकर
शाश्वत चैतन्य में लीन कर
अमरता दे देते।

'गु' अन्धकार 'रु' प्रकाश
ज्ञान के प्रकाश में
अज्ञान का अन्धकार मिटे,

प्रभु, आप आत्मज्योति
जाग्रत करनेवाले 'गुरु' हैं।

देवत्व को पोषण कर
प्रकाश देनेवाले गुरुस्वरूप
हे 'देवपालगुरु' तुमको नमन है।

देवपालक गुरु = (वि.सं. देवभृद्गुरुः)
देव + भृद् + गुरुः = देवभृद्गुरुः
भृद् = डुभृञ् (धातु - पालन, पोषण करना) + क्विप् (प्रत्यय)
तुक् (आगम - भृद्)
गुरु - मार्गदर्शक
जो देवों को पोषण करे और गुरु हो।

494. उत्तर

(1)

जब क्रोध अपने को ही जलाने लगे
पुकारें, प्रभु शीतल वर्षा बनकर आये
जब वासनाओं के जाल में बँधने लगें
वह बन्धनमुक्त कराने आये
जब मोह के भँवर में डूबने लगें
वह नाविक बनकर – मँझधार से उबारे
जब अज्ञान के अँधेरे में ठोकर खाने लगें
वह भानु बनकर अन्धकार मिटाये
जब अहं का विष व्यापे
वह ज्ञानामृत पिलाये।

हृदय में उसके दीप जलें
अन्धकार स्वयं तिरोहित हो जाये।

राजा अपने द्वार पधारे
दुष्ट स्वयं न आये
उसकी नौका पर बैठें
वह भवसागर पार करा दे।

तारण करानेवाले
हे 'उत्तर' तुमको नमन है।

(2)

असत्य से सत्य श्रेष्ठ है
एक पतन की ओर
दूसरा अमरता के पथ पर ले चले
हिंसा से अहिंसा श्रेष्ठ है
एक जीवन ले ले,
दूसरा जीवन दे दे।
लोभ से त्याग श्रेष्ठ है

एक संसार के दलदल में विनष्ट कर दे
दूसरे को प्रभु अपनाये
स्वार्थ से सेवा श्रेष्ठ है
एक में अपना ही कल्याण नहीं–
दूसरे में सर्व कल्याण है।

अहं से विनम्रता श्रेष्ठ है
एक में निन्दा, दूसरे में प्रशंसा है।

स्थूल से सूक्ष्म श्रेष्ठ है।
शरीर से मन
मन से अन्तश्चेतना श्रेष्ठ है।

हे परमेश्वर! सूक्ष्म से सूक्ष्मतर
कैवल्य, विश्वात्मा,
जड़ जगत्, जीव से परे
श्रेष्ठ से श्रेष्ठतर हो।

श्रेष्ठता ही, हे स्वामी!
उत्कर्ष रहा,
वह उत्कर्ष प्रभु, तुम ही दिलानेवाले हो।

उत्कर्ष दिलानेवाले
हे 'उत्तर' तुमको नमन है।

---

1. उत्तर= तृ (धातु - तिरकर जलादि को पार करना) + अप् (प्रत्यय) = तर
उत् (उपसर्ग) + तर = उत्तर (पार करानेवाला)
2. उत् (शब्द - अतिशय उत्कर्ष) तरप् (प्रत्यय) = उत्तर
(अति उत्कर्षवाला)

495. गोपति

इन्द्रियाँ गमन कर रही हैं
पशुओं-सी दिशाहीन विचरण करें
विषयों की ओर पथ है
सूर्य प्रकाश से भी तीव्रतर
मन भी दूर – बहुत दूर जाये
और, भावनाओं की लहरें
न जाने, किस ओर कहाँ जायें
न जाने कब,
किससे मोह करें
किससे घृणा करें
कब अश्रुपूरित हों
कब मुस्कान भरें।

बुद्धि भी – करे या न करे
ऊहापोह में, मन के साथ चल पड़े
सब दौड़ रहे हैं
इस भाग – दौड़ में
चिन्ताओं की ज्वाला है
आँसुओं की वर्षा है
दुःख के तुषार हैं
अज्ञान की कालरात्रि है
भय की भँवरें हैं।

इन चलनेवालों में
प्रभु, तुम एक अकेले
सबके अंतर में
शान्त निश्चल बैठे,
सबकी भाग-दौड़ देख रहे।

इस अशान्त गमन गति में
जो शान्ति की शीतल छाया चाहे
तुम अचल में समर्पण करे

चंचल मन निश्चल हो जाये
नयन तुममें रसमय हो
कर्ण तुम्हारे स्वर सुनें
वाणी तुम्हारे गीत गाये।

जब तुम अचल में, चल मन का मिलन हो
तब – यदि नयन जग देखे – तृषारहित रहे,
कर्ण सुने – विमोहित रहे,
कर्म करे – अनासक्त रहे,
अब गमन क्रिया नहीं – पूर्ण विराम है।

उस निश्चलता में
शान्ति की शीतलता
आनन्द का रस
चैतन्य का प्रकाश है

हे देवेश! तुममें समर्पण करने पर
गमन करनेवाली इन्द्रिय रूपी 'गो' के पालक हो।

गमन करनेवालों के रक्षक
हे 'गोपति' तुमको नमन है।

---

1. गोपतिः= गम्लृ (धातु - गमन करना, चलना) डोस् (प्रत्यय) टिलोपः - गोः पा (धातु - रक्षा करना) डति (प्रत्यय) टिलोप - पतिः (गमन करनेवालों की रक्षा करनेवाला)
2. गो (सं.) - पशु, वाणी, भूमि

496. गोप्ता

जिसकी प्रभु, तुम रक्षा करो
काल भी न मार सके
जिसकी तुम रक्षा न करो
सारा संसार भी उसको त्राण न दे सके।

हे दयालु! तुम बाह्य संसार से रक्षा करते
अन्तस् में भी शक्ति देते।
दुःखों की ज्वाला में जब जले,
तुमने शीतलता की वर्षा की,
जब पग फिसले
शक्ति दे, अपने साथ ले चले,
जब अन्धकार में गिरे
तुमने प्रकाश बन रक्षा की।

हे विश्व के स्वामी!
तुमको एक ही आवाज देकर जो पुकारे
तुम दौड़ – उसकी रक्षा करते।

सबकी रक्षा करनेवाले
हे 'गोप्ता' तुमको नमन है।

गुप् (धातु – रक्षा करना) + तृच् (प्रत्यय) = गोप्ता (रक्षा करना)

497. ज्ञानगम्य

नयनों ने पलकें खोलीं
देखा – संसार चित्रित हुआ
कर्णों ने सुना
शब्द गूँज उठे
स्पर्श किया – स्पन्दन हुआ
इन्द्रियों का यह स्थूल ज्ञान रहा
ये इन्द्रियाँ केवल स्थूल पदार्थ को जानें
विषय – रस को भोगें।

मन इन्द्रियों में रमण करने लगा
प्रिय लगा – देखा, देखते रहे,
उसी में आसक्त हो गये
अप्रिय लगा – सह न सके
उसको हटाने में जुट गये।

भावनाएँ जागीं-
प्रेम-घृणा, मान-अपमान,
लोभ-मोह, काम-वासना, क्रोध-अहंकार
यह मन के अनुभव
मन का ज्ञान रहा।
यह शरीर अपना
मन, चित्त, बुद्धि अपनी
जो मिला सब अपना
यही 'अहं' का अनुभव
जीवत्व का 'ज्ञान' रहा
जिससे इन्द्रियाँ हैं, मन है
बुद्धि, चित्त, अहं है
उस अन्तश्चेतना को न जाना।
जो जाना था – वह 'अज्ञान' रहा

बालू के कितने विशाल भवन बनाये
सब ढह गये
वायु को मुट्ठी में बाँधा
हाथ न आये।

जिसकी स्वयं सत्ता नहीं
उसी को सत्य माना, 'अज्ञान' रहा।

जो इन्द्रियों से न जाना जाये,
मन जिसे छू न सके,
बुद्धि के तर्क-वितर्क से,
जिसका निर्णय न हो सके,
उसका ज्ञान केवल अनुभव में है।

अनुभव से तब उसे जाना जाये
जब इन्द्रियाँ शान्त हों
मन निर्मल हो
अहं की गाँठ न हो

जल निर्मल हो—
तलहटी तब पारदर्शी है।

वह चैतन्य, व्यापक देह में है
देह से परे भी है
एक में है, अनेक में है,
सर्वकाल, शाश्वत है
उस अन्तस्तल का अनुभव ही 'ज्ञान' रहा।

जल कहने से नहीं
पीने से प्यास जाये,
मधु कहने से नहीं
पान करने से मधुरता जाने।

अनुभव ज्ञान से गम्य
हे 'ज्ञानगम्य' तुमको नमन है।

ज्ञानगम्यः= ज्ञा (धातु - अवबोधन, जानना) ल्युट् (प्रत्यय) = ज्ञान
गम्लृ (धातु - जाना, गमन करना) यत् (प्रत्यय) = गम्य
जो ज्ञान के द्वारा प्राप्त किया जाय।

498. पुरातन

नूतन वह, जिसका सृजन नव हो
जो सृजन से पहले – वह पुरातन।

सृष्टि का सृजन, हे आदिदेव! तुमसे हुआ
विसर्जन भी तुम्हारे ही हाथों में।

कल – आज – कल
काल की सीमा है
तुम काल की सीमा से परे
उल्का – जैसे न मिटोगे
स्वप्न – जैसे विलीन न होगे
काल तुमको खण्ड-खण्ड कर मर्दन न कर सकेगा।

मेघ मिटते रहें
आकाश रहेगा
लहरें मिटती रहें
जल रहेगा।

तिमिर की वेला हो,
रवि भले ही छिप जाये
नभ की छाया फिर भी होगी,
जीवन आता हो या जाता हो
तुम सनातन रहोगे।

सृष्टि के सृजन के पहले से
स्थित रहनेवाले हे 'पुरातन' तुमको नमन है।

पुरा (पहले) + ट्यु (प्रत्यय) तुड् का आगम = पुरातन
जो पहले से है।

499. शरीरपालक

शिशु भूतल पर आया
आकाश ने पवन को बुलाया
पवन ने उसमें श्वासों का संगीत भरा
अनल ने उष्मा दी
जल ने तन में सरिता प्रवाहित की
क्षिति ने मांस – मज्जा – धातु से उसको भरा
सूर्य ने नेत्र
चन्द्रमा ने मन को दिया
तब जीव का अहं जागा
'मैं' हूँ – "यह मेरा है"

ठहरो, सुनो, समझो
इन तत्त्वों को किसने बनाया?
सच यह है – इन जड़ तत्त्वों की रचना
हे सृष्टि नियामक! तुमने स्वयं की।

और इन पंचतत्त्वों में प्राणों को डाल
शरीर में चेतना दी
शरीर का संवर्धन, पालन, पोषण
भी निरंतर किया

नदिया में जब नीर बहे
तभी नदिया, नहीं तो – न तलहटी, न कगार।

शरीर को धारण, पोषण
करनेवाले हे 'शरीरपालक' तुमको नमन है।

शरीरधारक पोषक (वि.सं. - शरीरभूतभृत्) (शरीरपालक)
शरीर = शॄ (धातु - शीर्ण होना, क्षरण होना) + ईरन् (प्रत्यय) = शरीर
भूत = भू (धातु - होना, सत्ता में आना) + क्त (प्रत्यय) = भूत
भृत = भृञ् (धातु - धारण करना, पोषण करना) + क्विप् (प्रत्यय) = भृत
शरीर के तत्त्वों को धारण करके पोषण करनेवाला।

500. भोक्ता

(1)

कर्म करें, तन से या मन से
वाणी से या व्यवहार से
उसका फल है
फल ही भोगा जाये
इसमें – सुख हो या दुःख
क्रन्दन हो या मुस्कान
शान्ति हो या अशान्ति
भोगनेवाला केवल जीवात्मा है।

वह निःसंग आत्मा – पारदर्शी है,
वह न हो – तब मन भी न होगा
जीव का अहं भी न होगा।

लहरों में चन्दा झलके
मेघों के बीच विचरण करें
जो निःसंग, वह संग लगे
वह न कर्त्ता, न भोक्ता
वह परमानन्दस्वरूप, सच्चिदानन्द
जीव में अहं के साथ 'भोक्ता' है।

(2)

अग्नि जब जले
घृत डालें, समिधा डालें
जो डालें, सर्व अपने में समा ले
वह सर्वभोक्ता है।
अपने अंतर में,
उसकी ज्योति जले
वह कर्म-अकर्म

पाप-ताप
सब भक्षण करे

सर्व भक्षण करनेवाले
हे 'भोक्ता' तुमको नमन है।

भुज् (धातु - पालन करना, भक्षण करना) + तृच् (प्रत्यय) = भोक्ता

501. कपीन्द्र

सूर्य चले – प्रकाश देता रहे
चन्द्र चले – शीतलता देता रहे
पृथ्वी चले – जीवन जाग्रत होता रहे

यह चलने की शक्ति मिली किससे – ?
वह प्रभु ही – शक्ति दे
अचल को चल कर दे
शक्तिहीन को शक्तिमान् कर दे
जड़ को चैतन्य कर दे।

प्राण चले, जीवन है
मन चले, संसार है
बुद्धि चले – विवेक है

वह स्वयं कूटस्थ
लेकिन सबको गति – उसने ही दी
वह निश्चल
लेकिन चलनेवालों का वह स्वामी है

चलनेवालों के शासक
हे 'कपीन्द्र' तुमको नमन है।

कपि (धातु – संचालन करना + इ (प्रत्यय) = कपि
इदि (धातु – परम ऐश्वर्य होना) + रन् (प्रत्यय) = कपीन्द्र
जो संचालित कर ऐश्वर्य दे, या
जो चलनेवालों को गति दे।

पदपूजन